SEVERO MARTÍNEZ PELÁEZ

LA PATRIA DEL CRIOLLO

astria

LA PATRIA DEL CRIOLLO
SEVERO MARTÍNEZ PELÁEZ

©Colección Erandique
Supervisión Editorial: Óscar Flores López
Diseño de portada: Andrea Rodríguez—Mariana Turcios
Administración: Tesla Rodas—Jessica Cordero
Director Ejecutivo: José Azcona Bocock
Primera Edición
Tegucigalpa,
Honduras—Agosto 2025

CAPÍTULO PRIMERO: LOS CRIOLLOS

I. Infancia y toma de conciencia. II. Herencia de sangre y herencia de poder. III. El prejuicio de la superioridad hispana. IV. La superioridad de los conquistadores. V. La conquista como fenómeno económico. VI. Clase dominante a medias. VII. Motivaciones de la «Recordación Florida». VIII. Defensa del patrimonio y nacimiento de la patria.

I

El 18 de febrero de 1651 fue un día terrible para la ciudad de Santiago de Guatemala. A eso de la una de la tarde —era un sábado— comenzó a retumbar el suelo y a sacudirse violentamente. Muchos edificios se derrumbaron con estruendo en aquellos momentos. Otros quedaron seriamente dañados y continuaron desplomándose con los temblores siguientes, pues los hubo de día y de noche durante más de un mes.

La plaza mayor de la ciudad, que en otras ocasiones era centro de festividades y regocijos, se vio convertida en escenario de lamentaciones. La gente improvisó allí un cobertizo de paja y llevó en procesión la imagen de San Sebastián, que era tenido por defensor de la ciudad frente al azote de los temblores. Pobres y ricos, aunados momentáneamente por el pánico, acudían a los atrios de los conventos a confesar con prisa sus culpas. Y en las torres, que malamente se sostenían en pie, gemían las campanas sacudidas por la mano invisible del terremoto.

Los temblores de tierra fueron, como se sabe, un mal intermitente en la vida de aquella ciudad, que se hallaba asentada a los pies de un volcán y en la cercanía de otros dos igualmente amenazadores. Quienes en el año de 1651 eran todavía niños habrían de pasar, en el curso de sus vidas, por muchos trances y sobresaltos parecidos.

Entre la muchedumbre que se aglomeraba por aquellos días en los atrios, se hallaba un niño que no olvidó jamás las impresiones del terremoto, y que, cuarenta años más tarde, iba a recordarlas en las páginas de una célebre crónica: «...en el atrio de San Francisco, siendo yo de ocho años de edad a la sazón, me acuerdo haber visto muchas personas... confesar sus culpas a voces...».

Su infancia debe haber transcurrido, amén de los temblores, en un ambiente regalado y seguro. Allí estaban los padres y los abuelos para velar por su bienestar. Allí estaban las imágenes protectoras de los santos en el altar doméstico. Y estaban también los sirvientes y el esclavo negro, de ademán sencillo y servicial. La casa misma —su casa— ofrecía por fuera unos ventanales salientes con tupidas y fuertes barras, y un pesado portón que no hubieran podido derribar veinte indios, aun escogidos entre los más forzudos, suponiendo que se les ordenase realizar tan estúpida e improductiva tarea.

Por lo demás, los indios, si bien es cierto que había que tenerlos a raya y patentizarles en todo momento su subordinación —¡consejo cotidiano de padres y abuelos!—, no es menos cierto que a la casa llegaban siempre como portadores de algún beneficio. Él los veía a diario en el zaguán, sudorosos y jadeantes, descargar de sus espaldas la leña, los granos, las legumbres, la leche, la panela y muchos otros bienes sin los cuales la existencia no habría sido todo lo agradable que en realidad era. Algunos de esos bienes no eran solamente traídos por los indios desde lejos, sino que habían sido cultivados por ellos mismos en la hacienda de los padres de nuestro héroe. De allí que resultara tan difícil comprender el desprecio que los mayores recomendaban para con estos seres descalzos y raídos, que olían a sudor. Si él hacía un ademán, pongamos el caso, de querer chancearse con algún chicuelo acompañante de los indios, en el acto se veía asido por la mano enérgica de la abuela, quien lo apartaba con un susurro insistente y enfático: «...aparte somos nosotros, y aparte los naturales...». También debe haberle sorprendido oír decir, en mitad de largas conversaciones sobre los defectos de los indios, que éstos mamaban todo lo malo que se les atribuía. ¿Acaso no eran indígenas las «nanas» o nodrizas que amamantaban a los niños en muchas casas de gente rica?

6

Ciertamente, había en todo esto absurdos incomprensibles para la lógica de un niño. Es que nadie viene al mundo con una conciencia de clase ya formada; ésta se va formando en el curso de los años, según van siendo reconocidos como propios los intereses del grupo social en que se vive. Y nuestro héroe no fue una excepción a la regla universal: poco a poco fue desarrollándose en él la noción de sus intereses, y su mente fue aceptando todos aquellos prejuicios y muchos más. Llegado a la madurez se aficionó por las letras y escribió una riquísima y extensa crónica del Reino de Guatemala en el siglo XVII. En ella dejó plasmadas, sin que fuera esa su intención, todas las formas de conciencia propias de su clase social.

¿Qué era, pues, lo que realmente se proponía al escribir aquella obra?

Antes de responder a esa pregunta, y para poder hacerlo más adelante con buenos fundamentos, debemos contestar esta otra: ¿Quién era aquel hombre?

II

Francisco Antonio de Fuentes y Guzmán fue descendiente de los conquistadores y primeros inmigrantes españoles de Guatemala. Por la línea materna su familia entroncaba con el célebre soldado y cronista Bernal Díaz del Castillo. Por la rama paterna con Rodrigo de Fuentes: un colono que se las arregló para enlazar a sus descendientes con las familias más poderosas de la ciudad. En la genealogía de nuestro hombre aparecen los Alvarado, los Berra, los Chaves, Castillo, Polancos, Villacreces y Cuevas. Pero como las espadas de los conquistadores no se habían bañado en sangre vanamente, sino con el fin de poner a las sociedades indígenas bajo el dominio de los nuevos amos, de ahí que el árbol genealógico aparezca colmado de cargos públicos y oficios de autoridad: corregidores, alcaldes, regidores y síndicos del cabildo, sin que al lado de las autoridades civiles falten las eclesiásticas: un tío de don Antonio había sido provincial de la opulenta orden religiosa de Santo Domingo.

El viejo arraigo de sus familiares en el Ayuntamiento de Guatemala lo llevó a ocupar, desde la temprana edad de dieciocho años, el puesto de regidor. Durante treinta y ocho años fue miembro del Ayuntamiento, con dos períodos de interrupción, en los cuales abandonó la ciudad para disfrutar las Alcaldías Mayores de Totonicapán y Sonsonate, respectivamente.

Como aquellos puestos eran verdaderos miradores que ponían a la vista la organización de la provincia, don Antonio adquirió en ellos un amplio conocimiento del país. También influyeron en la configuración de su mentalidad, reforzando la actitud de quien mira las cosas desde arriba, desde el punto de vista de los dominadores.

No era menos amplio, empero, el horizonte que se ofrecía a sus ojos cuando dejaba los salones del Ayuntamiento y se trasladaba al campo. A solo cuatro leguas de la ciudad se hallaban las tierras de su propiedad. Tras aguijar las cabalgaduras por una cuesta doblada, se extendía a sus pies el Valle de las Mesas de Petapa. Era aquella una extensa llanura con veintisiete leguas de tierra de cultivo y trece pueblos de indios distribuidos a conveniente distancia. Había en el valle dieciséis labores de trigo y «... ocho maravillosos y opulentos ingenios de azúcar...». Cinco de aquellos ingenios pertenecían a órdenes religiosas, pero de los tres restantes uno le pertenecía a él.

La opulencia que el cronista le atribuye a tales empresas no debe tomarse como exageración de quien alaba lo suyo: su valor podía conjeturarse contemplando los extensos campos de caña azucarera, sus instalaciones de beneficio, recintos para habitación y oficinas, caminos, puentes, cercos, tomas de agua, sin contar con el ganado que siempre tenían en corta proporción.

Solían tener también templos particulares, que, en algunos casos, rivalizaban en lujo con los de la ciudad.

El cronista no era propietario solamente de ese ingenio. En otra parte se detiene a enumerar las cualidades del grano que se producía en sus labores de trigo, y aún menciona, de pasada, otras tierras que daba en arrendamiento en el Valle de las Vacas.

Se está viendo, pues, que Fuentes y Guzmán no era sólo un descendiente de conquistadores, sino que era, además, un heredero de la conquista. Es muy importante comprenderlo: la herencia de sangre y la herencia de poder, aunque generalmente marchaban juntas, no eran una misma cosa. En la sociedad colonial hubo un grupo de familias en las que, como en la de don Antonio, se conservaba sin mestizaje la sangre de los conquistadores y primeros pobladores españoles. Al mismo tiempo, esas familias poseían tierras, disponían del trabajo de los indios para hacerlas productivas y controlaban ciertos puestos de autoridad.

Esto quiere decir que el grupo había recibido de sus antepasados, por una parte, una herencia biológica constituida por ciertas características raciales y, por otra parte, una herencia económica y política en términos de propiedad y autoridad. Es de la mayor importancia establecer cuál de esos dos legados compactaba al grupo haciendo de él una entidad histórica definida; cuál de esas dos herencias le daba cohesión a la clase social.

Así, el problema de averiguar quién era Antonio de Fuentes y Guzmán, hombre representativo de un grupo social —según quedó dicho hace un momento—, nos obliga a esclarecer las características fundamentales del grupo. Hagámoslo.

III

Alguien ha dicho que Fuentes y Guzmán «...sentía la tierra como un criollo...», y el propio cronista se da ese apelativo en varias oportunidades: «...criollos como nos llaman...».

De manera general, la palabra criollo designaba a los hijos de españoles nacidos en América sin ningún mestizaje. Se empleó primeramente referida a los hijos de los conquistadores y primeros pobladores. Sin embargo, la constante inmigración de españoles a las provincias le fue dando nuevos matices de connotación a la acepción primitiva. No era lo mismo ser un criollo nuevo que un criollo de viejo abolengo indiano, porque los descendientes de conquistadores no querían ponerse en un plano de igualdad con los hijos de aventureros recién llegados. Estos aventureros, sin embargo, sostenían que su inmediata procedencia de España valía más que cualesquiera abolengos, y le daban a la palabra criollo un tono decididamente despectivo. Los criollos, a su vez, preferían llamarse a sí mismos españoles, haciendo a un lado su lugar de nacimiento y subrayando su origen, en todos los casos en que esto les fuera conveniente y posible.

Todos estos giros, aparentemente absurdos, tenían su razón de ser en la sorda pugna que mantuvieron entre sí los criollos y los españoles, la cual estudiaremos en otro lugar como una faceta de la lucha de clases durante la colonia.

Pero el concepto de criollismo no se agotaba, ni mucho menos, en una trivial cuestión de nacionalidades. Todos los matices señalados tenían un fondo común importante: se daba por supuesto que el origen español acarreaba superioridad, frente a los sectores indígenas y mestizos. Esta superioridad, emanada según ellos de su ancestro hispano, era una convicción absolutamente básica en la conciencia social de los criollos. Todas las buenas cualidades que encontraban en sí mismos —ya fueran reales o imaginarias—, así como las ventajas inherentes a su posición social, eran explicadas por ellos invocando una superioridad innata y fatal, que compartían con el español. A este respecto se hacían consideraciones en torno a la «limpieza de sangre», «la leche» y tópicos de ese estilo. Era una superioridad que sencillamente «se traía»...

Y la apariencia superficial de las cosas ciertamente favorecía a quienes sostenían aquel aserto: porque, en efecto, entre la gente de origen europeo aparecía una serie de facultades desarrolladas y una habilidad general que la ponía, sin lugar a dudas, en un plano de ventaja respecto de la población morena. Entre indios y mestizos, por otro lado, era evidente cierto atraso en cuanto a desarrollo intelectual y de habilidades. Coincidían, pues, ciertos rasgos raciales con ciertos niveles de desarrollo humano; y de allí deducían los criollos, sin tomarse más trabajo, una relación de causa y efecto: los blancos eran superiores porque eran blancos, y los indios eran inferiores porque eran indios.

Sin embargo, el hecho de que dos fenómenos se den juntos no significa que uno sea la causa del otro. Sabemos que la raza, por sí misma, no hace historia: no es factor que determine nada de importancia en el proceso social. Y ello significa que tenemos que explicar —si queremos ir de veras al fondo de la cuestión— en qué radicaba o de dónde provenía, entonces, la efectiva superioridad de los blancos sobre los indios y los mestizos en el contexto de la sociedad colonial.

IV

Para esclarecer este asunto tenemos que recorrer con la mente, durante unos instantes, perspectivas históricas amplias. El recorrido nos traerá por sí mismo, de nuevo y directamente, al asunto que nos ocupa.

Recordemos que la conquista de América fue el triunfo de unos cuantos grupos de aventureros, desamparados y alejados de su ambiente, sobre vigorosas organizaciones indígenas que vivían a lo largo de inmensos territorios. El descalabro que sufrieron grandes sociedades, como la mexicana y la peruana —no digamos los pequeños cacicazgos de Guatemala—, basta para indicar que había una aplastante superioridad de parte de los conquistadores, quienes, integrando cortas huestes y usando elementales argucias, lograron ponerlas bajo su dominio en poco tiempo.

Negar la superioridad de los conquistadores sobre los indígenas es una necedad aún más grande que atribuirla a motivos de sangre. Porque el aserto de la superioridad racial tiene al menos sentido para los opresores del indio: fomenta la creencia de que su sojuzgamiento fue un fenómeno determinado por causas biológicas. Es un disparate que beneficia a quienes lo sostienen. La postura romántica, en cambio, negando a secas cualquier tipo de superioridad a los conquistadores, deja en la oscuridad las causas del rápido y perdurable sometimiento de los nativos, y esa oscuridad, lejos de beneficiarlos en modo alguno, depara las mejores condiciones para la supervivencia de los prejuicios. Una postura científica frente a esta clase de problemas debe rechazar, con igual energía, los prejuicios racistas y los prejuicios sentimentales, juzgando a estos últimos tan perjudiciales como aquellos.

A principios del siglo XVI, España era uno de los países más desarrollados del mundo. Durante milenios había recibido los aportes culturales de las civilizaciones del Mediterráneo y del Cercano Oriente. Por las más diversas vías —inmigraciones, avanzadas comerciales como las griegas y las fenicias, dominaciones de muchos siglos como la romana y la musulmana, etc.— habían sido introducidos en aquella sociedad los alcances de la cultura material y espiritual de muchos pueblos. Los ágiles caballos de guerra españoles, que en el siglo XVI hicieron estragos en América y en la propia Europa, eran producto del desarrollo de la ganadería caballar más antigua, pasando, claro está, por la romana y la de los árabes. Lo mismo hay que decir de las técnicas del trabajo del acero, que alcanzaron tan alto desarrollo en Toledo en tiempos de la ocupación árabe. Y no hablemos de la pólvora —con la que habríamos mencionado los tres factores tecnológicos decisivos de la superioridad bélica de los conquistadores— porque hasta los niños saben dónde y cuándo fue inventada.

La cultura española del siglo XVI —como todas esas eclosiones de actividad y pensamiento que la Historia llama «siglos de oro» de los pueblos— fue resultado de una complejísima trama de procesos históricos en la que jugaron papel determinante los procesos económicos. Lo cual no quiere decir, ni mucho menos, que deba subestimarse el esfuerzo creador que realizaba el pueblo español en aquel momento. Lo que ocurre es que los pueblos están siempre entregados a un esfuerzo creador, pero el que los resultados sean óptimos o mínimos es cosa que viene determinada por coyunturas históricas tan ciegas como la que llevó a Colón, sin proponérselo jamás, a descubrir para España un continente del cual no tenían los españoles la más remota idea.

A pesar de que la sociedad española era una sociedad de clases, y de que, por tal motivo, la cultura española no era patrimonio de todo el pueblo, es cosa sabida que muchos conocimientos y habilidades que van asociados al trabajo productivo suelen ser de dominio popular. El más rústico de los conquistadores estaba familiarizado, desde la infancia, con ciertos procedimientos de producción agrícola y ganadera, con conocimientos generales relacionados con la elaboración de los metales, con un sinfín de elementos de cultura que flotaban en su ambiente y que eran propios del desarrollo económico general de España en aquel momento.

Eso determinaba, naturalmente, que el labriego conquistador tuviera un desarrollo intelectual superior al del sacerdote o sabio indígena americano. Porque no es obvio que la tecnología desarrollada otorga superioridad material, pero solemos olvidar que una tal tecnología introduce en el pueblo que la posee una amplia serie de conocimientos y procesos intelectivos que le son inherentes. El conquistador que atacaba a los indios con caballos de guerra no tenía a su favor únicamente la ventaja del servicio que le prestaba la bestia arrolladora, sino también el gran complejo de conocimientos y pensamientos que van asociados a la crianza, el amaestramiento y el trajín de los caballos.

Recuérdese, como ejemplo, las referencias a los caballos contenidas en la muy conocida carta de Pedro de Alvarado a Hernán Cortés después de la derrota de los indios quichés: refiere cómo, ignorando los indios que los caballos eran ineficaces sobre terrenos inclinados y escabrosos, caían fácilmente en la trampa que los jinetes les tendían al fingir que huían con las bestias hacia la llanura: «...Estando apeados bebiendo vimos venir mucha gente de guerra a nosotros, y dejámosla llegar, que venían por unos llanos muy grandes. Y rompimos en ellos y aquí hicimos otro alcance muy grande... (...)... y llegábansenos ya a una sierra y allí hicieron rostro. Y yo me puse en huida con ciertos de a caballo por sacarlos al campo, y salieron con nosotros hasta llegar a las colas de los caballos. Y después que me rehíce con los de a caballo doy vuelta sobre ellos; y aquí se hizo un alcance y castigo muy grande...».

He ahí una muestra sencilla del fenómeno general cuya importancia se quiere subrayar: la superioridad de desarrollo tecnológico conlleva una superioridad intelectual que opera en las más variadas situaciones. Superioridad cultural, en el sentido pleno del concepto de cultura: disponibilidad de más recursos materiales e intelectuales, que significan mayor dominio de la realidad. Todo ello como resultado de un proceso histórico peculiar. Tal era la superioridad de los conquistadores sobre los indios al momento de la conquista.

Podríamos cerrar este parágrafo indicando que la idea que en él se desarrolla no es nueva —si bien hay sobrados motivos para insistir en ella—. A su manera, clara y penetrante, Fray Bartolomé de las Casas ya les había dicho a sus compatriotas lo mismo, pues no hacía otra cosa al recordarles que los indígenas de la península ibérica, al tiempo de ser conquistados por los romanos, se encontraron en una situación igual a la de los indios en el siglo XVI.

V

Pero explicar la superioridad de los españoles en el momento de la conquista no significa todavía, ni mucho menos, haber explicado las causas por las que los indios quedaron en una situación de inferioridad permanente, duradera por tres siglos de coloniaje y aún mucho más acá del coloniaje. Y es eso lo que nos interesa, lo que realmente traemos planteado como problema.

La conquista suele verse como un choque de armas, como un evento bélico, y a aquello se debe que tengamos de aquel dramático suceso una visión tan estrecha y tan falsa. Es necesario comprender, sin embargo, que los indios no quedaron conquistados por el mero hecho de haber sido

13

derrotados; entender que aquellos sangrientos fracasos dejaron heridas a las sociedades indígenas, pero no sometidas todavía. Aquello fue solo el primer paso de la conquista, y de ningún modo su consumación. Es evidente que si después de los combates de Quetzaltenango y la matanza de Utatlán, después de recoger los indios muertos y de curar los españoles sus caballos, hubiesen sido los primeros retornando al trabajo normal de sus sembrados, y los segundos —permítasenos esta fantasía demostrativa— hubiesen tomado la azada para desmontar y colonizar unas tierras vírgenes que muchas había en aquellos contornos, es evidente, decimos, que no habría habido conquista. La guerra y la derrota, por sí solas, no fueron ni podrían haber sido nunca la verdadera conquista.

Es harto curioso que el hecho apuntado, evidente por sí mismo, venga siendo tan obstinadamente olvidado. Y más sorprendente resulta la omisión cuando se comprueba —como es fácil hacerlo— que los documentos de aquel período, así los de los conquistadores como los de los conquistados, dan clara noticia de que los indios no estuvieron sujetos y dominados mientras no se les despojó de sus fuentes de riqueza —apropiación de sus tierras— y se les sometió a esclavitud. Vale decir que la lucha armada fue solamente un medio, un recurso para llegar al sometimiento económico, y que este último fue el momento decisivo de la conquista. Y aún puede demostrarse que la evangelización fue una tercera fase: sometimiento ideológico, necesario, al igual que la fase militar, para la consolidación de la conquista económica.

En sus cartas de relación a Hernán Cortés, Pedro de Alvarado expresa claramente, en varias oportunidades y en distintas formas, que los indios, después de ser derrotados por las armas, rehuían la conquista alejándose, sustrayéndose al control efectivo de los españoles. Refiriéndose a los quichés, dice que tuvo que correrles y quemarles la tierra, y agrega que en esa operación le ayudaron los contingentes enviados para tal efecto por los cakchiqueles: «...cuatro mil hombres con los cuales y con los demás que yo tenía hice una entrada y los corrí y eché de toda su tierra. Y viendo el daño que se les hacía me enviaron sus mensajeros haciéndome saber cómo ya querían ser buenos... (...)... y les mandé que se viniesen a sus casas y poblasen la tierra como antes, los cuales lo han hecho así y los tengo al presente en el estado que antes solían estar, en servicio de su majestad.»

Refiriéndose a los zutujiles en otra carta, dice cómo se le huyeron a los montes y qué expediente empleó para sujetarlos: «...y allí asenté real a medio día y les comencé a correr la tierra...», y más adelante, en la misma carta pero haciendo referencia a los escuintlecos, dice: «...se metieron por los montes que no tuve lugar de les hacer daño ninguno, más de quemarles el pueblo. Y luego les hice mensajeros a los señores, diciéndoles que viniesen a dar la obediencia a sus majestades, y a mí en su nombre, y si no que les haría mucho daño en la tierra y les talaría sus maizales. Los cuales vinieron y se dieron por vasallos de su majestad...»

Los documentos indígenas, que refieren la conquista contemplada desde el ángulo de los vencidos, ilustran y confirman el hecho de la conquista económica con igual claridad. A este respecto son particularmente interesantes los Anales de los Cakchiqueles, pues en ellos se relatan las penalidades de un pueblo indígena que decidió, como muchos otros, aceptar la conquista —sometimiento económico— sin pasar por la resistencia y la guerra. Sabido es que los cakchiqueles le ofrecieron obediencia a Alvarado antes de que este llegara a sus territorios; a pedido del conquistador enviaron gente que ayudó a someter a los quichés; recibieron después a los castellanos pacíficamente en su ciudad, pero... ¡no pudieron soportar la conquista!: no pudieron sufrir las exigencias de carácter económico a que los sometió Alvarado: «...luego Tunatiuh les pidió dinero a los reyes. Quería que le dieran montones de metal.»

Decidieron entonces huir de su ciudad a los montes, y comenzó para ellos una larga guerra encaminada a reducirlos de nuevo a la tributación: «...Diez días después que nos fugamos de la ciudad, Tunatiuh comenzó a hacernos la guerra. El día 4 Camey (5 de septiembre de 1524) comenzaron a hacernos sufrir. Nosotros nos dispersamos bajo los árboles, bajo los bejucos. ¡Oh hijos míos! Todas nuestras tribus entraron en lucha con Tunatiuh...» Así se desencadenó la gran sublevación de los cakchiqueles, que duró cuatro años y significó un enorme derramamiento de sangre. La guerra tenía una sola finalidad, que el narrador indígena expresa sin vacilaciones: «...No nos sometimos a los castellanos (...) La muerte nos hirió nuevamente, pero ninguno de los

15

pueblos pagó el tributo.» Y cuando, por fin, los caciques comienzan a ceder ante el conquistador, el analista no lo expresa en términos bélicos, sino en términos de economía, de sometimiento económico: «...Entonces se comenzó a pagar el tributo (...) Durante este año se impusieron terribles tributos. Se tributó oro a Tunatiuh, se le tributaron cuatrocientos hombres y cuatrocientas mujeres para ir a lavar oro. Toda la gente extraía oro.»

Así entran los anales, después de describir la guerra, a narrar el primer período propiamente de conquista, con su larga serie de crímenes encaminados a regularizar y consolidar el régimen de explotación colonial de la primera época.

Como se ve, ni el conquistador ni el conquistado expresaron nunca, en sus documentos más directos y francos, que la conquista fuese consumada en las batallas. Estas fueron un medio, como ya quedó ilustrado.

La correcta comprensión de la conquista como proceso complejo, en el cual el momento económico es el determinante y decisivo, tiene una importancia extraordinaria para la correcta comprensión de la inferioridad —económica, social e intelectual— en que vinieron a quedar los indios para el resto de la vida colonial. No se puede entender el segundo problema si no se ha entendido el primero. Y debe suponerse que ese ha sido el motivo, precisamente, por el cual se ha rehuido siempre el análisis científico de la conquista, presentándola como una epopeya: al ocultar su esencia económica se esconde el factor determinante de la inferioridad de los indígenas en el contexto de la sociedad colonial.

Después de ser derrotados, los indígenas fueron obligados a tributar despiadadamente, fueron despojados de sus tierras, sometidos a esclavitud y ulteriormente a servidumbre. En capítulos venideros examinaremos con algún detenimiento esos temas. Lo que aquí interesa dejar asentado es que los nativos, puestos en una situación económica malísima, obligados a trabajar en las condiciones más duras para único provecho de sus amos, se vieron en adelante privados de toda posibilidad de superación.

Todo lo cual puede reducirse —y conviene hacerlo, en busca de la máxima claridad— al siguiente esquema causal:

a) Inferioridad tecnológica, y por ende de cultura general, en el momento de los primeros contactos y las luchas armadas.

b) Sometimiento económico y conversión del indio en fuente de riqueza para el nuevo grupo dominante: esclavitud y servidumbre.

c) De allí, inferioridad general permanente, derivada de las condiciones a que quedaron reducidos los nativos.

Quiere decir, pues, que cuando el grupo social de los criollos comenzó a elaborar y a esgrimir el prejuicio de su superioridad hispana —prejuicio básico en la ideología del grupo— el factor determinante de la efectiva superioridad que tenían sobre el indio no era la ascendencia española en términos de sangre y estirpe, sino la herencia de la conquista en términos de riqueza y poderío. Gozando de condiciones de vida muy favorables, ellos podían cultivar y desarrollar todas aquellas capacidades que no podían aparecer desarrolladas entre los indios.

Cerramos aquí el ciclo de reflexiones que se inició al afirmar que nuestro criollo, Antonio de Fuentes, descendiente de conquistadores, funcionario perpetuo, propietario de cañaverales y tierras de trigo, era un típico heredero de la conquista. Cabe esperar que el lector esté ahora persuadido de la importancia de ese rico concepto histórico —herencia de conquista— para la comprensión de la realidad y el pensamiento de la clase social que es tema de entrada en nuestro estudio.

VI

Pero los criollos, como todos sabemos, no tenían en sus manos el gobierno de la provincia. Tampoco poseían todas las fuentes de riqueza, ni controlaban a los indígenas en forma absoluta. Esto no ocurrió sino mucho tiempo después, con la Independencia, que fue la toma del poder por ellos. Aquella clase compartía el poder económico y político, en un plano de subordinación, con la monarquía española representada en sus funcionarios. Era una clase dominante a medias, y el proceso que dio lugar a esa peculiar situación debe ser conocido siquiera muy esquemáticamente.

Para extender y consolidar su dominio sobre las tierras indianas, la corona española se vio obligada a estimular y a premiar a los conquistadores y a quienes quisieran venir a poblarlas. El premio consistía en concederles diversos privilegios y ventajas que despertaban el interés por la conquista y que, una vez lograda esta, obligaban a radicar en las nuevas posesiones y a preocuparse por la conservación del imperio. La corona se ahorró de ese modo los enormes gastos que habría ocasionado la conquista como empresa estatal, pero creó con ello en América una sociedad con un núcleo de dominadores altamente privilegiados y poderosos. De allí arranca el carácter feudal de la sociedad indiana. Y de más está decir que para la provincia de Guatemala —territorio pobre en metales preciosos— aquellos privilegios vinieron a girar, primordialmente, en torno a la concesión de tierras y al dominio sobre los indios para obligarlos a trabajarlas.

El sistema de colonizar concediendo privilegios, si bien fue un expediente hábil que impulsó la conquista sin ocasionarle gastos a la monarquía, creó inmediatamente, empero, una contradicción fundamental entre los intereses de los colonizadores y los de la corona. Porque los conquistadores y primeros pobladores, aun aceptando la autoridad del Estado que les otorgaba tales privilegios, hubieran querido explotar estos dominios sin la intervención de nadie. Les estorbaba la presencia de la burocracia imperial que velaba por los intereses del rey, y con la cual, muy a su pesar, tenían que compartir los provechos que se obtenían de las provincias.

Entre los descendientes de los conquistadores y primeros colonos —es decir, entre los criollos— fue desarrollándose un sentimiento de suficiencia y de rebeldía frente al dominio de España, conforme aumentaba la capacidad productiva de sus propiedades y se hacían económicamente más fuertes. La culminación de este proceso fue la Independencia, pero el proceso mismo se observa a lo largo de los tres siglos coloniales: un forcejeo constante entre los funcionarios reales y los criollos como clase social. Unos y otros tenían el propósito común de extraer el máximo de riqueza de la tierra a base del trabajo de los indígenas, y por eso se estorbaban. Los interminables conflictos entre Audiencias y Ayuntamientos —instituciones representativas, respectivamente, de los intereses de la corona y de los criollos— fueron una manifestación evidente de aquella pugna.

Quiere decir, pues, que la ideología de clase de los criollos —el criollismo— no entrañaba únicamente fórmulas justificadoras de una situación de privilegio —prejuicios de superioridad—, sino también, y esto reviste la mayor importancia para nuestro estudio, fórmulas veladas de ataque y defensa frente a lo español. Hay que situar a los criollos en la trama de la sociedad colonial, con los funcionarios imperiales regateándoles el dominio, y con la masa de mestizos, mulatos e indios —estos últimos en gran mayoría— en posición de inferioridad económica, y por ende también social y política. Importa tener muy presente esa ubicación, porque la ideología de los criollos, lejos de ser simple y coherente, estaba llena de contradicciones y de ambigüedades que no se explican sino refiriéndolas a una pugna de clases multilateral: frente a indios, mestizos y mulatos, ellos eran dominadores y explotadores en diversas formas; frente a las autoridades españolas eran parcialmente dominados aunque no explotados: eran partícipes insatisfechos y quisquillosos en el sistema de explotación colonial.

Ahora bien, el documento más valioso para estudiar aquella ideología en el reino de Guatemala, y para descubrir, al mismo tiempo, sus motivaciones ocultas en una dinámica de clases, es la Recordación Florida de Francisco Antonio de Fuentes y Guzmán. Habíamos dejado pendiente una pregunta acerca de ella: ¿Qué se proponía el cronista criollo al escribir su obra? ¿Qué indujo a un terrateniente sin formación universitaria a escribir el documento histórico más notable del período colonial guatemalteco? Retomemos ese asunto.

VII

En las primeras páginas de la crónica, el autor expresa tres motivaciones, tres incitantes que, según él declara, fueron los que lo llevaron a emprender el prolongado trabajo de escribirla. Vale la pena enunciarlos y escudriñar su fondo social, porque lo tienen.

El regidor Fuentes y Guzmán fue algo así como el historiador del Ayuntamiento. A él se le encargaba dilucidar todos aquellos asuntos que por su antigüedad le resultaban dudosos al Cabildo. Haciendo esas pesquisas en los archivos de la institución, vinieron a sus manos unas Reales Cédulas en las que los reyes pedían, ya desde el siglo XVI, que se redactasen informes y relatos sobre la realidad geográfica y política de la provincia. La corona, como es sabido, expidió órdenes de este tipo en todo tiempo y para todas las provincias; el conocimiento de sus peculiaridades era indispensable para orientar la política colonial desde la metrópoli. Así nacieron las más célebres Crónicas de Indias. Nos dice el cronista, pues, que el hallazgo de estas órdenes, y la comprobación de que nadie había emprendido la tarea de escribir un informe completo del reino, le inspiraron la iniciativa de tomar dicho trabajo para sí.

En estrecha relación con aquella iniciativa —agreguemos nosotros— surgió en él la aspiración de obtener el título de Cronista del reino, y a eso se debió que, al terminar de escribir la primera parte de su crónica, enviara una copia al Consejo de Indias y encargara a un amigo para que gestionase lo del título. Pero cuatro años más tarde recibió una carta en que su agente informaba, con pena, que la copia se había extraviado en el Consejo y que desistía de recuperarla. La crónica no despertó interés en aquel alto órgano de gobierno indiano, y don Antonio no obtuvo nunca el célebre título que tanto le entusiasmó en un principio.

Estos últimos datos vienen a cuento porque demuestran que las reales órdenes y la ambición del título, habiendo sido quizá motivaciones secundarias de la obra, no fueron su motivación principal. Lo prueba el hecho de que, después de perder toda esperanza de buena acogida para su obra en el Consejo, Fuentes haya seguido escribiendo la Recordación hasta terminar la segunda parte, mucho más extensa que la primera y más compleja en su estructura.

La segunda motivación expresada por el cronista es como sigue:

Hacia 1675 llegó a Guatemala la edición española de la Historia Verdadera de Bernal Díaz del Castillo. Los descendientes del conquistador y cronista se interesaron, como era natural, en la lectura de aquella obra cuyo manuscrito original se conservaba entre ellos como joya de familia. Antonio de Fuentes había leído desde su juventud dicho manuscrito, y no tardó en percatarse de que la edición española contenía algunas alteraciones de texto que a él le parecieron graves. En la entrada de la Recordación nos dice, pues, que se propone enderezar aquellas alteraciones del original de su «ínclito y generoso progenitor...» y presenta ese cometido como una de las motivaciones de su propia obra.

Pero sucede que las rectificaciones se le quedaron en el tintero, y que, después de haber puesto tanto énfasis sobre el asunto en la entrada de la crónica, las olvida en el largo camino del relato. Las divergencias entre la edición y el manuscrito, aun siendo de detalle, habrían merecido algo más que las breves alusiones que Fuentes les dedica muy al principio de su obra. Y esta inconsecuencia pone al desnudo, en el umbral mismo de la Recordación, en qué medida está toda ella empujada por móviles enraizados en una conciencia de clase.

La mención de Bernal Díaz —ruidosa mención en las cuatro primeras páginas de la crónica— responde a la necesidad, por parte del criollo, de señalar su abolengo de conquistadores y presentarse como un descendiente de ellos. Los criollos no desaprovechaban ninguna oportunidad de recordarle a la corona —y no olvidemos que la primera parte de la Recordación fue escrita pensando en el Consejo de Indias— que eran sucesores de quienes habían ganado estos dominios para ella. Hubieran deseado proclamarlo todos los días ante el rey en persona. Esa es la verdadera razón, y no otra, de que Fuentes y Guzmán haya querido levantar la efigie de su antepasado a la puerta de la Recordación Florida.

Fácilmente lo revela el desmedido énfasis que pone en todos los párrafos en que habla del conquistador: «...habiéndome dedicado en mi juvenil edad a leer, no solo con curiosidad sino con afición, veneración y cariño, el original borrador del heroico y valeroso capitán Bernal Díaz del Castillo, mi rebisabuelo, cuya ancianidad manuscrita conservamos sus descendientes con aprecio de memoria estimable...», etc. En todas las ocasiones en que alude al manuscrito del conquistador, habla con desenfado de «...mi Bernal... mi Castillo...», y cabe suponer que esa ingenua pedantería, del más puro sabor criollo, haya sido la desgracia de la crónica ante el Consejo; porque a mediados del siglo XVII le resultaba muy molesto a las autoridades españolas que les recordaran que América había sido ganada por el esfuerzo privado de aquellos aventureros ambiciosos.

Así, pues, las dos primeras motivaciones aducidas por el cronista quedan refutadas por la crónica misma. La Recordación no fue escrita en obediencia de unas viejas cédulas, porque ese estímulo quedó anulado al ser desestimada la primera parte de la obra por el Consejo de Indias. Tampoco fue escrita para rectificar las alteraciones de la primera edición de Bernal Díaz, porque no se cumple tal cometido en la obra, ni habría sido necesario, para cumplirlo, desarrollar un enorme relato panorámico que consta de mil novecientas treinta páginas en el manuscrito. No fueron esas las instancias que impulsaron a Fuentes y Guzmán a escribir su crónica monumental.

La Recordación Florida es fruto de un sentimiento hondo, apremiante y persistente, que el cronista declara en pocas palabras en la introducción de la obra, y que, según se comprueba al leerla, anima todas sus páginas, desde el principio hasta el fin. Dice don Antonio de Fuentes y Guzmán que la tercera gran razón de su trabajo ha sido «...el amor a la patria, que me arrebata...».

¿Sentimiento de patria en el siglo XVII?

¿Patria cuando aún faltaba mucho más de un siglo para la Independencia?

VIII

Sí. La Recordación Florida es el primer documento en que se manifiesta, de manera clara y vehemente, la idea y la emoción de una patria guatemalteca.

El vocablo suena muy de cuando en cuando a lo largo del relato, pero la crónica es, toda ella, una exaltación, un canto y una defensa del reino de Guatemala. No del reino como un trozo del imperio español, sino como algo que vale por sí mismo y que, precisamente, debe ser valorado con abstracción de cualesquiera imperios para hacerle justicia. No la madre patria, sino la patria nueva, americana.

Pero cuidado. La idea de patria está siempre llena de problemas, se sustrae de toda definición formal, cambia de contenido con el mudar de las situaciones históricas, presenta significaciones diversas según los puntos de vista de las clases sociales, y nada hay más demagógico y simplista que atribuirle un contenido universal y permanente. La idea de patria que estaba naciendo en Guatemala en el siglo XVII, y que se halla presente en el fondo de los arrebatos y alegatos de la Recordación Florida, es la patria del criollo. Es un producto ideológico de la lucha que sostenían los criollos con la madre patria, con España. Como cualquiera otra idea política, esta idea era la expresión de un complejo de intereses de clase que tenía su origen en una situación económica. Los criollos estaban defendiendo su patrimonio de herederos de la conquista, y ese patrimonio fue la base material de la que surgió entre ellos la idea de patria.

Tuvieron los indios, desde luego, sus patrias antes de ser conquistados. En el Popol Vuh y en los Anales de los Cakchiqueles se nos habla —ese es, en realidad, su verdadero tema— de unos territorios poseídos, de un pasado lleno de luchas para llegar a esa posesión, y se hace temerosa referencia (los documentos fueron escritos después de la conquista) a la pérdida de aquella posesión. Los quichés y los cakchiqueles no solo son claros al referirse en ambos documentos a su patrimonio perdido, sino que también manejan el concepto de patrimonio territorial referido a otros pueblos indígenas por ellos combatidos y dominados. Pero al ser conquistados, los indios perdieron sus territorios y hasta su libertad individual, convirtiéndose, a través de la conquista, en patrimonio de los conquistadores y de sus descendientes. Por eso la patria del criollo no es en modo alguno la patria del indio. El indio es un elemento de la patria del criollo, una parte del patrimonio que estaba en disputa con España. Lo cual no tiene nada de extraño, porque, en la historia del mundo, nunca fueron compatriotas el esclavo y su amo, ni el siervo y su señor.

Cuatro son los grandes temas de la Recordación Florida, a saber: la conquista, la tierra, los indios y España. No solo porque están presentes en todo momento, colmando los densos capítulos de la crónica, sino porque son los que el cronista trabaja con pasión y angustia, poniendo en ellos cargas emocionales del más diverso matiz. Y no es extraño que así sea, porque trata, en primer lugar —conquista—, de la fuente y el origen del patrimonio criollo; después —tierra e indios—, de los dos aspectos más importantes del patrimonio en sí; y finalmente —España—, de la fuerza que impedía el pleno dominio y disfrute del patrimonio, arrebatándole a los criollos un pedazo de él. Son las cuatro raíces de la patria criolla. Serán, por lo mismo, los asuntos de nuestro análisis en los capítulos venideros, enderezados a comprender las características esenciales de la clase social de los criollos y de su ideología de clase: el criollismo.

Séanos permitido cerrar este capítulo, preámbulo general e indispensable del examen subsiguiente, refiriendo un episodio oportuno, que es algo más que una anécdota:

Hacia fines del año 1688 terminó de escribir su Crónica de la Provincia del Santísimo Nombre de Jesús el religioso Francisco Vásquez. Fuentes y Guzmán estaba escribiendo por aquel entonces la primera parte de la suya y eran entrambos buenos amigos. Vásquez era miembro de una familia criolla, y recordemos, de pasada, que en el seno de la Iglesia se libró igualmente una sorda pugna entre religiosos criollos y peninsulares. Pues bien: la licencia para imprimir la obra de Vásquez promovió, según las modalidades de la época, un engorroso papeleo ante las autoridades civiles y eclesiásticas de Guatemala. El Ayuntamiento tuvo que rendir también su dictamen, y en este caso, como en todos los que tocaban asuntos históricos, fue el regidor Fuentes el encargado de rendir informe sobre las cualidades de la crónica del fraile. El informe es interesantísimo en relación con lo que venimos tratando.

Junto a las muchas bondades que el concejal dice hallar en la obra de su amigo, recarga el acento sobre el hecho de que el autor es hombre nacido en el país. Es como si quisiera decir que solo los hombres nacidos en Indias pueden hablar con justicia del valor de estos territorios. O lo que es lo mismo: veladamente está negándole autoridad para juzgarlos a los extranjeros, extraños en ellos. «...Es un libro en todo admirable —dice el informe, y agrega, refiriéndose a la nacionalidad del autor—: ...y por natural de la patria en que escribe, más aclamado de los redobles de su trompa...». Las obras de esta índole deben darse a conocer «...para lustre de este nuevo mundo...» y el criollo debe alzar su voz en nombre de «la patria en que escribe...».

He ahí, expresado en otra forma, el sentir que hemos señalado como fuerza estimuladora de la crónica de Fuentes. Su mundo le era querido porque era suyo; y más hondamente querido porque no era totalmente suyo. El indio había sido desplazado y el español venía a ver a quién desplazaba. Los criollos eran, digámoslo así, el grupo emplazado, amenazado y puesto en trance de defender lo suyo. Este fondo posesivo, relativo a una posesión que los antepasados habían conquistado y que era preciso conservar y ampliar, constituye la causa profunda del amor exaltado que el criollo sentía hacia su mundo.

Pasemos a examinar este asunto en toda su complejidad.

CAPÍTULO SEGUNDO: LAS DOS ESPAÑAS

I. Gachupines. II. Causas de la idealización de la conquista. III. El héroe bribón. IV. Brutalidad de la primera etapa colonizadora. V. Los defensores de indios y causas de su éxito. VI. Las Leyes Nuevas y la abolición de la esclavitud de indios.

I

Los refranes y proverbios suelen compendiar importantes jirones de la realidad social. En los siglos coloniales corría un proverbio, burlón y elocuente, que bien puede aparecer en la entrada de este capítulo; decía así: gachupín con criollo, gavilán con pollo. Aludía, claro está, a la enemistad entre españoles y criollos, y discretamente insinuaba ciertas ventajas de los primeros sobre los segundos. El proverbio debe haber corrido entre las capas medias de la población, entre mestizos y mulatos, porque en su mucho acierto y poca parsimonia denota algún rudo desprecio para los dos grupos dominantes por igual.

La pugna entre españoles americanos y españoles peninsulares fue muy acusada en las provincias mayores, como México y Perú, y los historiadores de esos países han dado amplia noticia del fenómeno. Son abundantes las pruebas de que en el reino de Guatemala hubo también virulenta enemistad entre ambos grupos sociales. El fraile, viajero, cronista y espía Tomás Gage —¡que todo eso fue el célebre inglés!— llegó a la conclusión, después de vivir doce años en esta provincia, de que criollos y españoles eran «...dos grupos de habitantes, tan opuestos entre sí, como en Europa los españoles y los franceses...» y no juzga exagerado indicarle al gobierno británico que «...el odio que se profesan unos a otros es tal, que me atrevo a decir que nada contribuiría tanto a la conquista de América como esa división...».

Por lo que hace a la crónica de Fuentes y Guzmán, escrita cincuenta años más tarde que las noticias de Gage, se comprenderá que es un verdadero tesoro de información histórica sobre aquella enemistad. Y es de advertirse, pues el detalle no carece de interés, que la segunda parte de la obra es mucho más franca y rica en la expresión del pensamiento criollo frente a España; mucho más decidida en su actitud criollista, ya que, según se recordará, la primera parte había sido escrita para obtener la aprobación del Consejo de Indias. La diferencia entre ambas partes a este respecto es muy notoria y además significativa.

Pero, independientemente de la diferencia señalada, en toda la Recordación Florida salta a la vista que en la mentalidad del criollo había dos Españas. Una era la España conquistadora, que a él se le antoja sublime, llena de hidalguía y de elevadas miras; otra es la España mezquina representada por funcionarios de espíritu calculador y por barcadas de emigrantes que ambicionaban una tajada del Nuevo Mundo. La primera de esas dos Españas aparece embellecida, idealizada —precisamente a los criollos les debemos la idealización de la conquista, esa deformación histórica que aún no nos hemos quitado de la cabeza—. La segunda España aparece empequeñecida, y es en todo momento motivo de amargura para el cronista.

Explicar cómo la España grata a la memoria de los criollos vino a convertirse en la España que disputaba los provechos de América, ese es el asunto que ahora tenemos entre manos. Se trata de un proceso importante y complejo, cuyo estudio nos introduce en terrenos poco conocidos de la vida colonial.

II

Algunos comentaristas han criticado duramente a Fuentes y Guzmán por su falta de imparcialidad en cuanto se refiere a los primeros tiempos de la colonización, y ha habido quien lo califique, no sin razón, de «...admirador servil y parcial de los conquistadores...». Es preciso, sin embargo, ir un poco más allá y buscar las raíces sociales del fanatismo del cronista, no solo porque la labor histórica queda truncada si se limita a señalar los hechos sin explicar sus causas, sino también porque el indicado fanatismo, la ciega veneración a los conquistadores, puede haber sido mucho más que una limitación personal del cronista; pudo ser un rasgo característico de la ideología de su clase social.

Fuentes y Guzmán ve en la conquista un hecho providencial, y en los conquistadores «...instrumentos escogidos de Dios para esta grande obra...». Y sería equivocado suponer que se trata, simplemente, de una concepción providencialista de la Historia. Se trata de una divinización que va más allá de tales exigencias filosóficas. El verdadero motivo de que el criollo ponga tan por los cielos un evento histórico que discurrió tan apegado a la tierra se pone de manifiesto en la lectura atenta de la propia crónica. Son numerosísimos los párrafos en que el autor expresa con toda claridad las razones por las cuales, en opinión suya, era de justicia tener a los conquistadores en el más elevado pedestal de admiración. En todos esos trozos resuena un tema fundamental: la gratitud.

El bienestar, el desahogo, la euforia que a los criollos les deparaba su privilegiada posición económica y social se la debían, en efecto, a quienes habían tomado la tierra y habían sometido a los indios. Los criollos tenían clara conciencia de que ellos estaban gozando lo que otros habían conquistado. Y como ninguna clase explotadora reconoce que le debe su bienestar a aquellos a quienes explota, sino más bien prefiere reconocerse deudora de quienes históricamente la colocaron en posición de ventaja y privilegio, de allí que los herederos de la conquista, los criollos, sintieran verdadera veneración por los conquistadores.

Los verbos disfrutar y gozar se hacen presentes en todos los pasajes en que el cronista hace el panegírico de la conquista, y aun en muchos en que alude a sus jugosas consecuencias sin mencionarlas directamente. Así, por ejemplo, al describir el Valle de Petapa —en que se encontraba su «opulento» ingenio azucarero—, no puede menos que evocar las dificultades que tuvieron que vencer los conquistadores para domeñar a los indios de dicha región, y compara aquellos difíciles días con «...el regazo y blandura de la paz que hoy gozamos...».

El himno a los conquistadores expresa siempre el reconocimiento de «...todo lo que hoy gozamos, por la industria y tesón laborioso de aquellos heroicos españoles...», «...aquellos que nos dejaron ganada la tierra, y fundamentado lo que sin otro trabajo que entrarnos dentro gozamos...». Y fácilmente se comprende que esa exhortación a la gratitud se torna más ruidosa cuando el criollo tiene en mente a los peninsulares, a quienes, como se explicará más adelante, les interesaba negarle méritos a la conquista para restarle derechos a los criollos. En esos momentos el cronista clama ante el espectáculo de la ingratitud:

«...porque en estos tiempos no se atiende a los verdaderos méritos de quienes verdaderamente sirvieron a Dios y a Su Majestad, y que ganaron esta tierra llena de abundancia y delicias para que la posean los que se olvidan de estos varones, en todo grandes, a quienes tanto deben.»

Sin embargo, la gratitud no fue la única causa de idealización de la conquista por los criollos. Es preciso comprender que en aquel estrepitoso reconocimiento hacia quienes dejaron dominado «lo que hoy gozamos» se esconden, a su vez y en un nivel más profundo, delicadas implicaciones sociales y mecanismos de defensa que podemos dejar brevemente apuntados:

Engrandecer los méritos de la conquista era un modo de reforzar los derechos y merecimientos de los descendientes de los conquistadores. Esto era muy importante para los criollos, porque comprometía a la corona a mantenerse firme y consecuente en el pago del grandioso servicio que aquellos hombres le habían hecho y sus descendientes le cobraban.

Además, manteniendo viva y muy presente la continuidad genealógica entre los conquistadores y los criollos, estos trataban, sin lograrlo, de cerrarle las puertas a los nuevos inmigrantes españoles. Porque, mal o bien, se creaba la impresión de que estos últimos eran usurpadores, advenedizos que venían a recoger los frutos de lo que otros habían sembrado para sus hijos.

Se está viendo, pues, que la idealización de la conquista iba íntimamente unida a la necesidad de mantener vivo su recuerdo, y que, todo esto junto, respondía a una necesidad social de los criollos.

Ahora bien; los inmigrantes, los españoles recién venidos a Indias, trataban de negar y disminuir la importancia de la conquista. Para hacerlo solían referirse a las guerras y triunfos de España en Europa y África, en donde no se había luchado contra armas de piedra y madera, decían, sino contra ejércitos que contaban con iguales y aun superiores recursos de guerra.

En la Recordación hay varios trozos que reflejan la controversia que se mantenía en torno a estos tópicos, y vale la pena citar alguno para que se vea el tono de pesadumbre y disgusto que la polémica le arranca al criollo:

«...queriendo macular de todas maneras, aun los propios españoles, los más heroicos y famosos hechos de los conquistadores, cuyo valor y cuya bizarría aún no aciertan a emular. Porque ni pueden desmentir ni les es fácil negar los ilustres y clarísimos servicios de América, y juzgan que no merecen el crédito y renombre de hazañas las que no se ejercitaron en África o Europa. Y es tal la seguridad, que aún las fundaciones que hallaron construidas para su comodidad las vituperan (...) sin haber examinado lo que aquellos admirables varones, que nos llevan la delantera, y también la primacía, se desvelaron, trabajaron y atendieron...»

En trozos como este se perfila el engreimiento del español recién llegado, que menospreciaba el esfuerzo de los conquistadores, y, frente a él, el criollo aferrado a «...aquellos dichosos y felices siglos...». Allí están las dos Españas. El criollo tiene que aferrarse a la antigua para enfrentarse a la moderna, y ese afán lo lleva a extremos que pueden parecer ridículos si solo se los mira superficialmente. Al describir, por ejemplo, las batallas de la conquista, llama siempre a los conquistadores «los nuestros»: «...manteniéndose constantes los nuestros, quedaron heridos muchos...»; «...desordenados del todo, dejaron la campaña al arbitrio de los nuestros...». Refiriendo episodios tan alejados del sojuzgamiento de Guatemala como pueden serlo las expediciones de descubrimiento de las costas de México, habla sin reticencias de «...nuestra armada...».

El tiempo era enemigo de los criollos. Los siglos que los separaban de la conquista iban alejándolos, más y más, de la época en que sus antepasados habían conquistado estos territorios y la corona se había visto obligada a pagar, a ceder, a entregarles un desmesurado poder en el Nuevo Mundo. Los criollos seguían exigiendo el pago de aquella deuda, pero se les escuchaba cada vez menos. Por eso había que clamar y reclamar y, sobre todo, había que agigantar la conquista, para que no se viera pequeña desde lejos.

III

Movido por las urgencias sociales señaladas, nuestro cronista desaprueba que los relatos españoles de la conquista no se detengan a referir por separado, como él desearía, las hazañas de cada uno de los conquistadores de Guatemala. Ve una injusticia de los narradores en el hecho de que atribuyan las hazañas al grupo conquistador «...confusamente, debajo del nombre genérico de españoles...». No acierta a comprender que los relatos, escritos casi dos siglos atrás, no podían prever la utilidad que tal especificación habría de llegar a tener, con el tiempo, para una clase social que por entonces aún no existía. Los criollos hubieran querido una crónica particular para las hazañas de cada uno de los cuatrocientos cincuenta conquistadores de Guatemala. Ello les habría sido particularmente útil en la segunda mitad del siglo XVII, cuando sonaban ya monótonas e ineficaces aquellas reclamaciones «por muy señalados servicios a Dios y a su Majestad...».

Pero, a falta de otras noticias, allí estaba el copioso recuerdo del capitán de la conquista, del Adelantado. Su figura era, por excelencia, el símbolo de aquella remota empresa. Y la deformación de la conquista de Guatemala alcanzó su punto más extremado y grosero en la idealización de Pedro de Alvarado. Este personaje sanguinario («este infelice malaventurado tirano», como lo llama en algún lugar Fray Bartolomé de las Casas) se convirtió, por obra de la admiración de los criollos, en un semidiós adornado con virtudes que nunca tuvo. Fuentes y Guzmán lo llama «...Hércules, que desde la cuna despedazaba áspides...», «...Alcides castellano...», y lo califica moralmente como «...incapaz de ladearse a otra parte que la de la razón y justicia...», «...compasivo y esclarecido...». Llega al flagrante extremo de presentarlo animado de una actitud amorosa y piadosa hacia los indios.

Claro está que este último extremo, en abierta contradicción con la crueldad que caracterizó a Alvarado, solo puede alcanzarlo el cronista gracias a su apasionada ceguedad. Así, por ejemplo, al comentar ciertas ordenanzas dadas por el Adelantado para impedir que se siguiera sacando indios para venderlos en Nicaragua y en el Perú, el cronista no puede o no quiere entender que aquel negocio de esclavos era un atentado contra los intereses del grupo de conquistadores esclavistas de Guatemala; y, en lugar de informar que Alvarado protegía con las ordenanzas la existencia de la principal fuente de enriquecimiento de los conquistadores —el trabajo de los indios esclavos—, nos dice que allí hay una «...muestra del amor que les tenía y deseo de su conservación».

Puede encontrarse en la Recordación un buen número de fallas interpretativas como la anterior, debidas todas al impulso idealizador de la conquista. Parece no darse cuenta —he aquí otro ejemplo— de que los avisos y embajadas que enviaba Alvarado a los indios antes de hacerles guerra, los famosos requerimientos, eran una formalidad legal enderezada a justificar la violencia y la esclavización de prisioneros, y los interpreta como pruebas de que el capitán agotaba todos los recursos para evitar la lucha, según eran sus inclinaciones dulces y piadosas.

Es conveniente dejar indicado que Fuentes y Guzmán tuvo en sus manos muchísimos documentos que daban testimonio, de manera clarísima, de que Alvarado había sido un bribón. Leyó desde la infancia el manuscrito de Bernal Díaz, en el cual, lejos de aparecer un Alvarado compasivo y esclarecido, aparece como un guerrero impulsivo, al que Hernán Cortés tenía que refrenar para impedir que cometiese crueles torpezas y atropellos. Aparece allí el Alvarado de las masacres, que con su inclinación al derramamiento de sangre puso al borde del fracaso la conquista de México. Todo ello se le pasó por alto al criollo en la lectura de «su Bernal».

Tuvo también a la vista las actas más antiguas del Cabildo de Guatemala —las cita muchas veces—, en las que consta que entre los propios compañeros del conquistador se le llegó a tener por «odioso». Leyó al primer cronista de Guatemala —Fray Antonio de Remesal—, en cuya obra abundan testimonios de lo que realmente había sido el Adelantado. Tuvo noticia del juicio que se siguió contra Alvarado en México, en el cual se le acusó principalmente de crueldad con los indios. El conquistador no pudo refutar dicho cargo, y su defensa consistió en echarle en cara al rey que las crueldades habían redundado en gran beneficio para la corona:

«...y si algún pueblo se quemó y algo se robó, yo no vi ni supe de ello (...) salvo los dichos españoles y cristianos que iban conmigo, como suelen y acostumbran hacer en semejantes guerras y entradas...»; «...todas las guerras y castigos que se han hecho han sido causa de que la tierra esté como está, debajo de dominio y servidumbre, y si no se hiciera, según la multitud de indios y los pocos cristianos que había, no se ganara, de que Vuestra Majestad no fuese servido...».

Finalmente, don Antonio conoció los papeles del Obispo Marroquín encaminados a poner en orden las cosas de Alvarado después de su muerte. Cita esos papeles incidentalmente, no refiriéndose a la muerte del Adelantado (al tocar ese tema no los cita), sino relatando cómo se formó el barrio de Jocotenango en las afueras de la antigua ciudad de Guatemala. Resulta que dicho suburbio nació como asiento de unos indios a quienes el conquistador —«compasivo y esclarecido, incapaz de ladearse a otra parte que la de la razón y justicia»— había engañado en los términos que describe su testamento, hecho por Marroquín, citado por Fuentes y transcrito en la Recordación Florida:

«...Primeramente digo: que por cuanto el dicho Adelantado dejó en el valle y términos de esta ciudad una labranza de tierras, donde están muchos esclavos casados con sus mujeres e hijos, y a mí me consta no se haber hecho esclavos con recta conciencia, porque en los años primeros de la población de la dicha labranza el dicho Adelantado llamó a los señores principales de los demás pueblos que tenía en encomienda, y les hizo cierta plática, y les pidió a cada señor de cada pueblo que le diesen tantas casas con sus principales, para las poner y juntar en la dicha labranza. Los cuales, como le tuviesen por Señor y averlas conquistado, se las dieron así como las pidió. E se herraron por esclavos los más dellos in preceder otro examen. E para descargo de la conciencia de el dicho Adelantando, y conforme a lo que yo con él tenía comunicado e platicado, y a lo que sabía de su voluntad, digo: que dexo por libres a todos los indios esclavos que están en la dicha labranza milpa, e a sus mujeres e hijos».. En dos palabras: deseoso de obtener trabajadores para una labranza que poseía en las inmediaciones de Guatemala, Alvarado pidió a varios pueblos que contribuyesen con algunas familias para crear un nuevo poblado, y cuando los tuvo reunidos, se apropió de ellos como esclavos y fueron marcados con hierro".

¿Cómo pudo el cronista soslayar tantos hechos que hacían de su héroe un pillo?, ¿de dónde sacaría los rasgos de generosidad con que lo adorna? No puede decirse que su optimismo fuese cosa de «la época», porque sabemos que Alvarado fue reprobado y llevado a juicio por sus contemporáneos, y el propio Obispo Marroquín —gran amigo y confidente suyo— juzgó que la conciencia del Adelantado estaría más tranquila en la otra vida si se daba la libertad a los esclavos de Jocotenango.

En la idealización de la conquista de Guatemala, fue la crónica de Fuentes y Guzmán la aportación más notable. Ningún documento anterior se había lanzado con tanto atrevimiento y convicción a embellecer los hechos y los personajes de aquel período. Y por lo que toca al capitán de la conquista, todos los documentos ulteriores se basaron en la Recordación Florida para seguir desarrollando el mito de «don Pedro». Lo cual no es casualidad y debe ser comprendido en toda su significación. Fuentes y Guzmán fue el cronista criollo de Guatemala. A él le correspondía, por motivos de clase, echar los fundamentos de la idealización histórica de la conquista. No a cronistas religiosos como Remesal y Ximénez, que fueron españoles de nacimiento. No a Vásquez, que por su filiación franciscana estuvo obligado, más bien, a hacer la crónica de su orden religiosa. Ni siquiera a Bernal Díaz, porque la idealización de la conquista no fue exigencia de los propios conquistadores, sino, al contrario, los documentos de los conquistadores ofrecen los más valiosos elementos para refutar aquella idealización.

En la realidad no hay epopeya; esta es siempre una elaboración de las generaciones que miran hacia atrás e idealizan las acciones de los hombres de guerra. La idealización responde siempre a determinadas necesidades históricas que son, en definitiva, el factor decisivo para que surja una epopeya. La idealización de la conquista de América fue obra de los cronistas e historiadores criollos, en tanto que fueron voceros de su clase social. Fuentes y Guzmán cumplió ese cometido para Guatemala, movido por las exigencias de clase ya señaladas. De ahí que resulte superficial contentarse con calificarlo de fanático, cuando su fanatismo es un dato histórico del mayor interés que reclama una adecuada interpretación.

Para entrar al estudio del proceso por el cual la monarquía, tras verse obligada a darle mano libre a los conquistadores y primeros colonos, vino a recuperar el gobierno efectivo de las provincias, nada mejor que examinar el desarrollo de dos instituciones coloniales importantísimas: la encomienda y el repartimiento. Pese a que fueron verdaderos ejes del sistema colonial, se las conoce poco, y lo que de ellas se sabe aparece generalmente en definiciones muertas. Es preciso, sin embargo, conocerlas en su desarrollo vivo, en el contexto de la lucha de clases y como resultado de la misma. Las transformaciones que sufrieron estas dos instituciones fueron resultado —como se verá— de la lucha librada entre el poder centralizador del imperio y el poder local de los conquistadores y colonos y sus descendientes. Sintetizan esa lucha y facilitan su comprensión.

Repartimiento y encomienda fueron instituciones que nacieron unidas, entrelazadas, y así permanecieron durante su primera etapa. Las implantó Cristóbal Colón en las Antillas, y en su forma primitiva pasaron al continente con las empresas de conquistas ulteriores. El repartimiento tenía dos aspectos, pues consistía en repartir tierras y también indios para trabajarlas; y como este segundo aspecto se justificaba diciendo que los indígenas eran entregados para que el favorecido velase por su cristianización —le eran encomendados para ello—, de allí que repartir indios y encomendarlos fuese, en esa primera etapa, una y la misma cosa. La encomienda primitiva era en realidad un pretexto para repartirse los indios y explotarlos, y como ninguna instancia superior controlaba lo que se hacía con ellos, vinieron a estar, de hecho, esclavizados.

Las arbitrariedades que se cometieron en este período con los naturales son casi increíbles, y la documentación guatemalteca es abundante y pavorosa en este respecto. Nos hallamos en la etapa primitiva de la colonización. La corona de España no aprueba los vejámenes que se cometen en su nombre, pero tiene que tolerarlos, porque la despiadada explotación de los indígenas es el acicate de la conquista y el pago de la implantación del imperio. Los reyes enviaron constantes recomendaciones de que se tratase a los indios con cristiana benevolencia, pero, enterados de lo que en realidad estaba ocurriendo, no les quedó otro recurso que disimular, bajo el pretexto de que se entregaba a los indios para cristianizarlos, el hecho de que se los repartía para explotarlos hasta la aniquilación. La esclavitud que se escondía tras el repartimiento y la encomienda primitivos no estaba, pues, legalmente autorizada. Era una esclavitud virtual.

Sin embargo, hubo en este sangriento período, junto a la virtual esclavitud ya señalada, también la esclavitud autorizada y legal. En su afán de enriquecerse a toda prisa, los conquistadores se las arreglaron para obtener permiso de esclavizar, con base legal, a aquellos indígenas

34

que presentaran una terca resistencia armada. Este hábil truco se complementó con el célebre Requerimiento de Palacios Rubios, instrumento jurídico redactado por el jurista del mismo nombre, que debía leerse a los indios para llamarlos a aceptar pacíficamente la soberanía del monarca español.

Se les explicaba en él la existencia de los Papas como vicarios del Dios verdadero en la tierra, y cómo el último de los Papas le había hecho donación de los territorios indianos a los Reyes de España. En tal virtud, se invitaba —se requería— a los indios a aceptar «...a la Iglesia por Señora y superiora del Universo Mundo, y al Sumo Pontífice llamado Papa en su nombre, y al Emperador y Reina doña Juana nuestros señores en su lugar, como a superiores y señores y Reyes de estas islas y tierra firme en virtud de la dicha donación...». Se les hacía saber que, si aceptaban el requerimiento, «...os recibiremos con todo amor y caridad...», pero en caso de rechazarlo o de diferir maliciosamente la respuesta, el documento advierte lo que habrá de pasarle a los indios:

«...certifícoos que con la ayuda de Dios nosotros entraremos poderosamente contra vosotros, y os haremos guerra por todas las partes y maneras que pudiéremos, y os sujetaremos al yugo y obediencia de la Iglesia, y al de sus Majestades, y tomaremos vuestras personas, y a vuestras mujeres e hijos, y los haremos esclavos, y como tales los venderemos y dispondremos de ellos como sus Majestades mandaren, y os tomaremos todos vuestros bienes, y os haremos todos los daños y males que pudiéremos, como a vasallos que no obedecen ni quieren recibir a su Señor y le resisten y contradicen...».

Esta última amenaza era el punto clave del requerimiento y su verdadera razón de ser, porque servía para justificar la esclavización de los indios y el robo de sus bienes. El documento no fue elaborado para que los indios lo aceptasen y evitar así la guerra, sino precisamente contando con que no sería aceptado y daría una base legal a la esclavitud de guerra y al despojo de los nativos. Así lo prueba el uso que de él se hizo.

El requerimiento se convirtió en parte integrante del equipo que todo conquistador había de llevar consigo a América, y fue usado también por Alvarado en Guatemala. Como hombre práctico que era, el Adelantado evitaba pérdidas de tiempo enviando el requerimiento por delante de sí y de su hueste. Se le explicaba el contenido del documento a unos indios que estuviesen a mano y se les mandaba a explicarlo, con suficientes días de anticipación, a los indígenas de los pueblos a donde tendría que llegar la expedición en su itinerario. Había habido tiempo para entenderlo, para reflexionar y decidirse, y el conquistador podía atacar inmediatamente a su llegada.

De más está decir que este macabro truco legal sirvió en todas partes, no solamente en Guatemala, para encubrir las violaciones y la ruina para los nativos. Hubo ocasiones en que se leyó desde lo alto de una colina, a distancia en que los indígenas no podían siquiera escucharlo, no digamos ya entenderlo. Otras veces se leyó a gritos mientras los indios huían por los montes. Hubo también ocasión en que se leyó desde la cubierta de un navío, antes de desembarcar a hacer redadas de esclavos. Con sobrada razón exclamaba Fray Bartolomé de las Casas que no sabía si reír o llorar al leer aquella ensarta de absurdidades teológicas destinadas a legalizar la esclavitud.

Acostumbrados como estamos a pensar la conquista desde el lado de los conquistadores, olvidamos reflexionar sobre lo que realmente significó para los conquistados. Es conveniente, sin embargo, conjeturar la sorpresa de los indios en un trance como este de recibir o de escuchar el requerimiento. Unos hombres venidos del otro lado del mundo, cubierto el rostro con abundante pelambre y el cuerpo con amenazantes atavíos de guerra; precedidos de la alarma y el terror de las matanzas y despojos que vienen realizando en su recorrido; se plantan con un texto en la mano y con las armas y las bestias listas para entrar en combate. Supongamos que se les traduce el documento a su idioma y que se les da el plazo de cuatro o cinco días para deliberar y decidirse.

En ese plazo tendrían los indígenas, según las exigencias del requerimiento, que abandonar a sus divinidades como engendros del error y convencerse de que el Dios verdadero había venido al mundo, en tiempo remoto y en país desconocido, y que, con todo y ser un Dios, había sido clavado en un madero por sus enemigos —que no eran dioses a su vez, sino simples hombres equivocados—. En unos pocos días había que echar por tierra las creencias heredadas por siglos, y comenzar a rendirle culto a una pequeña figura humana fijada entre dos maderillas entrecruzadas. Figura que presentaba, además, el aspecto de los propios conquistadores: tez pálida y luengas barbas.

En unos pocos días había que renunciar al dominio de las tierras, de las milpas, y aceptar la soberanía de un rey desconocido y lejano —un rey dudoso— que no tenía méritos ganados en esta parte del mundo y que pretendía situarse por encima de todas las casas grandes y de los auténticos señores del territorio. Y lo peor de todo: se sabe perfectamente —viajeros y emisarios y espías lo han informado— que no se cumple la promesa de «amor y caridad» para aquellos que aceptan las condiciones del requerimiento. Que se les exige inmediatamente el pago de pesados tributos, la entrega de metales preciosos, y que todos los pueblos que quisieron ser pacíficos tuvieron que sublevarse a la vuelta de poco tiempo.

Los indios deben haber comprendido que el requerimiento era un truco, y que todas esas locuras de un Papa y un rey repartiéndose el mundo no tenían otra finalidad que provocar el rechazo, justificar la guerra y darle bases legales a la esclavización y al despojo. Es difícil pensar que no lo entendieran.

Nos hemos detenido un momento en este punto, para ofrecer, por vía de un hecho representativo, una idea del verdadero carácter de la conquista. El repartimiento y la encomienda primitivos eran de suyo una manera hipócrita de apropiarse y esclavizar a los indios. Junto a ello estaba la esclavitud legal, amparada en trucos como el requerimiento. A su amparo se herraron muchísimos esclavos en Guatemala.

En mayo de 1533, la Audiencia de México le escribía a la emperatriz refiriéndose a los abusos de la esclavización de indígenas en Guatemala, y ponía por prueba de que se los estaba esclavizando en grandes cantidades el hecho de que, mientras en México se vendía un esclavo en cuarenta pesos, en Guatemala se obtenían a dos pesos cada uno.

Esa carta, escrita por una Audiencia en contra de los conquistadores y primeros colonos de Guatemala, anuncia el nacimiento de una de las contradicciones fundamentales del régimen colonial. Repartimiento y encomienda estimulaban las empresas de conquista y el arribo de grupos de inmigrantes, pero a la vez entrañaban un peligro para el dominio imperial. Al darle a los colonos un excesivo dominio sobre las fuentes de riqueza los hacía demasiado poderosos también en lo político.

La total dependencia en que caían los indios bajo sus amos implacables privaba a la corona de toda la posibilidad de explotarlos a su vez. De ahí que, siguiéndole los pasos a los conquistadores, y conforme estos iban cumpliendo su misión de someter las provincias, fueran llegando en número cada vez más crecido los funcionarios reales. La etapa de agresión iba cediéndole el paso a la labor de estructuración de las colonias, y las autoridades imperiales, los hombres de leyes, las Audiencias, llegaban para poner a raya, no sin resistencia ni contratiempos, la autonomía que la expansión conquistadora le había dado a los hombres de guerra y a los aventureros. Llegaron y se establecieron las órdenes religiosas. Comenzó a escucharse la voz de los defensores de los indios.

La voz más poderosa en defensa de los indios salió de la orden religiosa de Santo Domingo. Es de notarse que no salió de cualquier orden religiosa, sino precisamente de aquella que se hallaba más vinculada al trono de España y más identificada con los intereses de la corona. El Emperador Carlos V, figura histórica que presidió las reformas que ahora entramos a estudiar, tenía por confesor al General de la orden de Santo Domingo.

Al fundarse el Consejo Real y Supremo de las Indias (agosto de 1525), organismo específico para el gobierno de las colonias en la metrópoli, su primer presidente —presidente fundador y organizador— fue el propio Fray García de Loaísa. El General de la poderosa orden de predicadores era hombre de confianza del emperador, y la orden misma era una importante fuerza política aliada de la corona. Ese es el verdadero motivo —la causa económica profunda— de que los dominicos fueran los campeones en la lucha por sacar a los indígenas de la garra de los conquistadores y primeros colonos.

Nada de que ellos hayan sido «la conciencia de España», ni de que «el espíritu quijotesco de la nación» se manifestara a través de ellos. Esas son lucubraciones. La defensa que los dominicos hacían de los indios era, en el fondo, la defensa de los intereses de la monarquía enfrentada a la voracidad de conquistadores y colonos.

Al señalarlo no se pretende, en modo alguno, restarle méritos a todos aquellos grandes hombres que, como Fray Bartolomé de las Casas, consagraron sus vidas a la lucha por un trato más justo para los indios.

Ellos fueron los verdaderos héroes españoles de la época de la conquista, en oposición a los héroes de horca y cuchillo a quienes rinde tributo la Historia de signo contrario a la que aquí hacemos.

Lo que se quiere señalar es que no son los individuos quienes le marcan el rumbo a la historia, sino al revés: las circunstancias históricas preparan o cierran los caminos a las vocaciones individuales. Hombres sensibles, benévolos y humanitarios, los ha habido siempre y en todas partes. Pero la benevolencia, en ciertas circunstancias históricas, puede hacer del individuo un peligroso agitador a quien los reyes mandan callar; en otras circunstancias puede ser oportuna y útil a una determinada clase o fuerza social poderosa, y entonces es camino de triunfo.

La línea política adoptada por la orden de dominicos, vinculada a la política imperial de recuperación de los indios para la corona, estimuló la vocación humanitaria de los mejores hombres de aquella orden y atrajo a sus claustros a otros más. Así se explica que Fray Bartolomé de las Casas —y antes que él otros, como Fray Antonio de Montesinos— se atreviera a gritar a los cuatro vientos, en el púlpito y en sus fogosos escritos, que la conquista era injusta, que España carecía de derechos para despojar y esclavizar a los indios, y que el rey se estaba condenando con los robos y crímenes que se hacían a su sombra.

Tan atrevidas acusaciones hubieran podido costarle la vida al fraile bajo otras circunstancias. Es más, bajo otras circunstancias nadie se hubiera atrevido a hablar así. Pero en aquel momento la monarquía española necesitaba hombres que hablasen en ese tono, y, lejos de mandar callar a Fray Bartolomé, los reyes lo llamaron para escuchar sus razones —Carlos V al principio, Felipe II después—, promovieron disputas teológicas y jurídicas en torno a ellas, y acabaron por reconocer que la justicia estaba de su parte.

De nada sirvió la labor que en España realizaron los agentes de los conquistadores, ni el dinero que gastaron en pagar teólogos y juristas que refutasen los argumentos del dominico. La defensa que los dominicos hacían de los indios coincidía con la defensa que la corona había decidido hacer de sus propios intereses en relación con los indios: sacarlos de la mano de los conquistadores y convertirlos en tributarios del rey.

Es muy digno de notarse que, junto a los argumentos teológicos, jurídicos y morales que el fraile esgrimía, y junto a sus atrevidas palabras contra los derechos de España para esclavizar a los indios, siempre figuró el argumento, acertado y poderosísimo, de que la corona se perjudicaba en lo económico al permitir los abusos de los conquistadores.

En todos los escritos de Fray Bartolomé se encuentran párrafos como los siguientes: «...Si Vuestra Majestad no quitase los indios a los españoles, sin ninguna duda todos los indios perecerán en breves días; y aquellas tierras y pueblos quedarán, cuan grandes como ellas son, vacías y yermas de sus pobladores naturales; y no podrán de los mismos españoles quedar sino muy pocos y brevísimos pueblos, ni habrá casi población en ellos, porque los que tuvieren algo, viendo que ya no pueden haber más, muertos los indios, luego se vendrán a Castilla; porque no está hombre allá con voluntad de poblar la tierra, sino de disfrutarla mientras duran los indios...».

«Pierde Vuestra Majestad y su real corona infinito de vasallos que matan (...): pierde tesoros y riquezas grandes que justamente podría haber...»; «...No conviene a la seguridad del estado de Vuestra Majestad que en la tierra firme de las Indias haya ningún gran Señor, ni tenga jurisdicción alguna sobre los indios, sino Vuestra Majestad...»; «...sabiendo los indios que son de Vuestra Majestad, y que han de estar seguros en sus casas (...) salirse han de los montes a los llanos y rasos a hacer sus poblaciones juntas, donde aparecerá infinita gente que está escondida por miedo de las vejaciones y malos tratamientos de los españoles...».

Todos estos párrafos, y centenares parecidos que pueden entresacarse de los escritos del dominico, tocan insistentemente el punto más sensible del problema. Los indios son una preciosa fuente de riqueza que el rey no está aprovechando; son vasallos que deben tributar al rey; no debe tolerarse su exterminio; no debe permitirse que estén completamente a merced de señores que con ello se hacen peligrosamente poderosos; no hay que espantar a los indios, sino atraerlos y juntarlos en poblados pacíficos, en donde será fácil regularizar la tributación, etc.

Estas elocuentes observaciones, tocantes a la salud de las cajas reales, fueron las que le dieron fuerza a todas las otras, tocantes a la salud del alma de los indígenas y sus opresores. Aquí, como en todos los casos en que anda de por medio la explotación, las teorías morales y jurídicas solo fueron ropaje ideológico de una pugna que se libró en torno a intereses materiales. El encendido fervor humanitario de Fray Bartolomé no fue el factor determinante de su triunfo en aquellas disputas; lo fue el hecho de que supo hallar el punto de contacto entre el mejoramiento de la condición de los indios y el mejoramiento de las entradas del rey. La coincidencia se daba históricamente, objetivamente; no fue creada por los dominicos, sino bien esgrimida por ellos. Al darle la razón a los defensores de los indios, el rey hacía lo que a todas luces le convenía.

Así nació el importantísimo cuerpo jurídico que se llamó desde entonces «Leyes Nuevas», promulgado en noviembre de 1542. Aparte de otros aspectos que de momento no nos interesan, las Leyes Nuevas le asestaron un golpe formidable a la esclavización de indios. Fueron su fin. Se establecía en ellas que todos los indios eran vasallos libres, tributarios del rey.

Serían puestos en libertad todos los esclavos cuyos amos no presentasen justo título para retenerlos, y de allí en adelante no se harían nuevos esclavos por ningún motivo. Se establecía la pena de muerte para el conquistador que, so pretexto de rebeldía de los indios, los esclavizase como se hacía antes. Encomienda y repartimiento —es decir, esclavitud disimulada— también recibían un rudo golpe con las Leyes Nuevas.

Se le quitaban todos los indios a quien los tuviera sin título a la vista. A quien, teniendo títulos, dispusiese de muchos indios, se le reducirían a un número razonable. A quien, teniendo también título, se le comprobase que les daba mal trato, se le quitarían todos sin más averiguación. Igualmente se le quitarían todos los indios encomendados a quienes ejerciesen oficios de autoridad.

Las encomiendas que subsistiesen después de esa drástica selección quedarían transformadas en algo muy distinto de lo que habían sido antes: ya no un dominio directo sobre los indios, sino solamente el derecho a recibir de ellos una tributación tasada por la autoridad real. Quedaban suprimidos los servicios personales y nadie podría obligar a trabajar a los nativos contra su voluntad.

Las encomiendas que, así modificadas, fuesen vacando por muerte del beneficiario, pasarían a la corona; se prohibía heredarlas. Estos eran los puntos medulares de las Leyes Nuevas.

Visto el carácter radical y sorprendente de las Leyes de 1542, es obligado preguntarse si fueron obedecidas y ejecutadas; si fueron llevadas a la práctica. La respuesta a tal pregunta exige explicaciones minuciosas y prolongadas que ocuparán nuestra atención hasta el final de este capítulo. Puede anticiparse, sin embargo, que será una respuesta afirmativa y negativa a la vez. Porque, en efecto, las leyes transformaron radicalmente las instituciones primitivas, y los indígenas no volvieron a hallarse en la desesperada situación anterior a su promulgación. Pero no se logró implantarlas al pie de la letra y en todo su rigor. Causaron una conmoción en las colonias, la corona se vio obligada a hacer concesiones en varios puntos, y se llegó a situaciones intermedias, conciliatorias. Esas situaciones intermedias, oscilantes entre el propósito original de las leyes, que no se cumplieron a cabalidad, y la situación anterior a su promulgación, a la cual ya nunca se regresó, le dieron su orientación definitiva al régimen colonial.

El desarrollo social es un proceso vivo y complejo, y sus grandes cuestiones no admiten por respuesta un sí o un no rotundos. Las fuerzas en pugna no se imponen unas sobre otras en forma mecánica, sino desembocan en situaciones nuevas, generalmente imprevistas. Esto se ve muy bien al estudiar, como lo haremos a continuación, el resultado histórico de las Leyes Nuevas.

«...Repicaron campanas de alboroto y bramaban leyéndolas. Unos se entristecían, temiendo su ejecución; otros renegaban, y todos maldecían a Fray Bartolomé de las Casas, que las había procurado. No comían los hombres. Lloraban las mujeres y los niños; ensoberbecíanse los indios, que no poco temor era...» Esos lúgubres tonos emplea el cronista López de Gómara para describir el impacto que causaron las Leyes de 1542 en el Perú. Es sabido que allí alcanzó aquella conmoción su cima de violencia. La camarilla de Gonzalo Pizarro se declaró en franca rebeldía, y fue asesinado el funcionario español que llegaba encargado de hacer cumplir las Leyes Nuevas. No poco trabajo le costó reprimir la sublevación a Pedro de la Gasca, militar español enviado especialmente para someter a Pizarro, que efectivamente lo derrotó, lo juzgó y lo llevó

42

a la horca con sus secuaces. A extremos parecidos se habría llegado en México, si la habilidad del virrey Mendoza y de sus asesores no hubiera intervenido para evitarlos. Los colonos se negaron en todas partes a cumplirlas, y sus emisarios, armados de atractivas sumas y de voluminosos escritos dirigidos al rey, viajaron a la metrópoli para conseguir, de alguna manera, que se les permitiese conservar el dominio sobre los indígenas.

Centrando ahora la atención en el desarrollo de este asunto en el reino de Guatemala, comencemos por indicar que el viaje violento de las Leyes Nuevas era cosa más o menos prevista, que se veía venir. Una serie de mandatos y Reales Cédulas, relacionadas con la tenaz gestión de los dominicos en la metrópoli, hacían presentir que la corona terminaría por adoptar medidas drásticas. Las noticias de ese período dejan ver cómo, a medida que la monarquía apretaba en sus mandatos relacionados con el cese o la moderación de la esclavitud, los conquistadores y colonos apretaban también a los nativos, como apresurándose a enriquecerse antes de que les fuesen quitados. El período de la más despiadada cacería y venta de esclavos en Guatemala fue éste, inmediatamente anterior a la promulgación de las Leyes. Probablemente se pensó que la corona se limitaría a prohibir la esclavización para lo venidero, respetando la esclavitud ya existente. Lo cierto es que en esos años se menciona más reiteradamente en los documentos el hierro de marcar, el terrible instrumento al rojo candente, que no respetaba niños ni mujeres.

Se supo de la promulgación de las Leyes Nuevas antes de que llegara a la ciudad los documentos y las personas encargadas de implantarlas. Sin pérdida de tiempo, las protestas de los conquistadores tomaron cuerpo en extensos y exaltados escritos dirigidos al monarca. En ellos le dicen que no pueden creer lo que oyen, que están escandalizados como si hubiera mandado cortarles la cabeza. Expresan sin rodeos que el rey quiere aumentar sus rentas a expensas de sus más leales servidores, pero que, lejos de conseguirlo con semejantes leyes, va a perderlo todo, pues están resueltos a volverse a España antes de quedar empobrecidos lejos de su país natal. Le preguntan, asombrados, cómo pudo fiarse de los informes de «...un fraile no letrado, no santo, envidioso, vanaglorioso, apasionado, inquieto y no falto de codicia...». Le hacen recordar que en la conquista invirtieron lo poco que tenían y gastaron lo mejor de sus vidas, y que la corona, sin arriesgar en ello un peso de oro, había recibido enormes beneficios. Declaran estar seguros de que el rey mudará sentencia, y lo conminan, en términos harto francos, a ser consecuente con quienes tanto le han servido: «...no se consienta, príncipe cristianísimo, tal paga a tanto buen servicio...»; «...págenos Vuestra Majestad lo que nos debe, y háganos grandes mercedes...».

El Ayuntamiento de Guatemala —integrado, claro está, por conquistadores y primeros colonos— entró a deliberar sobre el asunto y a elegir emisario que viajaría a España en representación de los perjudicados. De llevarse a ejecución las Leyes Nuevas —dice el acta del cabildo— «...era despoblarse estas partes, y perder sus casas y haciendas...». Esas pocas palabras, que a nuestros oídos no dicen mucho, resumían en el lenguaje de aquel tiempo todo el problema: la explotación de los indios había sido el señuelo con el cual la corona había puesto en movimiento a las huestes de conquistadores y a las barcadas de colonos; la explotación de los indios era ahora la base de sustentación de los colonizadores, realizándose así la promesa de la monarquía y la esperanza de éstos. Tenían, pues, razón al considerarse defraudados y su amenaza era perfectamente legítima. «Despoblar», desmantelar los centros de población española establecidos por ellos, abandonar el imperio, ya que se les negaba el pago previamente convenido. Si se les quitaba la posibilidad de explotar intensivamente a los aborígenes, desaparecía la razón por la cual se habían decidido a trasladarse y a establecerse en la provincia.

El alegato tenía tal fuerza de realidad, que obligó a la corona a hacer las concesiones que en seguida veremos. Sirve también para demostrar —a quien todavía lo dude— que el principio motor de la conquista y colonización española de América fue la perspectiva, por parte de los autores de esa vasta empresa, de un enriquecimiento rápido a costa de los indios y una existencia parasitaria sobre bases esclavistas. De no haber sido así, las Leyes Nuevas no hubieran causado la conmoción que causaron, y los colonizadores hubieran continuado viviendo de su honrado esfuerzo. Pero la realidad era otra. Las actas de cabildo, desde mucho antes de 1542, son, a este respecto, de una franqueza que haría enrojecer a los idealizadores de la conquista. Se habla en ellas de que

44

«...muchas personas que no tienen indios se quieren ir...» y se asienta que la causa es que «...no tienen quién les dé de comer...».

Pero el peligro fue conjurado. Los indios siguieron dándole de comer a los colonizadores y a sus privilegiados descendientes para largos siglos. La esclavitud fue abolida, tanto en su versión legalizada como en su aspecto disimulado bajo encomienda y repartimiento. Esta última institución se transformó por completo, dando como resultado dos nuevas instituciones que, en lo tocante a la situación del indígena, crearon las condiciones en que se habría de quedar para el resto de la época colonial. No se volvió a la esclavitud, pero tampoco se adoptó la libre contratación del trabajo, como pretendían las Leyes Nuevas. Tirando la corona por su lado y los conquistadores por el suyo, acabaron por colocar al indígena en el plano intermedio de la servidumbre. Fue un violento forcejeo y regateo, en que ambas partes tuvieron que hacer importantes concesiones. Los indios, que eran la prenda de la discordia, se libraron de quedar como esclavos, pero no pasaron a ser trabajadores libres.

Las Leyes Nuevas fueron pregonadas en la ciudad de Santiago en mayo de 1544. En agosto la Audiencia informaba al rey que, si se ejecutaba al pie de la letra lo legislado en relación con la esclavitud, había que liberar a todos los esclavos, porque ningún español estaba en posibilidad de presentar título alguno que legitimase su posesión. Y eso era, precisamente, lo que la corona había esperado al exigir aquellos títulos. Sabía que al amparo de autorizaciones como la implicada en el requerimiento, se había apresado y vendido muchísimos esclavos, pero nadie había tenido el cuidado de obtener los correspondientes títulos de posesión legal. Se mantuvo firme, pues, en exigir dichos títulos nunca habidos, y la Audiencia comenzó a hacer presión sobre los esclavistas.

Así estaban las cosas cuando llegó a Guatemala el Licenciado Alonso López de Cerrato. Este hombre, enérgico y recto, vino como Presidente de la Audiencia con encargo de hacer cumplir las Leyes Nuevas. Había sido recomendado por Fray Bartolomé de las Casas y cumplió muy cabalmente lo que de él se esperaba. Actuó sin contemplaciones, se impuso a las veleidades de los esclavistas, y en poco tiempo logró sacar de la esclavitud a todos los indígenas que la sufrían. Su actuación fue tan radical, tan efectiva, que su nombre perdura en los documentos indígenas de la época como emisario de un gran alivio para la población nativa.

Es conveniente transcribir aquí unos trozos del «Memorial de Sololá», correspondientes al período que siguió al final de la sublevación de los Cakchiqueles —ya mencionada por nosotros al examinar el fracaso de los propósitos pacifistas de aquel pueblo—, y contraponerlos a los renglones en que se anota en el documento la llegada de Cerrato. El contraste entre unos y otros servirá para dar una idea de lo que significó para los indios la implantación de las Leyes Nuevas.

«Durante este año se impusieron terribles tributos. Se tributó oro a Tunatiuh; se le tributaron cuatrocientos hombres y cuatrocientas mujeres para ir a lavar oro. Toda la gente extraía oro». (...) «Durante los dos meses del tercer año transcurridos desde que se presentaron los Señores (a pagar el tributo S. M.) murió el rey Belehé Qat; murió el día 7 Queh (24 de septiembre de 1532) cuando estaba ocupado en lavar oro». (...) «Entonces hirieron al Ahtzib Caok por cosas de su parcialidad. El día 11 Ahmak (30 de abril de 1539) hirieron al Ahtzib». (...) «Trece meses después de la llegada de Tunatiuh fue ahorcado el rey Apozotzil Cahí Ymox. El día 13 Ganel (26 de mayo de 1540) fue ahorcado por Tunatiuh en unión de Quiyavit Caok». (...) «Catorce meses después de haber sido ahorcado el rey Ahpozotzil, ahorcaron a Chuuy Tziquinú, jefe de la ciudad, porque estaban enfadados. El día 4 Can (27 de febrero de 1541) lo ahorcaron en Paxayá. Lo condujeron por el camino y lo ahorcaron secretamente». (...) «Diecisiete días después de haber ahorcado a Chuuy Tziquinú, el día 8 Iq (16 de marzo de 1541) fue ahorcado el Señor Chicbal junto con Nmimabah Quehchún, pero esto no lo hizo Tunatiuh, que entonces se había marchado para Xuchipillan...».

De pronto se interrumpe la impunidad que cubre los actos de los conquistadores desde su aparición en el relato indígena, y se tiene noticia, por primera vez, de la acción punitiva de un funcionario real. Es el testimonio de lo que estaba ocurriendo: los representantes de la corona le arrebatan el gobierno de la provincia a los conquistadores.

«Durante este año (1549) llegó el Señor Presidente Cerrato, cuando todavía estaba aquí el Señor Licenciado Pedro Ramírez. Cuando llegó condenó a los castellanos, dio libertad a los esclavos y vasallos de los castellanos, rebajó los impuestos a la mitad, suspendió los trabajos

46

forzados e hizo que los castellanos pagaran a los hombres grandes y pequeños. El Señor Cerrato alivió verdaderamente los sufrimientos del pueblo. Yo mismo lo vi, ¡oh hijos míos! En verdad, muchas penalidades tuvimos que sufrir...» «...El Señor Cerrato sí condenó de verdad (a los castellanos) e hizo lo que era justo...»

Tal como asienta el «Memorial de Sololá», fueron liberados todos los esclavos. Hubo muchas protestas contra la acción de Cerrato y de la Audiencia, entre las cuales se podría citar, por extensa y muy ilustrativa, la que elevó al Consejo de Indias, en febrero de 1549, Bernal Díaz del Castillo como procurador síndico del Ayuntamiento de Guatemala. Pero todo fue inútil. Los esclavos fueron redimidos. Para todo el resto de la época colonial, los indígenas no volvieron a hallarse sumidos en la esclavitud.

Se introdujo, eso sí, la importación de esclavos africanos, y esta forma de esclavitud perduró hasta los días de la Independencia. Es pertinente recordar aquí que el propio Fray Bartolomé, en su defensa de los nativos, había recomendado que se los sustituyese, si era preciso, por esclavos africanos. Lo mortificó después el arrepentimiento por haber hecho semejante recomendación, pero el comercio y la explotación de esclavos negros aumentó inevitablemente y llegó a ser, como es bien sabido, uno de los más tenebrosos aspectos de la vida colonial.

Este asunto pone de manifiesto —vale la pena insistir en ello— cómo las instancias morales estuvieron condicionadas por motivos de carácter económico en todo el conflicto de la esclavitud. Porque, desde un punto de vista estrictamente moral —si tal abstracción existiera en algún modo—, ninguna esclavitud tendría justificación. Pero ocurrió que la abolición de la esclavitud de indios, asociada al incremento de la esclavitud de africanos, venía a resolver el verdadero problema de aquel momento: rescataba a los nativos para provecho de la corona y, al mismo tiempo, proporcionaba fuerza de trabajo para las minas y otras empresas en las que, por estar en uso sistemas de producción muy rudimentarios, resultaba conveniente el empleo de trabajo de esclavos. El problema quedó así resuelto, y aquellas disputas teológicas e invocaciones del Evangelio dieron por resultado, en fin de cuentas, un buen negocio para la corona y para los esclavistas, y un infernal capítulo para la Historia de la esclavitud. Reflexionen sobre esto quienes creen, equivocándose, que las ideas morales determinan a la economía, y no al revés.

Como el reino de Guatemala era una región relativamente pobre en metales, el tráfico de esclavos fue bastante reducido en comparación con otras provincias en donde cobró proporciones enormes. En 1543 —año siguiente a la promulgación de las Leyes Nuevas— llegó la primera barcada de africanos «...en número de ciento e cincuenta piezas...», y por Real Cédula se autorizó su venta libre «...a precios justos...». Además de las minas, que fue a donde principalmente se les destinó, los hubo también en los ingenios azucareros. Las casas de gente rica solían tener, asimismo, algunos esclavos para servicios diversos. Los negros evadidos de las minas fueron causa de alarmas en la primera mitad del siglo XVII, pues dieron en formar grupos alzados que asaltaban los caminos.

Suprimida, pues, la esclavitud de los indios, y siendo ellos, como quedó dicho, la base de sustentación de la minoría europea residente en Guatemala, queda por averiguarse qué formas adoptó la explotación de los nativos después de la reforma introducida por las Leyes Nuevas. Porque, en efecto, ni los españoles regresaron a su país, como amenazaban hacerlo, ni los indios salieron totalmente de la opresión en que los ponía el hecho de estar conquistados.

Hubo arreglos. Uno de ellos fue la transformación de la encomienda, que estamos en condiciones de pasar a estudiar en seguida.

CAPÍTULO TERCERO: LAS DOS ESPAÑAS. (CONTINUACIÓN DEL ANTERIOR)

I. Nace la encomienda. II. Los encomenderos. III. El "Sínodo". IV: Los doctrineros. V. Los criollos y la burocracia. VI. Desplazamiento y renovación en la clase criolla. VII. Causas del menosprecio del español hacia los criollos. VIII. Ventajas del inmigrante frente al criollo. IX. La patria de los criollos como idea de contenido reaccionario.

I

No se piense que en los territorios del reino de Guatemala, a diferencia de otras provincias, fueron aceptadas con mansa resignación las Leyes Nuevas. Además del alboroto de palabras y papeles ya comentado, hubo en la región de Nicaragua un levantamiento armado, un obispo muerto a puñaladas por su adhesión a las Leyes, varios combates y movimientos de gente alzada, y la oportuna intervención de Pedro de la Gasca, que venía de regreso del Perú después de reprimir el levantamiento de los Pizarro. El combate que decidió la suerte de los alzados costó la vida de noventa de ellos. Muchos otros cayeron presos y murieron en la horca. La sublevación de los hermanos Contreras en Nicaragua —que es la que se ha mencionado—, así como la de Juan Gaitán en Honduras, tuvieron nexos con la crisis del Perú.

Las Leyes Nuevas se fueron imponiendo a pesar de todo. La esclavitud de indios fue suprimida definitivamente. La encomienda primitiva, pese a todas las resistencias, tuvo que desaparecer y no volvió a levantar cabeza. Nació otra institución, diferente, aunque llamada con el mismo nombre, y fue esta la encomienda que perduró casi hasta el final de la colonia —hasta el segundo tercio del siglo XVIII—.

Las Leyes Nuevas traían el germen de la institución que iba a nacer. Porque en ellas se decía que el rey, no obstante lo relativo a la libertad de los indios, seguía deseoso de premiar a los conquistadores y primeros colonos. Una manera de premiarlos —sugerida con toda claridad por dos veces en el texto de las Leyes— sería cederle a los favorecidos una parte de los tributos que los pueblos de indígenas tenían que pagarle al rey. Dicho de otro modo: puesto que todos los indios pasaban a ser vasallos libres, tributarios de la corona, esta se avenía a cederle parte de la tributación a los españoles que mereciesen tal estipendio. Los colonizadores se apresuraron a solicitar dicho premio, llamándolo con el viejo nombre de encomienda, aunque ya se trataba de una cosa distinta.

Al mismo tiempo iniciaron gestiones para conseguir que la nueva encomienda se hiciese hereditaria. Porque las Leyes ofrecían el goce de algunos tributos a los conquistadores y colonos, y a sus viudas e hijos existentes en aquel momento, pero estipulaban muy claramente que dicho privilegio no sería hereditario, sino que, conforme fuesen muriendo los beneficiados, la tributación volvería a destinarse a las cajas reales, tal como ocurría con el resto de los pueblos. El forcejeo en torno a la perpetuidad de las encomiendas fue largo y apasionado. El argumento principal de los colonos en apoyo de la perpetuidad era el siguiente: "...que si el efecto de su servicio fue perpetuo, cual lo es la adquisición de un imperio, su remuneración, que eran las encomiendas, debía serlo igualmente...". Argumento no desprovisto de lógica, al que la corona respondía en tono enérgico: "...que si los encomenderos, sin se les permitir jurisdicción alguna sobre los indios, los predominan y hacen tantas molestias y vejaciones que ha sido necesario prohibirles residir en sus pueblos ni tener con ellos trato alguno, justo es recelar que serán peores y más insolentes si se viesen dueños de ellos a perpetuidad...".

Esa respuesta pone de manifiesto ciertos hechos que, confirmados por otros documentos, es conveniente destacar de una vez. Primero: que el célebre pleito en torno a la perpetuidad de las encomiendas se refiere ya, decididamente, a la encomienda nueva, es decir, a la concesión de tributos sin dominio directo sobre el trabajo de los indígenas. Segundo: que el nuevo encomendero no tenía, al menos legalmente, ninguna autoridad sobre los indios de su pueblo encomendado. Y tercero: que fue preciso prohibir que los encomenderos habitasen en sus pueblos de encomienda, para evitar que cometieran abusos valiéndose del ascendiente que aquella concesión les daba.

En efecto, la nueva encomienda, sin dejar de ser un gran avance en comparación con la antigua, se convirtió en fuente de abusos y extralimitaciones. Ello es tan cierto, que la mejor manera de estudiarla es analizar sus anomalías. Es el método que hay que emplear —dicho sea de paso— con todas las instituciones coloniales implicadas en la explotación del indio: si se les estudia a base de las leyes y ordenanzas que las normaban, descuidando los diversos trucos y usos inventados para burlarlas, es imposible comprender lo que fueron en la realidad. En esas instituciones las anomalías eran lo normal.

II

Por lo que hace a la sucesión hereditaria de las encomiendas, los colonos y sus descendientes lograron su propósito. Se les concedió primero una "segunda vida", después una tercera, más adelante una cuarta, y las hubo heredadas en "quinta vida". Semejante estiramiento de la ley se obtuvo —cosa muy frecuente en el régimen colonial— por vía de "disimulación" o de "composición". Estos eran procedimientos legales para incumplir la ley. La corona recibía gratificaciones a cambio de disimular tal o cual anomalía; o bien entraba en arreglos para componer una situación ilegal, tolerándola a cambio de una suma determinada. En el año 1564 el procurador del Ayuntamiento de Guatemala ante el Consejo de Indias ofreció un servicio en dinero "para la cámara de Su Majestad" por valor de 200,000 ducados. Estaba gestionando la concesión de tercera vida para las encomiendas, y como las existentes en el reino reportaban, todas juntas, 138,000 ducados anuales, ofreció una cantidad que sobrepasaba dicha suma.

No debe ser motivo de sorpresa que el procurador estuviera dispuesto a pagar mucho más de lo que las encomiendas le reportaban a sus poseedores, sino de verse en ello una prueba de que —tal como se explicará más adelante— las encomiendas le reportaban a sus poseedores, además de los tributos a recibir, muchas otras ventajas adicionales.

La sucesión hereditaria fue de suyo una anomalía, pero aun más violento fue que se siguieran dando encomiendas, no ya a los descendientes de conquistadores y colonos, sino a personas que por otros motivos gozaban del favor real. En reiterados escritos se queja el Ayuntamiento de que, contrariando la razón de ser de las encomiendas —un premio a conquistadores, primeros colonos y descendientes de

51

unos y otros—, vinieran de España personas con títulos de encomienda, personas que no solo no tenían merecimientos de conquista, sino que jamás habían visto un indio.

Parece ser, sin embargo, que no se dieron encomiendas nuevas a esas personas, sino que recibieron las que se les fueron quitando a los viejos encomenderos fallecidos; porque hacia mediados del siglo XVIII había en Guatemala más o menos el mismo número de encomiendas que a principios del siglo XVII.

No terminan allí las anomalías. Ya vimos que se hizo necesario prohibir que los encomenderos residieran en sus pueblos para evitar abusos y molestias a los indios. En 1579 se prohibió, también, que hicieran personalmente el cobro de los tributos que les pertenecían, o por medio de cobradores nombrados por ellos mismos. Se trataba de evitar exacciones, cobros injustos y violentos. Pero hay pruebas de que dicha prohibición no fue obedecida, y de que los encomenderos siguieron nombrando sus cobradores o recaudando personalmente los tributos en muchos pueblos.

Según la ley, las tasaciones de tributos debían hacerse por comisionados que nombraba la Audiencia —punto este que se respetó siempre—, y el cobro lo harían los Corregidores. Se explica, pues, por qué hubo tantas anomalías en relación con el cobro; los Corregidores fueron los funcionarios más dados a maltratar y robar a los indios, y un elevado porcentaje de ellos eran criollos —individuos identificados con los encomenderos por razones de clase—.

Ya se habrá notado, por lo dicho hasta aquí, que la encomienda no guardaba ningún nexo legal con la propiedad de la tierra. Esta se siguió donando por merced, y se podía adquirir también, por compra y por usurpación, pero su posesión era asunto distinto de la posesión de encomiendas. Hubo algunos encomenderos que no fueron propietarios de una vara cuadrada de tierra, y grandes terratenientes que nunca fueron encomenderos. La tendencia a confundir al terrateniente con el encomendero, errónea y muy difundida, proviene, sin duda alguna, de que la mayoría de los encomenderos eran además terratenientes, y del hecho, digno de señalarse, de que muchos de estos encomenderos terratenientes procuraron adquirir tierras en la cercanía de sus pueblos de encomienda.

Contraviniendo lo que estaba reglamentado a este respecto, los encomenderos trataron de adquirir tierras en las inmediaciones de sus pueblos, pero esas adquisiciones, como cualquiera otras relativas a tierra, suponían una gestión y una titulación completamente ajenas a la obtención de la encomienda.

Para no citar más que un ejemplo, y para que este corresponda a la rancia parentela de nuestro criollo Fuentes y Guzmán, mencionemos el caso de Bernal Díaz del Castillo: tenía en encomienda el pueblo de San Juan Sacatepéquez; en 1579 pidió y obtuvo tierras "...en el paraje del potrero de la Lagunilla de los Carrizales..." en los términos del mismo pueblo; en el mismo año se le extendió título de cuatro caballerías a su hijo Francisco, en los términos de San Juan Sacatepéquez; y once años más tarde, en 1590, el propio Francisco Díaz del Castillo solicitó y obtuvo otras dos caballerías junto a las que ya poseía cerca de San Juan. Puede observarse cómo el conquistador encomendero era además terrateniente; cómo extendía las propiedades de la familia solicitando y titulando tierras a nombre de su hijo; y cómo este, seguro heredero de la encomienda, ampliaba su posesión de tierras en los aledaños de San Juan. Ese ejemplo, que podría acompañarse de muchos otros, ilustra la tendencia de los encomenderos a convertirse en propietarios de las tierras cercanas a sus encomiendas. Ello les resultaba ventajoso, porque, a pesar de todas las órdenes en contrario, la encomienda los ponía en posibilidad de presionar a los indios y obtener de ellos fuerza de trabajo barata para cultivar las tierras.

Así, pues, una definición académica de la encomienda sería la siguiente: era una concesión, librada por el rey a favor de un español con méritos de conquista y colonización, consistente en percibir los tributos de un conglomerado indígena, tasados por la Audiencia y recaudados por los Corregidores o sus dependientes. Esa definición es un punto de partida, nada más; la realidad de la encomienda va presentándose conforme se conocen las anomalías arriba señaladas, que le eran consustanciales, y otros elementos que se mencionarán adelante.

(Estamos obligados a resistir el deseo de explicar aquí el procedimiento por el cual se solicitaba y se recibía una encomienda, porque otros asuntos reclaman con más urgencia nuestra atención).

Lo que venimos tratando de ilustrar, a propósito del desarrollo de esta institución, es la pugna entre la corona y los colonos. Se está viendo que la encomienda fue una transacción, un arreglo conciliatorio que ponía a los indios como tributarios bajo el control del rey, y que satisfacía, al mismo tiempo, la tendencia parasitaria del núcleo más conspicuo de conquistadores y primeros pobladores. En el último tercio del siglo XVI había en el reino de Guatemala aproximadamente doscientas encomiendas.

Sin embargo, no fue esta la institución que vino a poner sobre nuevos cauces el gran problema del siglo XVI, que era el problema de la disponibilidad del trabajo del indio para la totalidad de las haciendas y labores de los españoles. Debe, pues, evitarse exagerar la importancia de la encomienda, comprendiendo que el resultado más notable de la crisis causada por las Leyes Nuevas no pudo haber sido ese premio que benefició a doscientas familias con los tributos de igual número de pueblos de indios.

Debe interesarnos mucho más aquella otra institución colonial, surgida también a raíz de las leyes de 1542, que vino a normar las relaciones de producción entre la gran masa de los indios sacados de la esclavitud y la clase de los terratenientes coloniales. Pues sabemos que estos últimos dejaron súbitamente de ser esclavistas, y quedó advertido que no pasaron a ser compradores de trabajo asalariado, como habría ocurrido si hubiese sido factible la plena observancia de las Leyes Nuevas.

En efecto: mucho más importante que la nueva encomienda fue el repartimiento de indios: sistema que obligaba a los nativos a trabajar por temporadas en las haciendas, retornando con estricta regularidad a sus pueblos para trabajar en su propio sustento y en la producción de tributos. Esta última institución fue la pieza clave del sistema económico de la colonia, y puede afirmarse que será imposible integrar una visión científica de la sociedad colonial guatemalteca (superando las limitaciones de la tradicional "historia de hechos", así como el carácter fragmentario y desarticulador de las monografías históricas) mientras no se reconozca que la base de aquella estructura social fue su régimen de trabajo: el repartimiento de indios, el trabajo en sus pueblos, desde los cuales eran enviados periódicamente a trabajar a las haciendas y labores de los españoles y de sus descendientes a lo largo de los tres siglos coloniales.

Ese régimen le imprimió desde las bases un determinado carácter a la sociedad colonial guatemalteca, pues ha de saberse que fue propio del reino de Guatemala, exclusivamente, y condicionó de manera decisiva las luchas de clase, las ideologías de clase, las formas del trato social y otras manifestaciones importantes de la vida de aquella sociedad. Por lo que hace al pensamiento social de los criollos, en particular, quedará sobradamente demostrado en el desarrollo de nuestro estudio cómo fue aquella relación básica entre siervos y terratenientes, el repartimiento, el factor determinante de las más acusadas modalidades de la mentalidad criolla.

Colateralmente se irá viendo, también, cómo fue esa relación la que determinó, desde otro ángulo, las principales formas del pensamiento de los españoles —inmigrantes y burócratas— frente a los indios y frente a los criollos. Finalmente se comprenderá, en un momento más avanzado de nuestro análisis, que el repartimiento fue, después de la esclavitud y para una larga época, el mecanismo dentro del cual quedó conquistado el indio: es decir, el mecanismo que garantizó su sujeción y su explotación, y por ende su posición de inferioridad, para el resto de la época colonial.

Por tales motivos se le dedica en este libro un capítulo entero al régimen de trabajo, y justamente el último capítulo del análisis —el séptimo, titulado "Pueblos de Indios"—, en el que se supone que estaremos poniendo pie en el último peldaño de la escala que va implícita en la programación de este ensayo. Hemos de conformarnos, pues, por lo pronto, con los elementos de definición del repartimiento que quedan enunciados arriba, recordando, al mismo tiempo, que esta institución fue resultado del conflicto que suscitaron las Leyes Nuevas de 1542.

La vida colonial ofrece un agitado espectáculo de conquistadores, colonos, hacendados, funcionarios, monarcas, leyes, polémicas, trifulcas, asesinatos y muchas cosas más. Conviene darse cuenta de que el personaje central de ese tinglado, el que ponía en movimiento a todos los demás, era el que menos ruido hacía. La historia colonial gira en torno a la explotación del indio. El indio era el personaje de fondo.

Mientras no se ha entendido esto, no se ha entendido el drama. A menos que de intento se quiera seguir disimulando que aquello era un drama.

III

Don Antonio de Fuentes y Guzmán era encomendero. Gozaba su encomienda en tercera vida, pues la había obtenido su abuelo a principios del siglo XVII. No debe olvidarse que el bisabuelo del cronista —el colono fundador de la familia— había casado con hija de conquistador. De manera que el criollo que recibió la encomienda en primera vida había sido hijo de poblador y nieto de conquistador.

Solo en dos ocasiones menciona Fuentes su encomienda. En la primera da los nombres de los pueblos: Santiago Cotzumalguapa y Santo Domingo Sinacamecayo, pobres poblados de la costa sur del país. En la segunda hace una fugaz alusión, explicando un asunto que a nosotros nos interesa y que conviene comentar aquí mismo.

Cuenta el cronista que, allá por el año 1575, las órdenes religiosas iniciaron un pleito con los encomenderos. Exigían que estos pagasen una cuota por la labor que los frailes doctrineros realizaban en los pueblos de encomienda. Alegaban los frailes que los encomenderos estaban obligados a cuidar que sus indios de encomienda fuesen instruidos en la fe, y que, habiendo desatendido siempre dicha obligación, justo era que pagaran a quienes atendían la cristianización de los nativos.

En los títulos de encomienda figuraba, ciertamente, una cláusula que decía: "Y tendrá cuidado (el encomendero) de hacer enseñar a los naturales en las cosas de Nuestra Santa Fe Católica...". Parece ser que este asunto no mereció nunca, por parte de los encomenderos, el interés que pusieron, por ejemplo, en el cobro personal y puntual de sus tributos.

Las órdenes religiosas exigieron que se les pagara por mantener indoctrinados a los indios, los encomenderos se negaron a pagar, el pleito duró ochenta y cinco años, y finalmente los frailes ganaron la partida. Quedó así instituido el sínodo, nombre que se le dio a la cuota.

Hubo, sin embargo, varios encomenderos que no se opusieron al pago del sínodo, y que, ya fuera porque previesen que los frailes ganarían a la larga el pleito, o bien porque consideraran justo retribuir a los doctrineros, comenzaron a hacer sus pagos desde que se inició el litigio.

Don Antonio nos comunica, muy complacido, que entre los previsores estuvo su abuelo.

Y es precisamente allí, ilustrando un asunto general, donde vuelve a revelarnos que él, en lo particular, gozaba de una encomienda. Porque —explica—, una vez ganada la controversia por los frailes, los encomenderos quedaron obligados a pagar las cuotas caídas durante los ochenta y cinco años del pleito, y el proceder del abuelo del cronista, continuado después por su padre, lo libró a él de tener que pagar de golpe una suma crecida.

Oigamos sus propias palabras: "...Y entre los que pagaron siempre, fue don Francisco de Fuentes y Guzmán, mi abuelo, que obtuvo su encomienda en tiempo del presidente don Alonso Criado de Castilla (1598-1611, S. M.), y después don Francisco de Fuentes y Guzmán, mi padre...".

Y esto no me estuvo mal a mí, pues ajustada mi cuenta de doctrinas por el año de 1660, solo me alcanzó en trescientos setenta pesos, necesitando otros desembolsos de tres y cuatro mil, por no haber pagado cosa alguna.

Quedamos enterados, pues, de que con el nombre de sínodo y desde mediados del siglo XVII, los encomenderos tuvieron la obligación de pagar a los doctrineros sus servicios en los pueblos de encomienda. Lo cual era perfectamente razonable, porque, en la medida que aquellos religiosos le inculcaban a los indios una doctrina de mansedumbre, obediencia y resignación, le prestaban a los encomenderos un valiosísimo servicio. Ya sabemos que estos extraían de los pueblos un caudal de riqueza completamente gratuita, creada por los nativos. Los encomenderos que aceptaron desde un principio el pago del sínodo sin refunfuñar deben ser tenidos por hombres sensatos.

IV

Don Antonio tenía amistad con varios frailes y curas doctrineros, y muchas de sus noticias acerca de las costumbres más íntimas de los indios las obtuvo de los religiosos. En sus descripciones panorámicas de amplias regiones del reino, figura siempre la especificación de las parroquias y conventos que tenían a su cargo la salud espiritual de los nativos, y su vivo interés por este asunto lo lleva a enumerar puntualmente cuáles pueblos eran de doctrina y cuáles otros de visita.

Se diferenciaba con esas denominaciones a los poblados que tenían doctrinero permanente, establecido en el lugar, de aquellos otros que visitaba el doctrinero solamente en ciertos días. El cronista nos cuenta que cuando un pueblo de visita crecía en población, tornándose insuficiente el cuidado que los indios recibían con la visita de su administrador espiritual, los terratenientes de la comarca tomaban interés en el problema y gestionaban que se adjudicase un doctrinero permanente.

La crónica de Fuentes y Guzmán ofrece reiterado testimonio de la importancia que tenía para los hacendados la presencia del doctrinero en los pueblos. La causa de dicho fenómeno es casi obvia, y se hará evidente cuando estudiemos la dinámica interna de dichos conglomerados. De momento, limitémonos a señalar que después de las Leyes Nuevas, y para todo el resto de la época colonial, en que estuvo vigente el sistema de repartimientos de indios, les fue rigurosamente prohibido a los hacendados tener núcleos de trabajadores indígenas dentro de sus haciendas —gañanías o rancherías—, y que, careciendo al mismo tiempo de autoridad para ejercer dominio directo sobre los indios en sus pueblos, les era imprescindible la colaboración del doctrinero, que venía a ser un aliado con facultades para vivir y actuar en el seno del poblado.

Ese es el motivo por el cual nuestro cronista —encomendero y terrateniente— le concede tanta importancia, en la descripción de los pueblos, al tema de los curatos y al trabajo de los doctrineros: "...Con cuyo celo esmerado y piadoso se ven producir frutos de estimable cosecha y granazón cristiana...". (Obsérvese, como detalle curioso, los símbolos agrícolas usados en la metáfora: frutos, cosecha, granazón).

Una prueba muy clara de que la posición del criollo frente a la labor de los frailes venía determinada, en definitiva, por lo que aquella labor significaba para los intereses económicos de la clase terrateniente, nos la ofrecen sus cambios de opinión al juzgar a la orden de Santo Domingo. Al considerar a los dominicos como protagonistas de la defensa del indio, como propugnadores de las grandes reformas, le resultan decididamente odiosos y no desaprovecha ninguna oportunidad para denostarlos. Su profunda aversión recae principalmente sobre fray

Bartolomé de las Casas. Compara su predicación con las peores calamidades que azotaron a la provincia en otros tiempos y lo considera, entre otras cosas, un hombre lleno de veneno, aficionado a los embustes y las imposturas, causante de toda clase de males y autor del desprestigio de España frente a las naciones.

Pero el caso es que los dominicos, al mismo tiempo que realizaban la gran obra de abolir la esclavitud de indios, se dieron a la tarea —que era parte esencial del gran plan— de organizar los pueblos de indios. Porque la esclavitud había causado una dispersión que era grave obstáculo para la reorganización de la colonia. Muchos indios vivían en las haciendas de sus amos; muchos otros andaban huyendo, retirados en montañas y lugares remotos; y otros permanecían en la sede de los antiguos poblados prehispánicos.

Ese alto grado de dispersión y desorganización fue resultado de una peculiar suma de factores: la esclavitud arrastró indios a las haciendas y ahuyentó indios a los montes, pero esto vino a operar sobre un cuadro ya existente de dispersión organizada, llamémosla así. Los indígenas, antes de la conquista, no vivían predominantemente en centros de población, sino en chozas y caseríos dispersos junto a los sembrados, constituyendo grandes áreas pobladas. Los centros urbanos de que dan noticia los conquistadores —tales como Xelajú, Gumarcaj, Iximché y otros— eran solamente los núcleos de confluencia de áreas habitadas mucho más amplias. A esos núcleos concurría toda la población en días determinados, con fines comerciales, religiosos y de administración, pero no eran la morada permanente de la gran mayoría de la población nativa.

Así, pues, la dispersión anárquica, adoptada por los indios como recurso de defensa frente a la conquista, se desarrolló a partir de un cuadro de dispersión orgánica existente con anterioridad. Y todo ello era desfavorable al gran plan monárquico y misional de las Leyes Nuevas, que exigía, como requisito indispensable, que los indios vinieran a vivir, todos, sin excepción, en poblados perfectamente organizados y estables.

Los indígenas no podían pasar a ser efectivamente vasallos tributarios del rey, ni este podría ceder parte de la tributación (encomienda), ni sería posible suministrar a las haciendas periódicamente mano de obra indígena (repartimiento), mientras no

59

hubiera centros de población perfectamente establecidos y controlados por la autoridad.

Pues bien; en esta enorme labor, que se llamó reducción de indios, jugaron un papel importantísimo los frailes de la orden de Santo Domingo. Ellos fueron los campeones de esta realización, que fue, en definitiva, el remate de la gran transformación ocurrida en las colonias a mediados del siglo XVI. Y los pueblos de indios, las reducciones de indios, vinieron a ser el punto de apoyo de todo el sistema económico que se estructuró a partir de aquel período.

Lo cual quiere decir que los terratenientes y encomenderos criollos, descendientes y herederos de aquellos "lobos" a quienes los dominicos despojaron de sus esclavos, vinieron a ser, a la larga, deudores de los dominicos: la reducción garantizó el cobro regular de los tributos de los encomenderos y la disponibilidad de mano de obra para los terratenientes.

El cronista, terrateniente y encomendero, duro juez de los dominicos cuando los recuerda como pioneros de las Leyes Nuevas y enemigos de la esclavitud, tiene para ellos, empero, muy efusivos elogios cuando los reconoce como autores de la reducción. Los llama entonces "...hijos de la azucena de Santo Domingo...". En dos palabras, el cronista aborrece o elogia a los dominicos según que los considere, en distintos pasajes de la crónica, como defensores del indio o como favorecedores indirectos de su explotación.

Nos hemos detenido a señalar las relaciones entre religiosos, hacendados y encomenderos en torno al pueblo de indios, no solo por el interés que en sí mismo reviste el asunto, sino también para dar una idea de cómo quedaron las cosas después de las reformas. Ya se habrá comprendido que los descendientes de conquistadores y primeros colonos quedaron en posición muy ventajosa. Pese a ello, siempre recordaron con nostalgia los tiempos primeros de la colonización, en que sus antepasados eran amos absolutos de los indios y los exprimían a su antojo. Esta era una de las causas —no la única— de que los criollos fuesen una clase dominante y explotadora y, a la vez, emberrinchada y resentida.

Abandonemos ya el anchuroso tema de las Leyes Nuevas, cuyas proyecciones más importantes han sido señaladas.

V

Llama la atención que don Antonio de Fuentes y Guzmán, habiendo sido, como fue, un rico hacendado con casa de mucho porte en la ciudad de Santiago de Guatemala, se nos presente en la crónica como heraldo y vocero de los descendientes de conquistadores que habían caído en la pobreza. Sorprende encontrar pasajes de la obra en los cuales, refiriéndose al grupo de criollos empobrecidos, habla de ellos en términos de la primera persona plural, incluyéndose en ese grupo de desplazados; él, que en otros lugares nos ha hablado de sus tierras de labor, de su "maravilloso" ingenio de azúcar, de su casa pudiente, de su encomienda, de su cargo de regidor perpetuo en el Ayuntamiento y de su lucrativa gestión de corregidor...

Esa aparente incongruencia tiene por causa un fenómeno universal: en la voz del individuo se deja oír siempre la voz de la clase social. Nada tiene de extraño que el criollo rico hable en nombre de todos los criollos, incluidos los pobretones. Esa eventual diferencia de fortuna no borraba la comunidad de intereses económicos —que era el factor aglutinante de la clase—, sino al contrario: obligaba a tener muy presente la solidaridad, porque el empobrecimiento de unos era una inquietante advertencia para todos.

Cuando se lee la Recordación Florida penetrando su enorme superficie noticiosa, prestando oído al clamoreo emocional que le dio origen, no se percibe en definitiva el mensaje de un individuo, de un hombre aislado, sino el testimonio de todo un grupo social. En eso radica la fuerza extraordinaria de este documento histórico: en que, más allá del caudal de noticias concretas —cuyo valor informativo es grandísimo— corre un torrente de actitudes de grupo, de nostalgias y certidumbres, de adhesiones y aborrecimientos, de temores y fanfarronadas; un torrente de subjetividad y pasión que no nace en el autor como individuo, sino en un nivel más hondo, en que el individuo habla en nombre de su grupo social.

Dos capítulos de la crónica están dedicados a demostrar que en el reino vivían, por aquel entonces, ciento once familias que procedían directamente de conquistadores y primeros pobladores. La finalidad de ese trozo de la obra es demostrar que muchas de esas familias se encontraban, pese a su "... ilustre sangre...", en situaciones que al cronista le parecían mortificantes y no dignas del linaje de los "beneméritos". Los dos capítulos están escritos en tono de alegato, y es evidente que el criollo pensaba en el Consejo de Indias mientras escribía. No se abstiene de razonar, por ejemplo, que los descendientes de servidores de la corona radicados en España gozaban de "... muchos millares de renta...", aun tratándose, dice, de servicios menos importantes que los prestados por los conquistadores de América.

Surge entonces la pregunta: ¿estaban siendo desplazados los criollos? ¿Decía verdad el cronista al afirmar que muchos de ellos se hallaban arrinconados y padecían pobreza? La respuesta es afirmativa —sí, se daba el fenómeno de desplazamiento de algunos criollos—, pero, si ha de ser una respuesta histórica completa, hay que desdoblarla en tres explicaciones que pasamos a dar inmediatamente:

Primera. Los criollos empobrecidos de que habla Fuentes y Guzmán no se hallaban en la miseria; no vivían en condiciones ni remotamente parecidas a las de los indios pobres. Algunos de ellos vivían en el interior del país, reducidos a los provechos de alguna pequeña estancia o hacienda; otros vivían en la ciudad, arrimados a parientes ricos, también criollos, que los iban ayudando. Otros más hallaron cabida en la Iglesia, a donde no suele entrar el hambre, como es sabido. No olvidemos que uno es el concepto de pobreza en la mentalidad de los explotadores cuando piensan en los de su propia clase, y otro muy distinto cuando aluden a las penalidades de los oprimidos. Lo que Fuentes y Guzmán consideraba una situación de "... encogimiento y modestia..." refiriéndose a los de su mismo estrato social, habría sido una dicha imposible para la inmensa mayoría de los indígenas. Debe insistirse, finalmente, en que los criollos empobrecidos constituían un reducido grupo, según se desprende del propio texto que estamos estudiando.

El segundo aspecto de la respuesta es el siguiente. Desde mediados del siglo XVI, la política imperial adoptó la línea de ir retirando de los puestos de mando a los conquistadores y a sus descendientes, sustituyéndolos con personas que no tenían intereses radicados en América. Fueron creados nuevos órganos de gobierno estrictamente representativos del poder central —las Audiencias fueron los más importantes— en los cuales no tenían entrada los criollos. Los herederos de la conquista conservaron posiciones, no obstante, en los órganos de gobierno de nivel medio: los Ayuntamientos fueron bastiones de esa aristocracia durante toda la época colonial. Los Corregimientos y las Alcaldías Mayores —jefaturas políticas de los distritos interiores de las provincias— también estuvieron en su mayoría en manos de criollos. Pero esto no modificó la tendencia, general y constante, de robustecer el poder central a expensas de los privilegios de la aristocracia indiana. Se fue haciendo más fuerte y más exigente la burocracia española instalada en las colonias, y a finales del siglo XVII —época de la Recordación Florida— el proceso había puesto a los criollos en marcada desventaja y los obligaba a tolerar, de muy mala gana, una serie de órdenes y medidas de gobierno que menguaban su autoridad y resultaban a veces humillantes.

La crónica de Fuentes y Guzmán es rica en noticias ilustrativas de la pugna de los criollos con la burocracia, y particularmente de la que se libraba entre el Ayuntamiento y la Audiencia de Guatemala. Ello se explica fácilmente: primero, porque dichas instituciones fueron, como ya se dijo, los centros representativos de las dos fuerzas contrapuestas; y segundo, porque don Antonio, como miembro que fue de una de ellas, desarrolla largos trozos de su obra asumiendo las posiciones del Cabildo y contemplando las cosas, por así decirlo, desde las ventanas del Ayuntamiento. Ya su padre había ocupado un lugar en dicha institución, y su propio ingreso a ella a la temprana edad de dieciocho años lo identificaba plenamente con aquel baluarte de la oligarquía criolla. Son por eso numerosas sus diatribas contra la Audiencia, cuyos errores se empeña en abultar, y apasionados los pasajes en que relata los disgustos habidos entre las dos instituciones.

Los más importantes de aquellos altercados se originaban, claro está, en la lucha por el control de la riqueza; pero del plano económico trascendían, como ocurre siempre en estos casos, al plano político y aun al nivel de las puras formalidades: Ayuntamiento y Audiencia disputan el derecho de repartir indios para las haciendas en el valle que circundaba a la ciudad de Guatemala; notifícase al Ayuntamiento que cesa en la administración del impuesto llamado alcabala de barlovento, quedando este a cargo de uno de los oidores de la Audiencia; la Audiencia quiere privar al Ayuntamiento del derecho de informar al rey "... en cosas convenientes a la república..."; el Ayuntamiento hace saber al Presidente de la Audiencia que no está obligado a ir por él a palacio para acompañarlo a catedral; la Audiencia decreta que en todos los actos públicos y solemnes, cuando se hallen presentes los oidores, las "mazas", insignias del Ayuntamiento, deben colocarse a los pies de los oidores; y así podríamos seguir mencionando episodios que ponían frenético a nuestro Regidor perpetuo, en los que se observa la sorda riña que mantenían las dos instituciones.

Las quejas de don Antonio dejan ver cómo iba perdiendo autoridad y prestigio la vieja nobleza, y hay en su obra pasajes tan llenos de resentimiento y escritos con tanta viveza, que parece estarse viendo con los ojos lo que pasaba. Cuenta, por ejemplo, que a principios de siglo todavía se acostumbraba, con motivo de la llegada de un nuevo Presidente de la Audiencia, citar a la nobleza de todo el reino para conocerla en sus más conspicuos representantes. Era aquella una ceremoniosa convocatoria a los criollos, en la que sentían su valimiento y hallaban motivo de honda satisfacción. Pero en los tiempos actuales, dice el cronista refiriéndose a los suyos, los Presidentes toman el camino de regreso a España tras haber gobernado varios años "... sin haber conocido la décima parte de estos beneméritos de Guatemala...".

En síntesis: la burocracia española venía restándole atribuciones y poder a la nobleza criolla, y esta tendencia se sostuvo hasta el colapso del régimen colonial. Pero es necesario comprender que, a pesar de ese proceso de desplazamiento, la clase social de los criollos se renovó continuamente, conservó y aún fortaleció su posición en lo económico, y fue, en fin, la clase social que se halló capacitada para tomar el poder a la hora de la Independencia. Explicar cómo y por qué ocurrió eso es el tercer aspecto de la respuesta a la cuestión del desplazamiento de los criollos. Hemos dejado para último este aspecto por ser el más importante; el que aclara la supervivencia de aquel grupo social, a despecho de la política centralizadora que tendió siempre a debilitarlo.

VI

Al dar una primera definición de la palabra "criollo", al comienzo de este libro, se hizo la advertencia de que la inmigración de españoles, el constante arribar de peninsulares que venían a buscar fortuna en Indias, dio como resultado la promoción de nuevas generaciones de criollos.

64

Debemos retomar ahora aquella afirmación para comenzar a explicar el proceso de desplazamiento de unos criollos y la aparición de otros. Porque eso fue lo que ocurrió: las viejas familias herederas de la conquista fueron perdiendo terreno en lo económico y en lo político, pero las nuevas generaciones de criollos, sin alcanzar nunca más las altas posiciones de mando, lograron, eso sí, enriquecerse y retener la posición que había correspondido a los antiguos criollos.

A ello se debe que en los inicios del siglo XIX, al realizarse la emancipación, no aparezcan en la aristocracia terrateniente los nombres de los "beneméritos" de los siglos XVI y XVII —Chaves, Paredes, Dardón, Polanco, Holguín, Ávalos, Cueto, Orduña, Vivar, Xirón, Páez, Marín y tantos otros— sino los de las familias que en ese entonces preponderaban en la clase social criolla: Aycinena, Beltranena, Batres, Pavón, Álvarez, Asturias, Arrivillaga, Larrazábal, Melón, Palomo, Barrutia y muchos más.

El proceso que estamos enunciando —que pasaremos a analizar en seguida— presenta, pues, una forma peculiar de lucha de clases: los inmigrantes españoles presionaban sobre los criollos y les robaban terreno, pero no como una clase antagónica que aspira a derribar y destruir a su enemiga, sino con propósitos muy diferentes: los inmigrantes luchaban por introducirse en la clase de los criollos; desplazaban a estos para ocupar su lugar. Hay que entenderlo bien y recordar que la historia de las sociedades de clases ofrece muchos ejemplos como este, en que grupos no antagónicos pugnan, respectivamente, por introducirse uno en el otro y por impedir esa penetración.

En la sociedad capitalista, por ejemplo, la pequeña burguesía lucha con la burguesía, no pretendiendo eliminarla sino incorporarse a ella; y la gran burguesía tiende a destruir a su enemiga menor, no antagónica. La presión que ejercían los inmigrantes sobre los criollos, y la lucha de estos defendiéndose, dio por resultado —he aquí lo que interesa señalar— la renovación de la clase social criolla con nuevos elementos y su conservación como tal clase social.

Los criollos viejos, herederos de la conquista en forma directa, fueron lentamente desplazados del primer plano por españoles que vinieron después, pero que, al convertirse también en terratenientes y explotadores de siervos indígenas, se asimilaron a la estructura de clases preexistentes sin alterarla en lo más mínimo. Es en el análisis de este proceso donde se viene a comprender, con toda claridad, que los rasgos esenciales y definidores de la clase criolla fueron la propiedad latifundista de la tierra y la explotación del trabajo servil del indio.

Los primeros criollos constituyeron una clase social porque heredaron de la conquista eso. Los criollos tardíos, protagonistas centrales de la Independencia de Guatemala, lucharon siempre en torno de lo mismo —conservación y ampliación de la propiedad territorial y del control del indio— y pasaron a ser la clase dominante del país gracias a que tenían en sus manos eso. Puede y debe hablarse, sociológicamente, de una oligarquía criolla en Guatemala hasta la época contemporánea, en la medida que pueda comprobarse la presencia de un grupo social dirigente cuya fuerza económica y política resida en la posesión de latifundios y la explotación del indio como trabajador no libre.

Por lo menos hasta la Revolución de 1944 —¡fecha tan reciente!— una oligarquía de ese tipo fue la clase dominante en el país, indiscutible y absoluta. Y el criollismo —la conciencia de clase de los criollos, ya perfilada en lo fundamental desde los primeros siglos coloniales— está todavía vivo en la mentalidad de los grupos poderosos del país, como consecuencia natural de la perduración de aquellas bases económicas. En la tenaz persistencia de estas categorías históricas estriba, justamente, el interés y la importancia de su estudio.

La crónica de Fuentes y Guzmán suministra valiosa información acerca de la pugna entre los criollos y los inmigrantes españoles que venían a establecerse en la provincia. El cronista los llama "advenedizos", apelativo que probablemente fue de uso común entre los criollos para aludir a los inmigrantes —sin que de ello haya prueba— y que, en todo caso, refleja lo que la vieja aristocracia terrateniente veía en los españoles recién llegados: intrusos, llegados tarde y en mala hora.

El problema de los inmigrantes había surgido, claro está, desde el siglo XVI. Ya los conquistadores se quejaban —cuando aún no había madurado la primera generación de criollos— de que cada día venían de España personas con títulos que les abrían las puertas de la provincia y perjudicaban a quienes la habían conquistado. Uno de aquellos inmigrantes había sido el propio bisabuelo de don Antonio, pero sus hijos

66

y nietos, convertidos ya en terratenientes y encomenderos, tuvieron que habérselas con los intrusos de las épocas siguientes. El padre del cronista sostuvo, como Procurador del Ayuntamiento, un largo litigio con el Presidente de la Audiencia (don Álvaro Quiñónez de Osorio, Marqués de Lorenzana) por razón de unas encomiendas concedidas a personas que, a juicio de aquella corporación, no eran merecedoras de dicha concesión. La tesis del Procurador era que debía darse las encomiendas vacantes a los descendientes de los conquistadores y pobladores antiguos.

Así, pues, el cronista se situaba en la tradición de su familia y de su clase al protestar, a lo largo de toda su obra, contra aquellos advenedizos que, según él afirma, no tenían méritos, pero gozaban del favoritismo de la corona y ello les bastaba para venir a empujar a quienes sí los tenían. Este alegato lleno de enojo está presente, en diversas formas, en toda la Recordación Florida, y los argumentos del criollo dejan ver la actitud que asumían los advenedizos frente a los americanos y frente a todo lo americano.

Los españoles llegaban llenos de ínfulas, engreídos, fingiendo un desprecio y una superioridad que mortificaban a los criollos. Vale la pena que analicemos este asunto aparte, porque los gestos de superioridad de grupo encubren, casi siempre, trucos relacionados con las luchas de clases.

VII

La actitud de menosprecio que adoptaban los españoles frente a los criollos, el ademán desdeñoso, no era perceptible solamente para los criollos mismos, sino aún para personas ajenas al conflicto. El fraile inglés Tomás Gage, socarrón y pancista a quien aquella enemistad no afectaba en lo más mínimo, la menciona, sin embargo, en muchos pasajes de su célebre libro de viajes. Dice en uno de ellos lo siguiente:

"...no sólo están privados de los oficios y cargos de gobierno, sino que los españoles advenedizos los afrentan todos los días, como a personas incapaces de gobernar a los demás, y medio indios..."

Esas pocas palabras están llenas de connotaciones que es conveniente espigar. En primer lugar, el viajero también usa el concepto de "advenedizos" (es curioso que el traductor haya escogido

67

precisamente esa palabra) para referirse a los inmigrantes españoles, lo cual refuerza la suposición de que el apelativo era de uso generalizado. En segundo lugar, se observa que para la época en que Gage vivió en Guatemala —primera década del siglo XVII— ya habían sido desplazados los criollos de los altos cargos de gobierno, si bien es cierto, como quedó dicho en otro lugar, que retuvieron los puestos de autoridad en el nivel medio.

En tercer lugar, el texto parecería referirse a los mestizos cuando dice que los españoles los consideraban "medios indios", y no hay tal cosa: no se trataba en modo alguno de los mestizos, sino muy concretamente de los criollos; lo que ocurría era que —¡ya entonces y desde entonces!— atribuirle a alguien parentesco o consanguinidad con los indios era un modo de disminuirlo y rebajarlo con la palabra.

Los peninsulares usaban frente a los criollos exactamente el mismo prejuicio que estos adoptaban frente a los indios: el origen hispano daba superioridad —así se decía—, y más superioridad —alegaban los advenedizos— cuanto más puro y cercano fuera ese origen. Así como los criollos invocaban su sangre española para justificar falazmente su predominio sobre los indígenas, así los peninsulares trataban de presentarse como más genuinamente españoles para justificar el desplazamiento de los criollos. No pudiendo negar el entronque hispano de las familias criollas, los españoles decían, entre otras cosas, que el vivir por varias generaciones en el clima de América les hacía perder: "... cuanto de bueno les pudo influir la sangre de España...".

Las jactancias de los españoles eran, claro está, trucos para presentarse como merecedores de todo lo que les ofrecía el mundo indiano. Creaban con ellas la impresión de que habían dejado a sus espaldas un mundo mucho mejor, y de que ganaban poco quedándose en América. Eran, pues, los melindres de quien, al regatear, aparenta menosprecio para obtener, así, a menos precio lo que desea adquirir. Sería ocioso demostrar aquí que los españoles inmigrantes, con todos los defectos que decían hallar en estas tierras, solían quedarse tercamente en ellas. No había en España siervos con cuyo sudor pudiera amasarse fácilmente una fortuna.

Antonio de Fuentes, que como criollo se aferraba a lo suyo y adivinaba el truco de sus enemigos, introduce notas amargas cuando entona el canto de las bondades y bellezas de su país. No puede quitarse de la cabeza a los advenedizos que menospreciaban tales bondades, y su despecho lo lleva a compararlos con las arañas, que afean las florestas y viven de lo que hay en ellas.

En el interesante y amplio capítulo en que Fuentes habla del maíz y de sus variados usos, no puede olvidarse del fingido desdén con que los españoles miraban esa útil planta. Si está hablando de las muchas y bellas flores que amenizan y adornan el reino, se le viene a la mente que los peninsulares juzgaban más bellas las de España, y concluye: "... como no hemos visto aquéllas, éstas nos parecen flores bien perfectas y hermosas...".

Si más adelante describe la majestuosidad de las montañas de su terruño, lo asalta de pronto la comprobación de que no las adorna la nieve. Se pregunta uno qué necesidad había de mencionar la nieve: un elemento ajeno al paisaje guatemalteco y completamente desconocido para el criollo; otros estupendos elementos de paisaje había en su tierra y faltaban en el paisaje de España —los volcanes, por ejemplo—, y más razonable habría sido describir con entusiasmo lo que había, sin lamentar lo que se echaba de menos.

Pero la verdad es que el criollo estaba efectivamente sugestionado y convencido de la superioridad del español. Se le inculcaba desde la cuna que el origen español era la causa de su superioridad de clase, y ese prejuicio, machacado y asimilado a lo largo de toda la vida, tenía que motivar sentimientos de inseguridad frente a los peninsulares. En este punto, al criollo lo traicionaban sus propios prejuicios, esgrimidos por un enemigo de clase que no era el indio.

Ahora bien, del mismo modo que, al referirnos al prejuicio de superioridad del criollo frente al indio —en el primer capítulo de este libro— procedimos señalando las causas históricas verdaderas de aquella superioridad, así también ahora, al referirnos a la exitosa lucha de los inmigrantes con los criollos, convendrá que nos preguntemos si no habrá habido alguna superioridad efectiva, alguna ventaja real que pusiera a los advenedizos en condiciones de vencer la resistencia de los criollos introduciéndose en su grupo.

Respondamos a esa pregunta en un breve apartado especial.

VIII

Hay que señalar, en primer término, que muchos inmigrantes venían de España con privilegios obtenidos allá. Esto los ponía, desde el primer momento, en situación muy ventajosa. Porque el llegar a la provincia con una encomienda obtenida de antemano, o con una orden para recibir tierras, significaba que el inmigrante no venía a abrirse camino, sino que hallaba el camino abierto, y lo que le faltaba para enriquecerse era un razonable cuidado en sus negocios.

En segundo lugar, debe quedar advertido que, en todo tiempo bajo el régimen colonial, pasaron a América grupos de españoles que se acogían a la protección de los funcionarios que eran enviados en sustitución de otros. Junto a los Presidentes y los nuevos oidores, y también arrimados a funcionarios de la Real Hacienda, solían venir grupos de parientes y amigos, los cuales, instalados como simples inmigrantes, gozaban de un trato preferencial y sacaban de ello prontas ventajas.

De los dos aspectos de la cuestión —que pueden reducirse al hecho general de que muchos inmigrantes venían amparados bajo alguna forma de protección oficial— dan prueba numerosos documentos desde el siglo XVI, y son por eso los más evidentes. Pero posiblemente no fueron los más importantes. Es preciso fijar la atención en otros dos factores, que tienen que haber jugado un papel primordial en el proceso de debilitamiento de las viejas familias criollas y la aparición de otras nuevas. Estos dos factores actuaban juntos, en combinación, y así los presentaremos inmediatamente.

Anotemos, pues, en tercer lugar, el hecho de que los criollos no eran gente de empuje. Se formaban en una sociedad en que el trabajo era realizado por otros sectores sociales: sobre los siervos indígenas recaían las tareas más pesadas, y los mestizos y mulatos —trabajadores no serviles— cubrían las actividades no agrícolas, tales como artesanías, transporte, crianza de ganado y otras. Educados como hijos de familias acomodadas, rodeados de sirvientes, acostumbrados a dar órdenes y a no estropearse la ropa, los criollos debieron adquirir los rasgos de carácter de una clase infatuada y haragana. En toda América se los acusaba de indolentes, frívolos, dados a la pompa, derrochadores y pleitistas, incapaces de un esfuerzo sostenido; y aunque esas acusaciones hayan sido formuladas principalmente por españoles, interesados en desestimar

70

a los criollos, debe suponerse que algo había de cierto en ellas. El consumir sin producir, el disfrutar sin trabajar, el vivir como parásitos y aun despreciar a quienes les daban de comer, fueron circunstancias que nunca propiciaron la aparición de tipos humanos bien integrados.

La Historia Universal pone en evidencia que el ademán ceñudo y agresivo, la crueldad de las clases parasitarias frente a quienes tienen bajo su dominación —especialmente cuando actúan con garantía de impunidad—, son rasgos que encubren grandes debilidades de carácter y vicios que brotan de la saciedad y la holgazanería. Los criollos no fueron, ciertamente, un ejemplo extremado de esa ley universal, pero es seguro que tampoco fueron una excepción. Tomás Gage hace una venenosa descripción de los de Chiapas —provincia del reino de Guatemala—, y después de reírse de la pedantería que, según él, los distinguía, y de la flojedad de carácter que en ellos descubrió, anota que "... les parece que no hay en el mundo cosa mejor que dormir tranquilamente en su cama...".

Ese tercer punto, la debilidad de carácter de los criollos, no habría sido un factor de su desplazamiento si no se hubiera combinado con lo que en esta explicación viene a ser el cuarto punto: el hecho de que los inmigrantes procedían de una sociedad mucho más desarrollada. Mientras los criollos constituían una clase explotadora y haragana en la sociedad feudal, los inmigrantes eran, por término medio, elementos de las clases trabajadoras de una sociedad mercantilista. Hay que prestarle atención a ese hecho. La presencia de grandes masas indígenas, susceptibles de ser puestas en servidumbre, determinó que los españoles organizaran en América una sociedad feudal, pero la España del siglo XVI ya había entrado en la primera etapa del capitalismo.

Y si bien es cierto que en los siglos siguientes no tuvo un desarrollo capitalista vigoroso —el saqueo de las colonias fue, precisamente, el factor principal de su definitivo retraso como país en vías de industrialización—, no es menos cierto que la estructura económica y social de la metrópoli fue mucho más avanzada que la de sus provincias. El desarrollo de la economía mercantil y el movimiento de capital comercial habían descompuesto en España las relaciones de producción propias de la economía feudal. El trabajo asalariado había sustituido casi totalmente al trabajo servil, ya bajo el reinado de los llamados Reyes

Católicos. Pero como se trataba, en los siglos XVI y XVII, de un capitalismo naciente y entorpecido en su desarrollo por diversos factores, y como la producción mercantil no iba más allá de la manufactura y la pequeña industria, de allí que conviviera, junto a una burguesía débil, una aristocracia de la tierra en vías de desintegración.

El pueblo español, la masa de trabajadores agrícolas y urbanos, padecía simultáneamente la explotación asalariada propia de la etapa de acumulación originaria del capital y las arbitrariedades que el peso de la tradición feudal mantenía todavía vivas. Era un pueblo aporreado, al que caracterizaba, junto a su pobreza y en íntima relación con ella, una truhanería llena de ingenio y astucia; un pueblo que se veía obligado a trabajar intensamente para ir pasando una vida de regateos y trampas en derredor de cada maravedí. Es bien conocido el vivo retrato que de ese pueblo se conserva en las páginas del Quijote, obra que tiene por escenario la realidad española de la época de Cervantes. Labriegos maliciosos, posadas de camino en que los escrúpulos morales eran tan exiguos como los alimentos, bachilleres y peluqueros de mucho ingenio y ninguna fortuna, maleantes, trotamundos, una abigarrada población que mitigaba con vino barato la frustración permanente, la amargura del bregar continuo y el andar siempre entrampado.

La misma vida de Cervantes, vida llena de humillaciones derivadas de la pobreza, vida que se extinguió en la más completa amargura tras haber andado siempre a la búsqueda del favor de grandes señores —sin que faltara en ella el propósito de venir a Indias en busca de mejor fortuna—, da testimonio de lo que era, para las capas medias de la población, la lucha por la vida en la España de los siglos XVI y XVII.

Ni la aristocracia española ni la burguesía pasaron a Indias a buscar fortuna. No tenían por qué hacerlo. En la época de la conquista fue frecuente que se enrolaran en las empresas los segundones "hijosdalgos", o sea los elementos marginales de la nobleza, desplazados allá, que ansiaban engrandecerse acá. Algunos nobles vinieron después como altos funcionarios —Virreyes, Presidentes, Visitadores— a desempeñar cargos temporales. La corriente migratoria fue alimentada, básicamente, por las capas medias y por trabajadores sencillos de la península.

Al principio fue más numerosa la inmigración proveniente del sur de España, pero gradualmente fue aumentando la que venía del norte, es decir, de las regiones en que la economía mercantil estaba más desarrollada. Esa gente, en la que predominaban los hombres jóvenes, habituada a la lucha por el pan en un ambiente pobre y difícil, con un carácter templado y formado dentro de las modalidades del bronco capitalismo naciente, era la que venía a las colonias. Era, en su mayoría, gente explotada que traía el decidido y bien fundamentado propósito de convertirse en explotadora.

El promedio de esa gente debe haber tenido unas aptitudes y una energía superiores a las del criollo medio. No por motivos de un más cercano origen español, ni porque la "sangre" de los criollos se maleara bajo el clima de las colonias, sino porque los hombres son producto del régimen económico y del estrato social en que se forman. Un trabajador forjado en las penurias de la explotación capitalista, formada su mente en la complejidad de las relaciones de una sociedad mercantil, trasladado de pronto a una formación social menos desarrollada y puesto a contender con los perezosos señoritos de ésta, tenía que hallar en sí ciertas peculiaridades que lo favorecían: una mayor capacidad para el esfuerzo sin compensaciones inmediatas, y más agilidad mental en términos de astucia, de malicia para sacar partido de las cosas y las situaciones.

La crónica de Tomás Gage menciona en varias ocasiones a esos españoles, tenaces y ahorrativos, casi siempre zafios, codiciosos y exentos de escrúpulos morales, que al morir dejaban a sus hijos en posesión de cuantiosas fortunas.

Es muy significativo el hecho de que Fuentes y Guzmán, en su constante añorar los tiempos idos y lamentar lo que pasaba en los suyos, le reproche a estos últimos el estar contaminados de malicia; ese es el calificativo que le viene a la pluma cuando quiere cifrar, en una sola palabra, todo lo que a él y a los suyos les resultaba adverso: "... la malicia que hoy corre...". Insiste en que las relaciones entre los hombres, tanto en los negocios privados como en los públicos, están tocadas de cierta corrupción, y su reproche se hace más claro y directo —más transparente para quien busque el fondo de aquel malestar— al señalar concretamente que la corrupción provenía de hallarse los hombres, más y más, "... ocupados en mercancías y contratos...".

Lo que realmente ocurría era que en el reino de Guatemala iban apareciendo, aunque muy débilmente, ciertas relaciones económicas de carácter mercantil. La tierra había comenzado a ser objeto de especulación, no sólo en negocios de compra y venta, sino también gravándola con hipotecas sobre préstamos. El añil se producía casi íntegramente para la exportación, y también se exportaba cacao y pequeñas cantidades de achiote y vainilla.

Todo ello amenazaba la estabilidad y la relativa simpleza de las relaciones feudales, y aunque se tratara de fenómenos secundarios, que apenas alteraban superficialmente la estructura feudal, el criollo viejo, el terrateniente a la manera de don Antonio, no podía ver con buenos ojos la más leve alteración del sistema. Nuestro hacendado sentía la más profunda antipatía hacia el cultivo del añil y los negocios que de su exportación se derivaban. Impugna los envíos de tinta "... a trueco de trapos viejos y caros...", y con el mismo tesón propugna que deberían buscarse y extraerse los metales preciosos de la entraña del país. La crónica se detiene en varios puntos a demostrar que en el reino había yacimientos vírgenes, y la tesis del autor es que, en vez de estar exportando tinta —llega a exclamar "¡Ojalá no la hubiera!"—, se debería exportar la riqueza mineral que él supone escondida en el subsuelo del país.

He allí, pues, el complemento de la aversión que el hacendado feudal sentía hacia el mercantilismo: él hubiera deseado una economía cerrada y autoconsuntiva, sin producción mercantil ni negocios que pudieran impulsar el desarrollo capitalista y el trabajo asalariado, y piensa que la metrópoli estaría satisfecha recibiendo oro y plata de sus colonias, sin necesidad de promover en ellas ningún cambio.

Sabemos nosotros —nos lo permite el ver las cosas retrospectivamente— que la producción mercantil no prosperó en Guatemala durante la colonia. Aún en los días de la Independencia era muy poco lo que se producía para la exportación, y todavía era el añil el único producto que se exportaba en cantidades de cierta importancia. Los españoles que venían a la provincia con una mentalidad y una "malicia" mercantilistas, acababan convertidos en terratenientes.

Porque, habiendo la posibilidad de adquirir tierras y siervos para sacarles provecho con pocos gastos, ese atractivo absorbió la iniciativa de los inmigrantes, convirtiéndolos en hacendados. Así se fue rehaciendo sucesivamente la clase social de los criollos, alimentada precisamente por los advenedizos que desplazaban a los criollos viejos y se convertían en criollos a su vez. Ese fue el proceso. Las viejas familias prominentes pasaron a ser familias de segundo y tercer orden dentro de la clase. Criollos de mediana riqueza, criollos empobrecidos. Hubo también algunas familias que se extinguieron sin dejar sucesión.

—IX—

Demos término a este capítulo con unas observaciones breves y muy necesarias.

La idea de patria que se manifiesta en la crónica monumental de Fuentes y Guzmán era una idea de contenido reaccionario. No la animaba la visión del futuro del país en términos de cambio y desarrollo, sino todo lo contrario: era una respuesta ante la amenaza de transformación que iba implícita en la política imperial y en el arribo de inmigrantes. A despecho de lo que podría esperarse de una obra que es defensa y canto de la patria, la Recordación ofrece un tono de nostalgia y pesadumbre, un tono de lamentación que a la larga se impone en el lector y acaba por ser la impresión más honda que deja su lectura. En toda ella se escucha la añoranza de lo pasado, la desaprobación del presente y el miedo a lo futuro. El autor hace reiteradas reflexiones sobre el devenir de las cosas, el cambiar de los tiempos, y lejos de aparecer allí una perspectiva del porvenir de la patria, es precisamente en ellas donde suenan las notas más sombrías y lúgubres de la Recordación. Quizá son también sus notas más íntimas: "...en el mundo no hay fijeza, ni en lo más grande ni en lo más pequeño..."; "...la inconsistencia de las cosas, que nunca asisten en su ser..."; "...es achaque de lo temporal la poca fijeza con que procede en todo..."; "...en lo humano no hay cosa fija ni segura..."; y así sucesivamente suele el cronista recordarnos la mudanza de las cosas humanas, pero jamás lo hace como podría hacerlo una mente proyectada hacia lo futuro, viendo en la mutabilidad una garantía de que mañana podrá llegar a estar bien lo que hoy está mal, sino como suelen hacerlo todas las mentes vueltas hacia el pasado: quejándose de que, lo

75

que ayer estuvo bien, ya nunca volverá a encontrarse en aquel estado. Ese es el espíritu de la obra, cifrado con admirable acierto en las dos palabras que le sirven de nombre y título: la Recordación Florida es de veras una recordación, un volver la mirada atrás, hacia tiempos que al autor se le antojaban florecientes y prósperos. El enorme trabajo de reconstrucción histórica realizado por Fuentes y Guzmán en muchos de los capítulos de su obra no tiene la finalidad de arrojar luz y comprensión sobre el presente del historiador, y menos aún la de vislumbrar el futuro. Su finalidad es contraponerlos a los capítulos en que habla de la actualidad —los que son propiamente crónica— y demostrar que los tiempos pasados fueron mejores que los actuales.

Fácil es entender, después del análisis hecho en estos dos capítulos —titulados "Las dos Españas"— que el tono fundamentalmente pesimista de la crónica del criollo, así como el contenido reaccionario de la idea de patria que en ella se manifiesta, eran consecuencia necesaria y reflejo de la inseguridad que pesaba como una amenaza sobre el grupo de viejas familias herederas de la conquista.

Nos asaltan aquí, empero, varias cuestiones difíciles que exigen respuesta: ¿Habrá estado vigente todavía esa idea de patria entre los criollos que dirigieron políticamente la emancipación de Guatemala?; ¿Habrán tenido los criollos del último período colonial ese mismo sentimiento de "patria a la defensiva"?; ¿Fueron efectivamente los criollos quienes controlaron la Independencia, alcanzando con ello su viejo propósito de hegemonía?; ¿Podrá interpretarse aquel evento, simple y llanamente, como la toma del poder por un grupo de explotadores que venía obligado a compartir la explotación con la monarquía española? Y finalmente: ¿No habrá surgido en la sociedad guatemalteca, a tono con el desarrollo de las fuerzas productivas en los últimos siglos coloniales —a tono con el desarrollo del mercantilismo, por ejemplo—, una nueva clase social, una capa media alta, una pequeña burguesía, que concibiera la patria en términos de desarrollo? En suma: ¿Fue la Independencia un hecho revolucionario o fue la implantación de la patria de los criollos?

Hemos hablado hasta aquí de la defensa del patrimonio. Hemos examinado ciertas formas que tomaba la pugna de criollos y peninsulares en torno al patrimonio de los primeros. Pero todavía no hemos analizado el patrimonio mismo: tenemos que hablar de la tierra en un capítulo y de los indios en dos capítulos especiales. Porque los indios trabajando la tierra eran la parte esencial del patrimonio en disputa. Sólo después de haber analizado esos dos temas pendientes podremos, quizá, buscar el planteamiento correcto de las cuestiones arriba enunciadas, dar respuestas a algunas de ellas, y sugerir el camino para hallar la respuesta de otras. Lo dejaremos para el capítulo final del libro. Es preciso ahondar mucho más todavía.

CAPÍTULO CUARTO: TIERRA MILAGROSA

I. La patria como paisaje. II. La política agraria colonial y el latifundismo. III. Tierras de indios. IV. Un caso de "diligencias" para obtener tierras. V. Necesidad de reforma agraria antes de la Independencia.

I

La Recordación Florida es, junto a muchas otras cosas, un inmenso paisaje. Es un complejo de Historia, Crónica, Geografía, Etnografía, discusión de problemas económicos y de administración pública, que se desarrolla en el escenario de un paisaje de grandes dimensiones.

Podría pensarse que la descripción de un país configura siempre un paisaje. Pero no es así. En capítulos venideros tendremos que utilizar mucho un extraordinario documento que es, precisamente, la descripción de un gran trozo del reino de Guatemala —es la "Descripción Geográfico-Moral de la Diócesis de Goathemala", hecha por Don Pedro Cortés y Larraz— y se verá que la enumeración y la descripción de los poblados y de los accidentes geográficos, de las relaciones existentes entre ellos, la indicación de los cultivos o del abandono de las diversas regiones, la anotación de las distancias y hasta el comentario de las jornadas de camino, pueden componer a lo sumo un panorama, incluso un panorama de gran riqueza informativa, pero no componen un paisaje.

Para que la descripción de un país llegue a ser un paisaje tienen que darse condiciones muy especiales. Aunque la descripción esté necesariamente construida con datos de la realidad objetiva, debe ser una elaboración de la conciencia del autor y no un simple traslado de aquellos datos; debe estar dominada por sus peculiares enfoques, afectada por acentos y sombras que la mentalidad del narrador proyecta sobre la realidad; debe estar, en suma, teñida de subjetividad. Es preciso, desde luego, que la referencia a los factores fisiográficos sea constante y de primordial importancia en el relato —la topografía del país, sus ríos y lagos, las calidades de la tierra, la diversidad de los climas, la flora y la fauna, la habitabilidad de cada región, etc.— y que el autor se reconozca ligado afectivamente a esas realidades, de modo que su tratamiento implique afición y simpatía. Esa simpatía del narrador para el trozo de mundo a que hace referencia no es, empero, la compenetración del trabajador que vive en contacto directo con la tierra. El campesino sabe que la tierra es dura, que tiene pedruscos y espinas, que hiere y cansa; la ve como algo necesario y entrañable, pero no la idealiza. La perspectiva ideológica del paisaje, en cambio, supone distancia, elevación, horizonte; es la perspectiva del hombre que mira la tierra desde una posición dominante, que la ama por diversos motivos y conoce muchos de sus secretos, pero que no la trabaja.

No es casualidad que la Recordación Florida sea la única obra colonial de carácter histórico que presenta un paisaje de Guatemala. El hecho no está motivado, como podría pensarse a la ligera, porque Fuentes y Guzmán haya sido el único laico entre nuestros cronistas e historiadores coloniales (Remesal, Gage, Vásquez, Ximénez, Juarros, García Peláez: cuatro frailes y dos clérigos); viene determinado por la circunstancia de que ese único cronista laico fue un miembro de la clase terrateniente, un criollo —entendido, claro está, que los hombres representativos de una clase son siempre sus hombres mejor dotados—.

Como hacendado, Fuentes tenía en la tierra su principal objeto de interés —sólo comparable en importancia con el indio, que venía a ser el complemento de la tierra desde el punto de vista criollo—. La Recordación tenía que ser, y lo es, un tesoro de noticias relativas a aquel medio de producción absolutamente fundamental.

A la experiencia del hacendado se sumaba la del viejo funcionario. La tierra no era sólo el elemento básico de la agricultura y por ello de la vida de aquella sociedad agrícola, sino que, por serlo, era también el principal motivo de trámites y litigios, de intrigas y violencias, acerca de todo lo cual había aprendido mucho el cronista en treinta años de gestión en el Ayuntamiento de Guatemala y en los años que fue Corregidor de Totonicapán y Huehuetenango. La crónica contiene datos muy valiosos acerca de la tierra como asunto de la legislación y la administración coloniales, y ofrece, como es natural, amplísima información acerca de los cultivos, la cantidad y calidad de las cosechas, los sistemas de producción, los accidentes y fracasos de la misma, las normas de trabajo, las características de los diversos tipos de trabajador, las modalidades de las haciendas y labores, la disponibilidad de tierras por los pueblos de indios, y muchas otras importantes cuestiones a que estaremos haciendo referencia a lo largo de todo nuestro estudio. Todo ello se presenta allí visto desde el ángulo de un terrateniente ilustrado del siglo XVII. Cargadas de subjetividad como están sus noticias, habrá ocasiones en que nos dirán más acerca de la actitud del criollo hacia la tierra que acerca del elemento mismo. Pero advertidos de esa circunstancia sacaremos partido de ella.

La mentalidad del cronista no establece un corte, una solución de continuidad, entre la tierra como medio de producción sistematizada —haciendas, labores, tierras comunales de indios, etc.— y la tierra como trozo de mundo que se ofrece a sus moradores: país, patria, reino de Guatemala. En el desarrollo de la crónica rige un principio que podríamos llamar de integración subjetiva, y esta circunstancia es causa de que en ella se confundan diversos asuntos bajo un mismo tratamiento y en secuencias que pueden parecer reñidas con el orden. No debe eso extrañarnos; ya hemos dicho que la motivación profunda de la Recordación Florida es la alabanza y la defensa de la patria-patrimonio, y lo que debemos hacer es descubrir el significado del peculiar tratamiento que en ella se hace de la tierra, en relación con aquel propósito medular de la obra.

Entremos al asunto por la vía de un ejemplo.

Relatando el asiento y la primera construcción de la ciudad de Santiago en el valle de Almolonga, el cronista se interrumpe para hacer un comentario extenso del primer viaje de Alvarado a España. Retoma después el asunto de la erección de la ciudad, e intercala una amplia descripción del volcán de Agua —en cuya proximidad se edificó la ciudad—.

Esa descripción incluye detallados comentarios de la agricultura en las faldas del volcán, y se extiende hasta referir todo lo que podía contemplarse desde su cima: valles, pueblos, milpas, ejidos, potreros, haciendas, labores, etc. Una vez hecha esa amplísima digresión, pasa el cronista a la nómina pormenorizada de los conquistadores de Guatemala, pues ellos fueron los fundadores y primeros vecinos de la ciudad cuyo nacimiento está relatando.

Puede parecer que hay allí un desorden lamentable, resultado de cierta incapacidad programática del autor —"un hacinamiento confuso de relaciones exageradas o inconexas", como dijo alguien con escandalosa superficialidad—. Pero no es simplemente eso. Si se entiende lo que Fuentes y Guzmán quiso realizar en la Recordación Florida, se verá que ese modo de narrar responde perfectamente a la intención de la obra: intención unificadora, integradora, que usa de grandes rodeos y atrevidos paréntesis, y que no se abstiene de entreverar asuntos que parecen alejados entre sí, pero que para él no lo estaban. Puede comprobarse, en efecto, que los temas que conjuga en sus trozos aparentemente más desordenados y faltos de unidad, guardan entre sí estrechas relaciones significativas, y que el criollo quería precisamente sugerir esas relaciones, presentarlas como el contexto y la ligazón interna —¡la unidad!— de su mundo y de su patria. Nos atreveríamos a afirmar que es imposible captar la concepción que el cronista tenía de su país, si no se percibe la intención de sus irregularidades expositivas. Es peligroso, amén de superficial, contentarse con decir que Fuentes es desordenado, o despachar ese desorden diciendo que se trata del "barroquismo" del autor y de la época. El relato emerge a veces con el ímpetu desordenado de las plantas trepadoras, y cuando adopta un tono culto recuerda ciertamente la riqueza recargada de los retablos barrocos; pero los problemas de construcción que presenta la obra encierran significados ideológicos que van mucho más allá de una pura cuestión de estilo.

En el ejemplo que acabamos de citar, el viaje de Alvarado viene a recordar que su ausencia no lo desligó de la construcción de la ciudad, sino que, al contrario, el conquistador había ido a España a gestionar beneficios para la provincia que dejó sometida —beneficios para los colonizadores, naturalmente—. No quiere el cronista referir el nacimiento de la ciudad, centro de dominio y de disfrute para tantos extranjeros, sin recordarles que aquel nacimiento fue posible gracias a los conquistadores, y en especial a la actividad de su jefe. He ahí el porqué de esa primera digresión, la cual no sólo no está fuera de lugar conforme a las miras del criollo, sino que era del todo indispensable de acuerdo con sus criterios integrativos: la figura de Alvarado tenía que presidir el relato del nacimiento de la ciudad de Santiago, cabeza y riñón del reino de Guatemala.

La sorprendente descripción del volcán de Agua se impone en seguida por varios motivos. Primeramente, porque el empinado cráter de aquel "bellísimo monte", rompiéndose como una cisterna en una fatídica noche de 1541, había arrojado sobre la primera ciudad un torrente que la destruyó y que fue causa de su traslado al valle de Panchoy. No podía responsabilizarse a la montaña por aquel desastre, y solía murmurarse que los conquistadores habían cometido un grave error al instalar la ciudad junto a un volcán que le causaba constantes daños. He ahí la primera motivación, pues, para referirse inmediatamente a aquel simétrico y enorme promontorio, presentándolo no sólo como un espectáculo para los habitantes de la ciudad sino también como una fuente de beneficios, "...no es sólo objeto deleitable a la vista por las amenidades que ofrece —dice el criollo— sino por lo útil y abundante de la producción de su tierra..." Y así, comenzando por lo más tendido de su "deliciosa y peregrina falda", va informando de extensas siembras de maíz, frijol y hortalizas que contribuían a la provisión del mercado de la ciudad. Pone especial énfasis en el cultivo de flores ornamentales en esa explanada, y la grata serie de sus nombres le sirve, con exaltación y sin prisa, para dejar al lector la impresión de que toda aquella falda era un manto de colores. Pasando al segundo tercio de la mole que se eleva haciendo punta, la descripción entra en montaña tupida, húmeda y obscura, pero no por ello menos animada: aparte de las maderas excelentes que allí abundan según el cronista, estaba aquella parte poblada de bestiezuelas que hacían la delicia de los cazadores y aun de los curiosos. La lista de nombres de animales culmina con la de las aves, y ésta con las de aquellas que eran regalo para el oído y para los ojos.

El conocimiento del país, adquirido gradualmente desde la infancia y llevando a gran desarrollo en el cuidado de sus haciendas y en sus viajes de funcionario, supone en Fuentes un minucioso conocimiento de las plantas y los animales que se criaban silvestres. Así se trate de la astucia y los hábitos del tacuazín, o de la sabia disciplina de las hormigas guerreras de la costa, o de la delicada belleza del colibrí —"esta admirable y prodigiosa avecita"—, el cronista pone en sus descripciones la simpatía de quien ha observado a esos seres como pequeños e

83

inquietos habitantes de la gran tierra amada. Una de las más acusadas inclinaciones del cronista en su tratamiento de la tierra es ésta que estamos tocando de pasada: mostrar que en su seno brotaban y vivían multitudes de seres, mostrar que era rica y obsequiosa por sí sola. Y claro está que decía verdad, tratándose de un país subtropical de tierras feraces en su mayoría. Pero el demasiado cantar esa verdad, la mucha emoción con que la entona a cada paso, delata cierto afán de abultarla, de inflarla —digámoslo así—, aunque suene mal, para restarle un poco de importancia al trabajo.

Así, pues, en la segunda parte de la descripción del volcán se conjugan dos motivaciones criollas; una circunstancial: continuar presentando aquella montaña como una despensa, un lugar de recreo y un espectáculo; y otra que responde a una tendencia persistente en toda la crónica: entonar el canto de la madre tierra, rica y obsequiosa en plantas y animales silvestres de gratuita utilidad para el hombre.

Llega finalmente el narrador a la alta cima, rocosa y batida por los vientos. A esta altura del relato, el volcán ya no aparece como algo que está junto a la ciudad, sino como algo que le es consubstancial. La cima es el mirador desde donde la ciudad mira al reino del que es capital. En primer plano aparecen los potreros de la ciudad misma y los pueblos muy cercanos que la servían y abastecían. En todas direcciones se ven pueblos, y junto a ellos sus ejidos y tierras comunales. La laguna de Amatitlán, del tamaño de una capa extendida en el suelo. Pero alzando la mirada podían dominarse grandes extensiones: toda la tierra de la Provincia de San Salvador, toda la costa sur hasta la Provincia de Suchitepéquez y la región de Soconusco; por el noreste se alcanzaba a ver hasta la región de los Llanos de Chiapa. La descripción del volcán, asociada al relato del nacimiento de la ciudad, responde en este momento al propósito de sugerir que la ciudad es lo más eminentemente del reino. El volcán se convierte en su símbolo, tal como aparecía en su escudo.

Asentamiento y traza de la ciudad, viaje de Alvarado, descripción del volcán, panorama desde el volcán, y todavía algo más definitivo: la lista de los conquistadores y la indicación detallada de sus descendientes en el momento actual en que el cronista escribía. Esta última digresión no era tal digresión —como ninguna de las anteriores—: para el criollo, el nacimiento de la ciudad no era un hecho muerto que se había quedado en el pasado, sino muy al contrario: era el hecho que daba origen a la ciudad, era su razón de ser, a la cual debía ceñirse la vida del presente. El relato del nacimiento de la ciudad tiene muchas finalidades, pero una principal entre todas: demostrar que quienes no estaban relacionados con su origen eran intrusos en ella, o por lo menos eran beneficiarios de algo que no les correspondía legítimamente. La ciudad fue creada por los conquistadores como centro de dominio y de disfrute para ellos y sus descendientes. Esta idea, que era la idea de la ciudad en la mente del criollo, es la que le da al relato del evento ese carácter desordenado pero altamente significativo para su momento y lugar.

Hemos presentado un ejemplo y lo hemos analizado someramente. Podrían ofrecerse muchos más y hacerse análisis bastante matizados, pero no es necesario. Lo dicho es suficiente para indicar en qué sentido el desorden de la Recordación Florida obedece a exigencias subjetivas, y cómo la captación de esas exigencias es requisito de una lectura comprensiva del documento.

Ahora bien; todo esto lo decíamos a propósito de la tierra y del paisaje, y lo que se pretendía era ilustrar cómo, a través de una peculiar modalidad expositiva, el autor trata de imponer unas determinadas relaciones de significado entre los elementos de la patria que presenta. El ejemplo ilustra, junto a otras cosas, cómo el relato deriva hacia el paisaje, y cómo aparecen en él, sin solución de continuidad, la tierra como parcela cultivada por el hombre y la tierra como elemento pródigo que obsequia diversos bienes. El paisaje engloba a una y otra, y esto también obedece, por supuesto, a exigencias subjetivas del narrador criollo. El referirse sin distinción a los sembrados y a la selva, a los frutos del trabajo y a los obsequios de la naturaleza, y el entonar el canto amoroso de todo ello como una unidad, responde a un delicado mecanismo psicológico que conduce, en definitiva, a posiciones de gratitud casi mágica frente a una tierra milagrosa. Cuanto más milagrosa aparece la tierra, más se esfuma el mérito de quienes la trabajan. Este es, sin lugar a dudas, uno de los motivos hondos —motivos de clase— por los que al criollo la patria se le vuelve paisaje. Adviértase que no hemos dicho ni insinuado en ningún momento que Fuentes y Guzmán omita en su gran relato la referencia al trabajo del indio. En capítulos venideros citaremos sus copiosas noticias acerca de ese trabajo. Lo que estamos

85

afirmando, porque es perceptible en la Recordación y porque acusa una tendencia del criollismo, es que el presentar por momentos —a veces grandes y exaltados momentos— a la tierra idealizada y como objeto de gratitud, enfatizando con exceso su bondad, disminuye sutilmente el mérito del trabajo aunque por separado se haga referencia a éste.

Sin embargo, parece haber en Fuentes y Guzmán otro resorte, otra necesidad oculta —también de clase, por cierto— que lo lleva a ofrecer una imagen de la patria como paisaje. La descripción minuciosa y emotiva del campo del país, así cuando se trata de volcanes, lagos, valles y grandes perspectivas, como cuando se trata de los secretos de las plantas y los animales, sugiere pertenencia, posesión. Es como decir: "todo esto que amo tanto y que conozco tan entrañablemente, lo conozco y lo amo porque está ligado a mi existencia: este es mi mundo, y puedo hablar de él como amor y conocimiento porque le pertenezco y me pertenece: ¡no soy en él un extranjero, un usurpador!... etc."

Esta enérgica motivación es particularmente notoria en ciertos trozos, como aquél en que Fuentes describe y elogia al maíz, sus ventajas sobre el trigo, sus usos múltiples y las variadas maneras de prepararlo para alimento del hombre; o aquel otro en que, refiriéndose a la planta del maguey, se explaya manifestando su utilidad para los más variados menesteres: sirve para cercas, dice, por sus hojas robustas y armadas de pinchos; de esas hojas se obtiene fibra para buenas cuerdas, más resistente que las del cáñamo; también se obtiene pergamino, tan bueno, que aún se conservan peticiones escritas en él por los conquistadores; el zumo de la hoja es medicinal; del cogollo se obtiene una miel curativa y suave, así como distintos tipos de bebida fermentada llamada pulque, y vinagre claro y gustoso, y hasta aguardiente usado por todos. Si se atiende a la utilidad de esta planta, es preciso reconocer que es "...la más singular y maravillosa que produce y cría la sabia y próvida naturaleza...". La crónica está llena de pasajes en que la simpatía por aquello que describe o comenta, unida a su conocimiento pormenorizado, sirven para expresar cierto derecho que se desprende de la identificación entre el narrador y su mundo. El canto al país tiene en todo momento el secreto significado de un argumento.

Veamos ahora lo que los documentos nos dicen acerca de la tierra como medio de producción y como problema concreto en la sociedad colonial. Quede entendido, sin embargo, que en los tres capítulos siguientes tendremos que analizar aspectos del tema desde ángulos especiales, y que vamos a dedicar el presente capítulo a considerar, de la manera más concisa que sea posible, ciertos aspectos básicos del problema, que condicionaban a todos los demás.

II

Es cosa bien sabida que el problema primordial de la sociedad guatemalteca es la mala distribución de su riqueza primaria, la tierra, la cual se halla concentrada en pocas manos mientras carece de ella la gran mayoría de la población dedicada a la agricultura, ya porque no la tenga en absoluto o porque sea poca y mala la que posee. Esta verdad, reconocida de antiguo, es proclamada en distintas formas por censos y estudios recientes.

Sin embargo, el problema de la tierra no presenta dificultades particularmente grandes como problema histórico. Es decir, que resultan muy claros los procesos por los cuales el país entró y se ha mantenido en ese agudo latifundismo que tanto daño le ocasiona, y que resultan bastante evidentes, también, las derivaciones que el mismo ha tenido sobre el desarrollo de las clases sociales. El problema tiene sus raíces en la organización económica de la colonia, y por tratarse de algo tan básico en aquel régimen, resulta relativamente sencillo señalar sus factores principales.

Se ha dicho con insistencia que la legislación colonial era casuista, que respondía a los casos particulares de momento y lugar, y que, por ese motivo, era caprichosa y carecía de unidad. Ello es verdad sólo hasta cierto punto. Las leyes que emite un Estado son, en una u otra forma, expresión de los intereses de la clase a quien representa ese Estado; y como entre esos intereses tiene que haber algunos que son permanentes y principales, lógicamente debe suponerse que toda legislación, por casuista que sea, tiene que estar regida por algunos principios básicos que responden a aquellos intereses. La información que proporcionan los documentos coloniales en lo tocante a la tierra, y en especial las leyes y Reales Cédulas, permite señalar la presencia de cinco principios que normaron la política agraria de aquel largo período. Cuatro de ellos encontraron expresión en las leyes, el otro no. Todos emanaban, por igual, de intereses fundamentales de la monarquía española en relación con el más importante medio de producción de sus colonias americanas. Vamos a referirnos a la legislación, pues, sin atribuirle fuerza de factor determinante, que nunca tiene, sino como expresión de intereses económicos.

Primero. El principio fundamental de la política indiana en lo relativo a la tierra se encuentra en la teoría del señorío que ejercía la corona de España, por derecho de conquista, sobre todas las tierras de las provincias conquistadas en su nombre. Este principio es la expresión legal de la toma de posesión de la tierra, y constituye, por eso, el punto de partida del régimen de tierra colonial. La conquista significó fundamentalmente una apropiación —ya lo hemos dicho en otro lugar: un fenómeno económico—, la cual abolía automáticamente todo derecho de propiedad de los nativos sobre sus tierras, pero no se lo daba automáticamente a los conquistadores, como podría suponerse. Unos y otros, conquistadores y conquistados, sólo podían recibir tierras de su verdadero propietario, el rey, pues en su nombre habían venido los primeros a arrebatarle sus dominios a los segundos. Inmediatamente, después de consumada la conquista, toda propiedad sobre la tierra provenía, directa o indirectamente, de una concesión real. El reparto de tierras que hacían los capitanes de conquista entre sus soldados, lo hacían en nombre del monarca y con autorización de él, y la plena propiedad de aquellos repartos estaba sujeta a confirmación real.

Y consiguientemente: cualquier tierra que el rey no hubiera cedido a un particular o a una comunidad —pueblo, convento, etc.— era tierra realenga, que pertenecía al rey y que no podía usarse sin incurrir en delito de usurpación. El principio de señorío —hay que repetirlo— tuvo una importancia extraordinaria. Hay que considerarlo no sólo en su acción positiva —únicamente el rey cede la tierra—, sino también en su acción negativa. No hay tierra sin dueño; nadie puede introducirse en tierra que el rey no le haya cedido; la corona cede tierra cuando y a quien le conviene, y también la niega cuando ello le reporta algún beneficio. El principio de señorío o de dominio del rey sobre toda la tierra, puso las bases legales para el desarrollo de los latifundios, y cumplió esa función no sólo cuando operaba positivamente, sino también cuando lo hacía en forma negativa, como veremos mucho más adelante en este libro.

Segundo. Con base en el principio anterior, el Estado español desarrolló un segundo principio de su política agraria en Indias: lo llamaremos el principio de la tierra como aliciente, porque eso fue en realidad. Ya hemos visto en otro lugar que la corona de España, imposibilitada para sufragar las expediciones de conquista como empresas del Estado, las estimuló como empresas privadas con el aliciente de ofrecerle a los conquistadores una serie de ventajas económicas en las provincias que conquistasen. Indicamos que el ceder tierras e indios fue el principal aliciente empleado. Con diáfana claridad lo pone de manifiesto la Real Cédula de Fernando el Católico, fechada en Valladolid el 18 de junio de 1513 —incorporada después a la Recopilación de Leyes de Indias—: "Porque nuestros vasallos se alienten al descubrimiento y población de las Indias, y puedan vivir con la comodidad, y conveniencia, que deseamos: Es nuestra voluntad, que se puedan repartir y repartan casas, solares, tierras, cavallerías, y peonías a todos los que fueren a poblar tierras nuevas en los Pueblos y Lugares, que por el Gobernador de la nueva población le fueren señalados, haciendo distinción entre escuderos, y peones, y los que fueren de menos grado y merecimiento, y los aumenten y mejoren, atenta la calidad de sus servicios, para que cuiden de la labranza y crianza; y habiendo hecho en ellas su morada y labor, y residido en aquellos Pueblos cuatro años, les concedemos facultad, para que de allí adelante los puedan vender, y hacer de ellos a su voluntad libremente, como cosa suya propia; y asimismo conforme su calidad, el Gobernador o quien tuviere nuestra facultad, les encomiende los Indios en el repartimiento que hiciere, para que gocen de sus aprovechamientos y demoras, en conformidad a las tasas y, de lo que está ordenado, etc."

Para que ese estímulo diera los resultados apetecidos, la corona tenía que mostrar mucha magnanimidad en la cesión de tierras, pues hubiera sido desastroso que se propagara la noticia de que los conquistadores no estaban siendo debidamente premiados por su inversión, ni los primeros pobladores por su decisión de trasladarse a las colonias recientes. En otro lugar hemos examinado la importancia de estos hechos como condicionantes de la brutalidad de la primera etapa de la conquista. Aquí tenemos que señalarlos como condicionantes del inicio del latifundio en las colonias: el rey ofrecía y cedía —nótese este detalle importante—

89

una riqueza que no había poseído antes del momento de cederla. Los conquistadores salían a conquistar unas tierras con autorización, en nombre y bajo el control de la monarquía; y la monarquía los premiaba cediéndoles trozos de esas mismas tierras y sus habitantes. Les pagaba, pues, con lo que ellos le arrebataban a los nativos y con los nativos mismos. Y como cedía lo que no le había pertenecido antes de cederlo, podía cederlo en grandes cantidades.

Las actas del primer cabildo de la ciudad de Santiago de Guatemala, desde el día siguiente del asiento de la ciudad, revelan un cuadro muy animado de los conquistadores repartiéndose las tierras entre sí, en grandes extensiones, con base en la autorización que para ello tenía el capitán de la expedición y aquellas personas en quienes él delegaba dicha facultad en sus ausencias.

Este principio político, determinado por la necesidad de expandir y consolidar un imperio sin hacer gastos, a expensas de los conquistados, fue a su vez el punto de su partida del latifundismo. Las tierras cedidas a los conquistadores y pobladores, solicitadas por ellos en cantidades que la corona no podía valorar por desconocer lo que cedía, fueron los primeros latifundios coloniales —susceptibles de ser ulteriormente ampliados, como se verá adelante.

Resta decir que este principio, segundo de nuestra serie, operó de manera profunda y decisiva en la etapa de conquista y colonización intensas, a lo largo del siglo XVI. Pero sería equivocado suponer que dejó de actuar en los siglos siguientes. La posibilidad de adquirir tierra por merced real continuó siendo, durante todo el período colonial, un aliciente de la inmigración española a Indias. Perdió la fuerza y el sentido de la primera etapa, eso sí, por motivos que se desprenden de lo que se verá en seguida.

Tercero. Ya afianzado el imperio por obra de la colonización y de la toma efectiva del poder local por las autoridades peninsulares, el principio político de la tierra como aliciente perdió su sentido original y siguió actuando en forma atenuada. Una generación de colonizadores españoles había echado raíces en las colonias: había erigido ciudades, tenían tierras en abundancia, disponían del trabajo forzado de los indios —el nuevo repartimiento comenzaba a funcionar—, muchos de ellos tenían encomiendas, había fundado familias y tenían descendientes. A

90

tono con esta nueva situación, la monarquía se halló en condiciones de aplicar con provecho un nuevo principio: la tierra como fuente de ingresos para las cajas reales bajo el procedimiento de la "composición de tierras".

La incitación del período anterior a pedir y obtener tierras había dado lugar a muchas extralimitaciones. En aquel período convenía tolerarlas, pero medio siglo más tarde se convirtieron en motivo de reclamaciones y de "composiciones". La corona comenzó a dictar órdenes encaminadas a que todos los propietarios de tierras presentaran sus títulos. Las propiedades rústicas serían medidas para comprobar si se ajustaban a las dimensiones autorizadas en aquellos títulos. En todos los casos en que se comprobara que había habido usurpación de tierras realengas, el rey se avenía a cederlas legalmente, siempre que los usurpadores se avinieran a pagar una suma de dinero por concepto de composición. En caso contrario, era preciso desalojarlas para que el rey pudiera disponer de ellas.

En 1591 fueron despachadas por Felipe II las dos Cédulas que definitivamente pusieron en acción el principio de la composición de tierras en el reino de Guatemala —y parece que lo mismo ocurrió en todas las colonias en ese año—. Es del mayor interés para nuestro estudio transcribir unos fragmentos de esas Cédulas, ya que su lectura atenta es ilustrativa, en forma inmejorable, de los criterios que presidieron el principio de composición de tierras desde sus inicios. Las dos Reales Cédulas son de la misma fecha —1° de noviembre de 1591— y en la primera se leen los siguientes conceptos: "El Rey. Mi Presidente de mi Audiencia Real de Guatemala. Por haber yo sucedido enteramente en el Señorío que tuvieron en las Indias los Señores que fueron de ellas (se refiere a los nativos conquistados, S. M.), es de mi patrimonio y corona real el Señorío de los baldíos, suelo y tierra de ellas que no estuviere concedido por los Señores Reyes mis predecesores o por mí, o en su nombre y en el mío con poderes especiales que hubiéramos dado para ello; y aunque yo he tenido y tengo voluntad de hacer merced y repartir el suelo justamente (...) la confusión y exceso que ha habido en esto por culpa u omisión de mis Virreyes, Audiencias y Gobernadores pasados, que han consentido que unos con ocasión que tienen de la merced de algunas tierras se hayan entrado en otras muchas sin título (...) es causa que se hayan ocupado la mejor y la mayor parte de toda la tierra, sin que los consejos (se refiere a los municipios de los pueblos, S. M.) e indios tengan lo que necesariamente han menester (...); habiéndose visto y considerado todo lo susodicho en mi Real Consejo de las Indias y consultándose conmigo, ha parecido que conviene que toda la tierra que se posee sin justos y verdaderos títulos se me restituya, según y como me pertenece..." y por ese tenor continúa la Cédula ordenando que todas las tierras usurpadas le sean devueltas al rey.

Parecería, a primera vista, que la usurpación de tierras, su apropiación ilegal y subrepticia, sufría un rudo golpe con aquella categórica disposición real. Pero estaba ocurriendo precisamente lo contrario: se estaban poniendo las bases para que la usurpación se convirtiera en un procedimiento normal para apropiarse de la tierra. Y en efecto, desde entonces hasta el final del coloniaje, la apropiación ilícita de tierras fue una de las principales modalidades de la formación de latifundios.

No vaya a pensarse que todo ello ocurrió a despecho de la voluntad de los reyes; fue un fenómeno promovido hábilmente por la política económica de la monarquía.

La Cédula que hemos citado ordena recuperar para el rey todas las tierras usurpadas. No ofrece ninguna posibilidad de retenerlas con base en arreglos. Es una orden tajante. Pero en la segunda Cédula de esa misma fecha se le dice al Presidente que, no obstante lo ordenado en la anterior, se puede entrar en arreglos con los usurpadores si éstos se muestran dispuestos a pagar lo "justo y razonable". Leamos sus renglones medulares: "Por otra Cédula mía de la fecha de ésta os ordeno que me hagáis restituir todas las tierras que cualesquiera personas tienen y poseen en esa Provincia sin justo y legítimo título" —dice el monarca, pero en seguida explica que: "...por algunas justas causas y consideraciones, y principalmente por hacer merced a mis vasallos, he tenido y tengo por bien que sean admitidos a alguna acomodada composición, para que sirviéndome con lo que fuere justo para fundar y poner en la mar una gruesa armada para asegurar estos Reynos y esos, y las flotas, que van y vienen de ellos (...) se les confirme las tierras y las viñas que poseen, y por la presente, con acuerdo y parecer de mi Consejo Real de las Indias, os doy poder, comisión y facultad para que,

92

reservando ante todas cosas lo que os pareciere necesario para plazas, ejidos, propios, pastos y baldíos de los lugares y consejos (se refiere otras vez a los pueblos, S. M.), así por lo que toca al estado presente como el porvenir del aumento y crecimiento que puede tener cada uno, ya los indios lo que hubieren menester para hacer sus sementeras, labores y crianzas, todo lo demás lo podáis componer, y sirviéndome los poseedores de las dichas tierras (...) que tienen y poseen sin justo y legítimo título, se las podáis confirmar y darles de nuevo título de ellas (la expresión "de nuevo" no significaba en aquel léxico "otra vez", sino "por primera vez, como cosa que antes no había ocurrido", S. M.) (...) y en caso que algunas personas rehusaren y no quisieren la dicha composición, procederéis contra los tales conforme a derecho en virtud de la dicha mi real cédula..."

Sería ingenuo suponer que las dos Cédulas de aquel día se contradicen, o que pudo incluirse el contenido de ambas en una sola, ya que tratan del mismo asunto. No se contradicen sino que se complementan; y el hecho de poner la amenaza de restitución en un documento, y la oferta de composición en otro aparte, obedecía al propósito de no restarle fuerza legal a la primera para no restarle atractivo a la segunda. Porque lo que la corona quería no era que le devolvieran las tierras usurpadas, sino que no se las devolvieran; quería la composición, necesitaba dinero.

Es interesante observar que en la etapa en que privó el principio de la tierra como aliciente, la corona puso ciertas condiciones al hacer merced de la tierra: había que radicar en ella y cultivarla durante un determinado tiempo antes de obtener la confirmación de su plena posesión legal —según se leyó en la famosa Cédula del rey católico que hemos citado unas páginas atrás—. Pasada aquella corta y decisiva etapa, privando ahora otro principio de política económica, desaparecieron totalmente aquellos requisitos: los terrenos realengos usurpados podían titularse por vía de composición "...estando o no pobladas, cultivados o labrados..."

La composición de tierras fue un mecanismo creado en la última década del siglo XVI; ingresó como un asunto permanente en la Recopilación de Leyes de Indias; estuvo causándole ingresos a la corona durante todo el período colonial; y fue un importante renglón de la Real

Hacienda en el reino de Guatemala hasta el día anterior a la Independencia. Dicho lo mismo de otro modo: la usurpación de tierras se practicó desde el siglo XVI con base en la liberalidad de las concesiones y en el descontrol de la primera etapa colonizadora. En la última década de ese siglo fue instituido el sistema de composiciones, el cual no vino a frenar la usurpación —porque no era esa su finalidad— sino a convertirla en un procedimiento para adquirir tierras y ensanchar los latifundios con desembolsos moderados. Al normar la composición, las leyes sistematizaron la usurpación de tierras para todo el período colonial.

No hay negocio que más prospere que aquel en que los dos tratantes salen beneficiados. El procedimiento usurpación-composición beneficiaba a la corona con una recaudación constante, y favorecía a los terratenientes dándoles facilidades para ensanchar sus propiedades. Dos o tres detalles íntimos del procedimiento harán más fácil la comprensión de su gran éxito:

En las instrucciones que el Presidente Don Alonso Criado de Castilla le dio al comisionado para hacer la remedida y composición de tierras en el Corregimiento de Chiquimula —año 1598—, se le recomienda, entre otras cosas, regatear y ceder: "...pedirá a los dueños de las tales estancias, sitios y tierras, que paguen por ellas más cantidad que lo que tuviere averiguado valer por la dicha información (que previamente había obtenido el comisionado, S. M.), y de allí irá bajando hasta el valor que se probare valer las dichas tierras..."; y en seguida le recomienda inteligentemente: "...A los que tuvieren título de posesión, aunque inválida, hará baja hasta la mitad del valor que le constare por información. Y a los que no tuvieren título ni recaudo bastante bajará la cuarta parte de él, y en todo irá teniendo la mano cuanto fuere posible en bajar y procurar que siempre lo que hiciere sea en aumento del real haber..."

Estas palabras, relativas a las rebajas en la composición, son muy importantes. Se admite una rebaja del 50% del valor de la tierra a quien la posea con títulos inválidos, o sea, no extendidos por la autoridad representativa del rey (títulos otorgados por los Ayuntamientos, principalmente). Y con discreción se le dice al comisionado que es preferible una composición muy baja que una devolución de tierra

94

usurpada: no otra cosa se da a entender en las últimas palabras, puesto que la devolución de tierras, el fracaso de la composición, no significaba ningún "aumento del real haber". La consigna era no permitir el fracaso de la composición. Pero esto, que discretamente se le decía al comisionado, discretamente tienen que haberlo sabido también los terratenientes. De modo que correr los mojones y sembrar unas milpas aquí y allá, o poner unos animales a pacer en amplios terrenos acotados, se convirtió en la manera de apropiarse esas tierras; porque, llegado el momento de la composición, la amenaza de restitución no significaba para los terratenientes otra cosa que abandonar, sin indemnización, unas tierras que apenas se fingía estar aprovechando. En cambio, la amenaza de abandonarlas preocupaba efectivamente al comisionado, al Subdelegado que era su jefe, y al Presidente que nombraba al Subdelegado. En realidad, pues, no era el rey quien obligaba al terrateniente a pagarle por las tierras usurpadas, sino era el terrateniente quien obligaba al rey a dejarle por muy poco dinero las tierras que el sistema le había invitado a usurpar.

Otro detalle. En 1754, una importante Cédula le dio nueva forma a la administración del ramo de tierras, y entre otras cosas dispuso que los Subdelegados percibieran el 2% de las ventas y composiciones que se realizaran bajo su dirección. Tenemos allí, pues, un nuevo factor favorable al proceso usurpación-composición, puesto que la concesión del citado estipendio a los Subdelegados era una disposición incitante y mañosa: por una parte, inducía a los Subdelegados a procurar precios más altos en las composiciones —que elevarían el estipendio a recibir—, pero al mismo tiempo los inducía a realizar composiciones a cualquier precio antes que malograrlas —más valía pájaro en mano que ciento volando—.

No hace falta demostrar que el resorte fundamental del mecanismo que estamos señalando se hallaba en las necesidades de numerario que eran achaque crónico de la monarquía española. Y resulta perfectamente comprensible que obtuviera provechos de la concesión barata de tierras que de otro modo no le rendían ningún beneficio —sin reparar, claro está, en consecuencias históricas como el latifundismo, que no le afectaban ni tenía por qué preverlas—. Desde el punto de vista de la monarquía, la composición fue un recurso económico inteligente.

Nos queda por responder, sin embargo, qué intereses movían a los terratenientes a adquirir nuevas tierras y a ampliar sus propiedades en forma tan desmedida. No responderemos a esta cuestión antes de haber indicado otros dos principales de la política agraria colonial.

Cuarto principio. La legislación colonial de tierras, tanto la general contenida en la Recopilación como la contenida en Cédulas e instrucciones especiales para la Audiencia de Guatemala, expresa de manera insistente y clarísima el interés de la monarquía en que los pueblos de los indios tuvieran tierras suficientes. Las primeras indicaciones precisas en tal sentido no aparecen sino hasta la gran reforma de las Leyes Nuevas, ya que desde ese momento comenzaron a vivir los indios en pueblos y a tributar al rey —según lo examinaremos con bastante detenimiento en el Capítulo Séptimo—. Pero, desde entonces, la posición de la monarquía es clara: los pueblos deben tener suficientes tierras comunes para sus siembras, deben tener sus ejidos —o sea territorios también comunes de pastoreo y para otros menesteres distintos de la siembra—; a los indios que en lo particular quieran adquirir tierras por composición debe dárseles trato preferencial, y en ningún caso debe admitirse a composición a quien haya usurpado tierras de indios, ya se trate de tierras comunales —de sementera y ejidos— o de propiedad de algunos indios en particular. Antes de componer tierras con particulares españoles, los comisionados tienen que hacer averiguaciones en los pueblos indígenas cercanos para asegurarse de que no se está solicitando tierra usurpada a ellos.

En las instrucciones del Presidente don Alonso Criado de Castilla —ya citadas, 1598—, le encarga al comisionado que antes de entrar a composición con un particular "...hará información de la cantidad que será menester para los pueblos de indios comarcanos —y así mismo agrega— (...) de las tierras de que tuvieren necesidad para sus milpas, pastos, dehesas, potreros y otras granjerías y ejidos, y todo lo demás que viere que los Pueblos de los dichos naturales hubieren menester, y eso les dejará y otro tanto más, de manera que siempre procure que los indios queden contentos y no agraviados..." Un poco más adelante vuelve a referirse a las tierras de los indios, diciéndole que: "...Las tierras para milpas, pastos, dehesas, potreros, ejidos que los indios en particular y las Comunidades de los tales pueblos tuvieren y poseyeren, se las deje y no trate de ello en manera ninguna...", agregando que sólo tratará de la composición con los indios que en lo particular tuvieran alguna tierra no titulada, y aún a éstos le recomienda tratarlos con mucha templanza y a base de persuasión.

Ciento cincuenta años más tarde, en la Cédula de 1754 que reorganizó el ramo de tierra, se incluyen renglones que vuelven a recomendar mucha templanza en la composición con indios particulares, y la más amplia tolerancia con las tierras comunales: "...pues por lo tocante a las de comunidad y las que les están concedidas a sus pueblos para pastos y ejidos, no se ha de hacer novedad, manteniéndolos en la posesión de ellas y reintegrándoles en las que se les hubieren usurpado, concediéndoles mayor extensión en ellas según la exigencia de la población..."

Todas estas recomendaciones reflejan fielmente la política de la monarquía frente al problema de las tierras de los pueblos de indios. No es que cándidamente pensemos que en la realidad se hizo exactamente lo que tales leyes expresan; lo que aseguramos es que la preservación de las tierras de los indios fue un principio básico de la política agraria colonial. Y no es extraño, porque, como veremos en páginas venideras —en un Capítulo especial para el tema— la organización del pueblo de indios, como pieza clave de la estructura de la sociedad colonial, exigía la existencia de unas tierras en que los indígenas pudieran trabajar para sustentarse, para tributar, y para estar en condiciones de ir a trabajar en forma casi gratuita a las haciendas y labores y a otras empresas de los grupos dominantes. Se trata, pues, de un principio permanente y fundamental de la política agraria de la colonia, que lo fue porque enraizaba en un interés económico también fundamental y permanente de la monarquía. Para que los indios permanecieran en sus pueblos, y fuera posible controlarlos para la tributación, era indispensable que tuvieran allí unas tierras suficientes; que no tuvieran que ir a buscarlas a otra parte.

De los cinco principios que nos proponemos señalar, este es el único que no operó como factor del desarrollo de los latifundios. Su importancia es en todo caso extraordinaria.

Los cuatro principios de política agraria señalados hasta aquí —el señorío de la corona sobre la tierra de las provincias, la tierra como

97

aliciente de colonización, la tierra como fuente de ingresos para la corona (usurpación-composición), y la defensa de las tierras de indios— los cuatro hallan expresión en las leyes y aparecen ampliamente ilustrados en sus pormenores en documentos coloniales de muy diversa índole.

El quinto principio —último de nuestra serie— no se desprende de las leyes en ninguna forma, y antes bien, si nos atuviéramos a ellas, pasaría totalmente inadvertido. Nos es revelado por hechos de gran trascendencia consignados en documentos de otra naturaleza, gracias a los cuales sabemos, precisamente, que era un principio que operaba al margen de la ley. Lo llamaremos el principio del bloqueo agrario de los mestizos, y como en mérito de su importancia vamos a estudiarlo en dos apartados del Capítulo Sexto ("Villas y rancherías" y "Ladinos en pueblos de indios"), allí demostraremos que fue realmente un principio de política agraria colonial y pondremos de manifiesto los intereses de la corona que lo mantuvieron vigente hasta el final del coloniaje. Aquí nos limitaremos a presentarlo y a indicar su importancia como factor del latifundismo colonial.

Las Leyes de Indias en lo tocante a tierras no hacen discriminación de la gente mestiza —las "castas", los ladinos—, sino más bien ofrecen puntos de apoyo legal para que ellos también las puedan obtener por los procedimientos usuales. Las Cédulas especiales para Guatemala, y las disposiciones legales elaboradas por la Audiencia —por el Presidente o por los Oidores— tampoco establecen limitación para la obtención de tierras por particulares mestizos.

Sin embargo, dado que los mestizos eran un contingente humano en crecimiento y de escasos recursos económicos, era de esperarse que el gobierno colonial, a nivel peninsular o a nivel de provincia, tomara las providencias necesarias para proporcionarles tierras, considerándolos como un grupo económicamente diferenciado y muy necesitado de aquel recurso fundamental. Si los indios, como clase, vivían en sus pueblos, tenían sus tierras y gozaban de un fuero especial, los mestizos, como grupo emergente en la sociedad colonial, no ubicado y carente de medios de producción, debieron ser objeto de la creación de centros especiales para ellos, dotados de tierras para trabajar. Esto, que se hizo en otras colonias, y que los mestizos del reino de Guatemala solicitaron en diversas formas, fue sistemáticamente evitado por las autoridades del reino. Las causas profundas del fenómeno, y sus consecuencias históricas, serán examinadas en otro lugar, como ya se dijo. Es preciso señalar aquí, empero, un hecho muy importante: la política de negación de tierras a los mestizos pobres en constante aumento demográfico — aunque en lo particular pudieran adquirirlas quienes tuvieran medios para ello— fue un factor que estimuló el crecimiento de los latifundios. Porque la población mestiza o ladina pobre —las capas medias rurales, como las llamaremos apropiadamente en su estudio especial— se vio obligada a desplazarse a las haciendas y a vivir y trabajar en ellas a cambio de tierra en usufructo. Se volvieron necesariamente arrendatarios. Y esto también justificaba, aunque fuera como interés de segundo orden —otros había más básicos— la ampliación de los latifundios. El principio de bloqueo agrario de los ladinos rurales, que fue un principio importante y permanente de la política agraria en el reino de Guatemala, fue un principio favorable al latifundismo. Operó, como los otros tres, sobre la base del principio de señorío. Porque, no habiendo tierras sin dueño, ni uso lícito de aquéllas que el rey no hubiese cedido por merced o por composición, los ladinos rurales pobres se vieron obligados a someterse a las condiciones de trabajo que les imponían los latifundistas. (He ahí el principio de señorío en su acción negativa fomentando el latifundio, como advertíamos al presentarlo).

Hemos señalado, pues, cinco principios en la política agraria colonial, que se nos irán presentando como fundamentales cada vez con más evidencia en el desarrollo de nuestro estudio. Es importante insistir en que cuatro de ellos fomentaron el desarrollo de los latifundios en las colonias, y fueron, por eso mismo, los puntos de arranque del problema de la tierra en nuestro país.

Sin embargo, esos principios actuaban unilateralmente, fomentaban el latifundio desde el ángulo de los intereses de la corona, y si bien es cierto que los dos primeros engendraron al grupo inicial de los latifundistas, y el tercero y el quinto lo estimularon a engrandecerse, no es menos cierto que pudo haber principios que actuaran unilateralmente desde el ángulo de los terratenientes. Por lo menos uno es evidente, y hay que señalarlo antes de terminar este apartado.

La clase de los terratenientes coloniales reposaba, como ya se ha dicho, sobre la propiedad de la tierra y el control del trabajo de los indios. Ahora bien, había una gran desproporción entre la posibilidad de adquirir tierras y la posibilidad de disponer de indios. Esta última tenía un límite, determinado, en primer lugar, por el número de los indios varones en edad de trabajar, y en segundo lugar, por la circunstancia de que el régimen cedía los indios en cantidades y por tiempo estipulados. La tierra, en cambio, no tenía límite, pues las 64,000 leguas cuadradas que formaban la extensión del reino, eran una enormidad para el millón y medio de habitantes que en él vivía. Desde el momento mismo en que quedó organizado el repartimiento de indios, se vio que el número de estos, reducido aún más por la resistencia que oponían al sistema —ocultaciones, evasiones y otras formas de defensa— mantendría a los hacendados en un constante regateo, entre sí y con las autoridades, para tener asegurada su cuota de indios. (Estudiaremos estos problemas en capítulos especiales). Así, la aparición de nuevas empresas agrícolas, de nuevas haciendas y labores con nuevos propietarios, suponía un aumento numérico de los interesados en obtener indios de repartimiento. Como ese aumento no correspondía a un aumento numérico de los indios, necesariamente se daba una agudización de la pugna en torno a la disponibilidad de mano de obra.

El incremento demográfico de los mestizos vino a aliviar parcialmente dicho problema —fenómeno que también estudiaremos en su lugar—. Pero de todos modos, la clase terrateniente tuvo que verse inducida a asegurar su dominio acaparando tierras, no porque hubiera trabajadores para cultivarlas, sino para dejarlas abandonadas y que no disminuyera el número proporcional de indios que en cada momento histórico estaba a disposición de las haciendas. Dicho de otro modo: la clase criolla, asentada sobre la propiedad de la tierra y la explotación servil de los indios, tuvo que preservarse frenando su propio crecimiento numérico y concentrando en sus manos cada vez más tierras. Un crecimiento desmedido del número de haciendas y hacendados hubiera significado, inevitablemente, un recrudecimiento de la lucha en torno a los indios. La corona no los hubiera soltado, no hubiera accedido a perder el control sobre ellos en los pueblos; de modo que la única salida hubiera sido la adopción espontánea del trabajo asalariado y la consiguiente mengua violenta de los beneficios de la clase criolla.

Este hecho fundamental —la limitación de la disponibilidad de indios— hay que tenerlo presente en la explicación de ciertas características del desarrollo de la clase criolla. Su aversión y rechazo a los "advenedizos" —fenómeno señalado en un capítulo anterior— tenía ese problema muy en el fondo: tierra había suficiente para que grupos de españoles llegaran periódicamente con miras a obtener trozos de ella; desde ciertos puntos de vista, a la clase criolla le hubiera convenido ser un poco más numerosa; pero esas consideraciones perdían toda su validez ante el hecho de que cada nuevo terrateniente colonial era un nuevo aspirante a indios, y el número de éstos desaconsejaba por completo aumentar el número de familias que constituía la aristocracia terrateniente. También guarda estrecha relación con lo que estamos señalando la tendencia, muy acusada en la clase criolla, a construir una sola gran familia a ser una parentela cerrada. Es evidente que de ese modo se conseguía acaparar la tierra en manos de un núcleo social compactado, unificar los intereses básicos e impedir la penetración de advenedizos.

La limitación numérica de los indios disponibles también operaba en la base de otro fenómeno importante: el de que la clase criolla, renovada por elementos extranjeros que lograban penetrar en ella, se mantuviera como una clase muy reducida, que no crecía, sino más bien tendiera a expulsar de su seno a criollos arruinados que pasaban a las capas medias. Esa lucha interna dentro de la clase —lucha sorda, de la que ofrece claro testimonio la obra de Fuentes y Guzmán— revela que la base de sustentación económica de los criollos era una plataforma limitada, que la clase no podía crecer, y que por ese motivo subían unos y caían otros. Había tierra suficiente para todos, pero no había indios en cantidad ilimitada —esa era la plataforma con límites peligrosos—, y siendo esto así acaparar la tierra, aunque no fuera a utilizarse, era una medida necesaria de preservación de la clase.

Los criollos comprendieron, porque la realidad se los hizo ver, que les convenía ser una clase social pequeña, muy compacta y dueña de inmensas posesiones territoriales. Solo así podía mantenerse rica y poderosa en el disfrute de la explotación de los indios. Y así la

101

encontramos hasta el final de la colonia: 40,000 habitantes españoles y criollos en todo el reino, de todas edades y sexos, junto a 1,500,000 de habitantes indios y mestizos. (Es interesante observar que la clase latifundista pudo ampliarse, como lo hizo con la reforma cafetalera del siglo XIX, cuando, eliminando el dominio español sobre los indios, se pudo echar mano de éstos y disponer de ellos ampliamente. Se amplió, pues, la plataforma de sustentación de la clase terrateniente —la disponibilidad de indios— y la clase pudo crecer).

Resumamos para terminar. De los cinco principios que se revelan como básicos de la política agraria colonial, cuatro fueron generadores y estimuladores del latifundismo. Sin embargo, por sí solos no hubieran llevado el latifundismo colonial a los extremos que este fenómeno alcanzó. La estructura de la colonia y la esencia de la clase criolla fueron factores que obligaron a esta clase, por los motivos ya indicados, a aprovecharse de aquellos principios para ampliar su dominio, cerrado y excluyente, sobre la tierra.

Para comprender cómo la tierra sin el indio no valía nada, y cómo la búsqueda del control del trabajo del indio estimuló el afán de acaparar la tierra, conviene señalar dos hechos importantes. Primero, que durante la colonia el valor de una hacienda incluía su derecho a un número determinado de indios de repartimiento, y que en las operaciones de venta siempre se especificaba ese valor: "...con las caballerías de tierra que le pertenecen, y derecho de indios de repartimiento, y lo demás que le toca..." Y segundo; que se compraban labores y haciendas con la mira de no cultivarlas, para disponer de sus indios de repartimiento en los trabajos de otra empresa agrícola; adquiriendo así la fuerza de trabajo servil de varias empresas para concentrarlas en una sola.

La tierra sin indios no valía nada, pero el gran valor de los indios como creadores de valor aconsejaba la adquisición de grandes extensiones de tierra.

III

Sobre las tierras de los pueblos de los indios es preciso hacer algunas indicaciones en relación con los orígenes coloniales del latifundismo, a reserva de volver varias veces sobre el tema en otros lugares, y especialmente al estudiar la estructura del pueblo de indios.

Como decíamos arriba, de manera general, las leyes y disposiciones de la monarquía en relación con la disponibilidad de tierras por los indios se cumplieron. Los pueblos tuvieron sus tierras —salvo rarísimas excepciones—.

Los documentos crean confusión al denominar con mucha imprecisión esas tierras, pero a la larga pueden distinguirse con claridad los tres tipos de tierras de indios existentes.

En primer lugar, las que propiamente recibían el nombre de ejidos, que de manera más explícita suelen llamar algunos documentos ejidos o pastos, y también montes y pastajes. Era ésta la tierra indispensable y de uso común en los alrededores del pueblo: tierra y montes para recolectar madera y otros materiales de construcción, madera y hojas secas para leña, espacios para exponer al aire y al sol hilos y telas, y principalmente para soltar algunos animales de propiedad particular a fin de que pacieran en ellas. La ley establecía que la extensión de los ejidos debía calcularse representándose dos líneas rectas que se cruzaran en el centro del pueblo —la fuente de la plaza, si la había—, cada una de las cuales debía tener una legua de longitud, o sea media legua desde el centro del poblado. Se suponía que el área encerrada entre los cuatro extremos de esas líneas podía considerarse como ejido de un pueblo, pero esta norma era muy flexible y sufrió toda clase de violaciones en desfavor de los pueblos.

En segundo lugar —y con la mayor importancia— figuraban las tierras comunales, llamadas de muchas maneras: comunes, de comunidad, comunes de sementera, comunes de labranza, o de labranza y sementera. El punto de partida de estas tierras comunales fueron las que la corona les concedió a todos los pueblos en la época en que fueron creados —la época de las reducciones, que examinaremos en el Capítulo Séptimo—. En principio, todo pueblo de indios, desde el acto mismo de su organización como pueblo colonial, dispuso de unas tierras cedidas por el rey. Eran de propiedad común, administradas por el cabildo o Ayuntamiento de indios.

A partir de esa donación original, muchos pueblos ampliaron sus tierras, bien solicitando y obteniendo por merced dichas ampliaciones, o bien, en muchos casos, titulándolas por composición después de haber entrado en su uso por impulso de la necesidad. Para estas composiciones,

103

y para compras eventuales de tierras del común, los pueblos echaban mano del fondo llamado de comunidad, o de cajas de comunidad, integrado a base de ciertas contribuciones municipales, entre las cuales figuraba, también, cierta cantidad de trabajo en las mismas tierras del pueblo. A ello se debe que, ocasionalmente, los documentos hagan distinción entre las tierras de sementera y las de comunidad, dándole este segundo nombre a las adquiridas con fondos de comunidad, pero se trata de algo ocasional dentro de la gran informalidad que reinaba en la denominación de las tierras de indios. Fue muy corriente llamar ejidos al conjunto de aquellas tierras comunales, englobando las de sementera y las que era propiamente ejidos; eran, sin embargo, dos tipos distintos de tierras comunes.

Además de los ejidos y tierras de labranza o de comunidad, hubo tierras que pertenecieron en forma particular a ciertos indios. En un apartado especial, finalizando ya nuestro estudio, se analiza la existencia de pequeñas facciones de indios no serviles en los pueblos; indios incorporados al aparato de la autoridad y de la explotación colonial, y se explica cómo dentro de esas facciones se dieron los indios ricos — "indios no indios", correspondientes a la capa media alta rural y no a la clase servil—. En esas reducidas minorías hubo individuos que dispusieron de medios económicos para componer tierras con el rey. Sin embargo, tanto las tierras de ellos como las de algunos ladinos que también llegaron a poseerlas propias, no configuraron una realidad bastante importante como para mencionarla en un plano de equiparación con los latifundios y las tierras comunales.

Estas dos últimas realidades, latifundios y tierras comunales, eran las que realmente formaban el cuadro del agro colonial. (El cuadro de latifundios y minifundios, que comprendía el problema agrario de nuestro tiempo, no es colonial. Entre aquél y éste hay que situar la transformación agraria realizada por la reforma cafetalera en el último tercio del siglo XIX: desmantelamiento de la estructura colonial de los pueblos, supresión casi total de las tierras comunales, incremento de las rancherías con la introducción de indios en ellas, multiplicación en gran escala de la propiedad agraria pequeña en manos de mestizos, y violenta elevación del número de empresas agrícolas grandes o nuevos latifundios cafetaleros). Durante la colonia existió, ciertamente, la propiedad rústica mediana y pequeña de indios ricos y ladinos; pero fue un fenómeno poco generalizado.

Las tierras comunales eran el más importante recurso económico de la clase de indios siervos. Fuentes y Guzmán reconoce que eran "...todo el caudal de su manutención..." y en distintas formas señala que eran necesarias "...a la conservación común y general conveniencia de sus poblazones..." Cuando por motivo del repartimiento, o de otras obligaciones onerosas, se veían los indios privados de tiempo para trabajar en sus tierras comunes, solían quejarse indicando que eso les acarreaba la ruina: "...no tenemos lugar de acudir a nuestras sementeras que es nuestra hacienda y sustento...".

No todas las tierras comunales se hallaban siempre en el contorno o cercanía de los pueblos. Algunos tenían parte de sus tierras en parajes alejados; otros tenían lo mejor y principal de las mismas a grandes distancias del poblado. En estos casos, el tiempo invertido en servicios para los grupos dominantes resultaba doblemente oneroso y perjudicial, pues también era más el tiempo requerido para laborar las tierras comunes, habida cuenta del que se necesita para caminar hasta donde se encontraban.

Las tierras comunales eran, como ya se dijo, propiedad colectiva de los indios de cada pueblo. Su administración estaba a cargo del Ayuntamiento. Pero como dichos órganos de gobierno local estaban en manos de las camarillas de indios "principales", y como éstos eran en muchos casos unos tramposos explotadores de los indios comunes, venía a ser frecuente que el trabajo en las tierras comunes implicara exacciones y fraudes, particularmente cuando se trataba del trabajo realizado como contribución para las cajas de comunidad.

Aunque la propiedad era colectiva, el trabajo en aquellas tierras era individual en los términos más desalentadores. Las autoridades indígenas, los Alcaldes y Regidores que en cada momento lo fueran, distribuían las parcelas de tierra comunal entre las familias del pueblo. El sistema impedía el arraigo y el sentimiento de posesión sobre una parcela determinada, de modo que no sólo anulaba los poderosos incentivos que pudo haber habido en un esfuerzo realmente colectivo, sino que también destruía el estímulo individual que lleva al campesino a introducir mejoras en el trozo de tierras que le es propio.

A ello se sumaban circunstancias especiales. La vida de los pueblos de indios, como la de todas las comunidades pequeñas y atrasadas, estaba dominada por intrigas que daban lugar a toda clase de abusos por parte de quienes, en el seno de aquellas comunidades, tenían potestad de quitar unas parcelas y dar otras a capricho. El favoritismo, las venganzas, el propósito de humillar a los indios corrientes cuando reclamaban su derecho, eran resortes que motivaban traslados y redistribuciones injustas. Todo ello activado incesantemente por los cambios de autoridades indígenas, que se hacían cada año.

Aunque las leyes abrían la puerta para que cualquier persona pudiera adquirir en propiedad un trozo de tierra por composición, esa posibilidad era totalmente nula para la población indígena corriente de los pueblos. En primer lugar, porque el régimen de trabajo le sustraía a los indios mucho tiempo y mucha energía, y con lo que de uno y otro les quedaba podían apenas trabajar en las tierras comunales. En segundo lugar, porque los ingresos del indio corriente eran exiguos, y si con ellos apenas podía sobrevivir, mal habría podido desembolsar una suma para comprar tierra. Estos hechos, que aquí anotamos brevemente en relación con la política general de tierras, serán comprendidos en su dramática realidad cuando los estudiemos directamente.

Aunque las leyes prescribían que no se admitiera a composición ninguna tierra que hubiera sido usurpada a los indios, esto no se cumplió a cabalidad. El porqué de hechos semejantes no puede hacerse comprensible mientras no se ha analizado la situación real y verdadera del indio en el contexto de la sociedad colonial: la explotación a que estaba sometido; la opresión que pesaba sobre él, la violencia que se empleaba para ahogar sus más leves expresiones de rebeldía. Una discreta aproximación a aquella realidad puede obtenerse, por de pronto, resumiendo muy brevemente los pasos de unas "diligencias" —es decir, unos trámites— encaminadas a componer tierras a favor de cierto encomendero.

IV

Se trata de un viejo expediente de tierras escogido entre muchos otros semejantes; no porque tenga algo especial, sino justamente porque resulta representativo de lo que solían ser esas diligencias. No haremos otra cosa que apuntar sus momentos más significativos, y agregar pocas observaciones y paréntesis.

Abre el expediente una solicitud de Alonso Álvarez de Santizo, vecino de la Ciudad de Guatemala. Es el mes de enero de 1602, y don Alonso Criado de Castilla preside la Audiencia de Guatemala. En la solicitud aduce Álvarez de Santizo ser hijo legítimo de Alonso de Luarca, uno de los conquistadores de la provincia, agrega que tiene hijas legítimas "para poner en estado" y que por la necesidad que tenía no las había puesto conforme a su calidad. (Estamos, pues, ante un criollo. Se presenta como hombre necesitado, pese a que es encomendero de la mitad de Santo Tomás Chichicastenango y de dos pueblos más. Ascendencia de conquistadores e hijas por casar: datos muy frecuentes al principio de estas solicitudes).

No es poca cosa lo que pide. Un sitio de estancia para ganado mayor, y ocho caballerías de tierra para siembras de trigo. Expresa el lugar en que se hallan y hace referencia a los detalles topográficos que sirven de linderos: un arroyo, unas lomas, etc. Inmediatamente indica las distancias de los pueblos más cercanos: a una legua se encuentra Tecpán Guatemala y Santa Apolonia; aproximadamente a tres leguas se halla Santo Tomás Chichicastenango, y a cuatro Tecpán Atitlán. (Adelante comprobaremos que en esta solicitud no menciona el pueblo que verdaderamente poseía tierras comunales dentro de las solicitadas, y que por eso mismo iba a oponerse a la solicitud. Pero cuando eso ocurra, ya las "diligencias" se estarán desarrollando en el círculo estrecho de las relaciones entre el solicitante y el comisionado frente a los indios. Se hará lo necesario para que los de Comalapa no puedan hablar. No fue casual, pues, la omisión de Comalapa en este punto de la solicitud. Comienzan los trucos). (Por otra parte, estamos frente a un caso de solicitud de tierras por parte de un encomendero en la cercanía de su pueblo de encomienda. En otro lugar dijimos que las leyes trataban de impedir esa proximidad, porque los encomenderos sacaban ventaja del ascendiente que tenían sobre los indios de su encomienda, vinculándolos al trabajo en tierras cercanas que a tal efecto obtenían).

En la descripción que hace de las tierras que solicita, el interesado declara que pasa por ellas el camino real de Guatemala a Chichicastenango. (Dato importante. Está solicitando tierras económicamente bien situadas —que son las que van a ir acaparando los latifundistas—. Si la proximidad de las vías de comunicación le confiere valor a cualquier tierra, el hecho de que el camino pase por mitad de ella lo aumenta mucho más. El camino de referencia ponía en contacto esas tierras con dos centros importantes: nada menos que con la capital del reino, y con un poblado que había acogido, igual que el de Totonicapán, a la población fugitiva de la ciudad quiché de Utatlán —o Gumarcaj— arrasada en tiempos de la conquista).

Alonso Álvarez de Santizo expresa que "está presto a componerse con su majestad", y en el expediente se intercala, inmediatamente después de la solicitud que lo encabeza, la Real Cédula de 1591 —ya comentada por nosotros arriba— que abrió la puerta de la composición de tierras para que desfilaran por ella los terratenientes coloniales durante dos siglos.

El Presidente, como delegado del rey en lo relativo a tierras y única autoridad facultada para extender título, nombra un comisionado y le ordena atender los siguientes puntos:

Que cite al Fiscal de la Audiencia para que, en su calidad de protector de los indios, esté presente en las diligencias o al menos esté enterado de su desarrollo. (Por desgracia, el Fiscal protector no interviene en nada, y no vuelve siquiera a mencionarlo el expediente. El hecho se hace notorio porque mucha falta les hizo a los indios un defensor de tal categoría).

Que cite a las autoridades indígenas de los pueblos cercanos a las tierras solicitadas, y a otras personas que posean tierras en el contorno.

Que les haga saber a los indios, "por lengua de intérprete", lo que solicita Álvarez de Santizo, y que den información acerca de si va en su perjuicio.

Que haga una evaluación de las tierras solicitadas, que vea "la bondad y valor de ellas para lo que toca a la composición", y que de todo rinda informe al Presidente.

La gestión se traslada ahora al campo. (El Presidente y el Fiscal han quedado lejos. El encomendero y el comisionado dialogan —cabe suponerlo así— mientras cabalgan trasladándose de un pueblo a otro. Es decir: un representante de los intereses del rey —un rey interesado en vender tierras— y un criollo interesado en adquirir ocho caballerías para labores de trigo, van a preguntarle a los indios si aquella compraventa va en perjuicio suyo).

En Tecpán Guatemala se cita a las autoridades y "principales", pero resulta que los Alcaldes habían marchado precisamente a la ciudad capital, "que les había Su Señoría mandado que allá fuesen". (Imposible saber si fuera mera casualidad que el Presidente los llamara en aquellos días. Puede sospecharse también que las autoridades indígenas estuvieran eludiendo el enfrentamiento con el comisionado). Ello no obstante, los demás indios expresan que la venta de aquellas tierras les será perjudicial, por estar cercanas al pueblo y porque a ellas van a cazar y a extraer otros aprovechamientos que les sirven para pagar sus tributos. (Los indígenas están tratando de evitar la proximidad de un nuevo terrateniente cerca de su pueblo, y a falta de más sólidas razones invocan lo de la caza y lo relacionan maliciosamente con lo de los tributos del rey —¡ingenua malicia!—.

El comisionado quiere obligarlos a que venga con él a ver las tierras en ausencia de los Alcaldes. Los indios se niegan a ir en esa forma, y agregan que, por lo demás, no deberían ir los Alcaldes de cada pueblo sucesivamente, sino en forma simultánea los representantes de todos los pueblos interesados. (La tensión ha comenzado. Es claro que el comisionado quiere hacer la vista de tierras aún sin las autoridades, y que tiene prisa. La observación de los indios acerca de que no conviene que vayan los Alcaldes de cada pueblo unos después de otros, es importante: comprenden que el comisionado puede tratar de sorprender y desorientar a los unos con falsas declaraciones no dadas por los otros).

Los indios de Tecpán Guatemala denuncian también, allí mismo, que los más interesados en relación con las tierras solicitadas son los del pueblo de Comalapa "como más cercanos a dichas tierras". (Sus declaraciones parecen increpar al comisionado, preguntándole por qué motivo ha comenzado a pedir opinión en el pueblo que menos interesado podía estar en la tierra solicitada por Álvarez Santizo. Ha salido a luz el dato clave. Los indios de Comalapa, pueblo no mencionado en la solicitud al enumerar a los colindantes, serán los perjudicados. Las diligencias parecen programadas por el comisionado de modo que los de Comalapa no emitan su parecer, o de modo que emitiéndolo a lo último, carezca de fuerza junto a las declaraciones de otros pueblos. Los de Tecpán Guatemala han puesto el dedo sobre la llaga).

El comisionado se traslada a Santa Apolonia para realizar desde allí su plan. Cita a la autoridad indígena, y también aquí le dicen que se encuentra en Guatemala. Les informa a los indios del pedido de Álvarez de Santizo, y le responden que acordarán algo cuando vuelva la autoridad. Les pide sus nombres a los declarantes y se niegan a darlos —desconfían, y tienen razón—. Les pide acompañarlos a ver las tierras y declarar si son suyas, y se rehúsan categóricamente. "Visto su mal medio y poco comedimiento los apremié con cárcel... y así ni por penas ni por cosa alguna quisieron ir". (Se ve que toda la comarca está ahora sobre aviso. Son pueblos cercanos unos de otros, y todos abominan el nacimiento de una extensa labor de trigo que sólo va a traerles obligaciones y molestias. Además, es seguro que han entendido el propósito de ignorar y desoír a los indios de Comalapa, y por eso se niegan a dar declaraciones aisladas que pueden perjudicar a aquéllos y a todos. ¿Cómo se las irá a arreglar el comisionado con los de Comalapa? No le será difícil dejarlos burlados).

A Comalapa llega solamente el intérprete, y les informa a los indios, reunidos en cabildo, el motivo de su misión. Los Alcaldes y "principales" de este pueblo —¡que en este caso no se hallan ausentes!— le dicen al intérprete que quieren hablar directamente con el comisionado "porque tienen que contradecir y alegar acerca de las dichas tierras porque son suyas y les pertenecen, y asimismo son de los indios de Tecpán Atitlán". Pero mientras esto ocurre, en Santa Apolonia está el comisionado atropellando para hacer una farsa que llenará ciertos requisitos. Es urgente hacer la "vista de ojos" para dictaminar si las tierras son de indios o son realengas, y como los indios han adoptado la decisión de no acudir, vuelve el comisionado contra ellos su arma y decide hacer la vista sin su presencia. Los cita a todos para el día siguiente, a sabiendas que no acudirán. (Al menos dice que los citó. No podemos saber si lo hizo, y tampoco si la citación llegó a tiempo). El hecho es que nadie llegó a Santa Apolonia para ir a hacer la vista de las tierras, "y como se habían excusado de no querer ir ninguno de ellos, hice parecer ante mí al hijo del Alcalde y a otro indio... que fui informado que eran indios muy cursados en andar por todas las dichas tierras... y salí desde dicho pueblo por la mañana llevando conmigo a los dichos indios ya otros españoles ya otros indios ladinos en lengua castellana que en dicho pueblo se hallaron". (Está claro. No habiendo Alcaldes a mano, hizo capturar — "hice parecer ante mí"— al hijo de un Alcalde, seguramente hombre joven e inexperto —en realidad un rehén—, ya otros indios que tampoco eran autoridades, pero que "se hallaron", en el pueblo y de los cuales afirma que son buenos conocedores de la comarca).

Sale pues la comitiva, integrada por un pequeño grupo de indios llevados a la fuerza y no facultados para representar a su pueblo, y un grupo de españoles que son en este caso el elemento de fuerza indispensable. Salen de mañana, y cabalgan por los pinares de la región. (Los españoles y criollos van a lomo de sus cabalgaduras, los indios a pie, pues sólo con licencia especial expedida por el Presidente podía un indio montar sobre su jamelgo, si acaso era poseedor de tal lujo). Va en la comitiva Alonso Álvarez de Santizo. Van dos intérpretes: "el uno español criollo de Guatemala, y el otro indio muy ladino en lengua castellana... que ambos dos entienden y saben bien la lengua achí materna". (El primero pudo ser un amigo del encomendero, en todo caso un elemento de su clase, que se prestaba a hacerle el importante favor de acompañarlo y de vigilar al otro intérprete).

Echan a andar desde Santa Apolonia, y toman el rumbo de Santo Tomás Chichicastenango. El documento no dice que llegaran a aquel pueblo, ni que se hiciera indagación con sus Alcaldes. Sólo expresa que tomaron ese rumbo para recorrer las tierras solicitadas. (Es decir, el recorrido se hace caminando hacia la región en que se tropezará con indios que reconocen por encomendero a Álvarez de Santizo, y que no dirán nada contrario a lo que éste quiere que digan). Estamos en el punto del expediente en que se hace la "vista de ojos", y que contiene, en este caso, una mera descripción de las tierras solicitadas: bosques ralos o tupidos, una colina allá, un río allá, y dando un amplio rodeo llega el grupo a una gran piedra que le da nombre a la región: Tunabaj. Reconocen unas explanadas, acerca de las cuales se anota que la tierra es muy buena para el trigo —según expresan "los dichos españoles que allí iban"—, y después de andar cuatro horas a caballo fuera de camino, se decide que la inspección es suficiente y que no es preciso ver toda la tierra solicitada. Se quedan sin llegar a una "laguneta de agua" que se halla cerca de Tecpán Atitlán y que es uno de los confines de lo pedido. (Es decir que no se acercan a Tecpán Atitlán; pero recuérdese que los indios de Comalapa expresaron que las tierras en cuestión también pertenecían en parte a los de ese pueblo).

Hecho está. El escrito de la vista de ojos no incluye declaración alguna de los indios acompañantes; pero si acaso hablaron, tuvo que haber sido a entero gusto del comisionado, del encomendero solicitante, y de los dichos españoles que allí iban: en primer lugar, porque para eso fueron arrastrados a aquel humillante paseo, y en segundo lugar, porque al final del documento de la vista de ojos se hace constar que las tierras recorridas se tiene por "realengas, yermas y baldías". (Pretendieron los indios, pues, frustrar el trámite mientras no se escuchara a los de Comalapa; por eso se negaron a dar declaración por separado. Sabían que a los de cada pueblo se les preguntaría exclusivamente si a ellos les pertenecía parte de aquellas tierras, y sus negativas servirían para dejar marginados a quienes realmente querían "contradecir y alegar acerca de las dichas tierras porque son suyas y les pertenecen". Pero ese mismo recurso le dio base legal al comisionado —el mínimo de base legal necesario para que no apareciera todo como pura violación—, porque lo dejó en la posibilidad de ir a ver las tierras con declaración de unos indios desautorizados y atemorizados. En cuanto a los de Comalapa, el comisionado cumplió con ellos al pie de la letra lo que el Presidente le había ordenado, pues su obligación era —nótese— hacer saber a los indios "por lengua de intérprete" las pretensiones del encomendero. Y exactamente eso fue lo que hizo. No presentarse en persona, rehuir la confrontación, comunicarles el problema por medio de un intérprete).

Ganada ya la partida, el comisionado vuelve a citar a los Alcaldes de los pueblos cercanos y de los directamente afectados, pero ahora no para preguntarles si alguna de aquellas tierras era suya —porque eso ya quedó averiguado y consignado en la "vista de ojos"— sino para hacer con ellos "concierto y transacción".

Los indios acudieron a esa citación; los de Tecpán Guatemala, los de Santa Apolonia y los de Comalapa. Su táctica de repliegue había dado resultados desastrosos. Por lo que hace a los de Comalapa, van a tener ahora oportunidad de hablar, cuando ya está decidido y resuelto el punto sobre el cual querían objetar. El expediente, que permite hacer algunas

112

conjeturas más o menos lógicas —las hemos hecho—, deja en el más completo misterio muchos factores que tienen que haber actuado en aquellas diligencias. Podemos estar seguros, sin embargo, de que se trata de factores de presión; más exactamente, de opresión. Porque de primas a primeras consigna el documento de aquella bochornosa reunión que los indios acudieron, "y que ahora por bien de paz y concordia venían todos... y quieren y consienten y tienen por bien que Su Señoría el Señor Presidente haga merced al dicho Alonso Álvarez de Santizo de las dichas caballerías de tierra que pide". Los de Comalapa no expresaron ningún reparo en relación con las tierras que anteriormente habían querido defender por suyas. Los de Santa Apolonia acceden a que se le den a Álvarez de Santizo unas tierras que consideraban propias, pero consiguen que no se le ceda ninguna que caiga dentro de tres leguas contadas desde el centro del pueblo.

El resto del testimonio de aquella reunión está formado por recomendaciones que hacen los indios relativas a ciertos detalles importantes, que sirven para comprender un poco más la situación. Expresan que la tierra en derredor de los pueblos no les sirve sólo para sembrar, sino que necesitan espacios para sacar "zacate" (forraje silvestre), madera para construcción, leña, "ocote" (rajas de madera resinosa para combustión y alumbrado), y también para cazar conejos y aves cuya carne consumen o venden. Piden que los "mozos ni criados" del terrateniente no traten mal a la gente de los pueblos, y que cuide que sus ganados, cuando los tenga, no entren a hacer daño en sus "milpas y sementeras". Finalmente abordan un punto clave, que deben haber tenido en mente desde que conocieron las pretensiones del criollo solicitante: "que no pida indios trabajadores ni de otra manera de los dichos pueblos... para las sementeras y otras labores de las dichas tierras", y puesto que de todos modos habrá de necesitarlos, "los pida del dicho pueblo de Santo Tomás, su estancia y encomienda, y en Santa Cruz Utatlán, y en San Pedro y otras partes que él quisiere".

Desde luego, Álvarez de Santizo acepta absoluta y solemnemente todas aquellas impotentes recomendaciones, "y que contra ello no irá ni vendrá ahora ni en tiempo alguno". (Es interesante anotar que en los días en que se firmaba el documento que estamos comentando, venía en camino hacia Guatemala la Real Cédula —de 24 de noviembre de

1601— que definitivamente autorizaba y regulaba el repartimiento de indios para el laboreo de haciendas y labores de los españoles y criollos. La estudiaremos en su lugar). Lo que urgía era dejar atados a los indios en la aceptación de que el terrateniente tomase posesión de aquellas tierras, pues era eso lo que hacía falta para sacar con éxito la gestión ante el Presidente. Dos páginas repletas de laberínticas fórmulas de derecho cumplen ese importante objetivo. Los Alcaldes indios suscriben con sus nombres el compromiso: que no se les oiga si reclaman algo en contra de lo acordado allí.

Los trámites coloniales solían ser —mucho se ha insistido en ello— larguísimos y lentos papeleos burocráticos. No así el que nos ocupa. La solicitud de Álvarez de Santizo es de enero de 1602, y la firma del papel que acabamos de citar es de febrero del mismo año.

El documento que nos ha servido para esta rápida secuencia de imágenes y situaciones no incluye el pago de la composición, ni corre inserto el título correspondiente. Contiene solamente las "diligencias" que hemos reseñado. Son esas diligencias, sin embargo, las que nos interesan.

Porque "el problema de la tierra" no es otra cosa que el problema de la lucha de clases en torno a la apropiación de ese medio de producción.

Y el documento ofrece un cuadro sencillo y vivo —igual que muchos otros documentos del mismo carácter— de lo que era esa lucha en la sociedad colonial. Pone ante los ojos los elementos esenciales de esa lucha: los recursos del criollo para vencer a los indios; la disposición del comisionado y su valiosísima colaboración para embaucar a los indios; la ausencia de instancias judiciales superiores que impidieran efectivamente aquellas arbitrariedades; la situación de desventaja general y de desvalimiento en que se hallaban los indios, y muchas cosas más.

Aunque la legislación colonial contemplaba con el mayor interés la preservación y ampliación de las tierras de los indios —ya dijimos por qué tenía que ser así—, al finalizar la época colonial se había creado un cuadro de gran desequilibrio. Unos pueblos habían llegado a tener mucha tierra, y la arrendaban a gente de otros pueblos y también a los mestizos —fenómeno importante, éste, que en su lugar estudiaremos—. Otros, en cambio, la habían perdido bajo la presión de diversos factores y tenían muy poca. También los puros cambios demográficos habían contribuido a ese desequilibrio, pues unos pueblos habían aumentado mucho su población y otros estaban casi despoblados, conservando unos y otros sus dotaciones de tierra anteriores a esos cambios.

La existencia de haciendas con enormes extensiones de tierra no cultivada —es decir, latifundios—, la de un número creciente de mestizos que carecían de tierras totalmente, el problema de muchos pueblos de indios que las tenían muy escasas, y los graves inconvenientes del sistema de propiedad comunal con trabajo individual, sujeto a caprichos de distribución, fueron realidades que obligaron a considerar seriamente, todavía bajo el régimen colonial y como medida que debía realizarse dentro de él, la necesidad de una reforma en la distribución y el aprovechamiento del agro. El primer proyecto de reforma agraria que conoce la Historia de Guatemala se esbozó en 1810. Proyecto embrionario y lleno de incertidumbres; proyecto olvidado, que se quedó en el papel, pero que allí conservó, para que hoy tengamos noticia de ella, la situación del país en lo relativo a tierras al final de la colonia. Vamos a dedicarle un breve apartado, último de este capítulo, con una finalidad concreta y bien delimitada: comprobar que la política agraria colonial, esencialmente fomentadora del latifundio, condujo a una situación que ya era muy difícil y problemática en las postrimerías de aquella época. Comprobaremos, además, que el panorama del agro al final de la colonia era un panorama de latifundios y tierras comunales de indios.

El latifundismo guatemalteco tiene sus raíces en la colonia y es un vestigio colonial. Pero es preciso entender —y en otros capítulos lo iremos explicando— que hubo desarrollos históricos coloniales hasta mucho tiempo después de la Independencia, condicionados por la perduración de las bases coloniales de nuestra sociedad.

V

El proyecto que hemos mencionado es parte de un documento más amplio, y lo primero que vamos a hacer es valorar el conjunto como fuente histórica. Se trata de los "Apuntamientos sobre Agricultura y comercio del Reino de Guatemala", redactados en 1810 por una comisión del Consulado de Comercio de la ciudad de Guatemala. El documento fue pedido por Antonio Larrazábal, Diputado por la ciudad en las Cortes de Cádiz, para tener en él una información que le sería indispensable en las discusiones de aquella memorable asamblea. (Parece que también solicitó y le fue preparado por el Consulado un documento sobre la situación de la Minería en el reino, el cual ha desaparecido). Naturalmente, los trozos más amplios y enjundiosos de los Apuntamientos son aquellos dedicados al comercio, porque dicha actividad sufría una grave contracción en aquellos años críticos, y porque el documento expresa primordialmente las preocupaciones de los grandes comerciantes de la ciudad de Guatemala. Esa misma circunstancia le confiere, sin embargo, un gran valor como fuente histórica referida a la agricultura, porque expresa intereses y puntos de vista que no son los de los hacendados, y trata con bastante franqueza los problemas del agro. Por otra parte, tratándose de comerciantes españoles en su mayoría, y de personas que adversaban la Independencia, no cabe sospechar que sus opiniones acerca de la tierra estuvieran afectadas por pasión o extremismo político de ninguna especie. Se trata de un testimonio bastante objetivo.

En lo relativo a la situación del agro, los comerciantes tenían intereses opuestos a los de los latifundistas. El bienestar y la prosperidad de los hacendados reposaban sobre el trabajo semigratuito y por ende sobre la miseria de los indios y de los ladinos pobres, como lo demostraremos al estudiar el régimen de trabajo agrícola en pueblos y rancherías. El desarrollo del comercio, en cambio, exigía una elevación de la capacidad de compra de la población —constituida mayoritariamente por las masas campesinas—, una ampliación del mercado interno, la cual sólo podía alcanzarse con reformas básicas. Entre otras, la distribución de tierras en propiedad a indios y mestizos pobres, y la supresión de las formas de trabajo servil semigratuito. Ahora bien: esas reformas, que hubieran revolucionado la estructura de la sociedad colonial, eran propugnadas por los comerciantes, sin embargo, en el entendido de que no habría Independencia, y de que ellos seguirían siendo los importadores favorecidos en exclusiva por el monopolio comercial español.

Los terratenientes, por su parte, pensaban exactamente al revés. Deseaban la Independencia en el entendido de que no traería una

116

liberación económica de las masas campesinas, sino únicamente su paso a la dependencia exclusiva de la clase criolla. Por otra parte, anhelaban la libertad de producción y de comercio para vender libremente y a mejores precios sus productos de exportación, particularmente el añil — que por causa del monopolio se vendía cada vez menos— y también el tabaco, en el que tenían puestas grandes esperanzas.

En dos palabras; a los criollos les interesaba una Independencia sin Revolución, y a los comerciantes les hubiera convenido una transformación revolucionaria sin Independencia. Esto último se pone de manifiesto en los Apuntamientos, y de manera particular en sus dos secciones tituladas "Agricultura con respecto a los Indios" y "Agricultura con respecto a Pardos y Blancos". Ambas secciones forman una unidad dentro del documento, y son, en el léxico de nuestro tiempo, un proyecto de reforma agraria.

Ceñidos a lo que nos interesa en ese lugar, destacaremos algunas observaciones y recomendaciones de aquel proyecto.

El grado de expansión alcanzado por el latifundismo hacia el final de la colonia aparece claramente manifiesto en observaciones como las siguientes. "...En cuanto a los hacendados, unos poseen tierras de considerable número de leguas sin trabajarlas, a reserva de alguna muy corta parte, resultando por consiguiente inútiles a ellos y, al común, que carece absolutamente de terreno propio para sembrar sus maíces u otro fruto. El ganado mayor es por lo regular el nervio y substancia de estas grandes haciendas, pues criándose (ganado) en las provincias remotas, y comprando y traído para repastarlo en las de la Capital para abastecerla de carne, forma un tráfico entre un orden de individuos que ni corresponde propiamente a la agricultura ni al comercio..." Nótese que no calcula la extensión de las grandes haciendas en caballerías, sino por leguas. Se trata de una posesión estrictamente latifundista, de intención acaparadora, que apenas pone en cultivo un trozo proporcionalmente pequeño de la propiedad. El resto suele emplearse, en las haciendas cercanas a la ciudad capital, para el engorde de ganado traído de otras regiones, a base de pastos espontáneos. Es de la mayor importancia la indicación de que aquellas grandes extensiones no cultivadas podían serle útiles "al común" que carece absolutamente de terreno propio. ¿Quién es el "común"? Ciertamente adelante nos dirá el documento que

117

muchos pueblos no tienen tierras suficientes pero ahora no habla de indios, sino del "común".

Se trata de una característica del documento que conviene señalar. La política agraria de la colonia, según hemos dicho, defendía las tierras de indios y le negó tierra a los mestizos —a las capas medias, como las llamaremos con más corrección cuando examinemos su desarrollo—. Aunque el primero de esos dos principios fue en general respetado y estuvo vigente todo el tiempo, hubo de todos modos usurpación de tierras de indios. En el apartado anterior hemos visto el cuadro de realidades en que estos fraudes se realizaban, y los propios Ayuntamientos indican la existencia de tierras usurpadas a los indios en la época en que fueron redactados. De modo, pues, que al final de la colonia había escasez de tierras en muchos pueblos de indios. El segundo de los principios citados —negación de tierras a los mestizos— causó naturalmente un gran número de ladinos pobres sin tierras. Los Apuntamientos, al referirse a la población necesitada de tierra, se sitúan al margen de la política agraria colonial en lo tocante a los mestizos —a los "pardos" como el documento los llama— y atiende por igual a indios y mestizos.

Para referirse a toda la población que podría aprovechar la tierra acaparada por los latifundios, sin hacer la discriminación que hacía la política agraria colonial, emplea el término "el común". El documento no se atreve a denunciar directamente la discriminación de los mestizos, y se pronuncia discretamente contra dicha discriminación excluyéndola de su proyecto de nueva repartición. En muchos puntos deja entender, con visible intención de hacerlo, que la tierra debe repartirse por igual entre todos los que la necesitan.

En otros lugares el documento es más categórico acerca de la significación del latifundismo: "...Ya queda demostrado —dice— que el origen o causa primaria de los atrasos y obstrucción que experimenta en el Reino la Agricultura, apoyo de la subsistencia de todos sus habitantes, es sin contradicción el que las tierras se hallan distribuidas en posesiones inmensas entre pocos individuos, con enorme perjuicio de los muchos que forman la masa del Estado, y que no tienen un palmo de terreno en propiedad donde sembrar una milpa. Parece pues cosa razonable, justa, necesaria al Reino, y conforme a nuestras Leyes de Indias, que las tierras estén repartidas en muchas manos, para que este caso quede removida la causa del grave mal indicado".

Ese trozo resulta sorprendente y aleccionador por muchos motivos. En la primera página de los Apuntamientos —en los primeros renglones— los autores habían dicho que el reino tenía un área total aproximada de 64,000 leguas cuadradas y una población de un millón de habitantes. ¡Y para ilustrar en qué medida el reino se hallaba poco poblado, habían proporcionado los datos comparativos de que España — "nuestra madre España"— albergaba once millones de habitantes en un territorio de 44,000 leguas cuadradas!

Según esos datos, en el reino había fabulosas extensiones de tierra para distribuirla alegremente entre los habitantes. Pero allí está precisamente el párrafo citado. Cuando se habla de la tierra de un país no se habla de su superficie territorial, sino de los terrenos que, además de cultivables y susceptibles de roturación con los recursos económicos y técnicos existentes, se encuentran situados cerca o dentro de una red más o menos amplia de comunicaciones que los vincula con los mercados. Si cien familias de un país han acaparado las tierras que reúnen esas condiciones, de nada sirve que más allá haya inmensidades del territorio virgen. El latifundismo llegó a ser un problema en el reino de Guatemala —el problema número uno, según los Apuntamientos— porque, aun tratándose de una sociedad que vivía en diez o doce ciudades pequeñas y en setecientos pueblos de indios, todo ello esparcido sobre un territorio proporcionalmente muy grande, la tierra económicamente útil llegó a estar acaparada en pocas manos, independientemente de que hubiera grandes extensiones de territorio potencialmente utilizable bajo otras condiciones de desarrollo de la sociedad. Los factores que determinaron el arribo a esta situación los hemos señalado con anterioridad; emanaban de los intereses económicos de la monarquía y de las características esenciales de la clase criolla. Eran factores profundamente inherentes a la estructura colonial.

¿Qué propone el proyecto de los comerciantes en relación con los latifundios?

Que los hacendados conserven "sin contradicción ni oposición" todo aquello que de público y notorio esté siendo trabajado y fructifique. Las extensiones que por falta de recursos o por indolencia estén abandonadas

—"en perjuicio de la masa de la población"— será obligatorio venderlas a precios razonables si hay comprador que las quiera, y se da por supuesto que lo habrá en todos los casos. Aunque esta prescripción es totalmente utópica, es significativa, porque reitera la opinión del Consulado en cuanto a que había mucha gente necesitada de las tierras acaparadas por los latifundios. O lo que es lo mismo: demuestra que ya había sido acaparadas todas o la mayoría de las tierras realengas económicamente útiles. De no haber sido así, el proyecto hubiera encaminado la solución del problema agrario hacia la obtención de tierra del rey. Y no ocurre tal cosa. Cuenta con ellas para el reparto, pero no las considera suficientes. También es interesante observar cómo, bajo la denominación de "la masa de la población", engloba otra vez a indios y mestizos.

El estado general de la agricultura es ruin, y la situación general de los indios es de miseria según el documento. Las tierras comunales son en muchos casos insuficientes, y la distribución de las mismas depende arbitrariamente de las autoridades indígenas. Ese sistema hace que el indio carezca de estímulo para trabajar.

La idea medular del proyecto es que a los indios hay que darles tierra en propiedad, y a los ladinos también, en parcelas proporcionadas a sus necesidades y al número de hijos que tengan. Es la manera de convertirlos en verdaderos agricultores, lo que no llegarán a ser mientras carezcan de tierra o la tengan sin el aliciente de ser suya propia.

El proyecto propone un complicado sistema de vigilancia para comprobar que las tierras concedidas están siendo efectivamente trabajadas y establece sanciones para quien no las trabaje. Prohíbe venderlas, y le presta especial atención —lo cual hace honor a los autores del documento— a la necesidad de proveer a los nuevos propietarios con herramienta, semillas, animales, "y demás que necesiten", cobrándoles en forma graduada y con los frutos de sus cosechas.

Naturalmente, el proyecto tropieza con un grave obstáculo que es preciso remover para que el reparto rinda los resultados deseados: es el repartimiento de indios, que les roba tiempo y energías y los aparta de sus siembras. Los comerciantes aconsejan decididamente abolir el trabajo forzado, adoptar el salario libre y cultivar las haciendas y labores con indios y mestizos que de momento no estén atendiendo sus tierras

120

propias, o que de su voluntad quieran dedicarse a aquel tipo de actividad remunerada.

No cabe duda de que la aplicación de este sorprendente plan de reforma agraria sin Independencia hubiera significado un gigantesco paso adelante para la sociedad guatemalteca. Pero tampoco puede haber duda acerca de que todo él era una utopía, un buen deseo irrealizable. La clase social capacitada para tomar el poder en aquel momento —la clase criolla— hubiera encontrado su ruina en aquellas realizaciones, y naturalmente no tomó en serio ni una palabra del proyecto del Consulado.

Su valor como testimonio histórico, en cambio, es grande, ya que hasta su utopismo tiene significación. El proyecto demuestra, de manera palmaria, dos o tres cosas que conviene retener.

Primera y principal: que el desarrollo del latifundismo llegó a bloquear, todavía durante la colonia, el desarrollo económico de los indios y de las capas medias en crecimiento. Llegó a ser un grave problema ya en aquella época.

Segunda: que las tierras comunales de indios, por motivo de las usurpaciones, del sistema arbitrario de distribución, y principalmente por el tiempo que el trabajador perdía en servicios forzados gratuitos y semigratuitos, no eran suficientes para sacar al indio de la miseria en que los Apuntamientos nos lo presentan.

Tercera: que al final de la colonia el problema de la tierra se había agudizado, además, como consecuencia del crecimiento demográfico de las capas medias, a quienes la política agraria colonial se la negó sistemáticamente. Más adelante averiguaremos y diremos por qué.

Si el proyecto comentado no fuera suficiente prueba de que la mala distribución de la tierra llegó a ser, todavía en la colonia, el problema capital de la sociedad guatemalteca, tenemos a mano una legítima prueba que aportamos con dedicatoria especial para quienes, cogidos en la ideología de los criollos latifundistas —sin serlo, muchas veces— se estremecen al oír hablar de reformas agrarias. Allí va:

El más drástico e intransigente de todos los Capitanes Generales del reino de Guatemala, enviado especialmente para reprimir el movimiento de Independencia y tristemente recordado por la crueldad que puso en el cumplimiento de su misión; el ceñudo y amargo —pero no tonto— José

121

Bustamante y Guerra, llegó a la conclusión de que en el reino de Guatemala era necesaria una amplia repartición de tierras entre la gente pobre. En un documento de 1813, dirigido al gobierno peninsular y "muy reservado", aconseja: "...Abrir las fuentes de riqueza pública para desterrar la miseria que dispone a los que la sufren a revoluciones en que esperan variar de suerte; multiplicar el número de propietarios para aumentar el de verdaderos ciudadanos (...) Proteger liberalmente a los indios, clase la más numerosa y recomendable, al mismo tiempo que por su sencillez es la más expuesta a ser seducida". Y a la hora de recomendar las medidas concretas más urgentes para impedir que en Guatemala se desarrollaran los planes de subversión contra el régimen, Bustamante y Guerra recomendó mucha drasticidad, reforzar las milicias, pero también: "...que se repartiesen en pequeñas suertes a los mulatos e indios honrados que no fuesen propietarios, las tierras que pudiesen conceder sin perjuicio de tercero, proporcionándoles caudales del fondo de comunidades para los primeros gastos de cultivo..."

Se trataba de una medida demagógica, claro está. Pero la eficacia que el Presidente le suponía radicaba en que la falta de tierra era un poderoso factor de descontento entre indígenas y mestizos —a quienes llama "mulatos"— y él esperaba que aquellos repartos fueran, por eso mismo, un golpe a la opinión favorable a la Independencia.

Es interesante señalar, de pasada, que aquel duro funcionario que fingía achacarle los movimientos de Independencia a la acción de minorías subversivas, reconocía con toda claridad, cuando se dirigía secretamente a la autoridad peninsular, que es la miseria la que arroja a la lucha revolucionaria a quienes la padecen, y que el procedimiento racional para aminorar esa lucha, desde el punto de vista de los dominadores, es abrir el acceso a las fuentes de riqueza a un número mayor de ciudadanos, quienes se convertían precisamente en ciudadanos al convertirse en propietarios. Recomendaba distribuir tierra, porque la tierra era —como lo es hoy todavía— la principal fuente de riqueza del país. Ya entonces se hallaba mal distribuida. La enfermedad de Guatemala ya estaba allí.

CAPÍTULO QUINTO: EL INDIO

I. La negación del indio como necesidad de clase. II. Paganismo muerto y paganismo vivo. III. Los tres grandes prejuicios en su relación con el trabajo forzado. IV. La pretendida "holgazanería" como resistencia. V. Los prejuicios menores. La desconfianza del indio. VI. La falsa defensa del indio y sus motivaciones de clase. VII. El indio como elemento de la patria del criollo.

I

Si después de haber leído la Recordación Florida se hace una evocación general de todos sus elementos, dejando que las imágenes vengan a la memoria con espontaneidad, se notará cómo se ordenan por sí solas en una especie de jerarquía. En primer lugar, la imaginación se hallará inundada por los colores intensos de un paisaje variado y exuberante, una tierra amena y fértil que por modo milagroso le rinde sus frutos al hombre. Sobre aquel paisaje veremos erguirse la imagen de los conquistadores, cubiertos de acero reluciente y monumentalizados por la admiración del criollo. Asomarán después los movimientos del español recién llegado a Indias, el funcionario ceñudo y el aventurero lleno de malicia, figuras éstas que presentan un dibujo anguloso y violento, como proyección de la animosidad y el temor que el criollo sentía frente a ellas. En seguida veremos desfilar a las familias criollas beneméritas, empobrecidas unas, todavía poderosas las más, infatuadas y resentidas todas. Quizá después vengan a nuestros ojos los salones del Ayuntamiento, o tal vez recordemos los campanarios de las iglesias despuntando sobre la techumbre de pueblos y villas. Y así sucesivamente, las personas y las cosas del mundo del cronista se irán haciendo presentes en la rememoración con cierto orden, de acuerdo con el calor y énfasis que él puso en cada una al describirlas.

De pronto nos damos cuenta de que el indio viene de último. Se había rezagado en alguna parte, y aún al acordarnos de él se nos aparece desdibujado, empequeñecido, desprovisto del alto relieve que ostentan

123

otros elementos de la Recordación. ¡Precisamente el indio!, que estaba en todas partes, que sostenía con su trabajo a aquella sociedad; que era, en fin, la razón de ser del coloniaje.

¿Qué pasa con el indio en la Recordación? ¿Acaso este documento histórico, riquísimo en información del país que describe, viene a resultar pobre en un aspecto tan importante? Sería equivocarse pensar tal cosa. El indio está allí. Está en todas las páginas de la crónica como estaba en todos los rincones del reino. Puede decirse aún más: este documento es la principal fuente histórica para el conocimiento de los indios de Guatemala durante la época colonial, y solo la crónica de Ximénez puede comparársele sin llegar nunca a serle igual. Al decir que el indio aparece esfumado y disminuido en la Recordación, no se ha dicho que esté ausente del cuadro social que en ella se pinta. Lo que ocurre es que la obra, lejos de pecar de infidelidad en este punto, es un reflejo exacto de la realidad dentro de la cual se gestó.

La contradicción que en ella se descubre, entre la fundamental presencia del indígena en todos los puntos de la narración, y la tendencia del cronista a desdibujarlo y negarle su valor humano, corresponde a una contradicción objetiva, que se daba en la vida colonial, y la crónica no hace más que reflejarla. Como los criollos vivían del trabajo de los indios, éstos tenían que ser, en una u otra forma, la preocupación cardinal del gran testimonio criollo que es la Recordación. Pero al mismo tiempo, siguiendo una ley válida para todos los grupos explotadores, los criollos querían disimular la verdadera procedencia de su bienestar y su riqueza, y ese móvil los llevaba a negarle méritos a los indios, a borrar la gran importancia de su trabajo, agigantando sus posibles deficiencias, ocultando el origen económico de las mismas, inventando muchas otras y socavando por todos los medios el prestigio de los nativos. Así, pues, la peculiaridad más notoria de la crónica de Fuentes y Guzmán en relación con el tema del indio es una actitud negativa, pesimista, inclinada siempre a restarle valor a aquel gran grupo social.

Sin embargo, se dijo al principio de este libro que la ideología de los criollos estaba llena de contradicciones y ambigüedades, derivadas —también se señaló esto— del hecho de que los criollos fueran una clase dominante a medias, obligada, por ende, a asumir posiciones distintas frente a un mismo asunto según que lo contemplara en relación con otros grupos dominantes, rivales suyos, o en relación con los sectores oprimidos. El tema de las dos Españas ya ilustró parcialmente esa escisión de opiniones: se exalta a una España y se niega a la otra; se afirma la superioridad hispana frente a los indios, y se discute esa superioridad frente al español. Ahora bien, el tema del indio es el que da lugar a los más violentos desplazamientos de enfoque, a las más flagrantes contradicciones, y ningún otro asunto suscita en la Recordación una problemática tan compleja y una tal dificultad de juicio. Para analizar con cierto orden ese torrente de opiniones diversas, volcado en un caudal de información noticiosa acerca de los nativos, conviene fijar la atención por un momento en los siguientes puntos:

Examinar las posiciones del criollo frente a la antigüedad pagana de los indios, comparándolas con sus posiciones frente al paganismo que se mantenía vivo entre los indios de su tiempo. Hay allí una significativa escisión de opiniones.

Observar el choque reiterado entre las opiniones del autor acerca de los defectos del indio, y la refutación de esas opiniones contenida en los datos objetivos que la propia crónica suministra. Esas fallas son particularmente ilustrativas cuando se trata de temas tales como la pretendida "holgazanería y dejadez" de los indios.

Observar cómo, en muchos casos, la crónica misma ofrece la explicación y la justificación —no la contradicción— de ciertos rasgos que el criollo señala como deficiencias del carácter del indio. Insiste, por ejemplo, en decir que el indio es receloso y desconfiado, y no se percata de que varios relatos contenidos en su obra dan razón de por qué el indio se veía obligado a cuidarse, recelando de todo.

Hay que analizar los sorprendentes momentos en que el cronista, alterando su posición fundamental de negación del indio, parece adoptar de pronto actitudes de apoyo y defensa de los indígenas. En todos esos momentos puede comprobarse —leyendo cuidadosamente el texto— que ocurre uno de estos dos fenómenos: lo más frecuente es que esté considerando a los nativos, no en su llana relación con los criollos, sino en sus relaciones con los españoles, y que la aparente defensa no sea otra cosa que la "negación de la negación" que aquéllos hacían del indio.

En otras ocasiones podrá demostrarse que el cronista está refiriéndose a excesos innecesarios en la explotación y el mal trato de los nativos, y que, en realidad, no los está defendiendo, sino que está dando el grito de alarma frente al peligro de su exterminio. En uno y otro caso la aparente defensa de los indios es, en el fondo, una mal disimulada defensa de los intereses de clase del cronista.

Todas estas contradicciones y estos cambios de actitud —que veremos en seguida con algún detenimiento— han sido motivo de que se juzgue mal a Fuentes y Guzmán, entendiendo que sus incongruencias eran, simplemente, muestras de una deplorable falta de definición ideológica frente al tema del indio. Sin embargo, ha habido superficialidad de parte de quienes así lo han criticado, pues quisieron entender la ideología social del criollo como si ésta flotase suspendida en el trasmundo platónico, olvidando que las ideas de un terrateniente y encomendero, explotador de indios, rival de otros explotadores, tenían que estar afectadas por las grandes contradicciones de la sociedad en que se desenvolvía la vida de aquel hombre.

Si Fuentes y Guzmán quiere convencernos de la holgazanería de los indios, y en la crónica encontramos a los indios siempre trabajando, ello no es prueba de que el cronista adoleciera de falta de consistencia ideológica, sino más bien de que en su ideología era un requisito negar la importancia del trabajo de los indios, y esto tiene que haber respondido a motivaciones que es preciso desentrañar. Si machaca sobre el tema de que el indio es desconfiado y malicioso, y al presentárnoslo en sus relaciones con los mestizos nos dice que éstos los engañan valiéndose de su ingenuidad y candidez, debemos colegir de ello, no que el cronista cambiara de parecer en el tiempo que transcurría entre una afirmación y otra, sino que la acción de los mestizos sobre los indios era motivo de preocupación para el criollo, por causas que es preciso sacar a luz.

Así, partiendo del principio de que las contradicciones lógicas del criollo eran, en diversos grados y formas, reflejos de contradicciones objetivas de su sociedad, hemos de ver cómo sus inconsecuencias e incertidumbres nos dan la pista para esclarecer importantes cuestiones de la vida colonial, especialmente en lo que concierne a las relaciones entre indios y criollos.

II

Su gran interés por la conquista obligó a Fuentes y Guzmán a asumir una actitud relativamente favorable para los indígenas de aquella época. No quiere esto decir que adoptase una posición tan ecuánime como para lamentar que aquella desastrosa calamidad cayera sobre los aborígenes, porque una tal objetividad hubiera sido de todo punto anormal en un heredero de la conquista; pero era de mucha importancia para el criollo poder demostrar que los cacicazgos prehispánicos habían estado a la altura de la faena conquistadora, y sus ojos estaban muy atentos, por tal motivo, para percibir cualquier indicio de poderío, de riqueza, de talento o de energía en los pueblos que le hicieron frente a la hueste de Pedro de Alvarado.

No hay que olvidar que los detractores de la conquista, empeñados en deslucirla y arrinconar su recuerdo, alegaban que no había sido gran mérito dominar a una gente tan débil y apocada como eran los indios. Este argumento ponía en aprietos al criollo, porque, en efecto, los indígenas que estaban a la vista, reducidos a la miseria y oprimidos por casi dos siglos de vida colonial, no ofrecían el espectáculo de unos enemigos dignos de los hazañosos conquistadores. No habían sido ciertamente estos los indígenas que le presentaron batalla a los héroes del criollo, sino aquellos otros que no habían pasado todavía por la destructora experiencia de la explotación colonial. Había que insistir en la diferencia que los separaba, pero sin embarrancarse explicando las causas de la misma; sin tocar el delicado problema de que aquella asombrosa desemejanza entre los indios de la conquista y los indios de la colonia era resultado, precisamente, de la conquista y la colonia.

En muchos casos, el cronista salta con agilidad por encima del problema. "...cuando los españoles conquistaron estos países y reinos tan dilatados, eran los indios de ellos muy belicosos, dotados de gran don de gobierno, ingeniosos, y entre ellos, como antes hemos propuesto, hubo artífices de mampostería, canteros, plateros de masonería, orífices, entalladores e historiadores, como otras habilidades de que estaban adornados. Y ahora son cobardes, rústicos y sin talento, sin gobierno, desaliñados, sin arte y llenos de malicia, para que se conozca que todas las cosas se mudan, pues aún las más firmes del mundo están sujetas a una continua variedad y mudanza". Nótese cuán mañosamente evita

127

explicar la causa de tan vertical decadencia de los indios, llevando la atención del lector hacia una consideración puramente abstracta: es "la mudanza de las cosas" la causante de que los indios hayan perdido sus antiguos atributos.

En otras ocasiones, sin embargo, la realidad de esa gran caída se impone con demasiada evidencia, y el cronista tiene que hacer alguna alusión a sus causas. Eso ocurre, por ejemplo, en la impresionante descripción de la derrota de los indios de Uspantlán. Después de referir el cronista la maniobra con la que el ejército español envolvió y masacró a los uspantecos, y de indicar que todos los prisioneros fueron marcados con hierro y repartidos como esclavos, pasa a contar que un cacique indígena, viéndose herido y teniéndolo por afrenta, corrió del campo de matanza a su lugar de origen, y sacando a su mujer y a dos hijas a un lugar cercano, las ahorcó en un árbol y después se quitó la vida arrojándose sobre su lanza. '...Tales como este eran los indios de Verapaz —comenta el cronista— a los que ahora desprecian muchos de los que pasando de España a estas partes, viendo que obedecen a palos ya pescozadas, piensan que así fueron siempre y que su abatimiento nace de pusilanimidad y no de estar ya acostumbrados al sufrimiento, después de habituados en él por el círculo de ciento y sesenta y nueve años que ha corrido su sujeción desde 1524 a este de 1693...".

Aquí el cronista insinúa la verdad: ciento setenta años de sufrimiento colonial, de palos y pescozadas, eran la causa del abatimiento en que se veía a los indios a fines del siglo XVII. Al expresarse así, el criollo corre grave riesgo de estropear aquello que precisamente está tratando de embellecer. Porque bastará una sola palabra de más para desembocar en la conclusión, perfectamente lógica y además históricamente correcta, de que el abatimiento de los indios actuales, tan distintos de los indios de la conquista, era consecuencia del estado en que los puso la conquista misma. Se trata de uno de esos pasajes de la Recordación —tan frecuentes!— en que el autor es asaltado por el inquietante recuerdo de quienes —"pasando de España a estas partes"— adoptaban una actitud negativa frente a todo lo indiano y frente a la conquista, obligando con ello a los criollos a negar aquella negación. En esos momentos el autor es presa de cierta agitación y nerviosismo que menoscaban la consistencia lógica de su narración, pero que enriquecen el documento con innúmeros destellos de verdad no intencionada.

No podemos detenernos a comentar más ampliamente los episodios de la conquista de Uspantlán; a preguntar, por ejemplo, si la táctica guerrera de los conquistadores iba siempre encaminada a envolver a los nativos, con el fin de apresar el mayor número de esclavos al momento del desastre; a discutir —también esto podría hacerse— si aquel indomable y valeroso cacique tomó la trágica decisión de suicidarse con su familia porque se sintió afrentado, como dice el cronista, o si lo hizo movido por el convencimiento de que la muerte era preferible al destino que les esperaba en manos de los vencedores. Únicamente debemos dejar señalada la buena disposición del criollo frente a los gestos de valentía y coraje de los guerreros nativos, disposición que trae el relato muchos episodios semejantes al citado, y que, asociada íntimamente al propósito de elevar los méritos de los conquistadores, lo lleva a presentar con bastante ecuanimidad los méritos de los indios en aquel momento terrible y decisivo.

De manera general, Fuentes y Guzmán le brinda su elogio a diversos aspectos de la cultura indígena prehispánica que llegaron a su conocimiento —monumentos, construcción y fortificación de ciudades, formas de gobierno, leyes, jerarquías sociales, exigencias morales, artes, pictografía (que él llama escritura), artesanías, conocimiento de los usos de las plantas— todos los cuales son objeto de minuciosas descripciones en densas y valiosísimas páginas de la obra.

Hay un aspecto de la cultura indígena, sin embargo, que le resulta decididamente odioso y que es, en todo momento, objeto de sus ataques más destemplados. Las formas de la religiosidad prehispánica —que llamaremos aquí paganismo indígena, sin entrar a discutir la legitimidad de esa usual denominación—, las creencias y los ritos prehispánicos, ya sea que los considere existiendo antes o después de la conquista, suscitan en el criollo algo más que una repulsa: es una exaltada e indignada preocupación. Por desventura suya, bastaba la acción del arado en la superficie de la tierra para que de ella brotaran, como por ensalmo, figurillas paganas de toda clase. Diríase que eran la sangre del país, pronta a manar con cualquier rasguño que se hiciera en su epidermis. Don Antonio nos cuenta, aludiendo quizá a experiencias tenidas en sus propias tierras de labor, que "...cada día se desentierra y sacan de los surcos de los sembrados, figuras de feísimas y desproporcionadas representaciones de hombres y mujeres, de sierpes, de monos, de águilas y otras infinitas y ridículas figuras (...) que ruedan de unas partes a otras..." y en otro lugar dice que "...en las tierras de cultivo suele descubrir el arado espantosas y descomunales figuras de ídolos...".

El criollo no se hubiera detenido a hablar de aquella caterva de representaciones religiosas si hubiesen sido piedra muerta. Pero muy bien sabía que la religión indígena estaba viva, y que los indios, en la medida que se mantenían apegados a sus creencias precristianas, estaban sustraídos de la conquista espiritual. El cronista sabía, por experiencia de viejo funcionario de nivel medio, que en los amotinamientos de indios siempre salía a relucir, en una u otra forma, el factor religioso prehispánico, lo cual hacía pensar que la incidencia de la rebeldía era más elevada donde la cristianización era menos profunda. Como terrateniente conocía, también, que los ritos paganos andaban escondidos hasta en los lugares que menos podía sospecharse.

En el primer tomo de la Recordación, Fuentes relata un episodio que puede servir aquí —escogido entre otros— para ilustrar cómo el paganismo estaba vivo entre los nativos y cómo hubiera deseado el criollo verle muerto. Cuenta que, en mitad de unas tierras de labor, se levantaba una gran figura monolítica prehispánica. No se había hecho caso de aquella mole como posible objeto de culto clandestino, pero como era un estorbo para el trazo de los surcos, se resolvió moverla y arrojarla a una barranca profunda que había allí cerca. Con palancas y tiro de bueyes fue arrastrada y lanzada al precipicio.

Pero a la mañana siguiente —¡vaya sorpresa!— el ídolo estaba otra vez en su sitio secular. Por tres veces se realizó el fatigoso trabajo de lanzarla, y otras tantas fue restituida de noche a su sitio. Señala don Antonio que el peso de la talla hacía imposible que los indios la rescatasen durante la noche, y el corte de la barranca, por otra parte, imposibilitaba que fuese subida a lomo de mula. A nuestro hombre no le cabe la menor duda de que sólo pudo regresar "...con la industria del demonio, que le asistía...". Se optó finalmente por destruirla a golpes de piqueta, y fue de verse, entonces, el pesar de los indios al contemplar cómo la efigie caía hecha pedazos. A nadie se le ocultó el sentimiento y

130

la muda resistencia que opusieron. Veneraban secretamente aquella representación, y así como pudieron restituirla en el curso de la noche sin ser vistos, es de suponerse que le rendirían culto desde tiempo inmemorial.

Tales revelaciones disgustaban a nuestro hacendado, pero no le sorprendían. A lo largo de todo su relato insiste en decir que el paganismo indígena estaba vivo bajo una capa superficial de cristianismo: "..tienen tan arraigadas estas supersticiones que no hay modo para persuadirlos de lo contrario, y es sin duda porque el demonio en estas cosas les dispone los sucesos correspondientes..."; "..hasta hoy sus ministros y curas más celosos no han podido conducirlos por el camino seguro de la fe...".

Que los indígenas no adoptaron plena y exclusivamente la creencia de la indoctrinación católica, sino las combinaron con creencias suyas y desarrollaron una religión mixta, fue observado por todos los cronistas coloniales. Sin embargo, ninguno de los grandes cronistas religiosos — Remesal, Vásquez, Ximénez—, que por razón de su profesión estaban perfectamente enterados del fenómeno, lo señala con timbres tan alarmantes ni le concede la importancia que le confiere el cronista laico. Este no se opone solamente a lo que es puro rito pagano, sino a todo lo que presenta un tinte precristiano y significa un salirse de la ferviente austeridad que él desearía para los indios. Le asustan las expansiones y borracheras que iban asociadas a las fiestas religiosas de los pueblos, porque recuerda que en su gentilidad los indios se embriagaban por motivos religiosos. Desaprueba que en las fiestas cristianas los indios bailen al son de largas trompetas de madera, porque los nativos usaban ya esos instrumentos antes de su cristianización. Y así, con intransigencia, se manifiesta en todo momento contra la supervivencia, evidente unas veces, embozada otras, de formas de religiosidad prehispánica asociadas o sobrepuestas a las formas cristianas.

Las causas profundas de aquel fenómeno de sincretismo estaban más allá de las posibilidades escrutadoras del cronista, y no puede reprochársele que, a falta de otra explicación, recurra al piadoso y fácil expediente de imputárselo al "demonio" —personaje, este último, tan irreal y supersticioso como cualquiera de las fantasías religiosas de los indios, y que suele aparecer en la crónica cuando se toca el tema del

131

paganismo. Hay que buscar aquellas causas, por supuesto, en el bajo nivel cultural en que fueron mantenidos los indígenas durante la colonia. Tiene que haber sido un factor de primer orden, también, la tendencia de los indios a mantener vivas sus tradiciones: no por inercia, sino dentro de un esfuerzo enderezado a no aceptar plena y pasivamente las creencias introducidas por sus dominadores y enemigos de clase.

Asimismo debe haber jugado un papel importante la circunstancia de que el catolicismo que se les administró a los indígenas, reducido a los aspectos más elementales de dicha religión, presentaba mucha similitud con aspectos importantes de la religiosidad prehispánica: piénsese, por ejemplo, en la sustancial semejanza entre el ejercicio de hacer propicia la voluntad de los dioses, viendo en ellos unos protectores prepotentes, y el mismo ejercicio en relación con los santos del catolicismo más elemental. También fue importante factor la tolerancia que, en general, mostraron los religiosos encargados de los pueblos de indios, quienes se conformaron con ver a los nativos convencidos del origen sobrenatural de sus desdichas y con ello pasaderamente adormecidos.

Esa tolerancia y conformidad no se debió únicamente a que los religiosos fuesen displicentes y descuidados, sino que fue también, en gran medida, resultado de la tenaz oposición que los indios presentaron siempre a la labor de sus indoctrinadores, y de la presión que sobre ellos ejercieron para que pasasen por alto sus creencias y prácticas paganas. Los principales cronistas y muchos documentos de los siglos XVII y XVIII hablan de la necesidad de forzar y castigar a los indios para que acudan a la Iglesia; hablan de las diversas combinaciones religiosas que se daban dentro y fuera del templo cristiano; declaran que las creencias prehispánicas constituían el verdadero fondo religioso de los indígenas. El gran cronista dominico de finales del siglo XVII y principios del XVIII, Fray Francisco Ximénez, buen conocedor de los indios, pudo comprobar que las creencias y tradiciones contenidas en el Popol Vuh (por él descubierto y traducido) perduraban llenas de vida entre los nativos: "...hallé que era la Doctrina que primero mamaban con la leche y que todos ellos casi la tienen de memoria..." Y cincuenta años después, en el documento más completo que poseemos acerca de los hábitos religiosos de los indios —la Descripción de la Diócesis de Guatemala, hecha por el Arzobispo Don Pedro Cortés y Larraz— se lee la siguiente conclusión: "...Los indios generalmente se conservan en sus idolatrías antiguas, y su cristianismo no es más que apariencia e hipocresía...".

Ahora bien: esos magníficos documentos, redactados por dos religiosos españoles capaces de un alto grado de sinceridad, aportan muchos elementos para abonar la hipótesis de que había una estrecha relación entre la supervivencia del paganismo y la resistencia de los indios frente a la dominación colonial; o lo que es lo mismo: que el aferrarse a sus creencias era en los indios, una manera de oponerse a su conquista espiritual, y, por ende, una manifestación peculiar de la lucha de clases. No se puede pensar de otro modo cuando se lee en Ximénez observaciones como la siguiente: "...Es tanta la desconfianza que de los españoles tiene, que porque los ministros (religiosos) son españoles casi se puede decir que no creen lo que les dicen, poniéndolo siempre en duda...". Y lo mismo se infiere de las francas y desalentadas conclusiones del informe del Arzobispo Cortés y Larraz: "...Tienen a los españoles y ladinos por forasteros y usurpadores de estos dominios, por cuyo motivo los miran con odio implacable y en lo que los obedecen es por puro miedo y servilismo. Ellos no quieren cosa alguna de los españoles, ni la religión, ni la doctrina, ni las costumbres...".

Si en el último tercio del siglo XVIII un religioso español, recién llegado a la provincia, pudo percibir que en los indios alentaba un implacable odio de clase y que el rechazo de la religión de los dominadores guardaba nexos con el odio que se les tenía, es razonable suponer, entonces, que un terrateniente de la segunda mitad del XVII, asiduo observador de los nativos a lo largo de toda una vida, tuvo que haber vislumbrado que allí donde pervivía el paganismo había un margen de conciencia indígena no sometida y una expresión de rebeldía. Aún más razonable resulta dicha suposición si se trae a la memoria que Fuentes y Guzmán sabía, no sólo por noticias y referencias, sino por experiencia directa, que el descontento de los indígenas solía hacer crisis cuando se les contrariaba en este sensible punto de sus creencias y prácticas paganas. Mucho le había comunicado a este respecto los frailes doctrineros amigos suyos, y mucho había visto con sus propios ojos. Un interesante ejemplo de ello es el episodio que relata en el capítulo noveno del octavo libro de la Recordación.

Iba de camino Fray Marcos Ruiz por las sierras de Huehuetenango a dar la misa en los pueblos de su visita —sabemos ya lo que esto quiere decir— cuando llegaron a sus oídos las campanadas del encumbrado pueblo de San Juan Atitlán. Pensó que podrían estar repicando para hacerle recibimiento, según era costumbre, pero como se encontraba lejos todavía, se dirigió antes a otros poblados de su itinerario. Llegado por fin a San Juan observó con sorpresa que las cofradías no salían a su encuentro, y que a la entrada del pueblo no había acudido nadie a recibirlo. Sin hacerse notar llegó hasta la iglesia. Hallábase ésta muy adornada y llena de aromas, y el pueblo estaba allí, entusiásticamente embebido en los pormenores de un rito sorprendente.

Se le rendía culto y se le hacían ofrendas a un indio joven, mudo y simple en extremo a quien se había ataviado con las vestiduras sacerdotales del rito católico y se había colocado en el altar mayor. El fraile —"hallando como Moisés pervertido su rebaño", dice don Antonio— no pudo menos que interrumpir la ceremonia con enérgicas palabras y explicar a los indios la magnitud de aquel pecado para él atroz. Pero no quisieron escucharle. Se fueron saliendo del templo hasta dejarlo solo y se llevaron al indio mudo a otro sitio. Quiso entonces Fray Marcos apresar a aquel hombre para remitirlo a las autoridades y con semejante veleidad puso en grave peligro su existencia: "…irritado el pueblo contra él, le acometieron con machetes, palos y piedras para quererle matar, saliendo no sin grande ayuda de Dios, a uña de caballo, de entre las manos de aquellos bárbaros obstinados…".

Es este el momento en que el cronista aparece como personaje del suceso: Fuentes y Guzmán era en aquel entonces Alcalde Mayor de Huehuetenango. A él le correspondió enviar la fuerza pública al pueblo alborotado, ordenar la captura de los indios más comprometidos, tomarles confesión y asignarles castigos. Dispuso que a cuatro de ellos se les azotara por las calles del pueblo cabecera, y los entregó a la iglesia de la misma localidad de Huehuetenango para que sirvieran en ella por dos años privados de libertad. Es de señalarse que dos de aquellos cuatro infelices eran indios principales —pues el cronista indica que habían sido alcaldes de su pueblo— lo cual añade algo a la paliza que hubieron de recibir para escarmiento del público, también indígena, de aquel lugar. El criollo, empero, rememorando los detalles del incidente para

134

relatarlo, hace cuenta de que no procedió con suficiente drasticidad: "...Creo que no excedí en su castigo, antes bien me recelo haber quedado corto...".

Concluyamos. La supervivencia del paganismo y el rechazo del catolicismo eran fenómenos derivados del odio que los indios sentían hacia sus dominadores y explotadores. No podían éstos últimos, por lo tanto, ver con tranquila indiferencia las pruebas —muy numerosas, además— de que la conciencia del indio no estaba plenamente conquistada. De allí la aversión que un hombre como Fuentes y Guzmán sentía hacia todas las manifestaciones del paganismo viviente. Ya que no fuera su inteligencia reflexiva, su instinto de clase le advertiría que una fuerza adversa se ocultaba tras aquellas piedras veneradas y aquellos alborotos en que los doctrineros tenían que escapar a galope tendido.

Totalmente diferente era su actitud —recordémoslo para cerrar este apartado— frente a otras manifestaciones de la cultura prehispánica que ya estaban muertas, y que, careciendo de significación actual en la lucha de clases con el indio, la tenían, no obstante, para la lucha con los peninsulares negadores de lo indiano. Nótese cómo la bifurcación de las ideas del cronista acerca de los valores indígenas prehispánicos —tema que parecería no guardar relación con problemas económicos y luchas de clases— obedecía a la acción ejercida sobre la mentalidad del criollo por dos focos de interés económico y social: su preocupación frente al paganismo vivo respondía al deseo de llegar a tratar con indios plenamente conquistados y exentos de rebeldía. Su simpatía frente a ciertos aspectos ya muertos de la cultura indígena respondía a la necesidad de mantener en alto el prestigio de la conquista, asunto este cuya significación económica y de clase ya fue analizada en otro lugar.

III

En el apartado precedente hemos visto cómo el cronista se pronuncia en sentido contrario frente a dos aspectos de un mismo asunto. Hay allí una escisión de actitudes y de opiniones, una dicotomía, y no propiamente una contradicción. Sin embargo, el grande y complejo tema del indio es ocasión de numerosas y flagrantes contradicciones en la Recordación Florida, y a ellas entramos ahora. Si hubiéramos de agruparlas en series, diríamos que la primera gran serie de

135

contradicciones proviene de la incompatibilidad entre las opiniones del autor acerca de algunas características de los indios, y los datos de la realidad que la crónica retrata. Estas asombrosas incompatibilidades, que algunas veces ocurren con sólo dos o tres páginas de por medio, obedecen siempre a prejuicios de clase propios del cronista, de manera que no son meros descuidos, sino ofuscaciones llenas de significado histórico.

Así, por ejemplo, en el notable capítulo en que describe los fértiles valles que rodeaban a la ciudad de Guatemala, no dice que "...son los indios paisanos de estos valles descansadamente ricos, y jamás por su actividad y laboriosa frecuencia necesitados..." Pasa en seguida a referir con detalle algunas interesantes costumbres de aquella gente, haciendo despliegue del gran conocimiento que de ella tenía, y el impulso de la descripción lo lleva, insensiblemente, a dar noticia de una característica de los indios que no podía faltar en aquel cuadro: su gran resistencia física, que debe haber impresionado a quienes, como don Antonio, habían visto a los indígenas en el fragor del esfuerzo cotidiano.

Anota entonces los siguientes datos, que aparecen apenas dos páginas adelante de la referencia a los indios "descansadamente ricos" y que aluden a ellos mismos sin solución de continuidad: "...Son grandísimos sufridores de la inclemencia y trabajo, y si fueran más dotados de espíritu ardiente hicieran, sin duda alguna, ventaja a todas las naciones del mundo, por el aguante y gran sufrimiento y tesón que tienen en el trabajo; porque al sol y al agua y hielos, sólo les cubre un miserable vestido de sutil y rota tela, de manta de algodón, que llaman tilma; no siendo otra cosa el vestido que una camisa de manta y un calzoncillo de sayal, que en el rigor de las lluvias se les enjuga y seca en el cuerpo por carecer de remuda, no teniendo para dormir, sobre el desnudo, frío y duro suelo, más cobertor que el de una corta y pobre frasadilla, pero con ella tienen por general costumbre cubrirse la cabeza, dejando desabrigados y descubiertos los pies. Pásanse seis y ocho días con el corto y seco alimento de unas tortillas de maíz que sacan de sus casas para ir a viaje o al trabajo de las labranzas, sin otra cosa que a este ordinario y mísero alimento acompañe, en que no sé qué otra nación les imite".

No se vaya a suponer que hablaba de unos indios al decirnos que eran suavemente ricos y de otros cuando dice que dormían en el suelo, que la exigua vestimenta se les secaba sobre el cuerpo y que salían a trabajar toda la semana con unas tortillas endurecidas en el morral: son exacta y rigurosamente los mismos. Entre aquella afirmación y estos datos no se ha alterado siquiera el sujeto gramatical en el texto. Ocurre, simplemente, que nos hallamos ante uno de esos trozos de la obra —uno de los más palmarios, es cierto, escogido de intento para ejemplificar— en que el criollo expresa con naturalidad sus prejuicios para contradecirlos después, sin percatarse de ello, al describir la realidad sin prevenciones. (Es probable que la extremosa y demasiado evidente contradicción del ejemplo citado tenga su explicación en el hecho, poco perceptible y por eso digno de señalarse, de que al comenzar a hablar de la resistencia física de los indios le haya venido a la memoria al autor el recuerdo de sus enemigos peninsulares, grandes propagandistas de su propia resistencia para el trabajo.

Es el instante en que expresa que a los nativos solo les faltaría un espíritu ardiente —¿cómo el del español?— para superar en el esfuerzo "a todas las naciones del mundo". Ya arrebatado por la secreta motivación de presentar a los indios como trabajadores más resistentes que los españoles, describe las pésimas condiciones en que los nativos vivían y laboraban, para poder decirle después a los peninsulares que ellos no soportarían trabajar así. A ello se debe que termine el párrafo con esas palabras llenas de intención: "en que no sé qué otra nación les imite". Y a ello se debe, también, que no se haya percatado de la contradicción existente entre estos últimos elementos y la aseveración inicial sobre la riqueza de los indígenas, la cual aseveración estaba muy lejos de su pensamiento aunque haya quedado tan cerca en el texto. Es, no cabe duda, un valioso ejemplo de contradicción por desplazamiento del enfoque al momento de escribir).

La fiel presentación de la realidad (actuando la motivación ya señalada) trae al relato unos indios en cueros y que casi no comen. ¿De dónde salió la descansada riqueza que a esos mismos indios se les atribuye dos páginas atrás?

Conviene saber, ante todo, que la región aludida en el capítulo no era poca cosa: la formaban nueve valles amplios y fértiles, servidos por la población trabajadora de setenta y siete pueblos de indios. Se le daba al conjunto el nombre común de Valles (o Valle) de Guatemala por varias

137

razones. Primera, que sobre todos ellos tenían jurisdicción, como Corregidores, los Alcaldes ordinarios de la ciudad de Guatemala. Segunda, que casi la totalidad de las labores y haciendas de esa región eran propiedad de personas y familias que habitaban en la ciudad. Tercera, que sus numerosos pueblos no solamente proveían de manos a las labores y haciendas, sino que también surtían de alimentos y otros bienes indispensables a la ciudad: leña, carbón, zacate y muchos artículos más. Eran su despensa y su granero. Se integraba el conjunto con el valle propiamente de Guatemala —rodeando la ciudad— y los de Chimaltenango, Jilotepeque, Canales, Sacatepéquez, Mixco, Mesas de Petapa, la Vacas y Alotenango. Los indios de esa importante zona eran tenidos por más prósperos y menos maltratados que todos los del resto del reino, y a ello se debe, en parte, que el cronista se permita hablar de su riqueza: eran "descansadamente ricos" si se les comparaba con los de otras regiones.

Sin embargo, conociendo un poco la vida de don Antonio de Fuentes, y otro poco lo que el valle significaba para él, se llega a comprender muy bien cuáles fueron los móviles profundos que lo llevaron a afirmar, tan sin cuidado, que aquella población de descamisados, que dormían en el suelo, era una población no menesterosa. Y vale la pena detenerse un momento a ver este asunto, porque el creer que los indios viven bien en la pobreza, el querer convencerse, y convencer a los demás de que son ricos en la desgracia, es uno de los más viejos y arraigados prejuicios del criollismo.

Recordemos, para comenzar, que el ingenio azucarero y las labores de don Antonio se hallaban en el Valle de las Mesas de Petapa, que era uno de los de Guatemala. Es muy probable que desde la infancia hayan impresionado su mente los comentarios de la vida y los problemas del valle, y que muy temprano haya hecho sus primeras visitas a aquellas propiedades que más tarde pasarían a ser suyas. Si para entonces el joven Fuentes no hubiera adoptado la costumbre de afirmar que los indios de la región eran descansadamente ricos, pocos años más tarde tendría que convencerse de ello por la fuerza de ciertos hechos que señalaremos en seguida.

Don Antonio era casi un adolescente cuando entró a formar parte del Ayuntamiento, y cabalmente en el año de su ingreso surgió un grave problema que hizo crisis tres años más tarde, en 1663, cuando andaba por los veintiún años nuestro terrateniente. En efecto: ocurrió que el Fiscal de la Audiencia, indignado por ciertas quejas que le presentaron los indios de un pueblo, y apoyándose en el hecho de que el trabajo forzoso de los nativos había sido abolido en otras colonias, decidió pedir —nada menos que esto— la total supresión de los repartimientos de indios en todo el reino de Guatemala. Se conmovió aquella sociedad, pues a iniciativa del fiscal tocaba sus bases. Los indígenas captaron algunos rumores de lo que pasaba, y eso bastó para que dieran muestras de comenzar a agitarse y opusieran una desusada resistencia ante la obligación de ir a trabajar a las haciendas y labores. Fue difícil tarea persuadirlos de que se trataba solamente de una ponencia condenada al fracaso, y de que cualquier desorden los comprometería gravemente para cuando estuviera rechazada.

Por su lado, los interesados en la conservación del trabajo forzoso de los indios salieron de inmediato a la defensa del repartimiento. El Cabildo a la cabeza de todos, no sólo por motivos de su jurisdicción sobre setenta y siete pueblos que daban indios a las labores y haciendas del valle, sino porque, como ya se dijo en otro lugar, aquella institución era un verdadero reducto de los intereses criollos. En el momento más crítico, varios conventos de religiosos presentaron apretados escritos alegando la necesidad de conservar el régimen de trabajo compulsivo de los indios. El de San Francisco, enfrentándoseles, declaró que lo hacían porque empleaban indios de repartimiento en sus propiedades rurales, y elevó al Consejo de Indias un vigoroso escrito denunciando los vejámenes que los indios padecían bajo aquel sistema de trabajo.

El Cabildo nombró una comisión de cuatro individuos de su seno para hacerle frente a las veleidades del Fiscal. Estaba integrada por un Alcalde, el Síndico y dos Regidores. Uno de los Regidores, seguramente el integrante más joven de la comisión, era don Francisco Antonio de Fuentes y Guzmán. No es posible saber qué participación tuvo el novel concejal en la preparación de los escritos, llenos de una habilidosa combinación de verdades y mentiras, que presentó la comisión en aquel litigio. Pero una cosa es cierta e indudable: los argumentos y los trucos fundamentales empleados para justificar y defender el trabajo obligatorio de los indios, tienen que haber quedado definitivamente asimilados a la mentalidad del joven criollo en aquellos años.

La petición del Fiscal fracasó en el Consejo de Indias. El repartimiento no fue abolido. Pero los grupos sociales que gravitaban sobre el trabajo compulsivo de los nativos sintieron que el suelo se les había abierto debajo de los pies. Y los prejuicios criollistas relacionados con el trabajo del indio, tras ser esgrimidos y perfeccionados en las contingencias del pleito, salieron fortalecidos, templados en la prueba de aquel trance, y más decididamente consagrados como verdades que había que repetir y propagar en todo momento y con cualquier pretexto.

(Un prejuicio de clase —tal como aquí se entiende y se usa dicho concepto— es una aseveración de uso generalizado y constante entre los individuos de una clase social, la cual aseveración falsea la realidad en sentido favorable a los intereses económicos de dicha clase. Ella misma ha elaborado sus prejuicios en el proceso histórico de la lucha con otros grupos sociales, y llega a convencerse de que son verdades indiscutibles y a ser incapaz de captar racionalmente las falacias que encierran).

Tres son los prejuicios que con enérgica insistencia y maña se repiten a lo largo de todos los escritos elaborados por los grupos terratenientes en el conflicto de 1663. Uno es afirmar que los indios son haraganes, que no trabajan si no se les obliga. Otro consiste en decir que son inclinados al vicio, especialmente a la embriaguez, y que aumentan entre ellos las borracheras y los escándalos si no se les tiene ocupados con el trabajo obligatorio. Y el tercero consiste en expresar, en las más diversas y capciosas formas, que los indios no padecen pobreza, que viven conformes y tranquilos. Son tres inveterados prejuicios criollistas, que desde luego están presentes a lo largo de toda la Recordación, y el tercero es el que se expresa, de manera casi mecánica, en la afirmación del cronista sobre la "descansada riqueza" de los indios del Valle de Guatemala. Para comprender por qué cobraron tanto arraigo estas mentiras en la mentalidad de los criollos, es preciso fijar la atención en el siguiente hecho importantísimo.

Cuando el fiscal pidió la abolición del repartimiento, la supresión del trabajo forzoso, estaba pidiendo en el mismo acto la implantación del trabajo asalariado, la libre contratación del trabajo. Lo dice con toda claridad su petición: "...Suplico a V. S. que en ejecución de las dichas

Cédulas, que en caso necesario pido se pongan con este pedimiento, usando de su natural piedad y de la que Su Majestad (Dios le guarde) manda se use con esta gente, se sirva de mandar darme despacho no sólo para estos indios, sino general para todas las provincias, en que, con graves y severas penas se mande que ninguna Justicia ni otra persona, de cualquier calidad y condición que sean, obliguen ni puedan obligar a los indios a que se sirvan y trabajen forzados y violentados, si no es que voluntariamente quieran por su jornal servir, ni se hagan en manera alguna Repartimientos a las labores, y que cesen los que hubieren hecho y los jueces que para este efecto se suelen nombrar, sino que los dejen cultivar y beneficiar sus milpas y lo que quisieren trabajar para sustentarse y pagar sus tributos...".

Que cese el trabajo obligatorio, que se supriman los repartimientos en todas las provincias del reino, que desaparezcan los jueces repartidores, y que los indios trabajen libremente por un jornal. No hay equívoco. En otros papeles expresa la misma idea con toda claridad. Le dice al Rey: "...Señor, siendo puntual y buena la paga, trabajan los indios sin repartimiento y sin jueces repartidores, que son los más perjudiciales; se alquilan y acuden con puntualidad. Esta verdad se experimenta en todas las ocupaciones en que se necesita de ellos, y con las labores que no tienen repartimiento". La supresión del repartimiento implicaba la creación del trabajo asalariado de libre contratación. Y he aquí el fondo de todo aquel problema: la defensa del repartimiento implicaba una lucha por evitar la libre contratación y el salario. Aunque una cosa implicaba la otra, los criollos hicieron prodigios para que sólo se viera una cara del problema.

En sus peticiones decían: es necesario que se conserven los repartimientos de indios. Pero pedían eso sin confesar el propósito verdadero: no querían pagar salarios libres. Si los indios no eran obligados a trabajar, habría que atraerlos e interesarlos con el salario, y no acudirían sino hasta que les fuera ofrecido el doble, o más, de lo que se les daba como paga forzosa de repartimiento. El trabajo libre significaba un encarecimiento inmediato de la mano de obra, y era esto lo que los criollos tenían que evitar con disimulo, sin que la verdad saliera a luz. Para cubrir esa verdad nacieron y se conservaron los tres prejuicios criollistas arriba enunciados. Los tres tenían la misma

141

finalidad: adelantarse, interceptar, salirse al paso a la consideración de que los indios trabajarían de buena gana y vivirían en mejores condiciones si tuvieran la posibilidad de contratar libremente el precio de su fuerza de trabajo. Los tres prejuicios servían para impedir el planteamiento de esta última posibilidad. Al asegurar por adelantado que el indio es haragán de su naturaleza, queda sobrentendido que no trabajará a ningún precio. Si se da por sabido que desea más entregarse a los vicios que dedicarse al trabajo, queda dicho que usará la libertad para emborracharse en vez de trabajar; o bien: que lo que gane de más le servirá para ahogarse en chicha. Si se asienta que el indio no es más feliz cuando dispone de mejores condiciones de vida, sino que él encuentra "su" felicidad en medio de privaciones, queda dicho que es equivocarse pensar que se le favorece el procurarle un bienestar que él no desea. Los criollos —la clase terrateniente explotadora de trabajo servil— no hubieran inventado nunca esas tres falacias, ni ellas hubieran llegado a tener el arraigo que alcanzaron en la mente criolla, si no hubiera estado de por medio la necesidad de justificar el trabajo forzado. Esa necesidad los convirtió en fervientes defensores y propagadores de los tres prejuicios.

No tiene nada de extraño, pues, que estén presentes en la gran crónica criolla. Treinta años antes de concebir la idea de escribirla, su autor se había visto enrolado en una de aquellas críticas situaciones en las cuales, para sacar adelante los intereses de la clase criolla, había que convencerse ciegamente de la "verdad" de las tres falacias y esgrimirlas con el mayor cuidado. En el más extenso e importante de todos los escritos que elaboró la comisión del Cabildo en 1663, se hacen verdaderos prodigios de convencimiento mañoso a base de los prejuicios citados, y se elude en esa forma, de manera absoluta, la mención del aumento de paga o el salario libre como posible solución del problema. En ese escrito, como en todos los demás, se habla del bienestar de los indios del Valle de Guatemala, y se insinúa en diversas formas que no hay motivos legítimos para preocuparse por ellos. Capciosamente preguntan los concejales cuál será la causa de que en esos valles haya aumentado el número de indios, mientras en otras regiones disminuyen, y contestan: "...no se podrá decir que por sus malos tratamientos, ni porque se les dan a los indios intolerables trabajos...".

142

La falacia, como el lector ya habrá notado, radica en pretender que se conserve el trabajo forzado en el Valle de Guatemala porque en dicha región vivían mejor los indios y se encontraban menos maltratados —lo cual, como ya se dijo, era verdad—.

Lo que lógicamente había que comparar, era la situación de los indios de repartimiento con la de aquellos que vivían en pueblos eximidos de prestar dicho servicio —que desde luego los había—. Pero claro está que el Ayuntamiento no podía hacer tal comparación sin traicionarse. La hicieron los impugnadores del repartimiento, partidarios del Fiscal de la Audiencia, demostrando las ventajas de que gozaban los indios de los pueblos libres de aquella obligación. A ello vamos a referirnos cuando nuestro asunto sea propiamente la organización del repartimiento de indios —tema fundamental, al que vamos acercándonos—; en este momento estamos señalando las motivaciones económicas de los grandes prejuicios criollos acerca del indio.

Sabemos ahora de dónde salió la descansada riqueza que el cronista les asignó a los indígenas de los valles de Guatemala. Es fruto del proceso histórico en que se incubaron los tres prejuicios comentados, y expresión inercial de uno de ellos por parte de un hombre que, como hemos visto, tenía motivos para estar profundamente convencido de que los indios eran ricos en la pobreza. Dos páginas más adelante, la realidad refuta el prejuicio sin que el autor se dé cuenta. Los prejuicios de clase son así; llegan a convertirse en mecanismos reiterativos, inconscientes, ciegos, insensibilizadores respecto de aquella realidad que los refuta, ya que, precisamente, la razón de ser del prejuicio es la deformación de esa realidad en función de fuerzas mucho más poderosas que la lógica.

Hemos tenido que referir algunos hechos y presentar situaciones concretas para explicar el fondo de los prejuicios sobre la haraganería, la proclividad viciosa y la pretendida conformidad de los indios. Los más sutiles detalles de la ideología de una clase social son, a veces, producto de procesos muy complejos. Por lo demás, las referencias al conflicto de 1663, aparte de su valor como elementos de las explicaciones que anteceden, ilustran temas tocados en otras secciones de este libro; el Ayuntamiento como institución representativa de los intereses criollos; el funcionario español atentando contra el patrimonio de los criollos, la explotación de los indios como fundamental motivo de disputa entre la aristocracia terrateniente y los representantes de la monarquía. Debe observarse que la mención de tales asuntos en la explicación de los prejuicios criollos no es meramente casual; pone de manifiesto que cualquier ahondamiento en la vida colonial, llegado a cierto nivel, sugiere el gran triángulo invertido cuyos ángulos superiores son la clase criolla y la burocracia imperial, cuyas líneas representan las tensiones fundamentales de aquella dinámica social, y cuyo vértice, tocando la tierra y sosteniendo la figura como un punto de apoyo, es el indio.

IV

En todos los puntos en que el desarrollo de la narración lo permite, don Antonio de Fuentes introduce algunas palabras para lamentar la índole depravada de los nativos: "...como estas gentes tienen poca perseverancia para lo bueno, y vuelven con tanta propensión y facilidad a los vicios..." Tampoco desaprovecha los pasajes en que puede recordarnos su pretendida holgazanería: "...en los indios es muy notable esta inutilidad y dejamiento, y muy distante de buen dictamen el discurrirse de ellos que de su libre arbitrio se apliquen y propongan a cosa alguna en que imaginen pueden tener algún trabajo, aunque éste fuese para volverles gran provecho..."; "...esta generación de los indios a la verdad necesita de ser siempre con pelida y apremiada para todo lo que es trabajo...".

Sabemos, porque ello es un fenómeno histórico universal, que el interés que el hombre pone en el trabajo se halla en proporción directa con el beneficio que dicho trabajo le reporta. Que al esclavo era preciso obligarlo a trabajar a golpes y bajo distintas formas de terror, porque, no aprovechándole en nada su esfuerzo, su único afán era ahorrar energías y no regalarle su vida al amo. Que a los siervos —en distintas formas bajo los diferentes regímenes feudales que se han dado históricamente— fue siempre necesario estrecharlos para elevar el rendimiento de su trabajo cuando laboraban para el señor feudal, contrapesando así su natural inclinación a reservar fuerzas para aquellos días o períodos en que trabajaban para sí mismos. Que los seres humanos, en fin, trabajan con entusiasmo y desarrollan el máximo rendimiento cuando lo hacen para sí mismos, con la garantía de que el producto de su esfuerzo le pertenece, ya sea individual o colectivamente. Así, pues, lo primero que

144

hay que plantear en relación con la llamada "haraganería" de los indígenas de Guatemala —tan pregonada por el criollismo— es la posibilidad de que sea, más bien, un resistirse a trabajar en malas condiciones y para provecho único de hacendados, encomenderos, religiosos y reyes tan distantes como desconocidos.

El indio estaba obligado a acudir al trabajo de las haciendas y labores coloniales bajo la presión del sistema de repartimientos. Se le pagaba un real por día, la cual remuneración le era onerosa e inconveniente, y no había posibilidad de discutirla. Buscaban, pues, los indios, pretextos y subterfugios para escapar de aquella obligación, y, no pudiendo sustraerse de ella, trabajaban a regañadientes obligados por los capataces.

Se sabía que los nativos acudían voluntariamente cuando se les pagaba dos reales por día. También los había que se contrataban por real y medio si además se les daba algunos alimentos. Estaban también los llamados "peseros", que trabajaban voluntariamente por ocho reales a la semana (es decir, un peso), más ciertos alimentos. Pero estos datos eran manejados por los terratenientes con el mayor cuidado y fueron absolutamente omitidos en todos sus escritos de 1663, aunque son datos que corresponden a esa época. Es claro que los indios acudían voluntariamente al trabajo cuando se les pagaba un poco más que el real de repartimiento, echaba por tierra el pretexto de la holgazanería para forzarlos; habría sacado a luz que la tal haraganería no era otra cosa que la repulsa de un trabajo inconveniente por mal remunerado, casi gratuito.

El indio tenía que trabajar también para producir tributos. Es sabido que el tributo fue una cuota obligatoria para todos los indios de la América española, pagadera al rey como reconocimiento de su señorío.

Desde finales del siglo XVI quedó establecida la cantidad de dos pesos anuales en el reino de Guatemala, y esa suma estaba vigente todavía a principios del siglo XIX. Pagaban todos los indios varones entre los dieciocho y los cincuenta años de edad. Quedaban eximidos únicamente los "legítimos caciques" —indios nobles, de quienes hablaremos en el séptimo capítulo—, también sus primogénitos, y los alcaldes indios mientras lo eran. Las indias también tributaron, aunque una cantidad menor —un tostón, o sea cuatro reales— hasta mediados del siglo XVIII. (En otras colonias españolas no tributaban las mujeres).

Estaban eximidos del tributo los negros esclavos, los mestizos y los mulatos. Debido a la escasez de moneda —que fue un trastorno económico permanente en el reino— se decretó, ya desde 1634, que los tributos debían ser cobrados en especie y no en dinero. Tanto los que le correspondían a la corona, como los que recibían los encomenderos —se recordará que la encomienda quedó definitivamente convertida en una concesión de tributos a particulares—, había que reducirlos a metálico después de recibirlos de los indios, y los tales remates fueron ocasión de fraudes y malversaciones en perjuicio de los tributarios.

Para tributar, los indios tenían que trabajar, producir principalmente frutos —maíz, cacao, chile— y también artículos de artesanía —mantas de lana, petates—. Era un esfuerzo de balde, en beneficio exclusivo del rey, de los encomenderos y de las autoridades que medraban con el cobro. Los indios realizaban aquel trabajo con el mayor desgano, y era preciso obligarlos con prisión y azotes. La documentación colonial presenta a cada momento el penoso cuadro de los indios castigados por indolencia y retraso en el pago de los tributos. No faltan referencias de este tipo en la Recordación.

Después de trabajar para los hacendados y para el rey —o sus beneficiados, los encomenderos—, el indio tenía que trabajar para sostenerse a sí mismo y a su familia. Este esfuerzo era completamente diferente de los dos anteriores —repartimiento y tributación—, y el indio no tenía aquí los poderosos motivos que tenía allá para resistirse y aborrecer el trabajo. Sin embargo, tampoco podía trabajar para sí mismo en condiciones que estimularan un máximo interés y rendimiento. Con excepción de algunos indios ricos, que tenían tierras propias, la gran masa de los nativos trabajaba en las tierras de los pueblos —tierras comunales, ya mencionadas en el capítulo anterior—, las cuales eran divididas en parcelas y distribuidas arbitrariamente por las autoridades indígenas del poblado. Hemos señalado, al examinar este problema en su lugar, que el sistema de cambiar parcelas, de trasladar a los indios de una parcela a otra, era causa de que ninguno de ellos se interesara en mejorar las condiciones de la que eventualmente le tocaba. Este hecho fue observado y señalado por varias personas en la época colonial. Aunque la tierra de indios era comunal, el trabajo en ellas era individual en la forma más desalentadora. No daba lugar al arraigo ni al interés que

146

habría surgido sobre una parcela propia, ni ofrecía las ventajas de una empresa colectiva, de verdadera cooperación.

Así, pues, el único campo en que el indio común podía desarrollar cierto interés por el trabajo, era un campo bastante mezquino y estrecho: el de los jornales libremente contratados y el del trabajo por tarea. Con respecto al primero, ya se dijo que los indios acudían a él sin reticencias. Con respecto al segundo es poco lo que hay que decir, pero muy significativo. El pago por tarea, a destajo, se usó ampliamente en la colonia. Ese dato, por sí solo, es prueba de que los indios aceptaban una posibilidad de aumentar sus raquíticos ingresos multiplicando su esfuerzo. Fuentes y Guzmán nos informa que los hacendados del Valle de Guatemala acostumbraban pagar por tareas, y que los indios, esforzándose, triplicaban así su paga.

En resumen. El repartimiento era desventajoso para los indios y por eso lo rehuían. La producción de bienes para tributar les era totalmente gravosa, pues regalaban allí su trabajo. Odiaban esa obligación. El trabajo en sus tierras comunales no ofrecía grandes alicientes, pero, aun siendo así, ese trabajo arrojaba al mercado interno gran cantidad de bienes. Las "plazas" o "mercados" semanales de los pueblos y las ciudades se abastecían, fundamentalmente, con lo producido por los indios en sus tierras del común. Y finalmente, allí donde el indio podía encontrar algún interés en esforzarse —caso del salario libre y del trabajo por tarea—, se esforzaba. Era "haragán", pues, en todos aquellos casos en que tenía motivos para oponer resistencia a un trabajo que le resultaba desventajoso. Lo que a los ojos del criollismo aparecía como "dejamiento" de los indios, no era otra cosa que resistencia.

Hablando con rigor, era precisamente lo contrario del dejamiento.

Hacia el final de la Recordación Florida hay un corto e interesante capítulo en el cual, explicando el cronista cómo y por qué nacieron los llamados "jueces de milpas", nos traslada al momento histórico en que nació eso que fue llamado holgazanería de los indios. Dice el narrador que muy al principio de la colonización, allá por la década treinta del siglo XVI, se generalizó entre los indios el propósito de arrojar de sus territorios a los españoles a base de no trabajar para ellos: "...dejando de sembrar sus sementeras de maíz, para que así, con el hambre y las desdichas, se fuesen para otras partes, dejando sus territorios libres como antes; pero como el valor y la disposición española naciese a dominarlos, no tuvo efecto su intento, porque instituyéndose y criándose jueces de milpas por el año de 1539, que les obligaba a hacer sementeras y cogerlas, no solo se remediaron las repúblicas españolas, sino que los juzgados de milpas quedaron establecidos". En esas palabras está compendiado todo el problema; presentado, además, en su máxima pureza al momento de nacer. Diríase que quien las escribió quedaba imposibilitado, por el hecho mismo de haberlas escrito, para volver a llamar "dejadez" de los nativos a lo que desde el principio fue resistencia, rechazo de una situación que los obligaba a trabajar para sostener y enriquecer a un núcleo parasitario de extranjeros. Sin embargo, aunque los datos de la realidad contradicen a gritos el prejuicio del autor en el seno mismo de la crónica, éste logra ensordecerse y seguir adelante repitiendo a porfía lo que la conciencia de clase le exige que repita: ¡son ociosos por naturaleza, aborrecen el trabajo, es preciso obligarlos!

V

Junto a los grandes prejuicios —riqueza en la miseria, haraganería, índole viciosa—, el criollismo echó a rodar para largos siglos un puñado de prejuicios menores, llamémosles así, que vienen a ser, si se los examina con algún detenimiento, apéndices complementarios de los mayores: el indio es desconfiado y malicioso, rechaza los beneficios de la "civilización", es abusivo cuando se le da trato amistoso, etc. Todas estas pequeñas falacias, en variantes más o menos atenuadas, asoman aquí y allá en el discurso de la Recordación Florida. No vamos a dedicarles tiempo y espacio que necesitamos para analizar otros asuntos más importantes. Sin embargo, es del mayor interés mostrar, no los perjuicios mismos, sino cómo encuentran su refutación en la gran riqueza de datos que la crónica ofrece en su largo desarrollo. Bastará para ello un ejemplo.

El cronista hace la observación, en distintos puntos de la obra, de que los indios son recelosos, desconfiados y muy dados a guardar sus secretos. No expresa francamente que se trate de un defecto de los nativos —como ocurre cuando alude a las supuestas deficiencias de los prejuicios fundamentales—, pero menciona la reserva y desconfianza de

148

los indios como algo connatural en ellos, y esa sutil implicación convierte sus referencias en declaraciones prejuiciosas. Al ocultar que la desconfianza tiene motivos y justificación en ciertas condiciones concretas de la vida del indio, se sugiere falazmente que es un defecto o una limitación de su naturaleza. Veamos cómo ocurre todo esto en un pasaje de la crónica escogido para tal fin, el cual pasaje —cosa tan frecuente en este increíble documento histórico— es una lección de vida colonial por muchos respetos.

Viene el cronista refiriéndose a los yacimientos de metales preciosos, tema que lo apasiona por razones que ya hemos indicado. Para demostrar la existencia de un yacimiento aurífero en la cercanía del poblado de Motocintla, cuenta el siguiente episodio.

Fue doctrinero de aquel humilde pueblo un tal Fray Francisco Bravo, natural de Málaga, quien, en el trato con los indios que estaban bajo su cura de almas, tuvo noticia de que a poca distancia había un yacimiento de oro. Sabía el fraile que los indios, en general, se esforzaban por ocultar los yacimientos minerales, pues el nacimiento de una mina era una verdadera calamidad para la población de la comarca circundante. Estaba él, por lo tanto, en posesión de un dato extraordinario, y quiso manejarlo con cuidado para sacarle provecho. Comenzó por recomendarles a sus feligreses, en todas sus pláticas y sermones, que por ningún motivo fueran a revelarle a nadie la existencia del tesoro, del cual él tenía segura noticia. Estuvo fingiendo solidaridad y protección durante año y medio, y, al mismo tiempo, cultivaba en lo particular la confianza de un indio viejo que le tenía aprecio. Al principio se negó este indio a confesarle el secreto —"concibiendo sospechas y malicias, como es propio de esta estirpe..."—, pero finalmente tuvo la debilidad de llevarle a regalar unas pequeñas porciones de oro en pepitas. Iban así las cosas cuando el religioso se vio en la inevitable necesidad de abandonar Motocintla. Tenía que trasladarse a la ciudad de Guatemala, y de allí emprender viaje a España. Se vio obligado a precipitar los hechos. Congregó al pueblo, le hizo ruegos y promesas, y logró concertar un pacto con los fieles. Ellos lo llevarían al lugar donde se encontraba el oro, pero a condición de que fuese con los ojos vendados. El vicario aceptó, y a domingo siguiente, después de la misa, le vendaron los ojos, lo condujeron haciendo rodeos para desorientarlo, y finalmente lo llevaron al criadero del precioso metal. Cogió y llevó cuanto le permitieron sus fuerzas —porque otra condición había sido que ningún indio le ayudaría a tomar ni a transportar el oro—. Pocos días después se marchó.

Pero sucedió que los indios de Motocintla temían. Estando a punto de embarcar con rumbo a España, el religioso envió a la Audiencia de Guatemala un informe completo de lo que había ocurrido, incluyendo algunas señas de lo poco que pudo percibir en su viaje a ojos cerrados. La Audiencia, considerando que con ello iba a conseguirse "un extremado servicio al rey", despachó inmediatamente un comisionado —no menos que uno de sus Oidores— con amplias facultades para averiguar la ubicación del yacimiento. Las medidas adoptadas por el Oidor comenzaron en la amonestación, se ampliaron a los ofrecimientos, pasaron a las amenazas, derivaron a la prisión en cárceles separadas, apremiaron seguramente con el tormento físico —aunque esto no lo declare el cronista— y culminaron con el tormento psíquico de la condena a muerte. En efecto: fueron condenados a la horca varios indios a quienes se suponía sabedores del secreto, esperando que lo manifestarían al encontrarse ante la muerte. Su silencio le sugirió al Oidor la tétrica idea de montar todo el aparato y simular la ejecución del último suplicio, de tal modo que, arrojados al vacío con la soga al cuello, no se ahogasen aquellos infortunados. Pero tampoco esto sirvió. Uno a uno fueron llevados al patíbulo, y se dejaron ahorcar sin soltar su secreto.

Nadie habló. El Oidor tuvo que volverse a la ciudad de Guatemala sin rastro de lo que buscaba, después de torturar en diversas formas durante once meses a la población de aquel oscuro lugar del distrito de Huehuetenango. Todos los recursos de que disponía el experimentado y poderoso funcionario no bastaron para vencer lo que el cronista llama la "protervia y pertinacia" de los indios, su perversa terquedad.

Es muy significativo el hecho de que el narrador no introduzca en el relato del episodio —suceso verdaderamente dramático— ni la más leve nota de conmiseración, no digamos ya de comprensión para sus protagonistas indios. En vez de aceptar que los indios veían en las minas una desgracia, a tal punto que estaban dispuestos a inmolar vidas para evitarla, se limita a calificar de cobardía el temor que les causaban —aunque el relato está demostrando que no podía ser cobardía lo que daba

150

lugar al sacrificio personal y al heroísmo. En lugar de sugerir que fue un grave error entregarle al doctrinero pequeñas porciones de metal, excitando con ello su codicia y dándole pruebas definitivas de que había oro, el cronista desaprueba las dudas y vacilaciones del indio que cometió aquella imprudencia, viendo en ellas el consabido "defecto" de los nativos: "...sospechas y malicias...", recelo y desconfianza. La total insensibilidad para el sufrimiento que se encierra en los momentos más trágicos de aquel suceso —la aceptación de la muerte para alejar del poblado a mineros y capataces, aniquiladores de indios— le impide ver el heroísmo de que dieron prueba los nativos condenados y llevados a la horca, para quienes no tiene otro calificativo que el de "pertinaces", vale decir, tercos.

No señalamos esos detalles lamentando la insensibilidad del cronista, y menos reprochándosela —lo cual sería una simpleza—, sino precisamente queriendo demostrar cómo los prejuicios de clase le imponen una línea de pensamiento, le vedan otras que podrían parecer más razonables, y nos lo presentan en su genuina actitud criolla de menosprecio para el indio e insensibilidad para sus valores. También se quiere demostrar cómo chocan dentro de la crónica los prejuicios y la realidad. Al escribir las páginas del episodio de Motocintla, Fuentes y Guzmán no estaba pensando en la hurañez de los indígenas ni era su propósito presentarla como un defecto característico de ellos. Si su tema hubiese sido concretamente la "desconfianza del indio", se hubiera cuidado de no referir un ominoso acontecimiento que pone a los lectores sobre la pista del por qué de aquella hurañez. Lo que tenía en la cabeza era la cuestión de los metales preciosos y el propósito de demostrar que junto a Motocintla había oro. Y demostrándolo nos entrega, colateralmente y sin proponérselo, todo lo que allí estamos viendo: una valiosa ilustración de cómo actuaban los prejuicios menores en la mentalidad del cronista; un testimonio de su radical negación de los indios cuando no había motivos indirectos para "defenderlos"; y en fin, una prueba histórica, viva y palpitante, de lo que sobrevenía a los indios cuando aflojaban su malicia y desconfianza, en sus recelos y cuidado de los secretos, en aquella cautela que no era más que un arbitrio frente al engaño, frente a las trampas y asechanzas de la gente de otras clases sociales, las que, en el régimen colonial, tenían más recursos que los indios y llevaban siempre las de ganar.

Fiel a la tradición ideológica de su grupo, el criollo se lamenta: ¡los indios son tan desconfiados!... Pero al doblar una página de la Recordación nos sale al paso la realidad para decirnos: ¡Ay de los indios cuando confían!...

VI

Son variadas e incontables las expresiones adversas para los indios en la Recordación, en las que se niegan o se ocultan sus valores, se les calumnia y se ponen de manifiesto los prejuicios criollos. Resultan por eso sorprendentes aquellos pasajes en que, rompiendo de momento la tendencia general de la obra, aparecen expresiones de conmiseración y hasta de defensa del indio. Tomados aisladamente, tales momentos pueden ser motivo de confusión, y un ingenio maligno podría seleccionarlos en un florilegio para sostener que Fuentes era, muy en el fondo y a pesar de todo, un "defensor" de los indios.

Sin embargo, basta una cierta familiarización con las modalidades de la crónica —o lo que es lo mismo, con la complejidad ideológica del cronista— para rechazar cualquier explicación simplista de aquellos pasajes excepcionales. Un examen detenido de los mismos viene a revelar que, en efecto, el criollo tenía particulares motivos para pronunciarse en favor de los nativos en muy especiales ocasiones, pero que esos virajes no implican un abandono de su posición negadora básica.

El problema de las epidemias, de las pestes de viruela y de sarampión que hacían estragos en los pueblos de indios, es motivo de sentidas lamentaciones. El cronista se compadece de los nativos y acusa con dureza a las autoridades, a las cuales, según dice, "...no se les ha dado nada de que se destruyan y mueran sin curación ni regalo como unos perros...". En otro lugar, indicando que los indios eran muy sensibles al contagio de la viruela y muy débiles para resistirla —lo cual se comprende, habida cuenta de la pobreza en que vivían—, dice lo siguiente: "...pero en las pestes mueren miserable y copiosamente sin excepción de edades, porque de ellos, como de los animales menos

152

útiles, no hacen caso los superiores, que deben mirar por su conservación y aumento...".

La disminución numérica de los indios tenía que ser motivo de preocupación para quienes vivían a sus expensas, como era el caso de todos los hacendados y encomenderos. Esa preocupación, relativa a los indios en tanto que productores de riqueza, no impedía que se les siguiera despreciando en tanto que seres humanos. Los momentos de conmiseración para el indio relacionados con las epidemias vienen a ser, en realidad, momento de sobresalto del criollo al considerar la extinción de quienes, con su esfuerzo barato o gratuito, sostenían a la aristocracia colonial. Si hubiera estado en manos de los criollos evitar aquella mortandad, podemos estar seguros de que lo hubieran hecho. (Al inventarse la vacuna y ser enviada a las colonias por gestión de la corona, los Ayuntamientos prestaron una valiosa colaboración en el trabajo de difundir sus beneficios y enseñar a los propios indios a aplicarla; pero eso no fue sino hasta los primeros años del siglo XIX). En la época de nuestro cronista no eran conocidas, y por ende tampoco controladas, las causas reales de las epidemias, y no se podía hacer otra cosa que rezar. En ocasiones en que la peste fue demasiado violenta y prolongada, el Ayuntamiento gestionó la organización del cielo el cese de aquel "castigo". Era natural que los explotadores de indios no desearan su disminución, sino su multiplicación. Tomás Gage afirma que la costumbre de casarlos siendo todavía niños —costumbre que él observó en el reino de Guatemala— obedecía al propósito de que se reprodujeran pronto y no disminuyera el número de tributarios.

No aprueba nuestro terrateniente que los indios sean llevados de la tierra fría a los obrajes de añil, las salinas y los aserraderos de la tierra cálida. Contraen las enfermedades del clima caluroso, dice, y mueren o regresan enfermos, y ese constante ir y venir ha sido la causa de que se arruinen muchos pueblos. Da los nombres de poblados extinguidos o casi desaparecidos, y pone especial énfasis en señalar que la elaboración del añil, por sí sola y sin contar con las enfermedades de la costa, es bastante para minar definitivamente la salud de los indios. Hace minuciosas descripciones de los procedimientos de producción del añil y de la sal, con el fin de demostrar que eran destructivos para los trabajadores. Al tocar tales asuntos el cronista pone a descubierto ciertos

153

aspectos poco conocidos de la explotación colonial y nos depara la sorpresa de verlo indignado ante tales excesos: "...indefensos y sin voces, no se ven sus miserias, porque no se oyen sus palabras". He aquí, pues, nuevamente, el grito de alarma ante el exterminio de los nativos, con la diferencia de que el factor de su destrucción no es ahora la viruela, sino la remisión de indios a lugares distantes e insanos para realizar trabajos obligatorios. ¡No quiere el criollo que los indios se acaben.

Tampoco guarda silencio ante ciertos excesos que, en su opinión, sobrepasan el límite de aguante de "los pobres y miserables indios". Considera que es despiadado, por ejemplo, cobrarles impuestos sobre el tráfico de la sal; producto del cual obtenían míseros beneficios y en cuya elaboración "...revientan y trasudan lo mejor de su sangre...". Don Antonio había visitado el ardiente infierno de las salinas de la costa, y sabía que eran indios del altiplano los que de allá traían la sal para venderla en el mercado de la ciudad de Guatemala. El impuesto se cobraba en las aduanas de entrada de la ciudad (garitas) y pertenecía a las cajas reales. Era, pues, una extorsión que no beneficiaba en ninguna forma a los criollos, que le exprimía a los indios el exiguo beneficio de un extenuante proceso de producción y transporte, y que finalmente, ponía en peligro el aprovisionamiento de sal para la ciudad y para las haciendas del valle de Guatemala. No pedía el criollo —hacendado del valle, regidor de la ciudad, enemigo del exterminio de los indios y no menos enemigo de las cajas reales— permanecer impasible ante los hechos indicados. Resuena nuevamente, allí, su clamor en defensa de los indios.

La más desconcertante y peregrina expresión de lástima por los nativos surge a propósito de dos pequeños poblados cercanos a la ciudad —San Juan Gascón y Santa Inés—, los cuales, por carecer de tierras de comunidad, se veían obligados a comprar a otros pueblos el maíz de su consumo básico. Ese hecho, que resulta insignificante si se lo considera en medio de las innumerables y pasmosas injusticias de que da noticia la Recordación, le arranca al cronista, sin embargo, sus más vibrantes clamores de justicia para el indio: "...a la verdad fuera más de justicia y razón que la tuvieran (la tierra) estos miserables que no que la obtengan algunas comunidades; así por pobres, como por la razón de estar en la tierra de su propia naturaleza. Más ¿quién bastará contra los poderosos del mundo, cuando vemos que en todos tiempos las voces del miserable no se atendieron?". Véase al criollo, idealizador frenético de la conquista, insinuando que la tierra le corresponde a sus habitadores aborígenes, disimulador sistemático de las causas de la pobreza de los indios, viendo ahora en la pobreza un argumento, hombre poderoso hasta donde cabría serlo en aquella sociedad, clamando contra los poderosos "del mundo". El cronista que no percibió el infortunio de los indios al referir el episodio de Motocintla —y tantos otros, igualmente penosos— declarando aquí que no son escuchadas las voces de los miserables.

Pese a su tono declamatorio y verdaderamente excepcional, el pasaje de referencia sólo puede confundir a quien quiera valorarlo aisladamente. Situado en el contexto de realidades e ideas que venimos conociendo como raíz y esencia del criollismo, es fácil encontrarle motivaciones de clase. Debe señalarse, en primer lugar, que los encomenderos siempre fueron defensores de la propiedad comunal de los indios, porque ella era la base de producción de los tributos. Los hacendados, por su parte, estaban igualmente interesados en que los pueblos tuvieran sus tierras, porque, bajo el sistema de repartimiento, en el cual no recibían los indios una paga suficiente, era indispensable que obtuvieran de otras fuentes lo necesario para subsistir. De lo contrario morirían de hambre. La existencia de las tierras de indios era una condición indispensable para que los pueblos pudieran enviar trabajadores casi gratuitos a las haciendas y labores. Y es de notarse, en abono de lo que venimos señalando, que los dos pueblos citados en el párrafo que comentamos estaban eximidos de dar indios de repartimiento, según lo anota de pasada el cronista.

Está bastante claro, pues, que la causa de que don Antonio defendiera el derecho de los pueblos a tener sus tierras estriba, fundamentalmente, en el hecho de haber sido él un encomendero y un hacendado. Pero si quisiéramos todavía una explicación adicional para el tono airado de sus últimas palabras, relativas a "los poderosos del mundo", convendrá indicar que son precisamente esos poderosos —y no el problema de los indios sin tierras— los que motivan el tono del curioso párrafo. La tierra podía otorgarla solamente el rey, por medio del Presidente de la Audiencia en su calidad de juez privativo de tierras. Estas autoridades españolas, que se arrogaban de manera excluyente el derecho de

155

conceder la tierra, que tenían en sus manos el dar y quitar la fuente de riqueza número uno, son los poderosos que mortifican al criollo y lo llevan a acordarse de los miserables a quienes no se atendió en tiempo alguno. El cronista aparenta llorar las miserias del indio, pero en realidad es su profunda rabieta de criollo resentido la que gime en esas palabras.

Y no es extraño. Como regla general puede decirse que allí donde el criollo aparece defendiendo al indio, es fácil descubrir los intereses criollos realmente defendidos. Y allí donde la defensa adopta un tono declamatorio e indignado, debe sospecharse que en su pensamiento están las autoridades imperiales, y que es a ellas a quienes acusa veladamente por debajo de sus palabras justicieras. En el caso de las viruelas, son "los superiores" los que dejan morir a los indios como perros. En el caso de la sal, son las "cajas reales" las que se comen al indio. En el caso de las tierras comunales, son "los poderosos del mundo" los que no las distribuyen con equidad. En los tres ejemplos, y en algunos más que podrían citarse, hay en el fondo un interés criollista amenazado.

Estas observaciones no tienen únicamente el propósito de mostrar las limitaciones de clase del cronista que nos sirve de fuente principal. Es de la mayor importancia comprender que el criollismo, por definición y de manera general, es incapaz de plantear una efectiva defensa del indio sin traicionarse. El criollismo es la ideología de los criollos, y éstos son el grupo social de latifundistas explotadores de indios siervos. Siendo así, la defensa criollista no puede ir más allá de procurar que los indios no se acaben y que sigan siendo indios. Eventualmente denuncia los excesos de otros grupos que también exprimen a los nativos, pero esa denuncia, que se presenta con pretensiones de "defensa", no defiende otra cosa que la exclusividad de la explotación criolla de los indígenas.

(Sólo cuando se ha superado el nivel feudal del criollismo, desde posiciones revolucionarias burguesas —tal el caso mexicano— u otras más avanzadas, se plantea la perspectiva de la desindigenización como una consecuencia natural y espontánea del desarrollo de las masas indígenas. El hecho de que en Guatemala se siga hablando de "mejoramiento del indio" en el supuesto de que debe seguir siendo indio, es prueba de que en la problemática indigenista prevalecen todavía los enfoques del criollismo. Introducimos esta nota para que se vea que el problema de la falsa defensa del indio, tan claramente ejemplificada en la crónica criolla, tiene amplísimas proyecciones históricas).

Sería erróneo suponer que el no desear la destrucción de los nativos equivalía, en el criollo, a desear su prosperidad. Así como se alarma ante ciertos excesos de la explotación que no beneficiaban a su grupo social, lo hallamos afligido, también, frente a ciertos hechos que en algún modo favorecían a los indios alejándolos de su condición de siervos.

Le disgusta, por ejemplo, que los indígenas del Valle de Jilotepeque construyan "trapichuelos", modestas instalaciones en que elaboraban la caña en escala reducida: azúcar, rapadura, mieles y otros productos. Dice el cronista que, siendo muy numerosos estos trapichuelos y cortísimos sus gastos de producción, han bajado los precios, y con ello le han creado problemas a los grandes ingenios azucareros. Sin embargo, explica, no es eso lo más grave —nuestro hombre tiene preocupaciones espirituales en relación con los indígenas—, lo más grave es el daño que de los trapichuelos le viene a "...las almas de estos pobres indios...", porque con las mieles fabrican chicha y aguardiente, se embriagan, enferman, se hieren unos a otros, caen en excesos libidinosos, cohabitan incestuosamente con sus hijas, sus madres, hermanas, cuñadas, nueras y niñas de corta edad, y Dios es ofendido y el rey pierde vasallos que se le mueren. El fuego de Sodoma y Gomorra parece venirle a las mentes al considerar la propagación de los trapichuelos, acerca de los cuales resulta difícil comprender cómo, siendo pequeñas fábricas rústicas que producían azúcar suficiente para bajar el precio de dicho producto, podían, además, producir bebidas en cantidad bastante para crear semejante cuadro de descomposición social. Lo que está claro, en definitiva, es que a don Antonio le disgustaba que los indios tuvieran sus propias fábricas de azúcar, y que, como propietario de un ingenio, veía con malos ojos que los siervos se le convirtieran en competidores.

En otro lugar expresa su inquietud porque los indios del Valle de Guatemala, en conjunto, estaban produciendo demasiado trigo, y aunque por ese motivo había bajado el precio de tan importante producto, y los propios indios productores obtenían alguna ganancia —datos, ambos, ofrecidos por el cronista en el mismo lugar—, a él le parece, sin embargo, que el fenómeno tiene más inconvenientes que ventajas: están arruinando a los propietarios de labores, ha subido el precio de otros

157

productos cuyo cultivo, según dice, ha sido proporcionalmente descuidado, y, en fin, puestos los indios a producir trigo en cantidades que rebasan cierto límite, se salen de la línea que les corresponde: "...abandonándolos tratos de su naturaleza y estirpe...", dice con vaguedad y un tanto ofuscado. La circunstancia de que aquel eventual aumento de la producción triguera de los indios fuera para ellos motivo de prosperidad, no le toca las fibras al disgustado narrador. Lo más probable es que no hubiese mencionado siquiera el asunto, si no hubiera estado de por medio su preocupación de terrateniente dueño de labores.

Se muestra enfadado —permítasenos un ejemplo más—, frente al aumento de los telares entre los indios, los cuales, rebasando la función autoconsuntiva y doméstica de tejer para vestir, comenzaban a producir para vender. Sabemos que esta producción artesanal tuvo un creciente desarrollo durante la colonia y que entró en competencia con los talleres de las ciudades, en manos de mestizos. Don Antonio de Fuentes presenció el referido auge de los telares indígenas, y si bien a él no le causaban perjuicio directo y personal —como ocurría con el azúcar y el trigo—, lo cierto es que a los criollos les era enojosa cualquier manifestación de liberación económica de los indios. Busca el cronista, como en todos los pasajes semejantes a éste, una justificación de su enojo: dice que por los telares abandonan los indios sus siembras, y hasta finge preocuparse por los mercaderes de telas no indios; pero finalmente, en el embarazo de no poder declarar su auténtico sentir de criollo —¡los indios al campo todos!—, desbarra en una serie de expresiones tímida y enfurruñada desaprobación para las autoridades españolas: "...porque el descuido y permisión del gobierno ha dado lugar a todo lo que es libertad nociva, y tanta mano y amparo a los indios, que será milagro si el fomento que se les ha aplicado no nos sale a los ojos; y ojalá que mi discurso se engañe!...". Dicho en otras palabras: nos vamos a arrepentir de estarle dando tanta libertad a los indios. El criollo le reprocha a las autoridades, por una parte, no evitar la destrucción de los indios, pero por otra, también, no evitar que algunos de ellos alcancen cierta libertad económica.

No es difícil encontrar la explicación de todos estos virajes, dobleces y contradicciones, si se tiene presente que el trabajo servil de los indios era la base de sustentación material de los criollos, y que, por lo tanto, el más poderoso condicionante de la actitud mental de éstos en relación con aquéllos tenía que ser, indefectiblemente, el propósito de conservar y ampliar el control sobre dicho trabajo. Los retorcimientos y vaivenes del pensamiento del criollo acerca del indio vienen determinados por la consideración —no exenta de pasión e inquietud— de diversos factores que ponían en peligro la buena marcha de unas relaciones de carácter feudal entre terratenientes y nativos. La defensa criollista del indio, verbigracia, es una expresión paradójica de la defensa del patrimonio de la clase.

VII

Cerremos ya este capítulo dedicado a examinar las más acusadas características de la actitud criolla frente al indio. Aunque hemos empleado y citado otros documentos, la Recordación Florida ha sido, aquí más que en capítulos anteriores, la fuente inmejorable y principalísima. No nos entregaría el documento esta veta de su riqueza si, incurriendo en un error frecuente, quisiéramos valorarlo sólo como la crónica-historia del historiador y cronista Fuentes y Guzmán. Hemos seguido, empero, el procedimiento de ver a la obra y al autor, a la Recordación y a don Antonio, como fenómenos históricos ellos mismos. Es cosa bastante sabida que el historiador, cualquier historiador o cronista, en tanto que representa a la época y al grupo social desde cuya perspectiva mira hacia el pasado, constituye en sí un fenómeno histórico digno de estudio. Este sencillo principio teórico, aplicado a la Recordación Florida, convierte en preciosos materiales muchísimos aspectos de la obra que, vistos de otro modo, aparecen como errores o fallas del autor y defectos de la obra. Cambios de opinión, contradicciones y prejuicios, vistos como elementos de actitud, han sido el tema medular del capítulo.

Sin embargo, hemos querido presentar el choque entre los prejuicios de clase y la realidad, y este propósito ha tenido que acarrear un buen número de datos concretos acerca del indio. Conviene retenerlos. Se hizo amplia referencia al sincretismo religioso de los indígenas, y en relación con ellos se indicó que la resistencia a la plena cristianización encubría, como contenido de clase, una resistencia a la plena conquista espiritual. Al desmenuzar el prejuicio criollista de la innata holgazanería del indio se señaló, primero, que había una resistencia al trabajo forzado y al trabajo gratuito —en relación con éste último se describió el tributo—; y segundo, que tratándose de trabajo de libre contratación, se podía disponer de indios aún con salarios bajísimos y con pago a destajo. Referencias menos detenidas hicimos de las minas como calamidad para los indios, de las epidemias de viruela y del traslado forzoso de trabajadores de tierra fría a climas cálidos.

Recordemos ahora, para completarla y concluir, aquella afirmación que se hizo al final del primer capítulo de este trabajo. Se dijo allí que la patria del criollo, tal como aparece en la obra de Fuentes y Guzmán, no era en modo alguno la patria del indio, y que éste venía a ser, en realidad, sólo un elemento, aunque importante, de la patria de aquél. Es quizá oportuno completar dicha aseveración diciendo qué elemento, concretamente, es el indio en la patria criolla. No sólo porque el haber llegado a este punto del ensayo pone al lector —cabe suponerlo razonablemente— en condiciones de comprender y aceptar aquella primera afirmación, sino porque se trata de concluir una sección del ensayo que precisamente versa sobre la idea del indio en la mentalidad del criollo. En ningún lugar de su obra afirma ni niega el cronista que el indio sea su compatriota, o que la patria "que lo arrebata" sea también patria del indio. La razón por la cual no toca ese punto es obvia: no le pasó por la imaginación. En el panorama noticioso de la Recordación Florida el indio aparece en un plano social perfectamente delimitado y con una función claramente definida: es el trabajador de la tierra. La trabaja para sí mismo, para los hacendados y dueños de labores, para las comunidades religiosas, para los encomenderos y para el rey. No es igual a los españoles, ni a los negros, ni a los distintos tipos de mestizos. Está obligado a trabajar y a tributar. Las leyes hacen de él un sujeto especial, con derechos y obligaciones diferentes de los de otros sectores sociales. Y si en la realidad colonial aparece el indio en un plano de supeditación como gran masa laborante y servil, mucho más netamente definido y segregado aparece en la subjetividad del criollo. La lectura atenta de la Recordación no deja lugar a dudas en este punto. El indio está allí para servir. Esa es su razón de ser desde el momento —siempre presente en la subjetividad del criollo— en que fue ganada la tierra. Este último concepto, la tierra ganada, involucra al indio. Y cuando el criollo tiene la vivencia del legado recibido de sus mayores, de "lo que hoy gozamos", el indio está allí como algo que existe junto a la tierra y existe para trabajarla. Todo lo que de alguna manera, remota o inminente, pone en peligro esa íntima y fundamental certidumbre de clase, es motivo de alarma y de reprobación para el cronista. En la patria del criollo el indio es y debe ser el complemento de la tierra.

CAPÍTULO SEXTO: EL MESTIZAJE Y LAS CAPAS MEDIAS

I. Los primeros mestizos. II. El problema: ¿castas o capas medias? III. Los esclavos negros. IV. Propagación de mestizos. V. La plebe urbana. VI. La capa artesanal proveedora. VII. La capa media alta urbana. VIII. Las capas medias en la dinámica de clases. IX. Villas y rancherías. X. Ladinos en pueblos de indios. XI. Las capas medias en la patria del criollo.

Entre las minorías dominantes — españoles y criollos — y la gran multitud oprimida de los indios, fue desarrollándose en los siglos coloniales la compleja gama social de las capas medias. La conquista había dado por resultado una simple y rígida estratificación en la que tales niveles no existían. Pero después de trescientos años, al llegar la colonia a su fin, ya constituían las capas medias la tercera parte de la población total del reino. Hemos llegado al punto en que se hace preciso considerar a aquellos sectores para incorporarlos a la dinámica de clases de la sociedad colonial.

Cuando se estudian las actas de los primerísimos cabildos de la ciudad de Santiago de Guatemala — cabildos de conquistadores, en que se hace mención de salidas guerreras, y en los que se trata principalmente de problemas como el reparto de la tierra, el reparto de los indios, el trazo de la ciudad — llama la atención encontrarse de pronto, en un cabildo del mes de julio de 1528, con una mención de las cunas para niños. Sí, las cunas, aunque parezca extraño. Se discutió y fijó en ese cabildo, junto a otras tarifas, la de los trabajos de carpintería, y quedó consignado que los carpinteros no cobrarían más de un peso por hacer "una cuna para niños". Habíase comenzado la construcción de la ciudad en el valle de Almolonga sólo siete meses antes — fue asentada, como se sabe, el 22 de noviembre de 1527 —, y era natural que se discutiera, junto al reparto de solares y los problemas relativos a la construcción de viviendas, el problema del menaje de estas últimas: mesas, sillas, arcas, puertas. La excesiva demanda de que era objeto el trabajo de los artesanos, y el corto número de éstos — todavía eran artesanos españoles, que habían dejado la espada y la ballesta para aplicarse al yunque y a la sierra —, fue causa de que pretendieran cobrar precios demasiado elevados por sus productos, y de que el cabildo, poniéndoles coto, fijara las tarifas mencionadas. Esa escondida mención del mueble que se hace necesario donde hay seres humanos recién nacidos, sugiere, de pasada, las siguientes reflexiones.

Los niños que en ese momento nacían, y los que habían llegado recién nacidos a la ciudad — que en los primeros años debe haber tenido mucho de campamento — fueron engendrados en el período de las sublevaciones indígenas; el período en que la tropa española, puesta en apuros por la rebelión, anduvo errática, atacando y seguramente replegándose por temporadas, sin poder establecerse en un lugar definitivo. Fueron hijos de la violencia, engendrados en el odio y en el miedo. El rapto y la violación de mujeres indígenas durante la conquista fue un fenómeno tan frecuente como el robo de alimentos, de joyas u otros bienes. Igual impunidad presidía todas esas formas de pillaje. En el juicio que se le siguió a Alvarado en México — 1529 — no se le acusó únicamente por robos y violencias innecesarias con indios y hasta con españoles, sino también por ultrajes de carácter sexual y por crímenes cometidos en los indios para arrebatarles sus mujeres.

No hay ningún motivo para suponer que los compañeros de armas de "don Pedro" adoptaran procedimientos menos directos para resolver el apremio sexual en medio de un mundo enemigo. Pertenece al más ridículo género novelesco y pornográfico todo lo que se ha fantaseado acerca de "la hembra indígena, que, trémula y curiosa, abría su regazo a los semidioses barbudos, rendida por la seducción de los vencedores, etc. etc." (Fantasías muy del gusto de autores y lectores con la más grosera mentalidad criollista, por supuesto). Las fuentes históricas no ofrecen ningún punto de apoyo a tales sueños eróticos, y presentan, por el contrario, un cuadro de suma crueldad por parte de los conquistadores y de odio supremo por parte de los indios. Con esas bases debe suponerse que, al igual que en todas las guerras de conquista conocidas, las mujeres de los vencidos deben haber estado horrorizadas con el acuchillamiento de sus hombres — hijos, padres, esposos —, identificadas con los

164

valores de su sociedad, y hondamente conturbadas ante el derrumbe de su mundo y la perspectiva de la esclavitud.

Sin embargo, el cabildo citado refleja un momento que ya no es el de las grandes carnicerías. Se ha entrado en el período de los crímenes con motivo de la explotación esclavista intensiva; período también sangriento, pero con un carácter diferente. Se están construyendo viviendas en las que van a cohabitar, por lo pronto y en tanto llegan mujeres españolas, los conquistadores y las indias que les sirven. La mención de las cunas en la tarifa de carpinteros delata dicha convivencia; porque la cuna es un mueble europeo, no usado por los indios, y no se hubiera hecho necesario si los primeros niños mestizos, en unión de sus madres, hubiesen permanecido en las viviendas nativas. Se está frente a un tipo de familia muy peculiar, improvisada y provisional, que será abandonada poco tiempo después.

En el curso de las décadas tercera y cuarta del siglo XVI llegaron mujeres españolas en grupos importantes a la nueva colonia. En abril de 1539, regresando de su segundo viaje a España, Alvarado le dirigió al Ayuntamiento de Guatemala una curiosa carta: comunica haber llegado a Puerto Caballos en tres navíos con mucha gente, pide indios para trasladarse, y, no desconociendo las esperanzas de sus camaradas, los entusiasma informándoles que doña Beatriz, su esposa, trae por compañía "... veinte doncellas muy gentiles mujeres, hijas de caballeros de muy buenos linajes...". Cuatro años más tarde se tiene noticia de la llegada de una nave, procedente de San Lucas de Barrameda, que trae por cargamento "muchas mujeres de Castilla".

Las leyes españolas no solo autorizaban el matrimonio entre indígenas y españoles, sino que recomendaban no poner impedimento a tales matrimonios, dando por supuesto que habrían de casarse no solamente españoles con indias, sino también indios con españolas. Esas sanas disposiciones no modificaban, empero, la realidad indiana. Sobre las bases de la esclavitud creada por la conquista, era del mayor interés para los conquistadores mantener y ahondar las diferencias entre los dos grupos, vedarles a los indios el acceso al plano económico y cultural de los esclavistas, y sumirlos en la inferioridad. Por tal motivo los españoles no se unieron con las mujeres indias, no se asociaron maritalmente con ellas, sino que únicamente usaron de ellas; no crearon con ello un acercamiento social, sino dieron una demostración de la distancia que había entre la clase de las esclavas y la de sus amos. Es interesante recordar, a este respecto, que todavía en el momento de las Leyes Nuevas, al ser abolida la esclavitud, hubo que legislar prohibiendo estrictamente el darle muerte a los indios y el violar a sus mujeres e hijas.

Posteriormente, al instaurarse el régimen de servidumbre, fue muy frecuente el concubinato de españoles o criollos con mujeres indias, no ya como consecuencia del dominio directo sobre sus personas, sino como resultado de la presión ejercida desde el plano de los señores sobre las mujeres de la clase servil. Se desarrolló lo que con toda propiedad puede llamarse un "mestizaje feudal", trayendo con ese concepto a la memoria los abusos que en el feudalismo centroeuropeo podía permitirse el señor sobre las mujeres de los siervos — sin olvidar el célebre "derecho de pernada". Bajo el feudalismo colonial se dieron las condiciones generales de presión económica y social para que, como fenómeno reiterado, los varones del grupo terrateniente pudieran servirse sexualmente de las mujeres indígenas.

Dos hechos hay que señalar y retener en relación con este problema. Primero: que el concubinato de español o criollo con india — al que llamaremos mestizaje inicial, aunque se produjo durante todo el coloniaje — se desarrolló al margen del matrimonio y fue, en definitiva, una peculiar faceta de la opresión colonial. Y segundo: que el incremento numérico de los mestizos se debió, más que al mestizaje inicial, a la multiplicación de mestizos entre sí y relacionándose con otros grupos, fenómeno al que hemos de referirnos más adelante.

De los mestizos indianos se opinaba, en general, lo siguiente: "... los mestizos tienen buen talle, aunque en algo se diferencian de los castellanos; son comúnmente noveleros, chismeros, mentirosos y lotones, aunque hay muchos virtuosos". La primera parte de ese juicio, relativa a su buena disposición física, comunica algo que podía suponerse: tratándose de la primera generación de mestizos, no tenían éstos por qué adolecer de mala constitución, puesto que eran hijos de mujeres sanas, seguramente tomadas de entre la juventud de la aristocracia indígena, y, en todo caso, no expuestas todavía a los daños de la pobreza que se padeció en muchas regiones del reino durante la colonia. La segunda parte anuncia algo que es de mucho interés: los

166

mestizos presentan, desde el momento de su aparición, los rasgos propios de un sector social dislocado; un grupo que tiene frente a sí la tarea de ir encontrando, conforme va creciendo, su ajuste y acomodo en una sociedad cuyas grandes piezas estructurales, preexistentes y perfectamente definidas, van a ofrecerle un campo de desarrollo muy estrecho. Los mestizos no eran ni querían ser indios siervos. Tampoco eran ni podían ser señores, pues no heredaban tierras ni gozaban del apoyo de clase necesario para obtenerlas. Eran trabajadores libres que tenían que encontrar un trabajo útil a la sociedad y remunerado por ella. Esto era de por sí un problema, pero se veía agravado por tres factores que adelante estudiaremos en sus efectos: el aumento incesante del número de mestizos, el lentísimo desarrollo económico de la sociedad colonial — con estancamiento y crisis en su última etapa —, y una política bloqueadora para estos nuevos sectores por parte de los grupos dominantes. Padeciendo, pues, gran estrechez económica, y por ende también de instrucción y preparación general, la gran mayoría de ellos tuvo que hacer de la existencia una permanente improvisación y una aventura. La lucha por la subsistencia en un medio adverso los obligó a ser muy astutos, dados a la intriga, irritables y agresivos, poco disciplinados y de criterios morales muy elásticos. Estas características, que los grupos dominantes criticaron como fuente de molestias y contratiempos para ellos, eran consecuencia y expresión del drama que vivía la mayoría de los mestizos, según se irá viendo conforme los conozcamos mejor.

En la carta en que el primer Obispo de Guatemala, don Francisco Marroquín, le comunica al emperador la inesperada y cercana muerte de Pedro de Alvarado y de su esposa — es sabido que murieron los dos en 1541 —, hace la penosa observación de que el adelantado solo dejó hijos ilegítimos: "... Dios Nuestro Señor no fue servido que ellos dejasen legítimo heredero, sino bastardos." Siete años más tarde, el Obispo se dirige al monarca para informarle que en la ciudad hay muchos mestizos y mestizas, y que es conveniente tomar medidas para indoctrinarlos y para que las mujeres se casen. Cinco años después, una Real Cédula se refiere a los mestizos huérfanos y pide información sobre su estado y sobre lo que convendría hacer con ellos; sugiere la posibilidad de enviarlos a España a aprender oficios. Doce años más tarde — en 1565

— otra cédula dispone: "... Que los hijos de españoles e indias que anduviesen perdidos; se recojan y saquen de entre los indios, trayéndolos a vivir a las ciudades de españoles." He ahí a los mestizos de la primera generación, descubriéndose a sí mismos como bastardos en un ámbito social que no había contado con su aparición y que los acoge con cierta perplejidad. No se sabe qué destino convendrá asignarles, aunque ya se vislumbra que las primeras generaciones tomarán el campo de las artesanías y otros oficios que los españoles irán dejando. Ha aparecido alguien que no es siervo y tampoco es señor, y como su posición de hombre libre y resentido puede ser germen de agitación entre los indios, se le ordena salir de los pueblos y vivir en las ciudades.

Repetidas e inútiles serán las órdenes de aislar a los mestizos de los indios. En el curso de tres centurias irán cobrando importancia no sólo en los pueblos, sino en las ciudades, las haciendas, las minas, las ferias, las salinas, los cuarteles, desarrollando una importante actividad económica en agricultura y la ganadería, así como en las artesanías, el transporte y el comercio menor. Algunos serán maestros de distintos oficios, y muchísimos serán peones. Algunos serán caporales y vaqueros, y una enorme mayoría será de míseros colonos en las rancherías de las haciendas. Todo esto tendremos que analizarlo más adelante, cuando ya no estemos viendo a los mestizos como grupo étnico emergente, sino como configuradores de grupos socioeconómicos.

II

En su etapa inicial fue el mestizaje un fenómeno relativamente simple, pero llegó a ser de una complejidad inextricable en etapas ulteriores. Veinte años después de la conquista, cuando se hacía adulta la primera generación de mestizos, la gran reforma de las Leyes Nuevas promovió la introducción de esclavos africanos — como se recordará — . Hizo entonces su ingreso el tercer elemento étnico del mestizaje colonial, los negros. De las uniones entre los tres elementos raciales básicos — españoles, indios y negros — surgieron tres tipos de mestizos que también podemos llamar básicos: el procreado por español con india, al que se llamó propiamente "mestizo"; el procreado por español con negra, al que se llamó "mulato"; el procreado por negro con india, al que se llamó "zambo". Españoles o criollos, indios, africanos, mestizos, mulatos y zambos, mezclándose entre sí, procrearon seres de fórmulas étnicas variadísimas, todos los cuales, aumentando en número durante la colonia, constituyeron el elemento humano de las capas medias de aquella sociedad. La necesidad de distinguir a todo este conjunto, pese a su complejidad, de los elementos raciales básicos, dio origen a una simplificación que cierto documento resume en las siguientes palabras: "... El blanco con el indio da el mestizo, y si éste produce (por procrea, S. M.) con blanco resulta el castizo, que unido al blanco su próle pasa ya por blanca; siendo salto atrás la mezcla del mestizo o el castizo con cualesquiera otra raza. La blanca con el negro da el mulato, y el negro con el indio el zambo. Estas son las razas calificadas y comúnmente conocidas en el país (...) Las mezclas subsecuentes de las personas mixtas son inacabables e innominadas...".

Por fortuna no son los matices étnicos los que a nosotros nos interesan, sino los grupos sociales en su proceso y en su acción correlativa, todo ello determinado por factores económicos que no tienen nada que ver con la raza ni con el color de la piel.

Debe anotarse, para comenzar, que la legislación indiana hacía diferenciaciones muy precisas para que las castas — así se denominaba al conjunto de los sectores mestizos — no fueran confundidas ni tratadas en un plano de igualdad con los españoles y criollos ni con los indios. Respecto de estos últimos hallábanse las castas en ventaja, pues no estaban obligadas a tributar, tenían libertad para trasladarse a vivir de un lugar a otro, y sus individuos podían contratar su trabajo en donde y con quien les conviniera. Respecto de españoles y criollos, en cambio, las castas se hallaban en desventaja. No tenían acceso a cargos públicos, les estaban vedadas ciertas ocupaciones, y las penas para un mismo delito eran más duras si el reo pertenecía a una casta. Es bien sabido que el derecho indiano fue un derecho estamentario en que se hacía diferencia entre los sujetos de acuerdo con su condición social. Es muy frecuente encontrar en la documentación colonial disposiciones que discriminan a mestizos, mulatos y a toda la "gente de color quebrado" — como también se usaba decir — privándola de ciertos derechos y asignándole penas infamantes por delitos que solo ocasionaban multas cuando eran cometidos por españoles. El ordenamiento jurídico de la dominación

169

española encuadró rígidamente a los mestizos por sobre los indios y por debajo de peninsulares y criollos.

Varios autores han señalado que las castas no constituían clases. Y es cierto. Ninguno de los grupos mestizos considerado en sí mismo, ni el conjunto de ellos, configuraba una clase social. Las castas eran especificaciones étnicas que la legislación colonial se interesó en definir, no tanto con el propósito de distinguir unas de otras, sino para distinguirlas a todas ellas de los indios y de los españoles, marcándoles un área propia de obligaciones. Sin embargo, no podemos conformarnos con dejar asentado lo anterior, porque, si bien es cierto que las castas no eran clases, no es menos cierto, por otro lado, que el elemento humano que las constituía, agrupado por efecto de sus distintas funciones e intereses económicos, pudo haber configurado capas o clases, con absoluta independencia de las fórmulas étnicas. Aún más: el mero hecho de afirmar que las castas no eran clases, sin dar más explicación, parece una triquiñuela encaminada a dejar la impresión de que en la sociedad colonial no había clases sino castas. Ya se trate de una falacia o de sincera superficialidad, no vamos nosotros a deglutir tan insigne píldora. Al contrario, vamos a dedicar este capítulo a la indagación de si el desarrollo del mestizaje no configuró, al margen de las castas y de toda diferenciación racial, grupos socioeconómicos, clases o capas sociales, cuya actuación pueda haber sido importante en la dinámica del conjunto colonial. Si la indagación arroja resultados positivos, trataremos, en la segunda parte del capítulo, de analizar las relaciones dinámicas existentes entre los grupos medios que hayamos podido definir y las tres grandes fuerzas de las que hemos venido hablando: la clase de los criollos, la clase de los indios, y la monarquía española representada por sus funcionarios. Esta sección del libro puede resultar más amplia que las que le preceden, pero no importa: queremos hacer entrar a la escena uno tras otro, y verlos después reunidos y en acción, a todos los personajes del drama.

Queden hechas unas indicaciones rápidas.

Primera. Llamaremos mestizos — pues eso eran — y no "castas", a los elementos humanos originados por la mezcla de las razas arriba mencionadas. Usaremos el término ladinos en el sentido que ya comenzaba a emplearlo Fuentes y Guzmán y que llegó a generalizarse durante la colonia para designar a personas o conjuntos de personas que no eran indias ni españolas o criollas. El concepto de ladinos es más amplio que el de mestizos porque incluye a los negros.

Segunda. El concepto ladino es negativo, pues se refiere a todas las personas que en la sociedad colonial no eran indígenas ni españolas o descendientes puros de españoles. Indica una suma de personas sin especificar sus características. Nuestro tema consiste, precisamente, en señalar la existencia de grupos específicos entre los ladinos, lo cual excluye totalmente la posibilidad de que en ningún momento consideremos a la suma de los ladinos como un grupo social.

Tercera. Seguimos empleando el concepto de clase social tal como fue definido en el segundo apartado del prólogo de este libro. Conviene tenerlo muy claro.

Cuarta. Entendemos por capa social — diferenciándola de la clase social — un grupo numeroso de personas que, en una sociedad, presentan un nivel de riqueza o de pobreza semejante, pero que, debido a que no desempeñan una función económica común y bien definida en el régimen de producción y de propiedad tampoco reconocen intereses económicos comunes ni reaccionan con la solidaridad que es propia de las clases — si bien es cierto que en determinadas situaciones históricas, arrastradas las capas por las clases, pueden actuar en una dirección bastante precisa.

Y finalmente, quinta. Sabemos de antemano que nuestro análisis nos llevará a la conclusión de que los mestizos no formaron clases, sino capas — en cuyo seno maduraba eventualmente una clase social —. Sin embargo, esa conclusión no nos dice nada si no llegamos a ella dando los pasos necesarios, y darlos es la única manera de comenzar a comprender, aunque solo sea en forma elemental, la verdadera significación histórica de eso que confusamente llamamos mestizaje referido a la colonia.

III

El estrato más bajo y más amplio de la sociedad colonial lo formaban los indios comunes, de quienes, por eso mismo, se ha hecho y se hará hasta el final de este libro básica referencia; la ínfima multitud de los maseguales o indios corrientes, sin propiedad ni privilegio alguno, obligados a trabajar y a tributar.

Sin embargo, los esclavos africanos se encontraron en una situación casi tan mala como la de los indios esclavizados, peor que la de los indios siervos, durante el período en que dichos africanos fueron efectivamente esclavos. El primer paso en dirección a las capas medias coloniales tiene que ser, indefectiblemente, la comprensión de los profundos cambios habidos en la esclavitud de los negros, como se verá en seguida.

Hay noticias de importación de esclavos africanos desde el momento mismo de la promulgación de las Leyes Nuevas en Guatemala (1543). Unos veinte años más tarde, por Real Cédula, se autoriza su venta y reventa libre en el reino. Se conocen repetidas recomendaciones en el sentido de sustituir a los indios por trabajadores negros en las minas. En los años en que Tomás Gage vivió en Guatemala vio esclavos principalmente en Petapa y Amatitlán, localización debida a que en esa región había grandes ingenios azucareros, según lo indica el propio cronista y viajero. Pero ya en esos años — final de la primera y principio de la segunda década del siglo XVII — se hacen notorios dos fenómenos de mucho interés. Primero, que los negros llevan su lucha a extremos que son causa de alarma para las autoridades coloniales, pues muchos de ellos consiguen fugarse y formar grupos en rebeldía. Y segundo fenómeno: el Ayuntamiento de Guatemala — es decir, la voz de los terratenientes radicados en la capital — comienza a gestionar que no se introduzcan más esclavos africanos en el reino. En 1612, enterado del próximo arribo de dos naves cargadas de africanos, el cabildo pide a la Audiencia que no permita su desembarco "por haber muchos hombres de color". Apenas dos meses después eleva otro escrito sobre el mismo asunto. En abril de 1617 se dirige a la Audiencia razonando que no es conveniente la importación de más negros, y en octubre de 1620 eleva una protesta porque algunos comerciantes y mineros se proponen introducir africanos por el puerto de Trujillo.

A los terratenientes del reino de Guatemala les interesó en un determinado momento la adquisición y explotación de esclavos africanos, pero en otro momento — sesenta o setenta años más tarde — dejó de interesarles y gestionaron en sentido contrario, evitando la llegada de más trabajadores de color. A este fenómeno puede señalársele

172

algunas causas condicionantes, que actuaron, según todas las apariencias, en derredor de un factor determinante, según trataremos de explicar.

Recordemos que los negros fueron introducidos en gran escala en aquellas colonias donde los indios habían sido exterminados — como en el caso de Cuba —; también en aquéllas en que hubo grandes centros mineros, porque allí satisfacían el propósito imperial y local de facilitar un laboreo intensivo de los metales sin merma de la población nativa — es el caso del virreinato de la Nueva España (México) —; y también en aquellas, finalmente, en que se desarrollaron grandes plantaciones, principalmente cañeras, en zonas calurosas y de población indígena poco densa — Nuevo Reino de Granada (Colombia) —. Tales tendencias han sido señaladas por los historiadores de los respectivos países. Nos toca a nosotros indicar que el reino de Guatemala fue el caso contrario en los tres aspectos referidos. Fue conquistado veinte años más tarde que las Antillas, y la afluencia de colonos desde ese momento hasta la promulgación de las Leyes Nuevas fue comparativamente reducida, lo cual quiere decir — es importante señalarlo — que hubo menos esclavistas y menos tiempo para llevar adelante la destrucción de los indios. En segundo lugar, fue una colonia pobre en minas. Y finalmente, no fue grande el desarrollo de las plantaciones agrícolas en las zonas más cálidas del reino. La producción de los cereales básicos — maíz y trigo — se localizó en las regiones templadas y frías, con densa población indígena que prestaba en ellas su fuerza de trabajo. Muchos ingenios azucareros y haciendas de caña se encontraban en los valles templados, como los cercanos a la capital. En zonas bajas y cálidas se hallaban las plantaciones de cacao, las haciendas ganaderas y las plantaciones y obrajes de añil, y debe indicarse que un importante porcentaje de los negros que hubo en el reino se encontraba en las empresas añileras y ganaderas. Sin embargo, estos renglones de la producción no hicieron necesaria la importación de esclavos en número crecido. El cacao estaba casi totalmente en manos de los indios. El añil absorbió mucha mano de obra mestiza y contó, además, con mandamientos de indios, que siguieron haciéndose a pesar de todas las disposiciones y recomendaciones en contra. En suma, ni la localización ni la magnitud de las empresas agrícolas del reino de Guatemala, en relación con la

173

localización y la magnitud de las masas trabajadoras indígenas y mestizas disponibles, crearon condiciones que exigieran el ingreso de grandes masas de trabajadores africanos.

Ahora bien; el período de activa importación de negros, y de su efectiva explotación esclavista en Guatemala, cae entre el momento de la supresión de la esclavitud de indios y los años en que fue quedando organizado el trabajo forzoso por medio de los repartimientos. Lo cual obliga a pensar que, en definitiva, el factor determinante de que la introducción de negros disminuyera, fue la disponibilidad de mano de obra forzosa. Hubo introducción de esclavos africanos en Guatemala cuando se creyó que los indios pasarían a la condición de trabajadores libres, y también en el período en que fue estructurándose y autorizándose el nuevo régimen de servidumbre. Al estar este instaurado, los negros se hicieron innecesarios. Siendo innecesarios, no se desarrollaron las instituciones y los medios de fuerza precisos para controlarlos y, en tales circunstancias, se tornaron peligrosos e indeseables a los ojos de los grupos dominantes. Es el momento en que el cabildo pide el cese de su importación, y en que la Audiencia, comprendiendo perfectamente la coyuntura, colaboró para reducir a términos insignificantes la entrada de negros durante el resto de la época colonial.

Desde mediados del siglo XVII la documentación revela con claridad un hecho que habrá de tener grandes consecuencias sobre la estructura de clase colonial: gradualmente reducido su número, los esclavos dejaron de ser lo que habían sido antes para convertirse en esclavos de confianza, esclavos casi patriarcales. No ya trabajadores explotados en grado superlativo y sin ningún incentivo en su trabajo, sino trabajadores a quienes se confiaba la administración de las haciendas o de ciertos aspectos del trabajo en ellas, del mismo modo que se les permitía vivir en el interior de ciertas casas ricas. Vinieron a ser, dispersos en pequeños grupos en las haciendas cañeras, añileras y ganaderas, y también en las casas particulares de las ciudades, guardianes, capataces, mozos de caballeriza, sirvientes domésticos, en una relación bastante cercana con sus amos. Muchos de ellos, sin dejar de ser esclavos — pero esclavos de este tipo — fueron mandones y tuvieron autoridad sobre los indios en las haciendas, pese a que los

174

nativos eran "vasallos libres de Su Majestad" según las leyes coloniales. Se dio una relación insólita de autoridad y hasta de explotación de esclavos sobre siervos. Hay de ello claras pruebas documentales.

En esas condiciones, faltando la afluencia de nuevos elementos de raza negra, los existentes fueron absorbidos por el mestizaje. Hacia el final de la colonia, un importante documento refleja el punto a que había llegado el indicado proceso; dice así: "... contrayéndonos a esta Provincia de Guatemala, sucede que aquí han sido muy raras las introducciones de negros africanos; éstos sólo se reconocen reproducidos sin mezcla en los puertos de Omoa y Trujillo y en uno que otro ingenio del interior de la Provincia. Los pocos que han pasado a las demás ciudades y pueblos han formado la clase de gentes que se dicen mulatos...". Y un autor contemporáneo ha tenido el acierto de señalar los siguientes hechos, como significativos de lo que llegó a ser la condición de los esclavos: al ser abolida la esclavitud por la Asamblea Nacional de las provincias de Centroamérica (1823), la resolución se tomó por unanimidad de los diputados, sin oposición; los amos renunciaron a la indemnización que el decreto les concedía; y los negros liberados prefirieron quedarse en casa de sus amos.

Sería equivocado, pues, suponer que los negros fueron el sector más oprimido en la sociedad colonial guatemalteca. Aun para el período de su efectiva explotación esclavista hay que tener presente, como hecho muy importante, que los hacendados tuvieron que comprarlos a precios que jamás imaginaron pagar por los esclavos indios, lo cual fue un factor decisivo para que se les diera un trato diferente.

La legislación indiana establecía que los negros podían redimirse comprando su libertad, y muchos la obtuvieron en el período de transición entre la esclavitud efectiva y la esclavitud atenuada, y siguieron comprándola después. La documentación guatemalteca menciona con insistencia a los negros libres en la segunda mitad del siglo XVII, como empleados, como oficiales de artesanías, y también como pequeños agricultores, arrendatarios y hasta propietarios de modestas parcelas. En el siglo XVIII eran ya muy pocos, y los cómputos de población del XIX apenas indican que hay en el reino "algunos negros".

La comprensión de la distinta situación de los esclavos negros en los dos períodos indicados — esclavitud efectiva y esclavitud atenuada —

es importante, entre otras cosas, para esclarecer la cuestión de la gente de color en la lucha de clases de la colonia. Los negros fueron una clase social perfectamente definida en el primer período. Fueron trabajadores cautivos, forzados, exentos de estímulo y de interés en el trabajo, y su lucha se enderezó — como la de todos los esclavos del mundo — hacia la recuperación de la libertad por la evasión en rebeldía. Se sublevaron en distintos lugares del reino, rehuyeron el control de sus amos, se hicieron fuertes en la montaña, crearon poblados al margen de la ley, sacrificaron sus vidas tratando de prolongar su insegura redención, y obligaron al gobierno a hacer crecidas erogaciones para someterlos o dispersarlos por las armas. Se llamó cimarrones a los esclavos fugitivos, habitantes de efímeros chocoríos construidos por ellos mismos para vivir en libertad. Mediando el siglo XVII se tienen las últimas noticias de estos humildes Espartacos de nuestro pasado, y de algunas providencias tomadas por el gobierno para terminar de desmantelarlos. De allí adelante cesan las sublevaciones y no vuelve a plantearse la lucha abierta de los negros, lo cual no debe interpretarse como su derrota, sino como una consecuencia inmediata del paso del segundo período y tipo de esclavitud.

Al disminuir su número por motivo del mestizaje y del cese de las importaciones, al ser gradualmente retirados del laboreo efectivo de la tierra — que entraron a realizar los indios de repartimiento —, y al convertirse muchos de ellos en trabajadores de confianza, los esclavos negros perdieron las características que, en el período anterior, habían hecho de ellos una clase bien definida en su función económica y en su lucha. En el largo período que va desde 1650 hasta los años de la Independencia, no hay manifestación alguna de los esclavos como clase. Es digno de indicarse que el trance de la emancipación — años 1808 a 1823 — acentuó la fisonomía de todas las clases y capas de la sociedad colonial guatemalteca, presentándolas en el más alto grado de definición de que eran capaces. Los esclavos negros eran ya entonces un sector insignificante.

Antes de proseguir la averiguación en camino hacia las capas medias — en donde encontraremos a los negros liberados — es preciso sintetizar el significado de la esclavitud de africanos; no sólo porque no tendremos mejor oportunidad de hacerlo, sino porque la complejidad de ciertos temas que adelante nos aguardan exige que esto quede claro.

En el proceso colonial guatemalteco, los negros ingresaron para ocupar el lugar de los indios sacados de la esclavitud. Durante el período en que cumplieron esa función, y por el hecho mismo de cumplirla, fueron una clase explotada fundamental. Fueron, junto a los indios — que en ese período estaban cambiando de condición — una clase antagónica respecto de los grupos español y criollo. Ahora bien; a diferencia de otras colonias, en las que la explotación esclavista continuó paralelamente a la servil y asalariada de indios y mestizos, en Guatemala el trabajo servil de los indios, en combinación con el asalariado de indios y mestizos, redujo a proporciones mínimas la necesidad de esclavos africanos. Como consecuencia, en un segundo período mucho más amplio, en que los indios reasumieron plenamente la función de clase productora y explotada fundamental, la disminución cuantitativa de los negros motivó entre ellos una regresión cualitativa hacia el vínculo patriarcal con sus amos, y una violenta pérdida de su significación en la dinámica de clases.

IV

Para ilustrar el aumento numérico de los mestizos resulta apropiado traer a la memoria, en visión rápida, la imagen que de ellos ofrecen varias fuentes históricas de distintos períodos.

La crónica de Tomás Gage, presentando el cuadro social del reino a principios del siglo XVII, todavía se refiere a los distintos tipos de mestizo con mucha concreción y detalles, como si el cronista percibiese las proporciones de sangre africana, indígena o europea que le conferían su peculiar matiz al individuo dentro de las castas. Los negros aparecen en crecido número, son más importantes que los mestizos y se hace de ellos reiterada mención.

El cuadro de la Recordación Florida, correspondiente a los últimos años del propio siglo XVII y quizá válido para los principios del siguiente, presenta a los mestizos de manera por completo distinta. Han cobrado para entonces gran importancia; están en la ciudad, en el valle y en muchos pueblos. El cronista ya no hace distinción de matices: emplea la denominación "mestizos y mulatos" para referirse a todos los mestizos sin discernir, y comienza a emplear el término "ladinos" para designar a los grupos de gente mestiza en distintas localidades del reino. Se van borrando los matices étnicos dentro del gran conjunto, pero comienzan a ser evidentes las diferencias de orden económico y social: Fuentes y Guzmán da noticia de grupos de mestizos rurales flotantes y muy inadaptados, a quienes acusa de vagos y ladrones en el campo; los distingue, no obstante, de otros grupos de "mestizos y mulatos" que trabajan la tierra, crían y venden ganado, se dedican al pequeño comercio en tiendas y como buhoneros, y reconoce que constituyen una fuerza útil y necesaria dentro de la sociedad. En diversos puntos de la Recordación se hace comentario, también, de las notables aptitudes y habilidades de los mestizos dedicados a las artesanías, lo cual introduce, junto a los sectores señalados anteriormente, un grupo mestizo artesanal.

Los negros no constituyen asunto de importancia en la Recordación, y apenas los menciona como existentes en algunas haciendas azucareras; es de notarse, sin embargo, que Fuentes alude en dos o tres oportunidades a su relación directa — patriarcal — con negros esclavos suyos, revelando, de pasada, que uno de ellos habitaba en la propia casa del cronista y fue objeto de la atención de todos los médicos de la ciudad con motivo de cierta enfermedad que lo aquejó.

El panorama social que recoge la estupenda "Descripción" del Arzobispo Cortés y Larraz, retrato de la entraña de su diócesis en el último tercio del siglo XVIII, no sólo ofrece una imagen nueva de los mestizos, sino que es una verdadera revelación en lo concerniente a ellos. Porque, habituados como estamos a pensar la vida colonial como vida de ciudad — afán de olvidar sus más crudas realidades y sus bases económicas, que se hallaban en el campo — nos prohibimos junto a muchas otras cosas, la captación del proceso de crecimiento de los mestizos allí donde fue más importante en sí mismo y como factor del desarrollo económico de la colonia. El Arzobispo, penetrando hasta los más apartados rincones de la diócesis, recorriendo a lomo de mula caminos increíbles con el fin de recabar los datos necesarios para su informe, vino a comprobar, con sorpresa y alarma, que al margen de las ciudades de los blancos y de los pueblos de indios, en una zona difusa que escapaba al control de las autoridades y de la Iglesia, se extendía el mundo licencioso, miserable y violento de los ladinos rurales. A los ojos

178

del prelado y de su comitiva ya no hay mestizos ni mulatos, ni posibilidad de establecer diferencias de matiz étnico en aquella confusa multitud ladina que vivía apiñada en haciendas, hatos, rancherías, valles, trapiches, obrajes, salinas y pajuiles; gente a la que no alcanzaba la justicia real, que no recibía doctrina cristiana, ni estaba vigilada por ninguna autoridad. Estos núcleos rurales de gente mestiza, pequeños pero incontables, se le antojan al Arzobispo "unas fortalezas del demonio, desde donde, con oprobio del cristianismo, burla o salvoconducto todas las leyes naturales, divinas, eclesiásticas y reales". Por momentos lleva a calcular que está allí la mitad de la población total del reino. Más tranquilo, admite que podría ser la tercera parte. Aun así, dice, "... es mucha gente para tanto abandono...".

El gran valor documental de la "Descripción", en éste como en muchos otros de sus temas, radica en que el autor no se limitó a consignar ciertas anomalías y lacras morales de la vida colonial, sino que, interesado sinceramente en averiguar las causas, tuvo que descender al plano de las condiciones materiales de existencia de la población. Esa manera de indagar enriqueció el informe con muchos y muy valiosos datos acerca de la realidad económica del reino a fines del siglo XVIII — a los que volveremos obligadamente más adelante. Por lo pronto, es el primer documento que llama la atención sobre la masa de los ladinos rurales, señalando su importancia numérica y revelando que esa capa media de mestizos pobres, trabajadores del campo, era la segunda gran fuerza productora y explotada del reino, inmediatamente después de los indios.

Los ladinos rurales aparecen principalmente en las haciendas, como "familias de asiento" — así llama el informe a las que habitaban permanentemente en el lugar — o como escoteros, es decir grupos de trabajadores que no permanecían en un lugar fijo, que iban de una hacienda a otra y no reconocían ningún poblado como lugar de su residencia. Estos grupos trashumantes estaban compuestos por personas de ambos sexos y de todas las edades.

La constante y minuciosa referencia que se hace de los trabajadores de las haciendas en la Descripción no deja lugar a dudas: siempre son ladinos. Cuando no lo dice expresamente, se infiere del texto, y en ocasiones deja entender que una cosa conlleva la otra: "... la gente ladina

179

de las haciendas...". Si ocasionalmente aparecen indios en esos lugares, dice o da por entendido que ello es una anomalía. El autor del informe sabía perfectamente, y lo expresa con toda claridad, que a los indios les estaba prohibido abandonar sus pueblos, y que, pese a ello, trataban de esconderse en los reductos de los ladinos rurales. (Hemos de volver sobre estos datos cuando examinemos, en su lugar, los subterfugios adoptados por los indígenas para escapar al control y a la explotación a que estaban sometidos en los pueblos).

Los ladinos de las haciendas, caseríos, trapiches, salinas y valles, en quienes el Arzobispo vio un mismo tipo de gente por razón de su general abandono espiritual y material, constituían, objetivamente, una capa de aquella sociedad. Eran trabajadores agrícolas libres, desprovistos de tierra y de cualquier otro medio de producción, y, en consecuencia, económicamente apresados y explotados. Más adelante vamos a analizar su situación y su gran importancia económica — pues aquí sólo los estamos mencionando en relación con el crecimiento de la población mestiza — y veremos que trabajaban principalmente a cambio de usufructo de la tierra ajena que habitaban. Tal comprobación los pone al margen de la definición estricta de trabajadores asalariados, situándolos en un plano intermedio, semifeudal, entre los siervos y los obreros agrícolas.

Nos hallamos frente a un sector mestizo que presenta importantes características económicas comunes relativas a su función y a su situación. Los ladinos rurales eran la capa media rural más baja, lindante con los indios, aunque esencialmente distinta de ellos por razón de la libertad de movimiento y contratación, así como por estar exonerada de tributar. El desorden, los vicios y el ánimo atrabiliario que el Arzobispo observó en los ladinos del campo, eran consecuencia natural y necesaria de las condiciones en que vivían — que la propia Descripción ilustra ampliamente —: aislamiento y a veces grandes distancias entre uno y otros grupos, así como entre éstos y los pueblos y las ciudades; pésimos caminos — senderos intransitables en ciertas épocas del año — y dificultades de toda índole para la comunicación y el intercambio; total ausencia de escuelas — pues las míseras escoletas parroquiales se hallaban en los pueblos, y no en todos —; falta completa de estímulos para la superación personal, ante una perspectiva vital que apenas iba más allá del cerco de montañas circundantes y la certidumbre de una muerte temprana. Todo ello, claro está, sobre la base de un trabajo mal remunerado y en ocasiones muy duro.

El informe hace mención del arrendamiento de tierras de las haciendas a la gente pobre que vivía en ellas, dato que veremos ampliado en otros documentos y que revela otra forma de explotación feudal a que estaba sometida la capa ladina pobre del campo.

Es interesante observar que los negros casi no figuran en el informe de Cortés y Larraz. Excepcionalmente señala una concentración de esclavos en el ingenio de San Gerónimo, espléndida empresa azucarera que poseían los dominicos cerca de Salamá. No vuelve a mencionarlos en el cómputo de habitantes de más de ochocientas haciendas que se citan en el documento. Y no menos interesante resulta comprobar que la única referencia personal que se hace de un negro, de un individuo de color, viene asociada a los abusos de cierto Alcalde Mayor cuya crueldad escandalizó al Arzobispo: se detiene en varios puntos a denunciarla, y en uno de ellos refiere que el funcionario inventó una original manera de azotar a los indios, la cual consistía en no atarlos al poste público — la picota — sino emplear a un negro forzudo que los agarraba por las manos mientras recibían el hiriente castigo ("...para que los indios azotados sientan mayor abatimiento...").

Así pues, en Gage — principios del siglo XVII — tenemos pocos mestizos y muchos negros, y, de éstos, algunos van a la horca por rebeldes; su situación es igual a la de los indios. En Fuentes — final del siglo — el cuadro ha cambiado radicalmente: ya son muy importantes y numerosos los mestizos, en tanto que los negros aparecen solamente en algunas haciendas y en ciertas casas ricas de las ciudades; uno de ellos, servidor del cronista, representa en la crónica a los esclavos de confianza, cuya situación y ventajas eran totalmente inaccesibles para los indios. En el informe de Cortés y Larraz — hacia 1770 — los negros no cuentan, aunque los mencione alguna vez. Incidentalmente alude a uno — negro libre, al parecer — que era esbirro de un déspota local, verdugo de indios. Los mestizos, en cambio, son uno de los grandes temas de la Descripción y una permanente preocupación para el autor, quien vio en ellos, sin equivocarse, a una de las más importantes fuerzas sociales del reino. Llevado por el designio de poner énfasis en aquellos grupos que se hallaban más sustraídos al control de la Iglesia, tuvo que dedicarle a los mestizos rurales una atención especialísima, sólo comparable con la que le dedicó a los indios — a éstos por ser los verdaderos sostenedores de la renta de los curatos. De ese modo, la Descripción se convirtió en testimonio de la existencia y la importancia de una capa social que suele ser omitida en la visión histórica de la sociedad colonial: los trabajadores rurales pobres no indios, que representaban, según parece, más de la mitad de la población mestiza. Tendremos que volver a fijar en ellos nuestra atención más adelante, al referirnos a villas y rancherías. Conviene que veamos primero a los mestizos en las ciudades.

V

En las ciudades del reino, el desarrollo de los mestizos configuró tres capas medias urbanas. Dos de ellas son sugeridas por los documentos que las denominan: la plebe y los artesanos. La tercera, mucho menos definida y más tardía, es objetivamente perceptible en la retrospección histórica. La llamaremos capa media alta urbana.

En el siglo XVII no se encuentra todavía con mucha frecuencia la palabra plebe en los documentos, pero ya se le concede mucha importancia a la realidad que después, cada vez más decididamente, será nombrada con ese término. Fuentes y Guzmán usa de preferencia expresiones tales como "la gente del vulgo", "la gente ordinaria". Sabemos, sin embargo, que en 1667 se amotinó un sector de la gente pobre de la ciudad de Santiago, y que, al discutirse en el Ayuntamiento la necesidad de organizar una guardia para hacerle frente a tales túmulos, el regidor Fuentes y Guzmán dio su parecer en los siguientes términos: "...que por cuanto la plebe ha crecido y la nobleza disminuido (...) y para mayor respeto, mejor manutención, aliento y vigor de la real justicia en los casos de accidente como ahora ha sucedido, en el embarazo que se hizo a la ejecución de la real justicia por los presos de la más ínfima plebe (...) y en consideración de que se pueden numerar solo en los pueblos que nos cercan del valle de esta ciudad más de setenta mil indios, puede prudentemente recelarse cualquiera movimiento de servicio del Rey Nuestro Señor, aumentándose tan gran número de indios con el grande a que ha venido el de mulatos, mestizos y zambos, tiene no solo

182

por conveniente, sino por necesario el que se ponga la guarda de cincuenta hombres".

Otro regidor, compañero del que nos es conocido, se refirió en aquella sesión de cabildo a "...la audacia que ha mostrado el vulgo de esta ciudad..." no sólo con ocasión del tumulto reciente, en que una multitud irritada se había enfrentado a la autoridad para cubrir la fuga de ciertos reos, sino en muchas otras alteraciones registradas en los últimos años.

Los demás pareceres, examinados uno a uno, no arrojan más luz sobre lo que en todos ellos se entiende por plebe: es "el vulgo", la gente pobre de la ciudad, mestiza casi toda ella, que se hacía cada día más numerosa y, al parecer, también más irritable y agresiva.

La dificultad que puede ofrecer la comprensión del concepto colonial de plebe se resuelve cuando quedan entendidos los siguientes dos puntos. Primero, que no hacía referencia al color de la piel ni a la ocupación de las personas, sino exclusivamente a su nivel de pobreza y a cierta conducta general que aparecía como propia de la gente pobre de la ciudad. Así, pues, la plebe estaba constituida por mestizos, mulatos, zambos, negros libres y la multitud de combinaciones que se englobaban en la designación de "pardos", pero había pardos acomodados — artesanos, tenderos, artistas — que a nadie se le hubiera ocurrido decir que pertenecían a la plebe. Eran pardos de otro nivel económico y social. Así, también, había artesanos, tenderos y artistas arruinados, no acomodados, que pertenecían a la plebe con el tropel de aprendices, oficiales, sirvientes y peones, más necesitados y desde luego mucho más numerosos que sus maestros y patrones. La plebe era la masa pobre de la ciudad.

Cuando en un documento colonial encontramos, por ejemplo, la disposición de que a las nueve de la noche, al tocar la campana de queda, se recojan en sus casas todos los moradores de la ciudad, pero "...especialmente los oficiales mecánicos, mestizos y mulatos y además individuos de la plebe..." nos sentimos inclinados a pensar que la plebe estaba formada, al menos en su mayor parte, por los mestizos y mulatos y todos los trabajadores no maestros — oficiales — de oficios y artesanías. Al pie de la letra, es lo que dicen esas palabras, pero no fue eso lo que realmente se quiso decir con ellas. Las hemos escogido para

183

ejemplificar el uso impreciso que se hacía del concepto de plebe, el cual uso daba por entendidas ciertas implicaciones que a nosotros se nos escapan por hallarnos fuera de aquel contexto social. Esas palabras daban a entender lo siguiente: después de las nueve de la noche debe retirarse de la circulación callejera toda la población pobre de la ciudad, la gente ruda y menesterosa, que es mayoría, y de sobra se sabe que su inclinación a la violencia origina grescas y problemas en el transcurso de la noche y es motivo de intranquilidad para las personas acomodadas.

Objetivamente, la plebe colonial era la población urbana menesterosa. Sin embargo, la comprensión del concepto de plebe exige, en segundo lugar, que se lo entienda como una elaboración ideológica de la minoría dominante, y que, por lo tanto, se perciba el contenido subjetivo de aversión y temor que llevaba escondido. Mal podía haberse dado a sí misma ese nombre una pobre gente analfabeta, que no había ido a la escuela ni tenía la más remota noción de Historia de Roma. Apodáronla así los integrantes del reducido grupo que pasaba por las aulas de los colegios coloniales — colegios de señoritos —, que recibían una formación católico-latina, y que, identificados desde la banca escolar con los "patricios" — es decir, con los esclavistas de la antigüedad romana — vieron en los mestizos pobres de las ciudades del reino algo semejante a la plebs de las urbes imperiales. Cosas bien distintas eran, por cierto, pero ofrecían similitudes externas suficientes para que la mentalidad de los grupos dominantes — quizá imitando a los de otras colonias — asociara aquel vocablo de los textos latinos con esta realidad emergente e inquietante: masa pobre, masa descontenta, masa media para la cual no habían sido específicamente creados los aparatos de control espiritual y de represión del Estado, pues por debajo de ella se encontraba, todavía, la gran masa fundamental de los indios explotados — también en Roma había sido los esclavos la gran clase antagónica de los patricios, y no la plebe, aunque ésta, por disfrutar de derechos, se mostraba mucho más activa y agresiva.

Resonancias tales debió tener el término plebe en la mentalidad de un criollo como el regidor Fuentes. (Hombre que no hizo Universidad porque frisaba los cuarenta años cuando la de San Carlos de Guatemala inició sus labores, pero que había hecho estudios en el colegio jesuita de San Lucas — "la institución de enseñanza superior más importante del siglo XVII", según afirma un entendido en esta materia —. Hombre que muy probablemente comenzó a leer los clásicos latinos desde la juventud y que cita en sus escritos a todos los historiadores romanos importantes; que gustaba llamar "patricios" a los fundadores de la aristocracia colonial guatemalteca; que se acuerda de las "Geórgicas" de Virgilio cuando se refiere a la crianza de abejas, del Vesubio cuando describe un volcán de su terruño, y de las colinas de Roma al mencionar los montes que circundaban a la ciudad de Guatemala.)

Criollo culto, adornado con latinidades, su verdadera escuela formativa había sido, empero, el desempeño de cargos públicos y el cuidado de sus propiedades a lo largo de treinta años. Decano de criollos; recordemos que andaba en los veinte años cuando la crisis y defensa de los repartimientos, para indicar que rayaba los cincuenta cuando lo encontramos opinando sobre la plebe en el cabildo. Es el único participante de aquella sesión que relaciona los movimientos de la plebe con el peligro de un levantamiento de indios. De su declaración se desprende que, para él, la peligrosidad de los amotinamientos de la plebe no radicaba en ellos mismos, sino en su carácter de posibles desencadenantes del descontento de setenta mil indios que "cercaban" la ciudad de Guatemala. Es digno de notarse que en cierto pasaje de su crónica — escrito sólo dos años antes del momento que referimos — ya se había detenido el cronista a señalar que entre los indios del valle había muchas armas, y que era conveniente recogerlas: "...con pretexto de cazadores y de vaqueros es un número considerable de escopetas, flechas, lanzas y jarretaderas el que se halla entre los indios, y en que se debiera cargar mucho la consideración, la diligencia y vigilancia, para quitarlas y ponerlas en la real sala de armas de la ciudad de Guatemala, donde estuvieran mejor para armar nuestra gente en ocasiones que se ofreciesen".

En los tres siglos coloniales se sucedieron, unas a otras, las prohibiciones sobre el uso y la tenencia de armas entre los indios y entre la plebe: se prohíbe a mestizos, negros y mulatos, tener caballos, yeguas y armas (año 1607); que ningún mestizo, mulato o negro libre lleve espada, machete ni otra arma, o pena de doscientos azotes "amarrado a un palo" (año 1634); que se recojan las armas de fuego que haya en los pueblos y que no se permitan juntas o marchas con pretexto de regocijos

185

(1693); que ningún indio, mestizo ni otra persona pueda "cargar" cuchillo, puñal, machete ni daga (1710); que solo a los españoles se les permita llevar armas, como son espadas de cinco cuartas y otras semejantes, bien acondicionadas y envainadas (1766). Pese a todo, los hechos de sangre fueron cada vez más frecuentes entre la plebe de la ciudad de Guatemala, y las penas llegaron a ser tan desmesuradas como ineficaces: en 1806, por bando se hizo saber que la sola portación de armas cortas se castigaría con doscientos azotes y seis años de presidio.

La delincuencia había alcanzado índices alarmantes entre la gente menesterosa de la ciudad — lo cual se explica si recordamos que el empobrecimiento general del reino, en la última etapa colonial, tuvo que repercutir más sobre la gente pobre y elevar el índice de su desesperación —. Un periódico de la época de la Independencia comenta que en un año entraron al hospital de la ciudad más de setecientas personas, hombres y mujeres, heridas en riñas de las cuales murieron diecinueve. Al año siguiente se llegó a la cifra de novecientos heridos en riñas, y el periódico señala, con toda claridad, que esa ola de crímenes se desarrollaba únicamente en el seno de una capa social determinada, a la que llama "una plebe libertina y sanguinaria".

La plebe no era solamente una realidad reconocida por todos los observadores desde el siglo XVII, sino que llegó a ser, a fines del XVIII y principios del XIX, uno de aquellos problemas que daban ocasión a sesudos y bien intencionados informes de los altos funcionarios españoles. En 1812, el oidor decano de la Audiencia de Guatemala, don Joaquín Bernardo Campusano, remitió al gobierno peninsular una interesante "Exposición sobre los desórdenes de la plebe". El buen sentido del autor, unido al carácter reservado del documento, pusieron en éste ciertos párrafos que reflejan con bastante franqueza la realidad e intentan explicarla con sano criterio. "Aun acostumbrado a ver tantos vicios y miserias en las clases bajas de otras ciudades de América — comienza diciendo el oidor — no ha dejado de asombrarme el exceso a que llega esta infelicidad en la de Guatemala. Sus barrios sumergidos en una desesperada pobreza, condenados a la ociosidad, no presentan sino pendencias sanguinarias, una continua borrachera, la andrajosa desnudez, las costumbres más groseras, y la corrupción de los inocentes indios forasteros...". En esas crispantes palabras, que por su densidad son dignas de ser leídas dos y más veces, hay elementos de definición que es preciso extraer, porque se trata de rasgos permanentes de la plebe, si bien aparecen más acentuados en el último período de la colonia. Una desesperada pobreza. Desocupación forzosa. Segregación en barrios propios. Violencia y vicios como natural consecuencia de las condiciones antes apuntadas. Infelicidad no vista por el funcionario en otras ciudades de América.

El oidor dice con toda claridad que hay plebe en todas las ciudades del reino, aunque su informe se refiera con más énfasis a la de la capital: "...la plebe de esta capital como la de las demás ciudades del Reino...".

Se ha creído que la violencia entre la gente pobre podía refrenarse multiplicando y agravando las penas, dice el sensato juez, pero ese ha sido un "fatal error"; es doloroso para los jueces sensibles imponer castigos que tocan el fondo del problema. La solución estriba en educar, y por todos los medios procurarle a la gente pobre "una subsistencia decente". Con respecto a la ociosidad, reconoce que es consecuencia de la falta de oportunidades de trabajo en la ciudad, y por esa razón propone, junto a ciertos centros de trabajo correccional — no presidios, sino centros reeducadores — medidas para trasladar parte de la gente desocupada de las ciudades a las costas, en donde, según él opina, hay más necesidad de gente trabajadora.

Naturalmente, aunque el oidor dice que hay que ir al fondo del problema, él no ahonda demasiado. Al referirnos más adelante a la política del bloqueo agrario — negación de tierras — seguida por los grupos dominantes frente a los mestizos, tocaremos nosotros la verdadera causa de aquellas concentraciones urbanas de muertos de hambre. Sin embargo, la "Exposición" tiene el mérito de señalar que los vicios y desórdenes de la plebe no emanaban de la naturaleza de la gente que formaba dicha capa social, sino que eran resultado de la pobreza y la desocupación en que se veía obligada a vivir. El oidor llega a afirmar que, pese a la ferocidad que mostraba la gente de la plebe en sus actos violentos, había en ella cualidades humanas latentes: "...por otra parte son de índole dócil, sumisa y bien dispuesta para todo género de artes e industrias...". El pensamiento que preside todo el informe podría resumirse en las siguientes palabras: esta gente no es mala de por sí; se ve compelida a serlo; no se podrá corregirla castigándola; hay que ofrecerle oportunidades para mejorar.

Desafortunadamente, esas oportunidades no podían surgir por encantamiento en un régimen social que, precisamente por ser lo que era, había originado aquellas masas miserables. Las soluciones que propone el oidor eran impracticables. De las costas huía la gente, porque eran un infierno de enfermedades endémicas. En cuanto a los centros de trabajo correccional, mal iba a invertir dinero en ellos un gobierno que estaba pidiendo subsidios para hacerle frente a una guerra entre franceses y españoles. El oidor no comprendió que aquella pavorosa miseria de la plebe no perjudicaba en nada los intereses de los grupos dominantes, y que, en cierto modo, los favorecía al poner por los suelos el precio de la fuerza de trabajo. De todos modos, su "Exposición" ofrece datos fundamentales acerca de lo que era aquella capa social en su peor momento.

Se dijo anteriormente que muchos artesanos pobres, y más aún sus oficiales y aprendices, formaban parte de las plebes en las ciudades coloniales. Esa afirmación general debe ser completada, sin embargo, indicando que el fenómeno se presentó con brusca acentuación en la ciudad de Guatemala después de los terremotos de 1773 y como consecuencia del traslado de la capital al valle de la Ermita. El traslado fue el golpe definitivo para muchos talleres, y hasta gremios enteros, que venían arruinándose con la creciente importación de artículos industriales europeos. Estos productos, con algunos de los cuales no podían competir en precio ni en calidad los fabricados por los artesanos del país, ingresaron en cantidades cada vez mayores a causa de cierta liberalización del monopolio comercial y de un creciente contrabando. Estando así las cosas sobrevino el traslado de la ciudad. Tal como lo ha señalado un investigador contemporáneo en cuidadosa monografía sobre los gremios artesanales en la ciudad de Guatemala, los trabajos de construcción de la nueva ciudad absorbieron a una muchedumbre de maestros, oficiales y aprendices, quienes, abandonando sus oficios habituales, se pusieron a trabajar incluso como peones en otros oficios que se hacían urgentes y eran bien remunerados: especialmente en albañilería y carpintería. Transcurrida, empero, la etapa de la construcción intensiva, un gran número de aquellos trabajadores fueron

188

quedando cesantes y desorganizados, y pasaron a engrosar las filas de los menesterosos de la ciudad.

Debe quedar muy claro — porque en torno a esto ha habido equivocaciones — que el traslado de la ciudad no fue la causa de la aparición de la plebe, sino sólo un factor coadyuvante de su impetuoso crecimiento en la ciudad capital. Hemos visto que el desarrollo de esta capa social aparece como problema en los documentos desde el siglo XVII, y que hubo plebe en todas las ciudades del reino.

Los talleres y los gremios, la actividad artesanal en conjunto, debió reorganizarse y recobrar su antigua importancia al volver a la normalidad la existencia colectiva en la Nueva Guatemala, dado el caso de que los productos artesanales hubiesen continuado gozando de la demanda que antes tenían. Pero fue eso precisamente lo que venía faltando cada vez más en el último tercio del siglo XVIII y arruinando a muchos artesanos. No a todos por igual, sino de manera más directa a los tejedores. Las importaciones ilegales de aquel período — que parecen haber sido más voluminosas que las legítimas — estaban principalmente compuestas por tejidos — ingleses, franceses, holandeses y también españoles —, ferretería y cristalería.

Podemos precisar esta cuestión, pues, en los siguientes términos. Los terremotos de Santa Marta y el traslado de la ciudad fueron calamidades que sobrevinieron por casual desgracia para los artesanos de la capital, en un momento en que necesariamente se presentaba la decadencia de muchas artesanías, determinada por la irrupción de productos industriales a través de un comercio ampliado y un contrabando incontenible. El traslado los debilitó económicamente, los desorganizó, y precipitó su conversión en elementos de la plebe capitalina.

La conocida agresividad de la gente de esta capa social, engendrada por la opresión pero no dirigida contra los opresores, tomaba formas autodestructivas. Era en cierto modo una violencia suicida. Esta peculiaridad era consecuencia de que no había entre sus integrantes solidaridad de grupo. Como no tenían unidad de función económica ni de intereses, tampoco podía formarse entre ellos una conciencia de clase. La pobreza común no une a los hombres si conciben caminos divergentes para salir de ella. Una masa de menesterosos no forma una clase: carreteros, placeras, zacateros, vendedores ambulantes de golosinas y baratijas, cocheros, bordadoras, empleados menores de talleres y negocios diversos, como mesones, comedores, cantinas, estanquillos, tiendas, carnicerías, molinos, caleras, panaderías, imprentas, boticas. Gente que prestaba a la sociedad servicios importantes e indispensables, o que estaba potencialmente dotada para prestarlos, pero que, de modo general, no encontraba oportunidades y era muy mal retribuida.

Aquí, en el seno de esta capa social confusa y heterogénea, sólo uniformada por el rasero de una pobreza común, existieron los primeros obreros guatemaltecos. Ciertos talleres o pequeñas fábricas no artesanales que empleaban mano de obra asalariada para producir mercancías, como lo fueron los molinos, las panaderías, los telares grandes, explotaron a los primeros obreros del país — en el marco de unas relaciones de producción muy semejantes a las de los talleres manufactureros de las ciudades europeas de la baja Edad Media, salvadas las diferencias de tamaño —. Pocos, dispersos, sumidos en la turbia y supersticiosa ignorancia de la gente pobre de las ciudades coloniales, esos obreros no configuraron todavía un embrión de proletariado. (Será preciso un importante desarrollo numérico y de aglutinación en empresas más grandes para que comiencen a darse reacciones de grupo; y esto no ocurrirá sino hasta fines del siglo XIX bajo el impulso económico de las reformas liberales). No debemos dejar de señalar, sin embargo, la aparición de los primeros obreros en el mosaico de la plebe.

La plebe fue una capa social urbana, pobre y heterogénea, económicamente importante, oprimida y explotada en diversas formas, descontenta pero incapaz de esbozar una actitud generalizada de clase. Su irritabilidad pudo haber sido una fuerza política susceptible de dirección por los grupos que hicieron la Independencia, y es evidente que uno de ellos quiso movilizarla; pero a la larga pesó más el temor que inspiraba la posibilidad de su desborde anárquico y vindicativo. (Hemos de volver sobre este punto en otro libro). La miseria de la plebe es una de las muchas realidades que suelen omitirse para mantener un cuadro idealizado de la vida colonial, del mismo modo que se pasa por alto la gran importancia de los ladinos rurales pobres. Estos últimos, teniendo comunidad de función económica y de intereses como para formar una clase social, no la integraron por causa de su gran dispersión y

190

aislamiento. La plebe, al contrario, concentrada en los barrios de doce ciudades, no compactó una clase por motivo de la gran disparidad de función económica de sus componentes.

VI

Resulta fácil entender que el consumo creciente de productos industriales tuvo que desplazar a un número también creciente de productos artesanales; es un largo proceso que llega hasta nuestros días, y su última fase la estamos presenciando. Es necesario un esfuerzo de imaginación, en cambio, para comprender la importancia que tuvieron los artesanos en las épocas anteriores al desarrollo industrial. Es enorme el recuento de los productos que salían de sus talleres, muchos de los cuales, faltando, hubieran paralizado la vida de la sociedad preindustrial. Fijemos la atención en el reino de Guatemala y analicemos sólo un aspecto concreto del tema: la relación de los artesanos con el transporte.

Con una risita burlona suelen indicar los enamorados de "lo pintoresco de la Historia" — pintorescos ellos mismos, en su frívola superficialidad — que en otros tiempos duraban semanas y meses, a lomo de mula, los viajes que hoy se realizan en pocas horas o minutos por el impulso del motor de combustión interna. Aparte de que dichos aficionados suelen ignorar el verdadero significado histórico de ese invento como factor de la época contemporánea, el caso es que subestiman o no ven el esfuerzo tecnológico y la compleja trama de fenómenos económicos que se hallaban detrás del viajar y el transportar con animales de tiro y carga. Hagamos ahora abstracción de la crianza y el comercio de ganado caballar, que eran fenómenos determinados principalmente por las necesidades del transporte, y observemos que aquellas formas de desplazamiento hubieran sido imposibles sin la participación del esfuerzo de varios tipos de artesanos. En efecto; la bestia de tiro y carga, criada y amaestrada, no estaba todavía en condiciones de recibir carga, ni de llevar sobre sí un jinete, y aún menos de tirar de cualquier tipo de carro. En el primero y segundo casos hacían falta los aparejos y arneses, la montura y algunas cosas más; en el tercero, el vehículo mismo. Lo cual comienza a poner de manifiesto que el transporte colonial era, en gran medida, obra del trabajo de un ejército de artesanos que producían cinchos, hebillas, argollas, aros, herraduras,

191

frenos, remaches, botones, cuerdas, fieltros, cojines, asientos, lámparas, ruedas, espuelas, sillas de montar, bolsas, albardas, y un gran número de piezas simples y complejas de madera, hierro, cobre, estaño, plata y cuero. El movimiento de las personas y las mercancías en aquella sociedad — que lenta y tardíamente fue adoptando el uso de algunos artículos industriales —, no dependía sólo de que la ganadería proporcionara animales, sino también del complicado equipo que los ponía en condiciones de ser conducidos por jinetes, arrieros y cocheros. Ese instrumental salía de las manos de cientos y miles de maestros, oficiales y aprendices, en los talleres de silleros, carroceros, guarnicioneros, curtidores, talabarteros, tejedores, pañeros, herreros, herradores, carpinteros, ebanistas, ensambladores, cerrajeros, pintores, plateros, orfebres o batihojas, y muchos más que escapan a nuestro recuento.

En igual forma puede comprobarse la extraordinaria importancia de los productos y servicios artesanales en muchos otros aspectos de la vida y la actividad de aquel período: la vestimenta, el ajuar doméstico, la construcción, la iluminación, la ornamentación, etc., etc. Hágase por un momento el esfuerzo — vale la pena — de pensar las series de objetos y servicios que respectivamente habrían faltado en las ciudades coloniales si hubiese faltado el trabajo de los artesanos ya mencionados; a los que se puede agregar, si se quiere, el de sastres y juboneros, zapateros, calceteros y sombrereros; barberos, sangradores, relojeros, forjadores y talladores... La supresión imaginaria de todos esos trabajadores trae consigo el derrumbe de la ciudad y de la vida urbana colonial; derrumbe también imaginario, pero aleccionador: el trabajo artesanal era un factor económico indispensable, no ya sólo para la comodidad, sino para el simple y puro subsistir civilizado. (Es, por lo demás, la importancia que tuvieron los artesanos en todas las sociedades preindustriales que alcanzaron la segunda gran división del trabajo).

A pesar de su gran utilidad social, los artesanos no tenían por delante una halagadora perspectiva de bienestar económico. Ser artesano significaba haber tomado una ocupación de difícil aprendizaje y generalmente fatigosa en su ejecución; formalmente reconocida como honesta por los grupos dominantes — que al mismo tiempo rechazaban las artesanías como deshonrosas para ellos —, y que no brincaba la

192

posibilidad de enriquecerse. Las artesanías se ofrecían como un campo de trabajo para la gente libre no poseedora de medios de producción, con una máxima perspectiva de llegar a poseerlos en muy modesta medida. El hecho de que algunos artesanos hayan alcanzado un mediano bienestar, así como la circunstancia de que varios de ellos tuvieran un taller, no compensa el hecho, general y prevaleciente, de que la gran mayoría de estos trabajadores fue gente pobre o muy pobre. En la sociedad colonial la riqueza era privilegio casi exclusivo de los terratenientes y los grandes comerciantes. La organización de aquella sociedad había establecido, desde sus principios, unos límites, un marco bastante estrecho al desenvolvimiento de todos los trabajadores que proveían a la ciudad de bienes y servicios. Vamos a fijar la atención por un momento sobre este fenómeno, que es importante para el tema que traemos y para comprender muchas otras cosas.

No se puede entender la estructura de la ciudad colonial si no se tienen presentes las circunstancias que le dieron nacimiento, porque algunas de las funciones que le dieron origen se conservaron después como determinantes básicas de dicha estructura. Las ciudades coloniales fueron fundadas como una exigencia de la consolidación del imperio. Fundarlas fue un requisito — recordémoslo —, una condición que la corona imponía a los conquistadores para premiarlos. Se concedía tierra e indios a quien se obligara a fundar poblados y a establecerse en ellos. Los conquistadores y primeros pobladores aceptaron ese compromiso, y así la creación de las ciudades estuvo presidida por ciertos propósitos fundamentales, tocantes, unos, al interés de la corona que exigía dichas fundaciones, y otros, al interés de los fundadores y primeros pobladores. En otras palabras: la ciudad nacía, ante todo, como sede futura del poder real y punto de contacto entre ese poder y los grupos humanos constitutivos de la colonia; y en segundo término, la ciudad nacía como lugar a propósito para disfrutar la conquista, para gozar sus provechos por quienes la habían realizado. Quienes habían asumido el esfuerzo y los riesgos de la conquista, y habían aceptado el convertirse en pobladores de las ciudades fundadas por ellos, veían en este hecho una manera — la única manera posible — de concretar las aspiraciones que habían sido el motor de su participación en la empresa. Si se desecha la pueril creencia de que los conquistadores venían movidos por un quijotesco afán de aventuras, y se reconoce que los movía el muy comprensible deseo de hacer fortuna — más comprensible si se recuerda que eran gente pobre, venida de un país tradicionalmente pobre —, fácilmente se deja entender que la fundación de ciudades era para ellos la medida indispensable, el paso decisivo, para que su aportación a la conquista comenzara a rendir en forma estable los frutos deseados. La ciudad debía ser, desde ese punto de vista, un centro de dominio y de disfrute de lo dominado; un centro para vivir sin trabajar. Pero como esto último sólo es posible a condición de que alguien trabaje para sustentar a quien no lo hace — ley económica inexorable —, la ciudad colonial respondió en su organización, desde sus principios, al propósito de que los indios, y después también los mestizos, suministrasen todo lo necesario para la vida del núcleo poblador español y de sus descendientes. Desde la elección del sitio en que la ciudad habría de erigirse, hasta la elaboración de sus ordenanzas municipales, todo estaba en alguna forma condicionado por ese propósito. El examen de lo que fue la vida cotidiana en un centro como Santiago de Guatemala pone de manifiesto el siguiente hecho general; una vez pasados los contratiempos que demoraron la normalización de la vida urbana después de la fundación — sublevación de los cakchiqueles, inundación y ruina de Almolonga —, la existencia de la ciudad tiene por base un sistema de suministros y servicios perfectamente controlado por el Ayuntamiento, que exige abastos a los pueblos circundantes, dicta precios, fija jornales, elabora reglamentos de trabajo para indios y mestizos en la ciudad, aprueba o rechaza calidades de los productos, supervisa pesas y medidas, preside exámenes de oficios, y, en definitiva, tiene en sus manos a todos los proveedores.

El hecho ha sido visto como algo natural, puesto que — así se ha pensado — una ciudad tiene que abastecerse y el Ayuntamiento está llamado, por definición, a resolver esa clase de problemas. También se ha dicho que, al proceder así, los fundadores y primeros inmigrantes no hacían otra cosa que trasplantar la tradición del municipio medieval europeo. Lo cual es verdad, pero no es toda la verdad. Porque las funciones ordinarias del municipio medieval español, adaptadas a la estructura de una sociedad completamente distinta — surgida del proceso de conquista que en otro lugar hemos analizado —, tenían que

194

cobrar un contenido de clase distinto. Y es eso lo que no se ha querido ver: que las relaciones entre el Ayuntamiento de la ciudad colonial y los proveedores de bienes y servicios de esa ciudad, eran, tratándose de los indios, unas relaciones entre señores y siervos — inicialmente lo fueron entre esclavistas y esclavos —, y, tratándose de los mestizos, eran una manifestación de la política adoptada desde el principio por el núcleo español frente a dicho sector emergente. Esa política consistía en cerrarle a los mestizos el acceso al plano económico y político de los grupos dominantes, situarlos en un plano acotado por sobre los indios y por debajo de los españoles, canalizar su fuerza de trabajo hacia el nivel medio de las ocupaciones libres, y ejercer sobre dicha actividad un control — he aquí lo más importante — para que los mestizos asumieran una serie de tareas productivas y no productivas, todas ellas indispensables para la existencia de la sociedad y para que, eximidos de ellas, pudieran los españoles y criollos dedicarse a mandar y a disfrutar sin producir. La ingerencia y autoridad del Ayuntamiento sobre los artesanos y proveedores tenía un evidente carácter de dominación y hasta opresión de clase. Si en ciertas circunstancias asumía la actitud de un protector de los gremios, lo hacía defendiendo la estabilidad de la vida urbana y los intereses de los consumidores, entendido que el grupo criollo de las ciudades, representado por el Ayuntamiento, era por excelencia y por esencia un grupo consumidor. La existencia misma de los gremios, la obligación de agremiarse, respondía a la línea edilicia de controlar a los proveedores. Y el hecho de que en la ciudad de Guatemala estuvieran agremiados no sólo los artesanos, sino también los salitreros, curtidores, molineros, así como los taberneros, roperos, boticarios y otros proveedores no artesanales, respondía al hecho de que, desde el punto de vista de los señores de la ciudad, todos por igual eran proveedores e igual era el interés en dictarles reglamentos y tenerlos en plan de servidores. La agremiación no respondía realmente a los intereses de los agremiados, aunque formalmente se haya procurado dar esa impresión. Es muy significativo que sólo haya sabido gremios en las ciudades importantes del reino — con vigorosos núcleos criollos y españoles —, faltando en las demás ciudades y en los pueblos grandes, en donde las artesanías y actividades de abastecimiento se realizaron libremente. También resulta llamativo el dato de que los gremios no hayan tenido nunca representación en el Ayuntamiento de Guatemala, habiendo sido de tal vital importancia las decisiones de éste sobre aquéllos.

Sostenemos, pues, que todos los proveedores internos de la ciudad, artesanos, manufactureros o revendedores, se desarrollaron en un molde que venía impuesto por la esencia misma de la ciudad colonial — centro de dominio y de disfrute —, y fueron, por eso, servidores de los grupos que crearon la ciudad para sí. Servidores llegados cuando la ciudad se estaba formando o ya estaba formada de acuerdo con una concepción perfectamente clara para sus fundadores. Esa concepción les asignó un cometido económico y un nivel social que tuvieron que aceptar.

Aunque comúnmente se habla de los artesanos como de un sector de trabajadores que se define por ciertos rasgos comunes a todos sus oficios — talleres pequeños, jerarquía de maestros, oficiales y aprendices, empleo de instrumentos relativamente simples y no otra fuerza que la humana —, el análisis de la participación de aquel sector en la dinámica de la ciudad colonial descubre, sin embargo, una gran falta de cohesión y unidad. Sus integrantes, desavenidos por pugnas y rivalidades, y en otros casos distanciados por una total disparidad de función económica, no dieron muestras de poder reaccionar como una entidad social siquiera esbozada. En efecto; una considerable cantidad de documentos de tema artesanal ya han sido estudiados — principalmente por el investigador cuya monografía sobre el tema hemos citado varias veces —; por otra parte, los cronistas coloniales y otros materiales de la época — la misma Recordación Florida, tan profusa en noticias de este tipo — deberían informarnos de movimientos, o siquiera de gestiones, llevadas a cabo por los artesanos como conjunto. Así como tenemos noticia clara y reiterada de sublevaciones y gestiones de indios, de fugas y rebeldía de los negros, de alborotos de la plebe, de una bien definida conducta de grupo en los criollos y en los españoles, inmigrantes y burócratas, así esperaríamos encontrar algo de los artesanos; pero parece que no hubo tales eventos ni tal comportamiento solidario de grupo.

No es extraño. Aquel sector presentaba muchas e importantes contradicciones internas de carácter económico. La primera de ellas se daba entre los maestros, por un lado, y los oficiales y aprendices por el otro. El aprendizaje era una forma de explotación de adolescentes,

196

movida por la necesidad que tenían los maestros de contar con alguien que les ayudase en el trabajo, y por la necesidad que tenían los jóvenes de aprender un oficio. El aprendiz trabajaba sin ningún salario por períodos estipulados que llegaban hasta ocho años en ciertos casos. Recibía del maestro albergue, vestido, alimentos y la enseñanza del oficio, el cual, una vez aprendido, no convertía al aprendiz en maestro, sino en oficial. Los oficiales recibían un salario, pero les estaba prohibido trabajar por cuenta propia mientras no hubieran alcanzado la maestría. En cuanto a la posibilidad de alcanzarla, veamos lo que dice el investigador que nos viene proporcionando estos valiosos datos: "Es presumible que la aspiración de todo oficial haya sido la de adquirir la maestría, sin embargo ésta no era posible a todos alcanzarla. Muchos artesanos durante toda su vida o gran parte de ella permanecieron siempre como oficiales. Todo ello es explicable como veremos más adelante, por los cuantiosos desembolsos económicos que implicaba la obtención de la maestría, y posteriormente el mantenimiento de un taller con oficiales y aprendices". Y seguidamente el mismo autor informa de las ceremonias y dificultades que entrañaba el examen de maestría, de los no pocos casos en que el examinado era reprobado, y de cómo "Muchos oficiales no obtenían la maestría sino al cabo de muchos años de haber trabajado con maestros examinados, y hay expedientes en los cuales se manifiesta que ejercieron la oficialía durante 10, 12 y hasta 20 años".

El aprendizaje y la oficialía eran — afirmamos no nosotros — formas de explotación que se daban entre los artesanos y que naturalmente rompían su unidad de grupo. El aprendiz era prácticamente un sirviente, sujeto a la casa del maestro y obligado a trabajar para él a cambio de techo y sustento — que deben haber sido bastante austeros — y de la capacitación para convertirse en trabajador asalariado del mismo maestro u otros. Toleraba, pues, una explotación de sirviente durante unos años, para pasar a una explotación asalariada por muchos años más. Los oficiales trabajaban para los maestros — no solamente con ellos, como reza la cita — con la mira de entrar algún día en su círculo. No siempre lograban ese fin. Todo lo cual quiere decir que en el conjunto de trabajadores que genéricamente llamamos artesanos, había, por lo pronto, una pugna doble: en primer lugar, el forcejeo que siempre se establece entre el explotador que exige y aprieta y el explotado que rehúsa y se defiende; y en segundo lugar, la pugna que también se oculta siempre, en las sociedades de clases, entre los que enseñan un oficio o profesión y aquéllos que la aprenden, cuando los últimos son competidores potenciales de los primeros. Esta lucha, que suele desarrollarse con ceremonioso disimulo — para ello servían entre los artesanos los reglamentos, los exámenes, los requisitos burocráticos, etc. —, esta lucha llega a ser sutilmente despiadada cuando, por ser lento el desarrollo económico de la sociedad, y lento o nulo, también, el crecimiento de la demanda de los oficios en cuestión, el grupo de los graduados inventa e impone mil dificultades para que su número no aumente. Esta ley histórica debe haber actuado con rigor entre los artesanos coloniales, porque, por una parte, sabemos que los mestizos se hacían continuamente más numerosos, lo cual indica que había un número creciente de personas jóvenes encauzadas hacia los trabajos libres de nivel medio; y por otra parte, sabemos que las ciudades coloniales tuvieron un desarrollo económico lentísimo, que no aumentaron su número después del siglo XVI, y que en las postrimerías de la colonia se sintió en ellas violentamente la contracción económica general del reino. Esta confluencia de factores, estancamiento económico y aumento de los mestizos, fue la causa fundamental del desempleo que afectó a dicho sector — ociosidad forzosa, ya mencionada en otro lugar — y de que la mayoría de los mestizos tuviera que desplazarse en dirección de las dos capas medias pobres que antes hemos estudiado: ladinos rurales y plebe urbana. En ese marco hay que situar las tensiones y pugnas de las distintas jerarquías y grupos del sector artesanal, para comprenderlas en su verdadero significado y para relacionarlas con otros procesos que veremos adelante. Había cada vez más jóvenes mestizos en busca de trabajo, y no había más demanda de artesanos. Esto explica parcialmente por qué, al referirse a la plebe, los documentos mencionan, como uno de sus consabidos elementos a los "oficiales mecánicos". Es evidente que la mayoría de los aprendices y oficiales, y un número creciente de maestros pobres, pertenecían a la plebe urbana. Lo cual quiere decir — nótese bien — que solamente una fracción del sector artesanal, integrada por algunos maestros y quizá por unos pocos oficiales poseedores de cierto modesto bienestar, pueden

198

considerarse como pertenecientes a una capa media acomodada, no rica ni pobre. Adelante completaremos la visión de esta capa con los proveedores no artesanales del mismo rango económico. Una mayoría de trabajadores artesanales pertenecían a la plebe.

Pero además de las contradicciones económicas que operaban en sentido vertical, jerárquico, y que por sí solas bastaban para dividir a los artesanos arrojándolos a dos capas sociales distintas — plebe y capa media acomodada —, otras importantes contradicciones los dividían en sentido lateral u horizontal, digámoslo así. Salta a la vista, aun tratándose de maestros, que debe haber habido cierta distancia y mutua indiferencia entre artesanos muy calificados, como plateros, relojeros, impresores, y aquéllos otros que desempeñaban oficios rudos y mucho menos cotizados, como albañiles, herradores o canteros.

Establecía una gran diferencia — que nunca se ha señalado al referirse a los artesanos — el que fuesen productores de bienes o prestadores de servicios; es decir, que fuesen artesanos productivos o no productivos. Los primeros dependían notablemente de la existencia y los precios de sus respectivas materias primas: fibras, cueros, metales — tejedores, zapateros, herreros —; mientras que los segundos no confrontaban ese básico problema: barberos, sangradores y albéitares.

Entre los artesanos productivos, hay que señalar una primera división muy importante: aquellos que encontraban en el país sus principales materias primas, y los que las recibían a través del comercio exterior monopolista y el contrabando. Así, por ejemplo, los carpinteros y tejedores en el primer caso — madera, algodón —, y los herreros y orfebres en el segundo — hierro, estaño y bronce.

Todas esas diversidades creaban división entre los artesanos, pues afectaban sus intereses básicos en formas aisladas unas de otras y hasta contrapuestas. Aún dentro del grupo de los que hallaban en el país su materia prima, debe haber habido posiciones radicalmente opuestas frente al gran problema del comercio exterior y el contrabando. Los tejedores, como ya se dijo en otro lugar, se veían seriamente perjudicados por la importación de telas y ropa hecha, y en diversas formas expresaron, como gremio, su exigencia de un mayor control sobre el contrabando y mayores restricciones a la importación legal de esos géneros. En rigor, fueron los tejedores, y no otro gremio aparte de ellos, quienes se manifestaron en contra de la importación de los artículos que venían a arruinarlos. Viendo lo que les ocurría con el contrabando y con cierta liberalización de las importaciones, previeron, sin equivocarse, que la Independencia, en tanto que liberadora del comercio, sería para ellos altamente perjudicial. Así lo dan a entender varios documentos públicos de esa época, en que los enemigos de la emancipación tratan de dramatizar dicha perspectiva. Sin embargo, sería falso afirmar que todos los artesanos vieron como un peligro la libertad de comercio. Igualmente gratuito resulta afirmar que los artesanos, en conjunto, simpatizaron con la emancipación.

No hay punto de apoyo para ninguna de esas dos generalizaciones porque, como se viene explicando, no sólo no formaron una clase, sino que tampoco formaron una capa social, pues sus intereses económicos eran muy desiguales. Los carpinteros — para que se vea mejor este asunto — quienes al igual que los tejedores encontraban en el país su principal materia prima — la madera —, deben haber estado interesados, no obstante, en la ampliación de las importaciones: éstas no incluían productos de carpintería, y en cambio diversificaban y bajaban los precios de los instrumentos e implementos que a ellos les eran indispensables. En el inventario de un cuantioso cargamento de contrabando decomisado en 1818 — la goleta Santa Sofía — aparecen importantes cantidades de clavos de hierro y latón, tornillos de hierro y de bronce, bisagras, candados, "chapas para llaves", tiradores de "cómodas", cerraduras de hierro, martillos, barrenas, limas, azuelas, "cepillos con sus hierros montados", escoplas surtidas, "pinzas para carpinteros", sierras de toda clase, "compases para carpintero", etc.

La sola presencia de esos artículos hace prueba de la demanda que tenían por parte de sus compradores específicos, pues los fletadores de contrabando no solían correr riesgos con mercancías que no tuvieran garantizada la venta en el comercio local. Desde ese punto de vista, cabe suponer que los carpinteros fueron simpatizantes del comercio libre, y por lo tanto, en su hora, también de la emancipación. Y así podríamos continuar señalando otros casos particulares, unos más complejos que otros, todos distintos. Los herreros: perjudicados por el ingreso de ciertos artículos de metal que anteriormente eran fabricados por ellos, pero vivamente interesados, al mismo tiempo, en la liberalización de las importaciones de hierro y en la ruptura del monopolio de unos cuantos importadores que imponían los precios del metal. Los plateros y coheteros, trabajadores de dos materias controladas por el gobierno colonial, puestos en plan de concesionarios especiales con autorización real, y probablemente interesados en que dicha situación se prolongase. Lo que queremos ilustrar y demostrar es la gran disparidad de tendencias e intereses de los artesanos, que explica por qué nunca pudieron reaccionar compactados como una clase social.

Por lo que hace a su actitud frente a la Independencia, las únicas afirmaciones de carácter general que pueden hacerse son, quizá, las dos siguientes. Primera: que el aumento del contrabando y la perspectiva del comercio libre, si bien perjudicaba a algunos gremios — el de tejedores es el único que no deja lugar a dudas —, es muy probable que beneficiara a otros que necesitaban instrumentos y materias de importación; circunstancia, ésta, que debe haber determinado naturalmente dos posiciones distintas, una adversa y otra favorable, respecto de la emancipación. La segunda: que las dos posiciones antedichas son válidas solamente para una capa de artesanos más o menos activos y prósperos, y no para la gran mayoría de trabajadores artesanales de la plebe: aprendices, oficiales y maestros pobres. Todos éstos, cabe suponerlo, deben haber comprendido que su miseria era una consecuencia necesaria del empobrecimiento general del reino, de la política restrictiva y deprimente del Ayuntamiento, y, en definitiva, de un régimen que no daba lugar al desarrollo de la producción agrícola y a la circulación de dinero. Deben haber compartido la opinión, muy generalizada, de que la Independencia traería tras sí un resurgimiento económico general. Incorporados a la plebe, los artesanos pobres — al menos una gran mayoría de ellos — deben haber mirado en la dirección que señalaba el grupo dirigente liberal, del que hablaremos más adelante, y posiblemente esperaban una Independencia en que tomarían parte y se les daría oportunidad de opinar. El 15 de septiembre, sorprendidos por una Independencia decidida y realizada a espaldas de las capas medias y del propio grupo liberal, acudieron, como se sabe, a dar vivas en los corredores y ventanas del palacio. Pero un espectador que da gritos no deja por eso de ser un espectador. (Seguiremos con este problema en otro estudio especial).

201

Antes de enunciar las conclusiones de este apartado, es conveniente transcribir algunos renglones de documentos de 1810 y 1820 para que se vea lo que había venido a ser la situación general de los artesanos al final de la colonia. El hecho de que no haya sido esa su situación en tiempos anteriores no le resta valor a estos documentos, pues lo que realmente nos interesa es saber qué significó en definitiva el proceso colonial para los distintos grupos que en él se formaron. Un informe de 1810, entrando a hablar de los mestizos, hace las siguientes observaciones: "...La segunda clase de habitantes son los 313,334 pardos, incluso algunos negros; casta menos útil por su innata flojera y abandono. De esta especie se pueden hacer tres divisiones: primera, artesanos, como pintores, escultores, plateros, carpinteros, tejedores, sastres, zapateros, herreros, etc., cuyos oficios son necesarios a la República, pero que de tal modo los ejercen, por costumbre, capricho y arbitrariedad, que necesitan una reforma y arreglo que precaven los menoscabos que sufre frecuentemente el común, que está por necesidad atenido a ellos...".

Después de atribuirle a los "pardos" — es decir, al conjunto de los mestizos — una mala disposición para el trabajo, apunta que los artesanos no trabajan a satisfacción del público, el cual, como se ve, necesita de ellos imprescindiblemente. Anota en seguida el documento: "Carecen de fondos en lo general para proveerse de los materiales respectivos; es menester que el que necesita la obra, si su valor llega a una docena de pesos, los desembolse al maestro antes de recibirla, para comprar la materia, pagar a los oficiales y comer mientras trabaja...".

Diez años más tarde, otro testimonio, éste con actitud que se supone de dudosa simpatía hacia los artesanos, suelta parrafadas como las siguientes: "...vive en la obscuridad — el artesano — sumergido en una vergonzosa ignorancia. Su género de vida excita el desprecio de muchos; su falta de luces le aleja de la compañía de otros". Después de indicar que hay honrosas excepciones, pinta este cuadro: "...Como solo aspira a una corta ganancia, le es indiferente adquirirla con una obra más o menos acabada. Así es que el arte, en vez de adelantar en su taller, decae con el mismo de quien debería recibir su mayor lustre. Por una consecuencia precisa, el artesano, viéndose de esta suerte, se abandona más. Su vestido es desaliñado y asqueroso. Su tienda desprovista de aún los utensilios más necesarios (...). Quisiera que esta no fuese la pintura de un cierto número de artesanos. Recórranse sus talleres; visítense las cárceles, dése una ojeada por la ciudad y se verá que no exagero las circunstancias de su deplorable estado". Pese a su ligereza y cursilería, el artículo — aparecido en el Editor Constitucional pero no escrito por ninguno de sus redactores de planta — ofrece en lúgubres pinceladas la realidad de la gran mayoría de los artesanos: gente pobre, de la plebe. Las excepciones a que hace referencia — "hay muchos que honran del mejor modo su profesión" — formaban parte de la capa media acomodada, artesanal proveedora, según hemos venido tratando de indicar.

Concluyamos. No puede hablarse de una clase social de artesanos en la ciudad colonial ni fuera de ella; no hubo tal clase. Tampoco de una capa artesanal. La gran mayoría de los trabajadores artesanales pertenecía a la plebe, es decir, a la gente pobre o paupérrima de la ciudad. Un grupo reducido de artesanos acomodados integraba, junto a un importante grupo de proveedores no artesanales — taberneros, carniceros, panaderos, tenderos de menos cuantía, marranderos, ciertos propietarios de recuas, boticarios, etc. — una capa media urbana de abastecedores acomodados. Este último calificativo — acomodados — es indispensable para separarlos de los abastecedores pobres y miserables, del tipo de zacateros, carboneros, vendedores de sal, y otros urbanos y suburbanos. La existencia de la capa media de abastecedores acomodados, admitida la heterogeneidad de sus integrantes y atendiendo a cierta uniformidad de fortuna, que es en definitiva lo que la dibuja y la destaca, es una realidad acerca de la cual no dejan lugar a duda los documentos. Todos ellos, desde la Recordación — en donde ya es claramente perceptible — hasta los informes de las últimas décadas coloniales, hacen mención de un grupo favorecido de artesanos, revendedores, dueños de pequeñas manufacturas, transportistas prósperos, que se hallaban por encima de la plebe — a la que explotaban — y por debajo del sector poderoso de terratenientes, funcionarios y comerciantes, al que servían. Gente que no llegaba a rica — aunque algunos de sus integrantes lo fueran excepcionalmente — pero que tampoco era pobre. Cada uno de los grupos favorecidos que acabamos de mencionar tenía un ala pobre que caía en los turbios fondos de la plebe: artesanos, revendedores, manufactureros, transportistas, todos ellos pobres. Y también tenían allí, en la plebe, su ejército de explotados:

oficiales, aprendices, peones, obreros, sirvientes, cargadores, empleados asalariados y no asalariados de ambos sexos, de diversas edades y de todo tipo.

Así pues, ni la plebe ni la capa media artesanal proveedora — o abastecedora acomodada — eran clases, sino capas de composición compleja. No las distinguía y separaba únicamente su diversa situación económica, sino también el hecho de que la capa media acomodada era explotadora de la gente de la plebe. Los elementos de la capa media artesanal proveedora eran pequeños propietarios en sus respectivos ramos: dueños de pequeños talleres, de pulperías y mesones, de recuas de mulas, etc.; en tanto que los de la plebe eran desposeídos, dueños solamente de su fuerza de trabajo. Pese a todo ello, no podemos hablar aquí de una "lucha de capas", porque tal cosa sería un absurdo que la teoría histórica tiene ya señalado: la capa social se caracteriza precisamente por su falta de compactación funcional y, por ende, de conciencia social. Cuando se afirma que los elementos heterogéneos de una capa explotan a los elementos también heterogéneos de otra, se está indicando que esa acción explotadora no unifica a ninguno de los dos grupos, pues se trata de diversos tipos de explotadores, de explotados y de explotaciones.

Y cerremos este apartado con una observación importante. Muchos elementos de la capa media artesanal proveedora, desarrollándose como pequeños propietarios explotadores de obreros y empleados de comercio, se incorporaron a la capa media alta de la que vamos a hablar en seguida, constituyendo, allí, un embrión de pequeña burguesía muy débil.

VII

Vamos a dedicarle ahora una página a la capa social que hemos querido llamar media alta urbana, de la cual advertíamos, en una página anterior, que resultaba menos definida que la plebe y la artesanal proveedora. Las fuentes históricas no ofrecen elementos para distinguir la existencia y el contorno de este grupo — contorno bastante borroso en todo momento — sino hasta las últimas décadas de la colonia, y aunque su desarrollo tiene que venir naturalmente de períodos anteriores, el hecho es que esta capa no se presenta como tal antes del siglo XIX.

Hace su aparición en las décadas de la Independencia, y hay muchos motivos para estudiarla tal como se va presentando en esos momentos. Sería un error suponer que su estudio pertenece al análisis de aquel acontecimiento; no sólo porque esta capa social es un desarrollo y un resultado del coloniaje, sino porque un ensayo de interpretación general de la colonia tiene que presentar — tienen que "dejar listos", digámoslo así — a todos los grupos que van a actuar en la Independencia y en el gran conflicto de clases que sobrevino desde el momento de su proclamación.

Uno de los motivos — son varios — por lo que el estudio de la Independencia sigue siendo un atolladero histórico lleno de graves problemas de interpretación, consiste en suponer que los grupos sociales que luchaban por la emancipación lo hicieron con idénticos propósitos y la concebían de igual manera. Ocultando que la sociedad colonial presentaba profundas divisiones de clases, se ha dado poca importancia al hecho de que los grupos interesados en la Independencia esperaban de ella resultados distintos y hasta contrarios. Un fehaciente cúmulo de datos pone de manifiesto que frente a los criollos, que luchaban por la emancipación a su manera — Independencia sin Revolución —, otros grupos urbanos organizaron y realizaron movimientos de Independencia con fines y procedimientos completamente diferentes. Tres notables características presentan las acciones políticas de estos grupos; características que no solo las distinguen radicalmente de la línea política criollista, sino que, en ciertos momentos, suscitaron verdaderas luchas entre los criollos y estos grupos, bloqueando los primeros la realización de la Independencia tal como la deseaban los segundos. Primera característica: una ideología política revolucionaria para aquel momento, en la que se planteaba la necesidad de reivindicar a los trabajadores agrícolas a través de una redistribución de la tierra en los términos del liberalismo. Segunda: la convicción de que la Independencia debía hacerse por la vía violenta, poniéndola en contacto con el movimiento armado y popular mexicano. Y tercera: ausencia de temor frente a las capas medias pobres, urbana y rural, con las que se contaba para llevar a efecto la lucha de Independencia. Ese carácter tuvieron los movimientos de San Salvador (en 1811 y 1814) y también los de León y Granada en Nicaragua (1811-1812).

Es curioso y significativo que el Capitán General Bustamante y Guerra, hábil político y buen conocedor de la situación, enviara a pacificar San Salvador no a un militar español, sino a un prominente criollo de la capital, don José de Aycinena; y que el Ayuntamiento de Guatemala, más asustado que entusiasmado con aquel levantamiento, haya enviado nada menos que a su Regidor Decano, don José María Peynado — el más hábil y talentoso político criollo del momento. En los documentos reservados en que el Capitán General le comunicó al gobierno peninsular lo que ocurría en San Salvador, León y Granada, siempre señaló la circunstancia de que los "españoles americanos" — es decir, los criollos — no acuerpaban aquellos movimientos armados, y que ese hecho favorecía poderosamente al gobierno. Igualmente expresa que la plebe ha sido "halagada" y movilizada, y que el temor que la anarquía suscita entre el vecindario rico es el más importante enemigo que contra sí tenían aquellas revoluciones — se usa ese término en los documentos. Cuando se procedía en ellas a deponer a las autoridades, los criollos no eran llamados a ocupar los puestos de mando. En la ciudad de León, por ejemplo, el movimiento nombró presidente al Obispo, y lo rodeó de una junta gubernativa compuesta por un médico y boticario — comienzan a aparecer los médicos y otros profesionales, nótese —, un abogado principiante, y dos vecinos "de buena y regular reputación" — según reza el informe de Bustamante.

La célebre Conjuración de Belén, organizada en la ciudad de Guatemala en 1813 y lastimosamente denunciada y desarticulada a fines de ese año, tenía el mismo carácter, el mismo contenido de clase que los movimientos antedichos, y debe ser contemplada en esa línea si se quiere entender su significado histórico, su fracaso, y hasta el rigor desatado por la autoridad sobre los comprometidos y sospechosos. El plan incluía la captura y distribución de armas, el apresamiento de funcionarios civiles y militares, la liberación de los presos de Granada — que se hallaban hundidos en las cárceles de la capital —, la sublevación de la tropa regular del batallón de la ciudad, la incautación del tesoro del gobierno, y el envío de agitadores a tres regiones del interior del país.

Pero no estamos haciendo Historia de la Independencia. Lo que nos interesa es hacer algunas observaciones acerca de la procedencia social de los protagonistas de aquellos movimientos y de las personas que tuvieron notoria vinculación con ellos. Lo primero que salta a la vista es que no son los criollos. Lo segundo, muy importante, es que no pertenecen a la capa artesanal proveedora, si bien es cierto que gente de esa capa media puede haberlos acuerpado y seguido, como lo hizo evidentemente la plebe. Algunos artesanos fueron procesados por desafección al régimen, pero eran casos individuales que ocurrieron totalmente al margen de los movimientos a que nos estamos refiriendo. El examen de las nóminas de los procesados como dirigentes revolucionarios, ampliadas con los nombres de personas que consiguieron sustraerse a los golpes de gobierno pero que, no obstante, pertenecían al sector dentro del cual se gestaban aquellos movimientos, es el primer paso que hay que dar en la búsqueda de sus afinidades de clase o de capa social.

Se hace notar, ante todo, la presencia de muchos religiosos, regulares y seculares, muchos de ellos condenados a sufrir duras penas; hombres de la talla del presbítero Tomás Ruiz — uno de los más radicales dirigentes de Belén —, de Benito Soto, religioso procesado y muerto por lo de Granada. Es notoria la participación de un grupo de médicos, entre quienes descuellan don Pedro Molina, don Cirilo Flores, don Mariano Suárez, don Santiago Celis — mártir de San Salvador. También un grupo de abogados, como José Francisco Córdova y Venancio López. Llama especialmente la atención un grupo de empleados, varios de ellos escribanos y oficinistas en las dependencias del gobierno: el primero de ellos Simón Bergaño y Villegas — deportado en 1808 —, el joven Mariano Bedoya — preso cinco años por lo de Belén y asesinado en 1821 —, Andrés Dardón, Manuel Ibarra, Juan José Alvarado, Francisco Montiel, todos ellos hombres jóvenes y de cierto desarrollo intelectual, para quienes la sociedad colonial no ofrecía otra perspectiva que envejecer en las oficinas públicas o en empleos mal retribuidos. Es impresionante seguir en los documentos la secuencia vital de un hombre como Cayetano Bedoya — hermano del mártir y de la admirable Doña Dolores, esposa del doctor Molina: entre 1813 y 1819 los documentos relativos a Cayetano Bedoya se refieren todos, claro está, a su excarcelación, la cual no se logró hasta que salió del mando Bustamante y Guerra. En 1819 aparece una "información de pobreza" relacionada con una solicitud de empleo. Entre febrero y mayo de 1821 está solicitando permiso para hacer unas representaciones de teatro en la ciudad de Guatemala. Pero a mediados de este mismo año aparece por Oaxaca, tratando, en colaboración con su hermano, que andaba por Comitán, de ponerse en contacto y tener pláticas con el general Francisco Bravo, caudillo insurgente del sur de México. Es decir: conjura, proceso, cinco años de cárcel colonial — no todas las cárceles son lo mismo —, pobreza, aspiraciones teatrales — seguramente con fines subversivos —, y de nuevo a hacer sacrificios y a luchar por la Independencia cuando los tiempos lo exigen. Personalidades enérgicas y valiosas, que no cabían en el molde rígido y mezquino de la decadencia colonial.

¿Quién era esta gente?

En todos los movimientos se contó también con algunos militares de mediana y baja graduación, como lo fueron los de Belén: el teniente Joaquín Yúdice, los sargentos León Díaz, Felipe Castro y Rafael Arazamendi, y naturalmente el alférez José Francisco Barrundia.

La presencia de tres notables hombres de origen indígena es merecedora de un breve comentario. Fray Tomás Ruiz, religioso doctorado en Filosofía, conjurado de Belén. El mártir Manuel Tot, comerciante joven, llegado de la Verapaz, probablemente a la universidad. El estudiante Modesto Hernández, indio noble, pasante de Derecho, preso por agitador y por sus contactos con Mateo Antonio Marure. Estos indígenas, por supuesto, no pertenecían ni representaban a la clase social de los indios, pues eran libres y actuaban en otro nivel económico-social. En otro capítulo nos vamos a referir a la posibilidad que había para algunos indios nobles, incorporados al aparato de autoridad en el interior del país, de enriquecerse y situar a sus descendientes en niveles económicos superiores. Los tres próceres revolucionarios citados eran indios por su raza, pero su posición económica y social pertenecía a la capa media alta urbana. Eran hombres libres, con alto desarrollo intelectual, históricamente hermanados con Bergaño y Villegas, con el grupo de los Bedoya, con el protomártir Mateo Antonio Marure.

Nos hallamos, por de pronto, con un sector que presenta una tendencia política definida, pero que se integra por grupos de religiosos, universitarios, profesionales, militares de baja graduación, y burócratas y empleados de modesta categoría.

Sabemos que la Iglesia y el Ejército no son ni han sido nunca clase ni capas sociales; son instituciones internamente jerarquizadas y compuestas por elementos humanos procedentes de distintas clases y capas. A ello se debe que cuando la lucha de clases se agudiza, estas instituciones se agrietan y ocasionalmente se quiebran desde dentro: la lucha de clases llega hasta su seno y rompe su unidad formal. La historia de la Independencia de América — por no hablar de las revoluciones ulteriores en nuestros países — ofrece ejemplo suficiente de ejércitos divididos en bandos opuestos. Es cosa sabida que, de manera general, el alto clero colonial se opuso a la Independencia, o accedió, cuando ya no se podía hacer otra cosa, a tolerar formas de emancipación sumamente conservadoras. Es sabido, también, que el llamado bajo clero, nutrido principalmente por curas de las capas medias de la población colonial, le dio a las luchas de Independencia sus líderes revolucionarios más radicales. Se considera que el más genial de ellos fue el cura mestizo mexicano José María Morelos, y es muy interesante señalar que en la reunión decisiva de los conjurados de Belén, en la junta en que se tomó la resolución de llevar a cabo el levantamiento, el cura Tomás Ruiz — nuestro religioso indígena letrado — "…sacó a luz y comentó una proclama manuscrita de Morelos, entusiasmando a sus oyentes…", según relata un testimonio presencial. También tiene gran significación el hecho de que los dirigentes del segundo movimiento salvadoreño — Miguel Delgado, Juan Manuel Rodríguez y Santiago Celis — hayan tratado de establecer contacto con Morelos, y que ese intento, plenamente comprobado por las autoridades, haya sido el más terrible de los cargos que se les hicieron en el dramático proceso.

Que no nos desorienten, pues, las instituciones, porque no son ellas quienes mueven la historia, sino los grupos socioeconómicos: las clases y las capas, actuando también, naturalmente, en el seno de las instituciones. El hecho de que en los movimientos revolucionarios de Independencia aparezcan estudiantes y profesionales debe verse bajo el mismo prisma que los dos grupos anteriores. La universidad, como tal institución, ha recibido siempre — ayer como hoy — elementos de todos los sectores sociales que disponen de medios económicos para cursar en sus aulas. Sería totalmente equivocado responsabilizarla de que entre sus estudiantes y egresados hayan aparecido algunos de los más talentosos y valerosos hombres de la Independencia revolucionaria — Mateo Antonio Marure, Pedro Molina —, porque en sus aulas se formaron, también, hombres tan discutibles como Mariano Larrave y José del Valle: médico el primero, enemigo de la Independencia, anexionista furioso, responsable de la muerte de Mariano Bedoya; abogado el segundo, de amplia erudición, la cual fue de gran utilidad a las autoridades españolas y sirvió para argumentar la postergación de la Independencia.

Aunque la existencia de la capa media alta viene sugerida por datos muy dispersos, hay, sin embargo, frases, observaciones y cortos fragmentos documentales que indican que algunas personas se percataron de la existencia de aquella capa social. Un fragmento muy interesante a este respecto es el que inmediatamente vamos a transcribir y a comentar. Fue redactado por alguien que se halló muy cerca de la realidad que aquí estamos tratando de definir, y merece ser leído despacio: "...Bajo el gobierno español había distinciones y clases privilegiadas. Había una clase media, y el pueblo, que no gozaba de ninguna consideración. Las familias españolas ricas, y las de los primeros empleados, casi siempre peninsulares, componían la primera clase. La segunda consistía en personas españolas, de mediana fortuna o pobres, dedicadas regularmente a las letras, en que solían ingerirse talentos distinguidos de otras razas. En la tercera entraban los jornaleros, los sirvientes, menestrales, y aun algunos propietarios no tenidos por españoles. Esto supuesto, la idea de Independencia era más general en la clase media, y más natural en los individuos que no gozando de los privilegios de la primera, conocían, por sus luces, y sentían, por consiguiente, más que la última, las restricciones y males de la dependencia. Hubo, pues, promovedores de la Independencia en esta clase, y fueron los más activos, no por alcanzar las distinciones que aborrecían, sino por mejorar de suerte, sin opción a mejorarla hasta entonces".

Si estuviéramos haciendo el análisis de la emancipación, señalaríamos inmediatamente el hecho de que el autor de esos renglones, testigo de lo que fue aquel acontecimiento, omite en absoluto a los indios; ni siquiera los menciona en su esquema de los grupos sociales participantes. Sus recuerdos pasan al papel y vuelan pluma — en todo el documento es notoria la falta de esmero en la construcción gramatical — y la Independencia queda retratada como lo que en definitiva fue: un acontecimiento de ciudad, un encadenamiento de proclamaciones controladas por los grupos criollos de las ciudades, a espaldas de las capas medias que más habían luchado por ella y con frustración de las aspiraciones de los grupos revolucionarios. Pero lo que nos interesa es observar cómo esboza en pocas palabras a los grupos urbanos, y cómo su esquema coincide en algunos puntos con nuestro análisis y choca con él en otros.

El grupo dominante — "clases privilegiadas" dice — está integrado por los criollos y los funcionarios. Nótese cómo, siguiendo el uso colonial, llama españoles a los criollos, y peninsulares a los españoles de España. No sitúa en el otro extremo a los indios, sino a lo que él llama "el pueblo", refiriéndose exactamente a las capas medias urbanas, pobre y acomodada. Incluye a los artesanos en el pueblo — los "menestrales" — pero nótese que hace la distinción de "algunos propietarios no tenidos por españoles", que parece aludir al grupo medio de artesanos y proveedores acomodados, no iguales al resto de la masa urbana. La circunstancia de que no emplee la denominación "plebe" no debe sorprendernos: el fragmento fue escrito después de la Independencia, la lucha entre liberales y conservadores estaba definitivamente planteada, el autor era un liberal — lo revela en varios puntos de las Memorias — y a esas alturas resultaba impolítico el uso de aquella despectiva denominación colonial. Ahora bien; con todo y ser el pueblo el sector más numeroso de la ciudad, y también el más pobre y sufrido — "que no gozaba de ninguna consideración" —, no fue ese, dice el memorialista, el sector más activo en la lucha de Independencia, sino el que llama "clase media", que corresponde a la capa media alta de nuestro esquema.

La hace consistir de "personas españolas, de mediana fortuna o pobres", y sólo en segundo lugar indica que solían integrarse a ella talentos "de las otras razas". Estos datos no deben tomarse al pie de la letra. Lo que realmente ocurría, y es muy importante comprender, es que después de tres centurias de mestizaje había en la capa a la que el autor se refiere muchos descendientes de españoles empobrecidos, y por otra parte, un gran número de personas que, si bien siendo españolas, no podían ser calificadas de otro modo: personas que estaban muy cerca del español empobrecido, no sólo por su tipo étnico, sino por las costumbres, la indumentaria, el habla y la presentación general. De este fenómeno hay referencias documentales. Nos hallamos en el momento en que ha llegado a su punto extremo aquella tendencia — señalada al principio del capítulo — que iba borrando y confundiendo las diferencias de matiz racial y destacando, cada vez más, los niveles económicos y sociales. Cuando el memorialista dice que en la "clase media" solían introducirse "talentos distinguidos de las otras razas", no se está refiriendo a los mestizos, sino a ciertos casos muy concretos de indios cuyo origen era claro y conocido, como los tres que arriba hemos señalado, que efectivamente eran "talentos distinguidos" y declaradamente eran indígenas.

Debemos recordar aquí, para relacionarlo con los fenómenos que estamos tratando, el proceso de empobrecimiento de criollos, del cual hablamos al referirnos al desplazamiento y renovación de la clase criolla. Fuentes y Guzmán lamentaba la suerte de muchos beneméritos empobrecidos ya a fines del siglo XVII. A lo largo de todo el XVIII y los principios del XIX aparecen documentos que en distintas formas se refieren a este problema. Los criollos desplazados, los que perdieron su posición de latifundistas explotadores de indios, naturalmente dejaron por eso mismo de ser criollos, aunque racialmente se hayan conservado como descendientes de familias españolas. Pasaban a ser otra cosa. Ya el gran documento criollo nos había hablado de familias "ilustres" que vivían "apagadas", "con obscura prole", y nos había enterado de que la profesión religiosa era un camino y un refugio para muchos de estos nobles arruinados, sin dejar de mencionar también los empleos y hasta la universidad recién creada, como oportunidades para esta gente. El empobrecimiento de criollos fue un fenómeno lento, que, actuando con discreta continuidad, fue desplegando en la sociedad colonial un contexto de "personas españolas de mediana fortuna o pobres". Estas personas pasaban a formar parte de las capas medias — especialmente las media altas — en las ciudades y en los pueblos del reino.

No olvidemos que las familias nobles, siempre y en todas partes, cuando pierden las ventajas económicas que son el armazón de su superioridad social, conservan por algún tiempo las ventajas de la

212

educación que en su estado anterior pudieron recibir. Muchos criollos empobrecidos fueron introduciéndose en los campos en que sus ventajas de educación y formación intelectual podían ser útiles: en la Iglesia y los cuarteles, en los niveles medio e inferior de la burocracia, y finalmente también en la universidad y las profesiones. En esos campos se encontraban, claro está, con elementos de la clase dominante que ocupaban los niveles de dirección, y también, por otro lado, con mestizos favorecidos, provenientes de la capa media artesanal proveedora, y ocasionalmente con compañeros y colegas indios. Toda esta gente aparecía como una capa social letrada — "dedicadas generalmente a las letras", dice el autor de las Memorias —, no porque la capa media alta urbana estuviera integrada sólo por intelectuales, sino porque un sector de esa capa social se ganaba la vida con las letras y los números, en los escritorios de las oficinas públicas y en algunas privadas, como empleados o como profesionales. Luego, también, porque durante los quince años que duró el proceso de la Independencia de Guatemala (1808-1823), el grupo letrado de la capa media alta desarrolló una gran labor de lucha ideológica por medio de la palabra escrita; labor cuyo inicio puede situarse en los escritos periodísticos y en la poesía política del admirable Bergaño y Villegas, y cuya culminación, exactamente en la misma línea doctrinaria, se halla en los audaces polémicos de Don Pedro Molina en "El Editor Constitucional". Entre la gente letrada de la capa media alta no se encontraban estrictamente los hombres más eruditos de las postrimerías coloniales — pues entre los criollos y en la burocracia española hubo hombres muy preparados —, pero es absolutamente seguro que entre ellos se hallaba algo mucho más importante que la erudición: allí estaban los hombres de ideología más avanzada, las mentalidades revolucionarias, las cabezas más activas. La causa de este hecho estriba en que la capa media alta era, en la sociedad colonial, el único sector oprimido y resentido que tenía un grupo de hombres con alto desarrollo intelectual, universitarios o autodidactas, como lo fue Bergaño.

Mucho más resentimiento y odio de clase tiene que haber habido, por supuesto, en las masas sobre las que recaía directamente la explotación: los indios, los ladinos rurales, la plebe. Pero por mucha inteligencia natural que hubiera en algunos de sus hombres, faltaba la preparación, faltaban los recursos conceptuales indispensables para la lucha ideológica. La ignorancia los hacía, además, fatalistas y sensibles a las explicaciones supersticiosas de su miserable estado.

Fijemos bien este punto. No es exacto afirmar que en la sociedad colonial hubiera una "clase media letrada". Había una capa media alta, que se hacía notar y escuchar por un grupo de políticos letrados. El autor del fragmento citado hace de este grupo una clase, sin observar que ese grupo ilustrado y pensante era el cerebro, el organizador y vocero de una capa social que tenía muchísimos integrantes no letrados.

Las motivaciones de tan excelente disposición revolucionaria entre empleados e intelectuales de la capa media pueden hallarse, a primera vista, en el hecho de que la sociedad colonial no ofrecía oportunidades de superación a la gente dedicada al trabajo intelectual y excluida de la dirección política y administrativa del reino; empleos mal remunerados, estratificaciones jerárquicas sin movilidad, profesiones con escasísima demanda. Mariano Bedoya había pasado catorce años — lo mejor de su juventud — en un empleucho de la Real Hacienda (Administración de Rentas de la colonia), cayó preso cuando estaba a punto de obtener un insignificante ascenso por sustitución. Don Pedro Molina, dando respuesta a un escrito en que el Capitán General — Urrutia, 1820 — le pedía opinión sobre la situación de la profesión médica, le dice, junto a otras cosas, que hay enfermedad, epidemias y muerte, pero que los médicos, aun siendo sólo dieciocho graduados para todo el reino, son demasiados para la poca gente que puede requerir y pagar sus servicios. Agrega que, pese a ello, hay más estudiantes de medicina que en años anteriores — dato, éste, de gran interés si recordamos que la medicina era ocupación degradante y mal vista por la aristocracia; era carrera para estudiantes de capa media alta, quienes, viendo en la pobreza del país una perspectiva de fracaso profesional, tenían que ver en la Independencia una oportunidad de transformación social y no un simple reemplazo de los españoles por los criollos. Con la claridad mental de quien comprende que el problema exige soluciones revolucionarias, que afecten a toda la sociedad, asienta el doctor Molina estas sencillas palabras: "En los países pobres, todo se resiente de la miseria (...) El país es pobre; no puede mantener muchos médicos, y éste es el primer obstáculo efectivo que se opone a los adelantamientos de la medicina".

214

El país era pobre. Cada vez más pobre. Pero el empobrecimiento tenía, como en todas las sociedades de clases, efectos desiguales sobre los distintos sectores de la población. La burocracia española siguió recibiendo sin interrupción sus espléndidos sueldos, que se obtenían de las propias rentas del país. Los pocos grandes comerciantes del reino, monopolistas relacionados en exclusiva con las casas exportadoras e importadoras de Cádiz, obtuvieron incluso ventajas de la situación, porque, escaseando ciertos artículos europeos indispensables, pudieron venderlos a mejores precios. El contrabando, además, era realizado en gran parte por un grupo de ellos mismos. (La prueba definitiva de que la situación del reino no los perjudicaba, es su invariable adhesión al régimen y su desaprobación de la Independencia hasta el último momento). La aristocracia terrateniente, los criollos, siempre habían estado descontentos en medio de la opulencia, por los motivos que en otro lugar hemos estudiado detenidamente — clase dominante a medias —, veían acercarse la coyuntura en que el poder pasaría a sus manos, y hacían una disimulada y mañosa labor conspirativa, principalmente desde sus ayuntamientos, socavando el poder español sin comprometerse jamás abiertamente. La decadencia del imperio y la emancipación en marcha en otras colonias eran factores que trabajaban a favor de los criollos guatemaltecos. Ellos lo sabían, y maniobraban cautelosamente, sin prisa, evitando que un movimiento popular urbano, dirigido por la capa media alta llevando tras sí a las capas medias menesterosas, les arrebatase lo que parecía venir de rodado a sus manos. El empobrecimiento del reino los afectó poco; no dejaron por ello de ser la clase verdaderamente adinerada y poderosa del país. Las clases y capas oprimidas fueron las que sufrieron el fenómeno en términos de más penuria y más desvalimiento. Esa es la causa de que haya sido el sector letrado de la capa media alta, y no otro, el destinado históricamente a levantar el grito de protesta y a organizar los movimientos de Independencia violenta y transformadora. No era misión que estuviera al alcance de la conciencia ni de la capacidad política de ninguno de los grandes grupos explotados.

Es equivocado, pues, suponer que la capa media alta se componía solamente del sector que más se destacó en la lucha ideológica y política — oficinistas, empleados, estudiantes, curas, profesionales. Ellos
215

fueron, repetimos, el grupo pensante y portavoz de algo mucho más amplio. Es curioso, por ejemplo, que en las reuniones secretas del doctor Pedro Molina haya tenido entrada el comerciante Basilio Porras, quien además hizo donación de mil pesos a aquel grupo político. Porras era comerciante medio, no del rango de los Urruela, Payés, Isasi, Perales, Romá, Cividanes, Trullé, etc., sino justamente del grupo de comerciantes que se veía bloqueado en sus operaciones por aquellos otros. Don Basilio hasta escribió algunas cosillas tímidamente subversivas, que hizo circular manuscritas entre amigos de mucha confianza, descontentos como él; y uno de dichos amigos era don Víctor Zavala, también comerciante medio, no grande como los que controlaban el Consulado de Comercio, ni pequeño como los proveedores y cajoneros de la plaza de abastos. (Don Basilio Porras es bastante conocido por su actuación el 15 de septiembre, día en que, colaborando con Doña Dolores Bedoya de Molina y con otras personas, consiguieron que una muchedumbre más o menos numerosa acudiese a los corredores del palacio a gritar y a presionar, pues la Independencia estaba siendo discutida y decidida por la vía cautelosa — la vía criolla — en componendas con las autoridades españolas).

Debe recordarse que el heroico indio revolucionario Manuel Tot era comerciante; lo cual no impide que a la vez fuera universitario, como informa un autor, sino más bien induce a suponer que el prócer arribó a posiciones revolucionarias desde dos caminos distintos pero convergentes; el comercio de nivel medio en el interior del país (Tot era oriundo de la Verapaz), y la perspectiva profesional del hombre de capa media alta.

Llama poderosamente la atención, asimismo, encontrar en la lista de los conjurados de Belén a dos personas de quienes se dice que tenían por ocupación la de agricultores, y que uno de ellos sea nada menos que el infatigable Cayetano Bedoya, hombre subversivo e inquieto, verdadera antítesis del tipo de terrateniente colonial. Junto a él figura un Mariano Cárdenas, también "agricultor", que debe haber sido, como Bedoya, poseedor de alguna propiedad rústica mediana o pequeña.

Un segundo trozo documental, más breve en su texto pero más concreto en su referencia al problema, viene a ayudarnos. Aparece en el informe que rindió el Tesorero de las cajas reales, don Manuel Vela, en

1824. Este alto funcionario español, que veía la Independencia a tres años de distancia y desde la península — ya se hallaba de regreso en Madrid cuando escribió el informe —, le dedicó unos renglones a las capas medias; pocos pero muy importantes. Aproximándose al punto que nos interesa, informa el Tesorero:

"...Antes conviene decir que la población del expresado Reino de Guatemala asciende a un millón escaso de habitantes. Que de ellos se cuentan como seiscientos mil Indios; trescientos mil Mulatos, Negros y Castas; y de cuarenta a cincuenta mil blancos o Españoles Criollos; siendo muy corto el número de los Europeos o Chapetones, que forman una sola clase con los del país".

Después de dar esas cifras — que coinciden con las de otros documentos que adelante citaremos — y de dejarnos enterados de que emplea la designación "mulatos, negros y castas" para referirse al conjunto de los mestizos o ladinos, anota en la misma hoja las siguientes palabras, obscuras por su mala redacción, pero luminosas en ciertos puntos que tocan nuestro tema, como el lector verá si lee con cuidado:

"...La (casta) de los Mulatos se divide entre los que forman la parte común del pueblo, que es la más numerosa, y entre los que por la mejora de fortuna componen otra (casta) media, en que se cuentan bastantes personas Eclesiásticas, Abogados, Médicos, Maestros, Artistas, Propietarios, Agricultores y tratantes, etcétera. Las de la primera división no han sido por sí mismos revoltosos; pero como generalmente son pobres, sin principios ni costumbres, se han unido con facilidad a los que los son (revoltosos), llevados de la esperanza de aliviar su suerte. Mas los segundos siempre han sido del partido de la independencia, por el anhelo y deseo de llegar a igualarse y poder participar de los honores y distinciones que disfrutan los Criollos, o Españoles Americanos. Estos en verdad son los Patriarcas de la rebelión, y lo seguirán siendo, auxiliados de los de la clase media, con quienes han contado para sus planes y proyectos a pesar de la mutua aversión que se tienen...".

El observador que escribió esos renglones fue funcionario de la Real Hacienda durante veintinueve años de los treinta y dos que vivió en Guatemala. Español ambicioso, pero eficaz y exacto, comenzó su carrera como oficial de la Contaduría de Tabacos y llegó a ser Tesorero General del reino. Se hallaba en León de Nicaragua cuando el movimiento armado de 1812, y arrostró la peligrosa tarea de escapar con los fondos de las cajas reales para impedir que los revolucionarios los incautaran. Es muy probable que haya estado presente en la junta del 15 de septiembre de 1821, y todavía permaneció en Guatemala cuatro meses preparando su regreso a España, porque se negó a jurar la Independencia. Podemos estar seguros, pues, de que conocía bastante bien la composición social de la colonia, y de que captaba, hasta donde su posición política se lo permitía, los elementos que entraron en juego y su correlación externa en el desarrollo de la Independencia. Varios de sus observaciones acerca de las capas medias y de los criollos ya habían sido recogidas por nosotros en otras fuentes o deducidas de ellas. Sin embargo, es de interés desprenderlas de ese apretado trozo documental y verlas rubricadas por un observador tan importante.

La capa media alta "siempre" ha sido decidida partidaria de la Independencia. Lo sabíamos: su lucha comenzó desde el momento mismo en que España fue invadida por los franceses y quedó sin rey en 1808. Los movimientos armados fueron organizados y realizados por ella. A ella pertenecen los mártires y héroes de aquella lucha.

Los criollos consiguieron el control de la Independencia, ser los "patriarcas" de ella, aprovechando para sus fines el trabajo de agitación realizado por la capa media alta entre las capas medias pobres.

Sin embargo, había entre los dos grupos "mutua aversión". Los intereses del grupo eran diferentes, hemos dicho nosotros, y si bien ambos propugnaban la Independencia, la concebían en formas muy distintas. Los que querían una emancipación estática, conservadora, y los que querían y necesitaban una emancipación transformadora y revolucionaria, es natural que se tuvieran mutua aversión.

Los mulatos y castas — es decir, los ladinos — se clasifican en dos grupos, pero esa separación no tiene absolutamente nada que ver con la fórmula étnica de su mestizaje, sino únicamente con su situación económica. Es igual llamarlos mestizos, mulatos, pardos, castas o ladinos; lo importante es que la mayoría de ellos son pobres y "forman la parte común del pueblo", y los otros forman un grupo que goza de mejor fortuna. Estos últimos, sin embargo, no gozan de la posición de los criollos en lo económico ni en lo político.

Los ladinos pobres carecen de educación y de orden en su género de vida, "sin principios ni costumbres". El Tesorero no pudo incluir en su informe la palabra miseria, porque con ella hubiera lastimado los regios oídos de Fernando VII a quien precisamente quería halagar, pero la realidad se filtró entre líneas, como suele ocurrir en estos casos: la pobreza de los ladinos comunes era tal — admite el Tesorero — que se hacía fácil arrastrarlos tras la esperanza de aliviar su suerte. Allí va, pues, la plebe y la masa andrajosa de los ladinos rurales.

Los ladinos pobres no han sido por sí mismos "revoltosos". Quiere decir el Tesorero que no emprendieron por sí mismos acciones contra el régimen que los tenía en la miseria — eso es lo que se entiende por "revoltoso" cuando habla un empleado del imperio. Hemos dicho nosotros que los ladinos rurales no podían compactarse por motivo de su gran aislamiento y dispersión, y la plebe por motivo de su falta de unidad de función económica y de intereses.

Es interesante reparar en que el informe no distingue ni menciona al sector urbano que hemos llamado capa media artesanal proveedora. Nótese que al enumerar los elementos de la capa media alta no incluye a los artesanos — aunque puede admitirse que los incluyera bajo la designación de "Artistas" —. Y evidentemente es imposible que haya englobado a la media artesanal proveedora en "la parte común del pueblo". Lo que ocurre es que el Tesorero estaba viendo a los grupos coloniales directa y exclusivamente en función de la Independencia, y así vistos tiene que haber resultado imperceptible o insignificante la capa artesanal proveedora por los siguientes motivos. Primero, que sus integrantes tenían, como ya dijimos, una gran diversidad de intereses y de posiciones frente a la perspectiva de la emancipación, lo cual debe haber anulado o neutralizado a muchos de ellos en el episodio de la Independencia. Segundo, que un buen número de integrantes de la capa media artesanal proveedora, seguramente una mayoría, debe haberse plegado totalmente a los lineamientos de la capa media alta en lo que respecta a posiciones frente a la emancipación. Y no habiendo presentado una posición distinta para el observador, éste no tenía por qué distinguirlos en su enumeración de grupos políticos. En dos palabras: el trance de la Independencia desdibujó a la capa de artesanos y proveedores, neutralizando para el observador a todos sus elementos adversos a la Independencia, y englobando en la capa media alta a los que seguían su línea política. Estos hechos, propios de un momento crítico y de desenlace, no contradicen, sin embargo, la existencia de la capa media artesanal proveedora como una entidad histórica distinta de la capa media alta, y cronológicamente anterior a ella.

Pero el punto realmente interesante de este texto — el punto al que queríamos llegar — es aquel en que, con cuatro palabras, escuetas y rotundas, le otorga nuevas bases a nuestra afirmación de que la capa media alta no podía estar constituida solamente por el sector urbano letrado. A nuestras sospechas, suscitadas al encontrar comerciantes y agricultores en la conjuración de Belén y en el círculo subversivo del doctor Molina, viene a sumarse el testimonio de un observador que no podía equivocarse en este punto: junto a los eclesiásticos, abogados, médicos, estudiantes, empleados, maestros, artistas, que constituían el sector letrado de la capa, había también, según aclara el Tesorero, propietarios, agricultores, tratantes, etcétera.

Esas cuatro palabras abarcan y delatan a un sector vigoroso y complejo de la sociedad colonial, con representantes en las ciudades, y seguramente con una amplia ramificación en los pueblos del interior del país. Dentro de ese sector existía el embrión de una pequeña burguesía y de una clase de agricultores pequeños y medianos. El embrión pequeño-burgués estaba integrado principalmente por los comerciantes que no se beneficiaban con el monopolio, que no gozaban de relaciones exclusivas con las casas españolas, y que por eso mismo se hallaban en un plano de desventaja frente a los treinta grandes firmas comerciales del reino. También hay que ubicar allí a ciertos productores no artesanales, manufactureros, explotadores de mano de obra asalariada, que tienen que haber estado interesados en la ampliación del mercado interno y en la abolición de las trabas a la producción: propietarios de molinos, de tenerías, de fábricas de jabón y de aguardiente, y otros. El rudimento de la clase de agricultores medios y pequeños estaba formado por todos los propietarios de tierras no adquiridas por herencia de conquista, ni por derivación ni ampliación de aquella herencia, ni por donación real bajo los auspicios de los altos funcionarios; es decir, no adquiridas por las vías propiamente coloniales para la formación de empresas agrícolas. Tierras compradas a indios o españoles, o usurpadas,

220

o adquiridas bajo condiciones difíciles, sin ayuda oficial, que formaban heredades medias y pequeñas, trabajadas por sus propietarios o con mano de obra asalariada. Los documentos de la época de Independencia dan testimonio de la existencia de estos agricultores, y nosotros nos referimos con algún detalle a su desarrollo en el décimo apartado de este capítulo, al estudiar la lucha de los ladinos en pueblos de indios. El asunto lo exige y lo amerita.

La palabra etcétera que el Tesorero añadió a la mención de los propietarios, agricultores y tratantes, no está allí sin razón ni debe ser desestimada. Deja entender — inadvertidamente, quizá, pero con apego a la realidad — que junto a los elementos mencionados había otros que se omiten. Es que la capa media alta urbana era un complejo social. Si bien es posible señalar en ella, como factor central, la combinación de los rudimentos de una pequeña burguesía y de una clase de agricultores medios y pequeños, y si es indudable la presencia de una activa red de empleados y profesionales que provenían de esos grupos o guardaban afinidad con ellos — que en todo caso actuaban en nombre de ellos —, no es menos cierto que muchos otros elementos de la capa media alta escapan al análisis. Quede aquí sugerida la conveniencia de precisarlos en una investigación especial.

El grupo de intelectuales y activistas revolucionarios de la época de la Independencia fue el punto de arranque del Partido Liberal que se formó inmediatamente después de la emancipación para hacerle frente al partido conservador de los criollos. Los revolucionarios de los días de la Independencia fueron el núcleo directivo de un partido que tuvo fuerza suficiente para sostener una prolongada guerra de clases con los criollos — pues eso, una guerra de clases, fue lo que conocemos con el nombre de luchas de la Federación, y que Alejandro Marure llamó "Revoluciones de Centroamérica" en su obra magistral. La más elemental lógica histórica obliga a pensar que aquellos hombres eran representantes de una fuerza social muy amplia, cuyos principales elementos creemos estar señalando con acierto y esperamos presentar en forma convincente más adelante. Los lineamientos correctos, al parecer, para llegar a la plena comprensión del papel histórico de esta capa son los siguientes:

La capa media alta de las ciudades no era exclusivamente una capa urbana — esa es la clave de su comprensión —; se prolongaba y completaba en la capa media alta rural, de los pueblos, y estaba presente en donde hubiera propietarios de rango medio no colonial — no herederos de la conquista ni del apoyo del poder español. La estructura de la colonia — las relaciones coloniales de producción — bloqueaba el desarrollo económico de toda esta gente. Por eso, una Independencia controlada por los criollos resultaba para ella una verdadera frustración: no podía esperarse de tal evento una efectiva liberalización de los mecanismos de obtención de la propiedad territorial, ni un cambio en el régimen de trabajo y en la situación de las masas oprimidas, y mucho menos una ampliación del mercado interno. Esa fue la causa de que la capa media alta — pequeña burguesía en gestación y agricultores medianos y pequeños — haya luchado por una emancipación con cambios estructurales, y de que, al no lograr su propósito, se constituyera en fuerza de oposición inmediatamente después de la Independencia.

La capa media alta urbana, ampliada y estrechamente vinculada con la capa media alta rural — de la que recibió cada vez más su fuerza económica y política —, jugó un papel de primer orden en la lucha por la Independencia — que le fue hábilmente arrebatada por los criollos en una maniobra de entendimiento con las autoridades españolas —; en la desanexión a México y en la creación de la República Federal — momentos, ambos, en que logró tomar la dirección política de la sociedad centroamericana —; en las guerras intestinas de la Federación — en que ella polarizó y dirigió al bando liberal —; y en el movimiento de Reforma de 1871 — en que finalmente tomó el poder, aunque para entonces había sufrido importantes alteraciones en su contenido de clase, como indicaremos al final de este libro.

Vamos tratando siempre de hilvanar procesos históricos — evitando, por principio metodológico, la descripción inerte, el informe muerto —; ello nos obliga a mostrar, a veces, remotas proyecciones del tema que tenemos entre manos; también nos obliga, en ciertos momentos, a soltar los hilos de una explicación para retomarlos de nuevo más adelante.

VIII

El capítulo que estamos desarrollando ha exigido esfuerzos de discernimiento más laboriosos que los requeridos por ninguna otra sección de este libro. Tenía que ser así. Estamos examinando el desarrollo de los grupos poco definidos de la sociedad colonial; aquellos que, inexistentes al momento de la conquista, no salieron de ella con una función económica estatuida, sino que, formándose después lentamente, fueron hallando su sitio — con profundos cambios internos a lo largo del proceso — en medio de los dos grupos antagónicos iniciales. No se nos hizo particularmente difícil comprender cómo, clausurada la gran crisis de la conquista con su última fase, que fue la aplicación de las Leyes Nuevas, quedaron históricamente establecidos los conquistadores, colonos y funcionarios reales en el plan de amos, frente a los indios en situación de siervos. Las discrepancias surgidas entre los dos grupos dominantes fueron en su lugar explicadas: eran clarísimos los intereses que unificaban a la clase terrateniente local frente a la alta burocracia española; y esta última, en tanto que defendía los intereses de la nobleza y la burguesía peninsulares — personificadas en el rey — actuaba también como una clase sin serlo. La lucha de estos dos grupos en torno al indio y frente al indio, así como la de éste frente a sus explotadores, resultaron tan evidentes que nos atrevimos a sugerir la figura de "el gran triángulo invertido" — se recordará — para simbolizar y esquematizar al máximo las principales tensiones estructurales de la sociedad colonial guatemalteca.

Dicho esquema va a servirnos ahora, y por eso hemos traído a la memoria sus ya conocidos elementos.

Una de las finalidades del presente capítulo era, según se dijo al principio, superar el fácil expediente de consignar que el mestizaje dio una "castas". Queríamos ir mucho más allá, y buscar, al margen de la creciente confusión de las mezclas raciales — que no operan como factores históricos —, la gestación de grupos diferenciados por su función, o al menos por su situación económica y social. Preguntábamos por las capas medias, y nuestra labor ha sido mostrar su existencia, definirlas e indicar algunas particularidades de su desarrollo. Para ello hemos tenido que movernos sobre amplias perspectivas: remontarnos hasta los tiempos del mestizaje de conquista, la procreación en indias

223

cautivas; y siguiendo ciertos desdoblamientos del problema hemos llegado a la última etapa colonial, en la que los próceres de la capa media alta, próceres revolucionarios (por eso olvidados), veían apagarse sus vidas en tétricas bartolinas. Hemos tenido que mencionar constantemente la violencia, la pobreza y la frustración; no por un siniestro afán de destacar el lado ominoso de las cosas — como podrían opinar los nostálgicos de la tranquilidad colonial — sino porque esos signos presidían, real y desafortunadamente, la existencia de la gran mayoría de la gente de las capas medias en las ciudades y en el campo. Dan fe de ello no sólo los cronistas en diversas formas, sino un crecido número de documentos, editados y de archivo: Actas de Cabildo, Reales Cédulas, Leyes, Acuerdos de la Audiencia, bandos, Ordenanzas, quejas, procesos, exposiciones reservadas, Memorias, periódicos, informes económicos y otras fuentes que hemos venido citando.

El estudio de las capas pone de manifiesto, como hecho fundamental, que se desarrollaron en las condiciones de un marco histórico restringido, opresivo y altamente desfavorable. Y ese marco no era otro que el que simbólicamente hemos llamado "el triángulo invertido", es decir las tensiones y limitaciones creadas por la lucha de clases básica: terratenientes y monarquía explotando y disputándose al indio.

Vamos a ensayar ahora, en la segunda parte de este capítulo, un ejercicio que es indispensable para integrar la visión de los fundamentos de la sociedad colonial. Se trata de sintetizar el desarrollo de las capas medias, incorporándolas al esquema de la lucha de clases básica. En otras palabras, se trata de situar a las capas medias en el triángulo. El ejercicio tiene dos finalidades igualmente importantes. La primera es demostrar que las capas medias coloniales fueron un resultado histórico, directo y necesario, de las contradicciones y luchas existentes entre los grupos primarios. Demostrarlo equivale a dar la explicación científica — la interpretación — de aquellas capas, pues se señalan los factores que determinaron su nacimiento y su peculiar desarrollo. (Ello reviste, además, cierto interés teórico, ya que ofrece un ejemplo de cómo las contradicciones básicas de una sociedad de clases generan en ella grupos sociales nuevos, llamados a tomar el poder en una determinada circunstancia histórica futura.) La segunda finalidad es completar la visión que ya tenemos de las capas medias, porque hay muchos aspectos

224

de su realidad que sólo pueden comprenderse cuando se las observa moviéndose aprisionadas en la red de intereses ajenos, que les cerró ciertos caminos y les impuso otros.

Representemos el triángulo. (Al final del libro encontrará el lector un diagrama que en ciertos momentos puede ser útil, aunque no indispensable, para simplificar las explicaciones siguientes). Los tres ángulos que por su importancia deberían ser coronados con tres circunferencias, sabemos ya lo que representan. El hecho de que los indios hayan sido una enorme mayoría de la población, así como la circunstancia de que criollos y españoles fueran una ínfima minoría, no alteran la drástica dominación que ejercieron éstos pocos sobre aquellos muchos, razón por la cual conservamos la figura con el vértice hacia abajo — el esquema es dinámico, compendia fuerzas y relaciones, no cantidades. — Admitamos, pues, que el ángulo superior de la izquierda, con el redondel que lo rodea, representa a la aristocracia criolla. Que el de la derecha simboliza a los representantes de la monarquía.

Que la recta horizontal, uniendo y separando a la vez a esas dos fuerzas, simboliza su obligada colaboración de explotadores y sus pugnas y regateos, especialmente en torno al indio. Los trazos que descienden convergentes sobre el indio significan la doble opresión que éste padecía; pero considerados de abajo hacia arriba, también significan la resistencia de los indígenas, su multiforme lucha en desventaja con sus opresores. He ahí el esquema básico de la lucha de clases colonial y de sus principales tensiones. Cuando en capítulos precedentes explicábamos la esencia de la conquista, la transformación de la encomienda y el repartimiento, las dos Españas, la patria como patrimonio, los grandes prejuicios acerca del indio, la resistencia de éste frente a su conquista total y frente al trabajo forzado, en todo momento estuvo insinuándose esa figura en el fondo de los hechos. Se trata de demostrar ahora que, al explicar en los apartados precedentes de este capítulo el desarrollo de las capas medias — no indias, no criollas, no peninsulares — nos hemos estado refiriendo a fenómenos que no solamente se relacionaban con aquella trama, sino que fueron directamente generados por ella. Vamos a ayudarnos, si se quiere, imaginando que garabateamos unas cuantas notas y figuras sobre el triángulo. No corremos riesgo alguno de caer en esquematismo, porque todo lo que vamos a simbolizar con trazos y marbetes comprendía procesos y realidades vivas que ya hemos explicado anteriormente y que seguiremos exponiendo en su desarrollo concreto.

Tenemos que comenzar por los negros, ya que, según vimos, sin ellos falta el tercer elemento del mestizaje. Y de entrada nos exponemos a que un inocente nos diga que los negros eran traídos de Guinea y de otras regiones de África occidental, y que, por consiguiente, fueron un elemento venido del exterior y no brotado del esquema.

Ciertamente — explicaríamos — eran secuestrados en otro continente y embarcados a la fuerza para venderlos en las colonias españolas (también en las portuguesas y mucho más en las inglesas) de América. Pero eso ocurrió porque aquí, en las colonias, se hizo necesaria en distintos momentos y por distintos motivos, la fuerza de trabajo de aquellos esclavos importados. En las Antillas comenzó la introducción de negros muy pronto, porque, habiendo sido las islas una antesala de la conquista continental, la explotación de los nativos fue allí tan intensa que llegó a exterminarlos. En Guatemala, región conquistada veinte años más tarde, no se planteó el problema de la necesidad de negros sino hasta pasados otros veinte años más: en el momento en que los indios fueron sacados de la esclavitud. La explicación de este asunto la hemos dado en los capítulos en que vimos cómo la corona española, a través de una campaña de defensa de los indios que culminó en las Leyes de 1542, logró recuperarlos como vasallos y tributarios suyos. Los esclavistas de la primera etapa colonizadora necesitaron entonces un sustituto de los indios que les estaban siendo arrebatados, y esa coyuntura — íntegramente relativa a la dinámica del triángulo básico: colonos y corona disputándose al indio — fue la causa de que entrara en escena el grupo nuevo de los negros.

Si hubiéramos de simbolizar gráficamente a los esclavos africanos en nuestro diagrama, tendríamos que hacerlo dibujando un círculo en el interior y en la parte más baja del correspondiente a los indios, señalando con ello que se trata de un grupo oprimido dentro de los oprimidos. Los indios estaban pasando a una condición nueva, todavía no bien definida. En todo ese lapso, que corre por la segunda mitad del siglo XVI, el círculo de los esclavos crece. Pero repentinamente se estabiliza. Después comienza a decrecer, y lo vemos deslizarse hacia arriba, hasta salir del

226

círculo de los indios. Se ha regularizado el trabajo forzoso de estos últimos. Aristocracia y monarquía se han puesto de acuerdo: el indio, concentrado en sus pueblos, trabajará para los dos. Trabajará para tributar, e irá obligatoriamente a las haciendas. Lo más importante: no será libre de contratar las condiciones ni el precio de su trabajo. Desde ese momento — importantísimo reajuste en las tensiones del triángulo — los negros ya no serán necesarios, salvo en ciertos lugares y en cantidades muy moderadas. Y como se han pagado un precio por ellos se les tratará mejor que a los indios. Desde mediados del siglo XVII cesan las sublevaciones de negros. Es interesante señalar que la documentación subsiguiente no hace mención de mal trato a los negros; no existe como asunto en los papeles coloniales. Muchos pasarán a ser esclavos de confianza, otros obtendrán su libertad, y en distintas formas pasarán a las capas medias, en donde el mestizaje reducirá paulatinamente su número — pero el número de negroides aumentará hasta confundir las designaciones de "mestizo" y "mulato". En nuestro diagrama sólo queda, por consiguiente, un discreto círculo por encima del de los indios, significando la existencia de núcleos de esclavos en pocas haciendas. Partiendo de esa pequeña figura circular podría trazarse unas líneas radiales tenues en dirección al centro del triángulo, señalando la transformación gradual de negros incorporados a las capas medias. Y eso sería todo lo esencial. Nótese que no solamente la aparición, sino cada uno de los momentos y cambios decisivos del proceso de los negros, estuvo determinado por algún cambio en la lucha de los grupos primarios.

El mestizaje de español o criollo con india, tanto el de conquista como el que hemos llamado "mestizaje feudal", suele ser falseado al presentarlo como un fenómeno biológico, y aun más superficialmente como un reiterado incidente sexual. Podría salirnos al paso otra vez nuestro inocente argumentador — enemigo de nuestro triángulo, y símbolo él también — diciendo que el coito y la ciega procreación pertenecen a la más elemental naturaleza del ser humano, y que son fenómenos no sólo anteriores sino totalmente ajenos al problema de las clases.

Sería largo y estaría fuera de lugar aquí explicarle que los actos humanos, en tanto que son humanos, están siempre socialmente condicionados. Pero es fácil para cualquiera entender la siguiente verdad: que el hombre no puede efectuar ningún acto de relación — sea de la naturaleza que fuere — que no esté condicionado por el valor que se otorga a sí mismo y a aquéllos con quienes se relaciona; y que la medida o manera de valorarse y de valorar a los demás le es dada, necesariamente, por el tipo de sociedad en que se ha formado y por el lugar que ocupa en ella.

Así, pues, el español — o el criollo, si se quiere — realizó actos humanos muy distintos cuando yació con mujer española y cuando lo hizo con india. En el plano biológico es posible que los dos fenómenos fueran muy semejantes, pero eso a nosotros no nos importa, porque no estamos tratando de entender la fecundación, sino los condicionantes sociales y las consecuencias históricas de la misma cuando es realizada entre personas pertenecientes a distintas clases de una sociedad determinada. A la mujer española, el español la había llevado o la tuvo que llevar a la Iglesia, y allí, en una ceremonia a la que el conglomerado le atribuía significación trascendente, se comprometió a convivir perdurablemente con ella, a proteger y educar a sus hijos, a hacer a éstos, y eventualmente también a ella, herederos de sus bienes. Esos hijos recibieron, pues, ciertos bienes materiales y cierta capacidad para conservarlos y ampliarlos. Ingresaron al grupo al que pertenecían sus padres y otras familias que también tenían algo que conservar, heredar y ampliar. Entraron a formar parte de la clase dominante. Ese destino les había sido asignado en la mente de sus progenitores mucho antes de que nacieran, al programar su procreación, que nada tuvo de "acto ciego".

Tampoco lo fue la fecundación de la mujer india por el español o el criollo. Ya sea que la violara, la engañara, la sobornara, la sedujera, la persuadiera, en cualquiera de los casos se dieron unas condiciones que es preciso indicar. La condición fundamental del mestizaje de español con india fue, desde luego, la superioridad del hispano sobre la nativa —tema que debe ser bien entendido y que ya nos ocupó en lugar oportuno—. No meramente la pretensión de superioridad, sino la superioridad efectiva en términos de ventaja económica, social, de autoridad y de desarrollo intelectual. El sometimiento económico, que fue la esencia perdurable de la conquista y la causa también perdurable de la inferioridad general de los conquistados, siguió operando desde

228

luego en el mestizaje, haciendo de él, como ya decíamos, un aspecto peculiar de la opresión. En el período esclavista, la mujer india fue usada como instrumento. En el período feudal se encontró en una situación de inferioridad menos arrolladora, pero posiblemente más efectiva para los hechos que estamos analizando. Se aleja el recuerdo de las degollinas de la conquista —que nunca se borrará del todo—; va calando la labor doctrinaria y amansadora de la clase dominante; la desigualdad va siendo sobrellevada con actitudes nuevas, en las que hay cabida para el oportunismo. Durante los siglos coloniales, el odio de clase, siempre vivo en los indios, recibió el influjo moderador de la Iglesia. La mujer india aprendió a postrarse frente al hombre blanco que se suponía facultado para acercarla a Dios; aprendió a rendirle culto a imágenes religiosas de tipo europeo; a los Cristos y mártires blancos, sangrantes y desnudos, consumidos por la pasión, anatómicamente estupendos. Un gran número de factores de dominación, materiales y psicológicos, grandes y pequeños, algunos de ellos muy sutiles, ensancharon las posibilidades del mestizaje feudal, sin alterar su carácter. La mujer india no fue la esposa del español o criollo que incidental o regularmente la poseyó. Fue a lo sumo su concubina india (su "barragana" en el léxico jurídico de la época), lo que en aquel contexto quería su servidora extramatrimonial en materia de comodidad sexual. Ninguna ley, ninguna instancia moral efectiva obligaba al señor colonial ante su concubina india ni ante los hijos que en ella procrease. Al contrario; la opinión, dentro de la clase indígena, debe haber censurado a la mujer que, cayendo en condescendencias con el tradicional enemigo, no se hallaba a la altura del odio que había motivos sobrados para tenerle. Cabe suponerse que esa aversión de clase haya sido el principal freno del mestizaje inicial o directo, de español o criollo con india.

En el seno de la clase dominante la opinión era aún más drástica, pues si allá se trataba de un resentimiento, aquí se trataba de la defensa del patrimonio. Ya vimos en otro lugar — "herencia de sangre y herencia de poder" — cómo la conservación de la riqueza dentro de un reducido núcleo europeo heredero de la conquista exigía que ese núcleo se mantuviera cerrado y velara por su diferenciación racial, a la cual se le había dado, desde los principios, el falso significado de una fuente de distinción en todos los sentidos. Y la prueba de que la verdadera preocupación era de raíz estrictamente económica está en el hecho de que la opinión no se conmovía frente al concubinato y la procreación de hijos espurios — sucesos corrientes en la vida colonial — siempre que la conducta del varón dejase entender que se trataba de escapadas que no amenazaban la estructura ni el patrimonio de su familia legítima. La aristocracia colonial, la clase criolla, se abrió bajo la presión de españoles inmigrantes y también se abrió para expulsar de su seno a españoles arruinados; pero consiguió mantenerse cerrada frente a la gente mestiza e indígena durante el respetable lapso de tres siglos.

No debe suponerse, empero, que en el marco de las relaciones feudales desapareció la violación de las mujeres indias en la forma más brutal. El fenómeno perduró, especialmente en las regiones interiores del país. A fines del siglo XVIII, Cortés y Larraz dan noticia, indignados, de abusos de esa índole cometidos por los Corregidores y Alcaldes Mayores — funcionarios que siempre fueron criollos o españoles. Dice de ellos que, con tener activo el látigo y despellejar a los indios en el poste, se hacían dueños de los indios mismos, de sus caudales, y agrega textualmente que también de sus mujeres: "...El estado de los indios es hallarse dominados, por lo común, por alcaldes mayores codiciosos y crueles, que hacen de ellos cuanto se les antoja sin que puedan ser remediados por las Audiencias; porque aunque quieran y lo hagan en efecto (buscar remedio, quejarse, S.M.) cuando se hallan sumamente oprimidos, en amarrándolos a la picota, quitarles la piel y encarcelados, convierten la queja en elogio (...) es fuerte cosa que con tener una picota delante de las casas reales, sea un Alcalde dueño de los indios, de sus caudales y de sus mujeres...".

Entendamos, pues, que el mestizaje inicial fue un acto realizado en el contexto y como consecuencia de la inferioridad y desventaja de la mujer de la clase servil frente al hombre de la clase dominante. Fue resultado de la unión biológica basada en una profunda desunión y desigualdad humana; de la procreación como acto de dominio de clase más o menos encubierto, y en muchos casos como un simple ultraje.

Los hijos de aquellas uniones, los mestizos originales, fueron lo que fueron — trabajadores sin patrimonio, lanzados a la búsqueda de ocupaciones de nivel medio o completamente descalificadas — como consecuencia de que sus padres pertenecían a dos clases antagónicas,

230

ninguna de las cuales podía darles cabida sin perjudicarse o perjudicarlos. Todo lo cual fue resultado, en último análisis, de la existencia misma de esas clases en pugna y de las posibilidades de conducta establecidas por la dominación de una sobre la otra.

El mestizaje secundario, la multiplicación de los mestizos combinándose entre sí y con los demás grupos —incluidos, por supuesto, los mismos españoles y criollos— no fue ni podía ser otra cosa que una prolongación y una complicación de los resultados del mestizaje inicial. La multiplicación de seres que nacían fuera del grupo dominador acaudalado y fuera del grupo indígena servil era un proliferar de individuos en busca de ocupaciones libres de nivel medio e inferior. Individuos que no habían heredado propiedad, ni autoridad, ni servidumbre, y que tenían que hacerse útiles para ser remunerados y poder sobrevivir. Ahora bien: el éxito y las vicisitudes de esa búsqueda dependían, naturalmente, de la demanda de trabajadores en aquella sociedad y de las áreas ocupacionales en que los necesitara. La necesidad de trabajadores libres actuó como un molde en el que se fue vaciando la corriente humana de los mestizos. Las estrecheces, limitaciones y caprichos de ese molde van a determinar las distintas situaciones y funciones de los mestizos; es decir, van a configurar a las capas medias.

Las primeras generaciones de mestizos proporcionaron la gente que habría de asumir los oficios y trabajos libres que iban haciéndose necesarios con el desarrollo de la nueva sociedad; especialmente los oficios enseñados y después abandonados por los españoles — no olvidemos que los primeros artesanos fueron todos españoles, y que también ellos se volvieron "señores de vasallos".

Pero las ocupaciones de nivel medio —artesanías, abastos, transporte, etc.—, constituían un campo bastante limitado en la sociedad colonial guatemateca; sociedad con pocas ciudades, algunas de ellas muy pequeñas, con un desarrollo económico muy lento, y que, para colmo de males, sufrió una prolongada y grave crisis en su último período. Cuando en otro lugar decíamos que las ocupaciones libres eran un camino para los mestizos, hubiera sido más exacto decir que eran una senda estrecha, casi un callejón. En una primera etapa, los mestizos fueron encontrando acomodo útil, y fue entonces cuando configuraron la capa media artesanal proveedora de las ciudades. Pero gradualmente

231

fue haciéndose más difícil su situación. El crecimiento numérico de la población mestiza no guardaba proporción con la demanda de trabajadores urbanos, y este fenómeno, continuado hasta el final del coloniaje, fue la causa fundamental de la aparición de las capas medias pobres en la ciudad y en el campo —la plebe y los ladinos rurales—; motivó la gran calamidad de la desocupación forzosa en las dos esferas citadas, y presionó el establecimiento de ladinos en pueblos de indios. El cuadro de pobreza, delincuencia, pordiosería y ferocidad sanguinaria que horrorizó al oidor Campusano al mirar a las ciudades, así como la dispersión, el embrutecimiento, la desnudez física e intelectual que alarmaron a Cortés y Larraz al conocer las rancherías del interior del país, eran resultado del proceso de descompensación que estamos indicando.

La escasa oportunidad de éxito en las ciudades no puede extrañarnos si recordamos que no eran más de doce o trece en todo el reino; que la más populosa de ellas —Guatemala— tenía aproximadamente 60,000 moradores a fines del siglo XVII y solamente unos 40,000 a principios del XIX, y que la población española del reino —criollos y peninsulares— era solamente de 40,000 personas, las cuales no radicaban todas en las ciudades. Así, pues, aún si consideramos a aquella sociedad en sus mejores momentos, la demanda de bienes y servicios proporcionados por los artesanos y proveedores tiene que haber sido muy modesta. Algunos de dichos bienes eran de consumo indispensable y su demanda rebasaba los límites de las ciudades; por eso dieron lugar a que algunos gremios se fortalecieran, como ocurrió con el de tejedores, o a que algún artesano en particular se hiciese rico —como el fabricante de candelas que menciona Fuentes —artículo indispensable para el alumbrado y de mucho consumo en el rito católico. Pero al margen de un núcleo limitado de artesanos y proveedores favorecidos, era natural que la afluencia de mestizos a las ciudades viniera a caer bajo la explotación de ese mismo núcleo, cayera en la desocupación o en la semiocupación, se viera obligada a trabajar a cambio de cualquier cosa, o se lanzara a los campos y pueblos en busca de lo necesario para sobrevivir.

Lo que llevamos dicho acerca de las capas medias hasta el punto en que nos hallamos deriva íntegramente del esquema colonial básico. El

232

mestizaje, tanto el inicial como el secundario, venía de trabajadores en busca de ocupación, fue resultado de la opresión de españoles y criollos sobre los indios, desencadenante, a su vez, de nuevas situaciones opresivas. La circunstancia de que haya habido poca oportunidad de vender bienes y servicios, y aún pura fuerza de trabajo no calificada en las ciudades y en el campo, obedecía a que la estructura básica de la colonia suponía grandes masas de siervos con bajísima o nula capacidad de compra, y una élite urbana, criolla y española, adinerada pero sumamente reducida.

Si queremos visualizar lo indicado hasta aquí con figuras y trazos sobre el triángulo, debemos tener algún cuidado al seleccionar y ubicar los símbolos, porque el mestizaje fue un proceso complejo que arrojó resultados en varias direcciones. Por de pronto, será preciso trazar unas figuras que indiquen que los primeros mestizos nutrieron el primer núcleo de la capa media artesanal proveedora, y que, de todas las capas medias, fue ésta la que primero comenzó a integrarse. Marquemos un pequeño círculo, o un punto enérgico pero de dimensiones muy discretas, exactamente en la mitad y sobre la recta que desciende de los criollos a los indios. Convengamos en que representa al mestizaje, la promoción de mestizos de todo tipo, y que, si bien podríamos haber situado ese foco en otros puntos de la figura, hemos preferido colocarlo allí por una razón bastante aceptable: la de que el mestizaje inicial, considerado a lo largo de casi tres siglos que duró la colonia, tiene que haber sido mucho más frecuente entre criollos e indias que entre español con india.

Tracemos también, en el espacio interior del triángulo, un rectángulo estrecho y largo, una cinta, que representa a la capa media artesanal proveedora. Un vigoroso trazo en forma de flecha debería salir del foco del mestizaje y penetrar en este rectángulo, recordándonos que los primeros mestizos fueron también los primeros artesanos y proveedores no españoles, y que el mestizaje estará siempre lanzando elementos en esa dirección.

Tomando como referencia el punto que simboliza al mestizaje, debemos delinear ahora una amplia figura elíptica que envuelve a aquel punto en uno de sus extremos, pero que, con el otro, se alarga hacia abajo hasta tocar el círculo de los indios. Sería ésta una manera de indicar que el mestizaje, conforme fue cobrando importancia numérica, se proyectó socialmente en dirección de los trabajadores pobres del campo y configuró la capa media baja de ladinos rurales.

Sin embargo, sabemos que también lanzó mucha gente a los barrios pobres de las ciudades, y ello nos apremia a dibujar inmediatamente por debajo de la cinta que corresponde a la capa media artesanal, otra figura rectangular idéntica, que representa a la plebe. Y así como del foco del mestizaje hicimos salir una flecha en dirección de la capa media artesanal, así tenemos que sacar otra en dirección de la plebe. El incremento demográfico de los mestizos dio origen a la extensa capa de los ladinos rurales, simbolizada en la elipse, pero también lanzó gente a la plebe de las ciudades. Y como en la plebe caía mucha gente arruinada proveniente de la capa media artesanal, no estará de más trazar una corta flecha que sirva para recordárnoslo. Ciertamente, estos signos con forma de flechas deberían aparecer con trazos más fuertes y más visibles que el resto de las líneas del diagrama, puesto que indican desplazamientos, influencias dinámicas e integradoras, que son justamente lo que más nos interesa en el ejercicio, percibiendo en todo momento, por supuesto, que es la dinámica del triángulo la que determina, en una u otra forma, estos desarrollos que vamos indicando con trazos.

Ahora bien. Admitimos que las ciudades ofrecían poco terreno para el desarrollo de los mestizos, y que esa circunstancia configuró las dos capas medias urbanas ya aludidas: surge y se impone ahora una serie de preguntas: ¿por qué se convirtieron muchísimos mestizos en trabajadores pobres del campo? ¿Por qué pararon diseminados en míseros choceríos y en las rancherías de las haciendas? ¿Por qué no fundaron poblados de ladinos, con sus autoridades y con tierras para trabajar? ¿Por qué el gobierno colonial, que veía su miseria en las ciudades y en las rancherías, no dictó providencias para facilitarles el establecimiento de centros propios, incorporados al sistema administrativo, dotados de tierras, aguas, pastos, bosques? Incluso cabe preguntar por qué no los obligó a concentrarse en poblados nuevos, como hizo en todo tiempo con los indios cuando se esparcían sobre áreas amplias y no controladas. Preguntas todas que, integradas al ejercicio que venimos realizando, deben contestarse en función de esta otra que las engloba: ¿Puede acaso demostrarse que la dispersión de ladinos en

234

las haciendas, así como su penetración en los pueblos de indios, fueron fenómenos determinados por las contradicciones básicas del esquema de clases colonial? Vamos a ver.

IX

La disgregación y el desarraigo de los ladinos ya había llamado la atención de dos notables observadores directos; pero nuestra historiografía, normalmente interesada en cuestiones de otra índole, no ha destacado la importancia que encierran sus indicaciones. Se trata de dos arzobispos —aunque, en rigor, el segundo de ellos no había alcanzado todavía esa dignidad cuando meditó y escribió sobre tales problemas. El primero que puso el grito en el cielo fue, como ya lo vimos, don Pedro Cortés y Larraz: hombre ilustrado, que escribía un informe secreto para un rey reformista que quería saber la verdad — Carlos III—, religioso recién llegado al reino, no contagiado de ciertos prejuicios coloniales, a quien la miseria no le parecía menos miseria porque la padecieran los indios, y a quien asombró encontrar a la mayoría de mestizos disgregados por los campos, sumidos en la pobreza, promiscuamente amontonados en sucios choceríos al margen de toda la ley "divina y humana". Aparte de sus valiosas observaciones ya citadas en páginas anteriores, otras más, muy reveladoras también, van a sernos útiles dentro de unos momentos.

El otro arzobispo vio las cosas sesenta años más tarde, desde un ángulo distinto y mucho más ventajoso, motivo por el cual pudo condensar en dos capítulos de un importante trabajo histórico — al que modestamente llamó "Memorias para la Historia del Antiguo Reino de Guatemala" —una valiosa serie de datos y observaciones que en seguida vamos a citar y a escrudiñar. Francisco de Paula García Peláez pertenecía al exiguo grupo de familias ladinas que vivían en el pueblo de indios de San Juan Sacatepéquez a fines del siglo XVII. Procedía, pues, de la capa media alta rural. Se hizo cura hacia los años en que comenzaban las luchas de Independencia. En 1814 —el año más duro de la represión bustamantina— obtuvo la cátedra de Economía Política en la Universidad de San Carlos, y en el año de la Independencia definitiva, 1823, publicó su primer trabajo con el título "Observaciones Rústicas sobre Economía Política". Fue el primer arzobispo de la nación

235

guatemalteca independiente, y aunque le tocó desempeñar ese cargo durante la tenebrosa dictadura criolla de los treinta años (falleció en 1867), podemos asegurar que su personalidad se asocia perfectamente a la de aquellos curas liberales de mentalidad avanzada, de quienes hemos hablado en el apartado precedente. Para afirmarlo tenemos una prueba documental que consta en setecientas páginas, escritas por él mismo y terminadas cuando tenía 56 años de edad y había pasado 20 desde la Independencia: las Memorias de García Peláez son el primero y el más importante esfuerzo sistemático realizado para sacar a luz el sistema económico de la colonia y atacarlo desde las posiciones de la Economía Política liberal. García Peláez denuncia la codicia de los conquistadores y de sus descendientes, insiste en la destrucción de los indios bajo el sistema colonial, revela las limitaciones gravosas del sistema fiscal y del monopolio comercial, señala y desaprueba el régimen de trabajo forzado, denuncia las consecuencias de la mala distribución de la tierra, y se refiere, como no podía ser menos, a la política del gobierno colonial frente a los ladinos. Este hombre acucioso vivió el primer tercio de vida bajo el régimen colonial, el segundo bajo las críticas circunstancias de la Federación Centroamericana, y el tercero como arzobispo de Guatemala bajo el poder de los conservadores. Dio a la imprenta sus memorias antes de entrar al tercer trozo de su larga existencia, y en ellas no se encuentra ni una sola palabra que signifique condescendencia ideológica con el criollismo. Al tratar el problema de los ladinos cita documentos antiguos que examinó como historiador, pero también hay trozos en que su exposición se convierte en crónica, al referirse a hechos y circunstancias que el autor tenía a la vista porque prevalecían en su tiempo. Esto último es importante, y hay que agregarlo a las premisas que le confieren tan alto valor documental a su trabajo.

Vamos a resumir las observaciones del religioso economista, a reflexionar sobre lo que de ellas se desprende, y ya relacionarlas con otros datos que, así combinados, arrojan luz sobre el problema.

La política de ladinos, dice, fue toda ella un desacierto. Y no porque las leyes fuesen malas: si las leyes dadas por la metrópoli sobre este problema hubiesen sido obedecidas, los ladinos hubieran resultado beneficiados. Varias reales cédulas prohibían que se instalaran en pueblos de indios. La última fue del año 1646, y la Recopilación de

236

Leyes de Indias, de 1680, confirmó dicha prohibición. Pero las propias leyes españolas — advierte — recomendaban la creación de villas y lugares para los ladinos; y en México, siguiendo esas recomendaciones, se extendió el virreinato hacia el norte, hacia las llamadas provincias internas, estableciendo poblados de ladinos que fueron como avanzadas y después se convirtieron en poblaciones importantes. El problema de las tierras, que es consubstancial con el de la creación de nuevos poblados, estaba también claramente previsto por las leyes, en las que se daba a los ladinos el derecho de solicitarlas y adquirirlas al fundar villas. Dice que las autoridades coloniales de Guatemala, interpretando caprichosa y festinadamente aquellas leyes, dispusieron que sólo a los indios podía cedérseles legalmente tierras realengas en caso de creación de pueblos, pero que, tratándose de "castas" había que cobrarles "su justo precio". Inculpa a los agentes de la administración por haberse negado a equiparar a los ladinos con los indios en este punto capital, y concluye en tono de enérgica desaprobación: "Harto laudable resulta la legislación en esta parte, y el origen del mal que se lamenta debe buscarse no en las leyes, sino en la administración colonial, que, publicado el código que la regía (se refiere a las Leyes de Indias) rehusó darles cumplimiento."

García Peláez advierte que la administración colonial retorció esas leyes para no cumplirlas, lo cual fue efectivamente así. No obstante, da noticias de momentos en que la Audiencia, un oidor, algún funcionario bien intencionado, quisieron promover la creación de villas para ladinos, pero hubo siempre algo que frustró o dejó en suspenso aquellos ocasionales propósitos. El autor de las Memorias no concibe sospechas en este punto, y se conforma con poder culpar al gobierno colonial, dando por supuesto que su abandono de los ladinos fue resultado de sucesivos descuidos y de una censurable indiferencia frente a aquel sector social. Sus propios datos, empero, incitan a la suspicacia, y nosotros, sin reprocharle nada al clérigo historiador, sin exigirle el uso de claves metodológicas que no estaba obligado a manejar, vamos a formular inmediatamente una pregunta que ha de acompañarnos en toda esta averiguación: ¿Quién o quiénes habrían sido perjudicados en sus intereses económicos con la creación de villas de ladinos? O lo que es lo mismo dicho al revés: ¿Quién o quiénes se beneficiaban económicamente con la dispersión y el desarraigo de los ladinos? Esta es la pregunta clave.

Al no dirigir su búsqueda hacia los intereses de grupo, a García Peláez no le quedó otro recurso que atribuirle a las leyes — a su incumplimiento, en este caso — una fuerza de determinación histórica que nunca han tenido ni pueden tener. "El golpe dado a una ley, hiere muchas a un tiempo", explica. Desobedecida la prohibición de establecerse ladinos en pueblos de indios, se desatendió en consecuencia la recomendación de fundar villas de ladinos, y con esto se cerró también la posibilidad de asignarles tierras propias. Así las cosas, los ladinos se vieron obligados a acogerse a las haciendas y a seguir buscando su suerte en los pueblos de indios. Habiendo tenido derecho, pues, a pedir y recibir tierra del rey, se vieron obligados a trabajar en tierra ajena, como forasteros en todas partes.

En el reino de Guatemala debieron haberse fundado cien o doscientas villas o poblaciones de ladinos, sigue diciendo. La necesidad de tenerlas era tan grande y tan urgente, que los ladinos crearon algunas por esfuerzo propio: no en terrenos de concesión pública, sino en tierras de dominio privado, pagando por ellas según las posibilidades de los grupos fundadores. De allí proviene que unas villas tengan tierras aledañas para trabajar, y otras apenas poseían solares para habitación, viéndose obligadas a cultivar tierras alquiladas o sujetas a pago. Hace la conjetura de que en el reino quizá hubo unas treinta villas nacidas así, por esfuerzo privado de los ladinos, y proporciona el dato de quince de ellas cuyo origen le era conocido: La Gomera, San Vicente, Salamá, San Jerónimo, Don García, Cuajiniquilapa, Azacualpa, Santa Rosa, Guayabal, Tepetitán, San Sebastián (las tres últimas en la provincia de San Salvador), San Marcos, Las Mesas, Chicoj y la villa de Guadalupe al sureste de la nueva capital de Guatemala. Relata cómo lograron constituirse algunas de ellas, da el nombre de los propietarios en cuya tierra se habían instalado y a quien finalmente lograron comprársela, y hasta menciona las cantidades pagadas por los ladinos para asentarse en solar propio. Breves referencias del historiador, detrás de las cuales se adivina que hubo episodios de gran esfuerzo colectivo. Así, por ejemplo, la inundación y ruina del pueblo de Petapa (1762) dio ocasión a que sus moradores, indios y ladinos, decidieran abandonar el lugar y separarse,

238

fundando así dos poblados nuevos. A pesar de que este desplazamiento había sido motivado por una calamidad que causó muchas muertes y graves pérdidas, los ladinos tuvieron que pagar 560 pesos por el trozo de terreno en que se establecieron. El gobierno autorizó y legalizó la creación de la villa, pero no la dotó de nada.

Como excepción y en sorprendente contraste de las villas mencionadas, que fueron todas erigidas sobre terrenos comprados, la villa de Guadalupe fue fundada en tierras cedidas por el Ayuntamiento de la ciudad de Guatemala. Este peregrino acontecimiento, que parece contradecir la línea del gobierno y del propio Ayuntamiento frente a los ladinos, tiene, sin embargo, su explicación. Conminados por el gobierno, los moradores de los rancheríos de la cuesta de Canales —muy cercana a la nueva capital— solicitaron permiso para avecindarse en tierras ejidales que pertenecían a la ciudad. Corría el año 1794, y la ciudad capital, trasladada sólo dieciocho años antes a su nuevo emplazamiento en el valle de la Ermita, padecía las consecuencias de no tener allí, como lo había tenido en su antiguo local, un crecido número de pueblos que fueran despensa para abastecerla. El Ayuntamiento cedió, pues, cuatro caballerías a los ladinos solicitantes, pero bajo la condición —aceptada por ellos— de que se dedicarían a cultivar hortalizas para el mercado de la nueva ciudad.

Si alguna duda cabe de que el Ayuntamiento procedió presionado por una circunstancia especial y de ningún modo mirando al bien de aquella gente, el siguiente episodio viene a borrarla. En el mismo año de 1794, un nuevo grupo de familias ladinas de la cuesta de Canales —la primera vez habían sido 44 familias; ahora eran 92— se dirigió al gobierno pidiendo ciertas tierras realengas para fundar una villa. La Audiencia —nótese este detalle—viendo que ello era "conforme a las intenciones de Su Majestad", inició el expediente para favorecer a dichas familias. Pero el Ayuntamiento, enterado de la petición, intercedió para solicitar que no se les dieran las tierras que pedían, sino que se agregaran a la villa de Guadalupe. Los ladinos insistieron en ser fundadores en tierras realengas, el Ayuntamiento no cedió, el expediente se hizo voluminoso, y las 92 familias se quedaron como estaban, sin tierra propia, en la cuesta de Canales. Hace el historiador la observación de que las tierras realengas solicitadas en aquella oportunidad todavía no habían tenido

239

aprovechamiento útil en los días en que él describe el episodio, pasados casi cincuenta años.

Es importante consignar que, con excepción del caso arriba mencionado de la villa de Guadalupe, el Ayuntamiento de Guatemala hizo fracasar en todo tiempo todos los intentos de crear villas en los territorios de su jurisdicción. García Peláez informa que aquel cuerpo se las arregló para que en los valles que circundaban y abastecían a la ciudad no surgieran poblados de ladinos. Podría pensarse que esa política protegía el dominio del Ayuntamiento sobre los setenta y siete pueblos de indios de los nueve valles que circundaban a la ciudad en su anterior localidad —el edén de los criollos capitalinos, del que ya hemos hecho mención en otro sitio—; pero no debe olvidarse que la información del historiador contempla sesenta años de existencia de la capital en su nuevo ámbito del valle de la Ermita, y si para entonces era todavía una excepción la villa de Guadalupe, debe inferirse, necesariamente, que el Ayuntamiento no alteró su norma de evitar las villas de ladinos en las comarcas abastecedoras de la capital.

Este hecho tiene fácil explicación, y aunque parece un fenómeno circunscrito a la vida de una ciudad, se esconden allí elementos que sirven para comenzar a entender la posición criolla frente a los ladinos en general. La jurisdicción que tenía el Ayuntamiento sobre los valles y pueblos que rodeaban a la ciudad, autoridad obtenida en los floridos tiempos en que la propia ciudad estaba naciendo como centro de dominio y de disfrute, incluía varios derechos feudales que obligaban a los indios no sólo a proveerla de ciertos bienes, sino también a trabajar obligatoriamente en la construcción y reparación de edificios, en el mantenimiento de calles y plazas, y hasta como sirvientes —"tequetines— de ciertas personas a quienes la autoridad se los asignaba. Este sistema de servicios personales, tan importante para que la ciudad fuera lo que tenía que ser desde el punto de vista criollo, reposaba sobre la plena aceptación de unas determinadas relaciones entre los siervos del valle y los señores de la ciudad. La pureza y sencillez de esas relaciones era una condición necesaria para su buen funcionamiento y su perduración. No olvidemos, por otra parte, que los señores de la ciudad, representados en su Ayuntamiento, eran también los señores de las haciendas del valle, a donde se extendían las relaciones

240

antes señaladas. Cualquier elemento que viniera a romper la unidad del estatuto feudal que regía en el valle, hubiera sido de lamentables consecuencias para la comodidad de los criollos en su muy noble y muy leal paraíso. Las villas de ladinos, como núcleos de trabajadores libres, no sólo hubieran ofrecido el pésimo espectáculo de poblados que no daban servicio a la ciudad ni a las haciendas, sino que, a la larga, hubieran pretendido que los indios las sirvieran también a ellas, pues es seguro que algunos españoles empobrecidos hubieran ido a establecerse allí. En poco tiempo hubieran estropeado aquel viejo edén, organizado tan sabiamente en el siglo XVI por los creadores de la ciudad. La presencia de ladinos incrustados en los pueblos del valle era cosa quizá lamentable, pero inevitable y no de graves consecuencias. Al no tener poblados propios, tenían que acatar el fuero de los ajenos, y como este no ofrecía flexibilidad estando tan cerca de la capital, tenían que desplazarse hacia el interior del país, en donde terminaban trabajando para quienes allá los necesitaban. He ahí, pues, por qué los criollos de la ciudad no querían villas de ladinos en su cercanía.

Las villas, por sí mismas, carecían de importancia en el panorama del reino. Eran pocas y poco pobladas. Son importantes como problema histórico, eso sí; porque la precariedad de su nacimiento y de su existencia, al chocar con la certeza de que su incremento hubiera sido la vía natural del desarrollo económico de muchos millares de ladinos, refuerza la significación del interrogante que traemos planteado: ¿quiénes salían gananciosos con la dispersión y el desarraigo de los ladinos?

La gran mayoría de los ladinos vivía desparramada por los campos del interior del país, principalmente en las rancherías de las haciendas. No en puntos reconocidos por la administración ni regidos por autoridad oficial de ninguna especie, sino en choceríos improvisados, a veces apiñados y juntos, otras muy esparcidos, y en ocasiones alineados de trecho en trecho junto a los polvorientos caminos. Para formarse una idea de ese enorme y olvidado aspecto de la realidad colonial, no hay mejor recurso que sumarse a la comitiva del arzobispo Cortés y Larraz en su viaje de diez meses, por cuatrocientos pueblos y ochocientas haciendas de su diócesis —recorrido que puede hacerse en la lectura de su Descripción, sin tener que arrostrar peligros y enfermedades, vadear ríos acrecidos, subir y bajar por despeñaderos, ni cabalgar por inmensas soledades deshabitadas en las que no se oía el canto de un pájaro—; es el documento que nos lleva a donde se encontraban los ladinos rurales pobres. "En todas las parroquias del arzobispado, a reserva de muy pocas, hay tantos ranchos, valles, trapiches, haciendas, salinas, etc. que cuando menos habita en ellos la mitad de la gente del arzobispado. Distan de los pueblos, no dos leguas, sino cuatro, ocho y hasta veinte. No solamente hay amancebamientos, sino poligamias, latrocinios, homicidios, todo género de vicios y ningún indicio de Cristianismo...". Pudo haber agregado el religioso que tampoco llegaba hasta esos lugares ningún indicio de administración de justicia, y que el único freno del crimen era el temor de la venganza personal.

De los lugares en que el informe localiza a los ladinos, la mayoría son haciendas. Se refiere algunas veces a rancherías y valles de los cuales no dice que pertenezcan a una hacienda determinada. De los valles, en algunos casos en que no los hace pertenecer a las haciendas, parece entenderse que pertenecen a la jurisdicción de ciertos pueblos, pero no deja duda de que la gente que los habita es ladina y no pertenece a dichos pueblos. Por lo que hace a las rancherías no vinculadas expresamente a las haciendas, queda la duda, y hasta la impresión, de que algunas pudieron haberse hallado en tierras realengas ocupadas ilegalmente.

Estos pormenores son de mucho interés. Lo que los ladinos rurales necesitaban era tierra para producir, y su propósito tiene que haber sido, desde luego, que el producto les perteneciera íntegramente y disponer de él con entera libertad. Esa situación solo podía dárseles cuando cultivaban subrepticiamente tierra realenga, o tierra cuyo dominio estuviera descuidado por parte de sus legítimos dueños. Porque el cultivar tierra ajena con conocimiento y autorización de su propietario significaba, naturalmente, la obligación de pagar el uso de dicha tierra con parte del producto, con trabajo o con dinero.

Ahora bien; si lo que acabamos de afirmar es cierto —y todos los elementos de juicio disponibles parecen indicarlo así—, entonces resulta muy importante comprobar, como en efecto se comprueba por los datos de Cortés y Larraz y de García Peláez, que la gran mayoría de los ladinos rurales se encontraban en las haciendas, en tierras de propiedad privada, y que sólo una minoría conseguía laborar ilícitamente tierras realengas o de comunidades indígenas. Dicho de otro modo: comprobamos que la mayoría de los ladinos rurales se veían obligados a aceptar las desventajas que traía consigo el instalarse y trabajar en tierras de propiedad privada. Y sabemos que la causa principal de que se vieran obligados a ello provenía de que el gobierno colonial se negara a cederles realengos para fundar villas. Todo lo cual, reducido a los hechos simples, se dice así: la política del gobierno colonial frente a los ladinos los obligaba a introducirse en las haciendas. Abstengámonos de preguntar todavía qué ventajas podía reportarle al gobierno esa política —a su tiempo lo haremos.

Cortés y Larraz vio tanta gente en las haciendas, que llegó a calcular, por lo bajo, que allí estaba la tercera parte de la población del reino. Se excedió; pero no nos excedemos nosotros al calcular que allí estaba más de la mitad de la población mestiza del reino. Hay trozos de su Descripción en que la noticia de ladinos en núcleos dispersos resulta impresionante. Así, por ejemplo, en la parroquia de Los Esclavos encontró 3,165 personas que vivían en sus pueblos; pero en la misma parroquia contó 2,113 personas que vivían dispersas en 14 haciendas, 4 valles, un trapiche, un ingenio, un "callejón" —posiblemente un camino rural sin salida—, las orillas de un río y una laguna, un "pajuide" (los pajuides eran chocerías provisionales construidos y habitados principalmente por indios fugitivos de sus pueblos; lo veremos en el capítulo siguiente). En la parroquia de Conguaco halló 13 haciendas con un promedio de 8 personas en cada una; en Caluco, 2 haciendas con 8 personas cada una; en Ateos, 5 haciendas con 20 personas cada una; en Conchagua 2,000 personas dispersas, siendo parroquia de 3,400 en total; en Gotera 14 haciendas con un promedio de 130 personas cada una; en Jutiapa el promedio es de 33 personas por hacienda; en Zacapa son 20 haciendas con un promedio declarado de 20 personas cada una; en Asunción Mita había 16 haciendas y en Jalapa 22 con un promedio de 40 personas por hacienda en ambas parroquias; etc.

En muchas haciendas vio el arzobispo más gente de la que aparecía en las declaraciones, y al preguntar por tal anomalía se le dijo que eran "escoteros", familias de trabajadores que iban de un lugar a otro, "gente que no está de pie en la hacienda". Esa movilidad le causó preocupación, pues significaba, igual que el vivir en las rancherías, hallarse completamente al margen de la iglesia. Sin embargo, llega un momento en que tal información se le hace sospechosa, y discurre que probablemente le están mintiendo. No cabe duda de que había trabajadores trashumantes, jornaleros que iban de una hacienda a otra; pero también es razonable suponer que, ocultándole al prelado el verdadero número de personas que vivían sin contacto con la Iglesia —ni con otra autoridad de ninguna clase— deben haberle presentado como escoteros a muchos trabajadores que eran habitantes fijos de las rancherías, particularmente cuando se trataba de familias enteras.

Afligido el arzobispo ante el problema de tantos millares de almas dadas al diablo —y tantos millares de pesos de renta que la Iglesia dejaba de percibir al mismo tiempo—, interroga, reflexiona, compara, hace entrevistas en privado, y finalmente toca el fondo del problema: "...En las haciendas se vive con toda libertad — exclama, llamando con ese precioso nombre al desorden de una gente infeliz, que precisamente carecía de libertad —; y luego señala con el dedo a quienes él encuentra culpables: '...los dueños permiten la libertad de conciencia para tener mozos para el trabajo'". Son ellos, los hacendados, quienes se benefician con todas estas fortalezas del demonio; y ellos son los principales interesados en ocultar el número de personas que viven en sus rancherías y valles, a donde no quieren ver llegar ninguna autoridad que interfiera la exclusiva de ellos mismos: "...sin sujeción a Dios, a la Iglesia ni al Rey, sin más regla que el capricho y antojo, abandonados a todo género de vicios", "Los hacendados y dueños de trapiches o valles recogen sin dificultad a toda esta gente, porque les trabaja con mucha conveniencia y considera como premio de sus trabajos el abandono a sus vicios...". En este último detalle se equivocó el disgustado arzobispo —la paga del trabajo en las haciendas era de otra índole, como veremos— pero no importa: se cumplió lo que parece un principio metodológico espontáneo en toda la Descripción: el buen sentido y la sincera necesidad de averiguar las causas del alejamiento de la Iglesia por tanta gente humilde de aquella sociedad —indios y ladinos por igual— lleva la indagación derechamente a las causas profundas de la pobreza, el aislamiento y la degradación humana. Los hacendados necesitaban, fomentaban y ocultaban las rancherías, porque los ladinos pobres, que andaban a la busca de un trozo de tierra, se avenían a trabajarles en condiciones muy favorables.

Convencido de que era imposible que la Iglesia y la autoridad llegaran hasta aquellos innumerables y distantes rincones, emitió el arzobispo un edicto general dirigido a todos los propietarios de haciendas, conminándolos a que hicieran recuento y censo de su gente y pusieran las listas en manos de los curas de cada comarca. También dictó providencias para que los hacendados no admitieran en sus territorios a personas desconocidas, sino trayendo autorización de sus curas y alcaldes. Pero estos frágiles intentos se hicieron añicos contra una vasta y vieja realidad económica, sin alterarla en lo más mínimo. El primero en comprenderlo fue el mismo arzobispo: "...lo que ha sucedido es que varios y los más hacenderos alegan a los curas imposibilidades, y éstos me las apoyan". "Estas providencias solo sirven para el desprecio y para que se aumenten los delitos, pues sobre que ninguno hace caso, los mismos dueños ocultan las personas que hay en los valles y haciendas, con tales pretextos y mentiras, que es preciso ceder a sus obstinaciones, porque sobre estar viendo y tocando la mucha gente (que hay) en estos sitios, y haciéndoles cargo de ello, responden, unos que son pasajeros, otros que viven en el pueblo y que han ido a trabajar por pocos días; de que solamente se saca a saber que muchos dueños de las haciendas son del mismo temple, y muchos (hasta) de peor que los tales criados que los sirven, y que estos desórdenes son irremediables...".

En lo tocante a los ladinos rurales, tres son los puntos claves que nos deja aclarados este diligente testigo. Primero, que en las haciendas se encontraba un elevado porcentaje del total de los mestizos — el cual puede estimarse en más de un 50 % — sin hacer cuenta de lo mucho que el viajero no pudo ver, ya porque se lo ocultaran o por imposibilidad material de llegar a ciertos parajes. Segundo, que los hacendados acogían en sus propiedades a grupos de trabajadores ladinos porque les eran necesarios en razón de que les trabajaban "con mucha conveniencia". Y tercero, que los hacendados se oponían a la intromisión de la autoridad religiosa en sus propiedades, y ocultaban, o trataban de hacer menos ostensible, la presencia de los trabajadores establecidos en ellas.

Esos puntos, como fácilmente se comprende, son de la mayor importancia en relación con nuestro interrogante clave. Por lo pronto podemos estar seguros de que la dispersión de los ladinos beneficiaba económicamente a los hacendados. Sería un error limitar esa afirmación diciendo que sólo beneficiaba, concretamente, a quienes los acogían en sus haciendas y explotaban directamente su trabajo. Porque sabemos, de fuentes exhaustivas, que la disponibilidad de mano de obra servil o muy barata era una necesidad capital para todos los terratenientes, y que se veían obligados a encontrarle solución combinando la explotación de indios de repartimiento con indios asalariados y con trabajadores ladinos, fijos y temporeros. Aún en los casos de una satisfactoria disponibilidad de indios de repartimiento, la obligación de retornar a sus pueblos después de cumplido el plazo de servicio, la prohibición de que se quedaran en las haciendas, exigía que por lo menos un reducido personal ladino permaneciera en ellas continuamente.

La Descripción revela con toda claridad —sin más que hojear el documento— que las cantidades de ladinos en las haciendas eran menores en las regiones densamente pobladas de indios; que eran elevadas en las zonas del país en que los indios escaseaban, y que los trabajadores ladinos estaban en todas partes. En las condiciones en que se desarrollaron las empresas agrícolas coloniales, el aumento de la disponibilidad de mano de obra servil, semi-servil o muy barata beneficiaba a los hacendados en conjunto. El desplazamiento de ladinos pobres hacia las haciendas, y su establecimiento en las rancherías, motivó —como en todos los casos en que aumenta el número de trabajadores desposeídos en busca de ocupación— una mayor posibilidad de imponer condiciones por parte del explotador y de establecer relaciones de trabajo favorables para él. La comprensión de este hecho se hace mucho más clara cuando se conocen las condiciones de vida y de trabajo que privaban en las rancherías, y es eso lo que debemos analizar en seguida.

Comencemos con una indicación de primordial importancia. Hemos dicho que los ladinos, en tanto que aparecían como elementos perturbadores de las relaciones feudales de la colonia —las relaciones entre siervos y señores— eran un estorbo para los criollos y para el gobierno. Sin embargo, una gran mayoría de ladinos, precisamente los que vivían y trabajaban en las haciendas, no sólo no perturbaban aquel cuadro feudal, sino al contrario: vinieron a complementarlo y a favorecer su consolidación. Lo complementaron

Comencemos con una indicación de primordial importancia. Hemos dicho que los ladinos, en tanto que aparecían como elementos perturbadores de las relaciones feudales de la colonia —las relaciones entre siervos y señores— eran un estorbo para los criollos y para el gobierno. Sin embargo, una gran mayoría de ladinos, precisamente los que vivían y trabajaban en las haciendas, no sólo no perturbaban aquel cuadro feudal, sino al contrario: vinieron a complementarlo y a favorecer su consolidación. Lo complementaron, porque las relaciones de producción entre los hacendados y la gente de las rancherías tuvo un carácter marcadamente feudal, según explicaremos en seguida. Y favorecieron su consolidación porque, al proporcionarle mano de obra semi-feudal a los hacendados que carecían de indios, evitaron que estos hacendados lucharan por la libre contratación de la mano de obra indígena —lo cual les hubiera convenido en una situación de escasez general de mano de obra—. En otras palabras: la afluencia de trabajadores ladinos muy pobres al campo permitió el aumento del número de haciendas sin un aumento del número de indios o un cambio en la condición servil de éstos.

Hecha esa indicación general, consideremos ahora una serie de características del ladino pobre y del régimen de trabajo en las rancherías, para demostrar, en sucesivas comparaciones, cómo este trabajador y este régimen tenían grandes atractivos para los hacendados coloniales, y por qué sería equivocado suponer que sólo el sistema de repartimientos era deseable y satisfactorio para ellos.

Ya se vio que los hacendados no tenían ningún interés en que sus mozos colonos estuvieran bajo el control ideológico de la Iglesia. El ladino no tenía el trauma de un pasado destruido; no tenía unas tradiciones cuya supervivencia clandestina fuera asidero de resistencias ideológicas. No había sido ni se sentía conquistado. Nacía en un mundo que desde el principio se le presentaba como ajeno. No solidarizado con el indio ni con el español, ni tampoco con los demás ladinos rurales, lejanos y desconocidos, el ladino de las haciendas tiene que haber sido individualista, y por lo tanto inmoral. La moralidad se desarrolla en el hombre en proporción a su capacidad de solidarizarse con otros hombres

—nos referimos, claro está, a la moralidad auténtica, no a la santurronería—; ese individualismo era una ventaja para el opresor de los ladinos: allí donde reinara, no habría adhesión de grupo, no habría compactación sin delatores, y jamás habría quien se dejara llevar a la horca para salvar un secreto de la comunidad, como sucedía entre los indios, "tercos y desconfiados" — dotados de un fuerte sentimiento de clase.

Los vicios y desórdenes que alarmaron a don Pedro Cortés y Larraz —derivaciones de la miseria—, no afligían a los explotadores. La lujuria, el adulterio y la promiscuidad significaban, a la larga, una garantía de renovación e incremento de la gente trabajadora disponible: gente nacida en la hacienda, y por ello más encerrada en su ámbito. La embriaguez, como cualquier otra costumbre autodestructiva, debilitaba el carácter del trabajador y lo ponía más a merced de quien, además de ser su amo, era su único juez. Las borracheras de los indios eran cosa bien distinta; liberaban cúmulos de agresividad dirigida contra enemigos de clase bien conocidos, y fácilmente se convertían en amotinamientos.

Los indios iban y venían de sus pueblos. Y aunque los pueblos eran en cierto modo sus cárceles, la verdad es que allá encontraban a sus iguales, con quienes se sentían unidos. Además, había en el pueblo una tierra comunal: insuficiente, administrada y distribuida por alcaldes venales, pero al fin y al cabo era de los indios. Las chozas, estrechas y ennegrecidas por el humo, el suelo en que dormían, eran de ellos. Los indios tenían algo, aunque fuera muy poco, muy malo y muy discutido. Pero el ladino de la hacienda no tenía nada. La tierra que trabajaba, el suelo en que se hundían los horcones de su choza, la choza misma, el agua, el camino, la arboleda de donde se sacaba leña, todo era del amo.

A diferencia del indio, que estaba atado a su pueblo por la ley, el ladino estaba atado a la hacienda por la inopia. Era formalmente libre de marcharse cuando quisiera, pero esto, que parece una ventaja, debe haber sido una amenaza para los trabajadores viejos o con familia. Porque sólo podían irse a otra hacienda, a un valle, o a una salina. Correr suerte en un pueblo de indios, en donde todo se confabulaba contra el intruso, era aventura demasiado ardua, propia solamente para jóvenes solteros. (Bien se ve en este ejemplo cómo la libertad es palabra vacía cuando no supone propiedad, o al menos posibilidad concreta de trabajar con provecho y vivir decorosamente).

El ir y venir de los indios daba ocasión a constantes problemas —que en su lugar analizaremos como problemas para el indio—; no sólo porque pretendían que se les reconociera el tiempo perdido en los viajes y porque pretextaban retrasos, sino porque había que tener bien dispuestos a los jueces repartidores y a los mismos alcaldes indios, todo lo cual suponía sobornos y gratificaciones. El trabajador de ranchería, en cambio, estaba allí todos los días y a toda hora.

Al indio de repartimiento había que pagarle un real con cada día de trabajo, y si bien esa remuneración era bajísima y había mil trucos para recortarla aún más, lo cierto es que la escasez general de moneda desaconsejaba pagar en metálico. Esto último no era necesario con la gente de ranchería, a la que se le podía pagar el trabajo cediéndole tierra en usufructo. La fórmula era sencilla y vieja —típica y predominante en el feudalismo europeo, aunque ya usada lateralmente en las antiguas sociedades esclavistas—: el trabajador desprovisto de tierra aceptaba cultivar la del hacendado que la tenía de sobra, y a cambio de ello se le permitía cultivar para sí una parcela dentro de la misma hacienda. Cedía, pues, una parte de su tiempo y de su fuerza de trabajo, a cambio de ser suyos los frutos producidos con la fuerza de trabajo que le quedaba en el tiempo restante. La cesión de tierra en usufructo a cambio de trabajo fue la relación de producción típica de la ranchería colonial, como probaremos en seguida. Era un sistema muy ventajoso para los terratenientes, porque pagaban la fuerza de trabajo, que era lo que necesitaban, no con dinero, sino prestando trozos de tierra que tenían de sobra y estaban desaprovechados.

Es García Peláez quien aclara definitivamente, en apretados renglones, la situación del trabajador y el régimen de trabajo de las rancherías. El fenómeno, la ranchería, se conservaba intacto en la década en que el historiador escribió sobre este asunto —dos décadas después de la independencia —y él le concede mucha importancia como vestigio colonial y fuente de miserias que debe desaparecer. Es él quien nos saca de dudas en lo tocante a que el usufructo era la forma usual de retribución en aquellos lugares. "No hay solares en propiedad para habitación, sino a merced del dueño de la tierra. Ni hay sitios de cría y sementera con

249

perpetuidad, sino por tiempo y a condición de servicio. Ni en fin, terrenos de pasto de un uso común o exclusivo, sino todo precario; con que ni la población ni los moradores gozan derechos propios. No les competen otros derechos que los convencionales, y de aquí dimana la suerte más o menos grata de tales caseríos regados en tierras de propiedad; y no menos la ventaja o desventaja que lleven los propietarios. De aquí la buena o mala inteligencia de los convenios usufructuarios entre dueños y colonos; y de aquí la diversidad de usos tradicionales y costumbres recibidas en esta materia, que a veces engrien y amedrentan a los unos y los otros". Concluye expresando que es preciso crear poblaciones con tierras propias y derechos civiles, y suprimir esas "rancherías sobrepuestas, sin existencia legal y política".

Como se ve, todos los aspectos fundamentales del régimen de las rancherías eran de carácter feudal, salvo la circunstancia de que el trabajador no estaba adscrito a la hacienda. Las parcelas ocupadas por las habitaciones pertenecían al hacendado. No había tierras para sembrar que pertenecieran al trabajador. Estaban cedidas a cambio de trabajo —"a condición de servicio"— y aún esto sujeto a sucesivos arreglos y confirmaciones temporales. No había ejidos o tierras de uso comunal para pastoreo, obtención de leña y otros materiales, sino todo "precario" —término jurídico que aquí indica aprovechamiento de algo que no pertenece a quien lo aprovecha—. En las rancherías no regía derecho alguno, ni siquiera para quienes se hallaban temporalmente en ellas —"moradores"—. Regían arreglos convencionales, que variaban de una región a otra y que en algunas formaban costumbre o tradición. Esos arreglos —"convenios usufructuarios"— condicionaban la mejor o peor suerte de los colonos, la mayor o menor ventaja que obtenían los propietarios, y naturalmente ocasionaban altercados y situaciones tensas en que había temor y engreimiento. Pero el factor determinante de tales convenios, y a la vez el hecho definitorio de las rancherías, era que se hallaban asentadas en tierra ajena: "caseríos, regados en tierras de propiedad", "rancherías sobrepuestas, sin existencia legal".

Así, pues, más exacto que decir que en las rancherías no regía ningún derecho, sería decir esto otro: que regía únicamente el derecho de propiedad del hacendado sobre la tierra en que se hallaban instaladas, lo cual eliminaba toda otra instancia en las relaciones internas de aquella unidad social, y la sujetaba a convenios de usufructo necesariamente ventajosos para el hacendado. Esos convenios deben haber variado mucho según circunstancias especiales. Cuando Fuentes y Guzmán nos refiere que daba en arrendamiento unas tierras a cambio de ocote para el consumo de su hacienda, está refiriéndose a un convenio de usufructo a cambio de servicio. A lo mismo debe referirse Cortés y Larraz cuando informa que en Mixco "...los dueños de las haciendas arrendaban a varios (trabajadores) parte de sus tierras y en ellas hacían sus sementeras y jacales personas de otras parroquias". Es evidente que ni el hacendado del siglo XVII, ni el arzobispo del XVIII, ni el economista del XIX, se refieren al alquiler de la tierra pagado en dinero —arrendamiento en sentido estricto— sino a formas de usufructo a cambio de trabajo.

Estos convenios usufructuarios ofrecen superficialmente la apariencia de un intercambio "justo" entre un necesitado de tierra que ofrece trabajo y un necesitado de trabajo que ofrece tierra. Sin embargo, encubren una drástica forma de explotación feudal, cuya esencia se pone de manifiesto al considerar los siguientes hechos: el hacendado se apropia bienes producidos por el trabajador, mientras que el trabajador no se apropia nada que no sea producido por su propio trabajo. El hacendado no dona, ni pierde, ni produce nada. Recibe bienes creados por el trabajador, únicamente por motivo de ser él el propietario de la tierra y porque el explotado carece de tierra. Valga esta breve nota para el lector sin nociones de Economía Política.

Nos queda por señalar una última característica del ladino rural, que para el terrateniente era un atractivo adicional. De intento la hemos dejado de último, porque va a servirnos para anudar todos estos hechos en una respuesta completa a la pregunta que traemos pendiente.

El indio era un siervo con dos señores, y si bien es cierto que habían encontrado un sistema para compartir su explotación, no debe olvidarse que el más fuerte de los dos —el rey— mantenía una estrecha vigilancia para que el otro —el hacendado— no se lo apropiara totalmente, ni lo agobiara demasiado. La corona tenía por eso "procuradores de indios" entre sus funcionarios, y en las Leyes de Indias el nativo figuraba como un "menor" —hábil truco que ponía su tutela y defensa en manos de uno de sus explotadores, la monarquía, y dejaba con las manos atadas al otro—. Pues bien: nada de eso ocurría con los ladinos pobres del campo.

A diferencia de los indios, que eran siervos vigilados y "protegidos" por alguien que también quería sacarles provecho, los ladinos estaban completamente abandonados, dejados a merced de los terratenientes. Es curioso observar —y tocamos aquí un punto importante— cómo la política de abandono de los ladinos por parte del gobierno significaba su renuncia a sacarle provecho a muchos millares de trabajadores paupérrimos que obligadamente iban a parar bajo la dependencia de los hacendados.

La pregunta que traemos planteada, si ha de cumplir su cometido metodológico, exige que no permanezcamos ciegos frente a la siguiente cuestión: ¿por qué motivo adoptaron las autoridades del reino de Guatemala una política que, contraviniendo leyes y disposiciones que favorecían a los ladinos con la creación de villas, resultó favoreciendo en definitiva a los terratenientes? Es evidente que esa política, tan ostensiblemente contraria a las leyes, sólo pudo seguirse con la aprobación y tolerancia de la corona. Lo cual obliga a plantear la posibilidad de que la monarquía misma fuera beneficiada con la dispersión de los ladinos en el caso concreto del reino de Guatemala. Lo que a García Peláez le pareció descuido y tergiversación de la voluntad del rey por parte de sus representantes en Guatemala, puede haber sido más bien el resultado de un convencimiento, de un convenio tácito con el gobierno peninsular, en el sentido de que la creación de villas y la entrega de tierras a los ladinos eran contrarias a los intereses del rey. (Una mediana familiarización con las triquiñuelas del burocratismo colonial proporciona dos enseñanzas dignas de anotarse. La primera ya ha sido señalada por algunos historiadores, pero la segunda no ha sido suficientemente valorada. Primera: que las leyes se desobedecían de mil maneras, y que, por lo tanto, querer entender la colonia a base de las leyes coloniales es un propósito malintencionado o francamente necio. Y he aquí la segunda: que un elevado porcentaje de desobediencias y deformaciones de las leyes reales eran llevadas a cabo con pleno conocimiento del Consejo de Indias y del rey, bien porque accedieron a ruegos y sobornos de personas e instituciones interesadas, bien porque ciertas leyes convinieran a un lugar pero no a otro, y finalmente porque algunas leyes y disposiciones fueron emitidas con fines demagógicos, destinadas a salvar el prestigio del "cristianísimo monarca" frente a espectadores y críticos internos y foráneos, sin importar su cumplimiento).

Resulta harto sospechoso que después de la Recopilación de Leyes de Indias (1680) no haya insistido la monarquía en la creación de poblados de ladinos. Bien sabemos que cuando realmente se incurría en desobediencia de las leyes, lo normal era que la corona insistiera en su cumplimiento, enviara sucesivas Reales Cédulas — que no las hubo para este asunto desde mediados del XVII —, que hiciera repetidas consultas y enviara comisionados especiales; incluso que removiera funcionarios hasta hacerse obedecer. Detrás de una aparente desobediencia, como la que estamos comentando, había siempre una concesión, un entendimiento más o menos secreto para que la ley no se cumpliera.

¿Pero tenemos alguna base para sospechar que la política de ladinos adoptada en Guatemala pudiera resultarle conveniente a la corona?

La primera base para sospecharlo estriba, como ya hemos indicado, en el hecho mismo de que tal política fuera adoptada y no volviera a ser discutida a lo largo de casi dos siglos. En 1646 se recibió la última prohibición de que los ladinos siguieran instalándose en los pueblos de indios. En 1642 fue removido el último Capitán General que se interesó en la creación de villas "en conformidad de Cédulas y ordenanzas que lo disponían". Desde ese momento no vuelve a haber prohibiciones, ni Reales Cédulas al respecto, ni Capitán General que vuelva a fijar su atención sobre el problema, pese a que el problema mismo se hará más notorio con el crecimiento de las masas de ladinos miserables en las ciudades y en el campo. Se trata de un viraje y un contraste demasiado bruscos, de un cambio de política demasiado repentino y notorio, que no admite ser valorado como una decisión de las autoridades locales en flagrante desobediencia de órdenes anteriores; las cuales órdenes siguieron siendo vigentes y obedecidas en otras colonias y fueron recogidas en la Recopilación de Leyes de Indias.

Si hemos de buscarle una razón de ser al cambio de política que esos datos sugieren, un gran hecho, voluminoso y mil veces comprobado, nos ofrece de inmediato las bases para encontrarla. Centenares de documentos presentan con toda claridad, como fenómeno básico de la dinámica colonial, la pugna entre la corona y los criollos a propósito de los indios. Y de esa pugna se infiere que cualquier factor que viniera a disminuir el interés de los hacendados sobre los indios, y a causar una cierta distensión en aquella pugna, tenía que resultar deseable para la monarquía y recomendable por parte de sus funcionarios locales.

García Peláez le reprocha a las autoridades de Guatemala no haber hecho lo que hicieron los virreyes de México, que extendieron hacia el norte el virreinato fundando poblados de mestizos. No comprendió —ni tenía por qué entenderlo— que los intereses de la corona española en México eran completamente diferentes de los que tenía en Guatemala.

Allá la gran fuente de riqueza para la metrópoli eran las minas de oro y plata. Las cantidades que salían cada año por el puerto de Veracruz para España sumaban dos terceras partes de la producción anual de plata de todo el mundo. El repartimiento de indios había sido abolido en la Nueva España desde 1633, excepto para el laboreo de las minas — en combinación con trabajadores negros — y para obras públicas. En el año 1642 se autorizó a los hacendados mexicanos para retener a los indios por motivo de deudas, con lo cual nació y se propagó en aquella colonia, desde mediados del siglo XVII, la ranchería de indios radicados en las haciendas — que fue prohibida en Guatemala hasta el final de la colonia.

Los dos cuadros económico-sociales presentan profundas diferencias, que fueron las que motivaron una distinta política de ladinos. El reino de Guatemala era pobre en minas. Su única "mina" efectiva —perdónese el juego de palabras— eran los indios. El ramo más productivo de la Real Hacienda fue en todo tiempo el de tributos, siguiéndole, no de cerca, el de impuestos sobre transacciones (alcabalas). Los dos renglones dependían, en definitiva, de que los indios estuvieran perfectamente controlados en sus pueblos; no sólo para garantía de la tributación, sino para poder cedérselo sistematizadamente a las haciendas, lo cual era, a su vez, factor decisivo de la producción, del comercio interno y exterior, y por tanto también del aumento de las alcabalas.

En ese contexto aparecen y comienzan a proliferar los mestizos. En ese contexto se plantea el dilema de fundar villas y darles tierras, o dejar que siga su curso espontáneo un proceso que los convierte en trabajadores necesitados y desarraigados. Esta segunda alternativa viene a suministrar —como caídos del cielo— peones que se introducen en las haciendas, que se avienen a formar rancherías estables y a trabajar a cambio de usufructo de parcelas. Esto cuando las haciendas están creciendo en tamaño y en número, necesitando mano de obra preferentemente servil —todas quieren indios—, y estándoles prohibido retener a los nativos y formar rancherías con ellos.

Para la corona, el desarrollo de las rancherías y el aumento numérico de trabajadores ladinos rurales venía a ser, en definitiva, un factor que contribuía a la conservación de los pueblos de indios con su régimen de tributación y repartimiento ya regularizado. La fundación de villas de ladinos, y la consiguiente cesión de tierras a este sector en crecimiento, eran medidas contrarias a los intereses de la monarquía en las condiciones especiales del reino de Guatemala. Aunque unas leyes lo recomendaran, había que atender aquello que en fin de cuentas era la razón de ser de las leyes: el interés de la corona; y éste aconsejaba desatender aquellas leyes. Así se lo deben haber demostrado los criollos y también los funcionarios que estaban viendo de cerca la realidad. La fundación de villas hubiera sido un grave error de política económica desde el punto de vista de los dos grupos explotadores, quienes, desaprovechando un factor que venía a moderar la contradicción básica existente entre ellos, hubieran impedido el crecimiento numérico de una nueva gran masa de trabajadores susceptibles de ser explotados en diversas formas. La política adoptada fue correcta desde el punto de vista de quienes tenían en sus manos el destino de los mestizos como sector social en crecimiento. Las leyes se dejaron como estaban: así aparecía como desacato a la "legislación benéfica" lo que en realidad debe haber sido un tácito consentimiento, un entendido político de carácter reservado.

Claro que esa política de ladinos parece un desacierto si se parte del supuesto, errado y candoroso, de que la buena voluntad de los legisladores peninsulares y del rey fueron traicionadas por la mala voluntad de las autoridades locales; y más aún si subjetivamente se tiene alguna vinculación o afinidad de clase con los ladinos. Eso fue lo que le pasó al Historiador García Peláez, lo cual puede señalarse sin afán de criticarlo. Bastante hizo con iniciar la denuncia sistemática de las lacras coloniales, y con legarnos ese arsenal de datos para la Historia Económica, en el que hemos encontrado noticias fundamentales acerca de villas y rancherías.

El interrogante que nos puso sobre la búsqueda de los intereses económicos que determinaron la dispersión de los ladinos ha cumplido su misión: la disgregación de los ladinos beneficiaba a los hacendados y a la monarquía. Esa es la verdadera causa de que a lo largo de dos siglos, ya pesar del constante aumento demográfico de los ladinos, siempre hubiera algo que hacía fracasar los intentos, de por sí débiles y muy esporádicos, de autorizarles la fundación de sus villas

y de darles tierras realengas, que las había en inmensa cantidad.

Todo lo dicho en este apartado cabe en nuestro diagrama -si hemos de recordarlo-, en la figura elíptica que se extiende hacia abajo y colinda con la esfera de los indios. Figura que simboliza a los ladinos pobres del campo —la capa media baja rural— y que le presenta como un resultado histórico, directo y clarísimo, de las tensiones y limitaciones inherentes al triángulo colonial básico.

X

Habiendo habido pocas villas es natural que en aquellas regiones en que eran escasos los pueblos e indios y la población ladina se encontrara casi toda ella dispersa. En Nicaragua, en donde al final de la colonia el 84 % de la población era ladina, toda esa gente vivía —según reza un documento oficial de la época—: "...diseminada y distribuida en rancherías, sin formar pueblo...". En la provincia de San Salvador, en cambio, en la que el número de indios casi igualaba al de ladinos —siendo un poco mayor el de éstos últimos—, el fenómeno de los ladinos introducidos en los pueblos de indios acusa cifras de cierta importancia, lo cual también puede comprobarse en la región sudeste del territorio que hoy corresponde a la República de Guatemala. En las regiones densamente pobladas de indios, como el altiplano central-occidental y el suroeste guatemaltecos, así como la Verapaz, se contaba gran cantidad de pueblos de indios, medianos y pequeños, en que no había ladinos o su número era muy reducido.

Completamos esas indicaciones de distribución con unas observaciones relativas a la proporción. Partiendo del dato de que a principios del siglo XIX los ladinos constituían el 31 % de la población total del reino (junto a un 65 % de indios y un 4 % de criollos y españoles) y admitiendo que en rancherías y poblados similares no se hallaba menos de la mitad de los ladinos —lo cual es calcular por lo bajo, porque la documentación parece indicar mucho más—, resulta, entonces, que nos queda solamente la otra mitad, o sea un 15 % de la población total, para distribuirla entre las capas medias de las ciudades y los núcleos de ladinos de un gran número de pueblos. Si de esos 150,000 ladinos decidiéramos no quitar más de unos 70,000 para integrar todas las capas medias urbanas de todas las ciudades —lo cual es otra vez un cálculo moderado—, tendremos que considerar, todavía, que los 80,000 ladinos restantes corresponden a la época de su máximo incremento —el final de la colonia—, y que mirando a los siglos anteriores ese número fue cada vez más reducido. En suma: se trata de ver con claridad que los ladinos introducidos en los pueblos fueron una minoría respecto de su número total, y muy pequeñas minorías en aquellos pueblos en que llegaron a instalarse.

Ello se acomoda perfectamente a la situación que venimos presentando. Si la política colonial de ladinos estuvo regida, como sustentamos, por el principio de negarles posibilidades de liberación económica, cediéndoselos a los hacendados con miras a una atenuación de la pugna en torno al trabajo del indio, entonces hubiera sido absurdo ofrecerles un campo de desarrollo en los pueblos de indios.

No ocurrió tal cosa, por supuesto, sino todo lo contrario. A fines del siglo XVIII todavía privaba la política de considerar a los ladinos como intrusos en los pueblos, ofreciéndoles solamente la posibilidad de una existencia sin alicientes económicos. Para lograrlo se conservó, hasta el final de la colonia, la prohibición de comprarles tierra y otros bienes raíces a los indios, así como el condicionante desalentador de que la tierra realenga no le pertenecía a quien la trabajara, aunque la hubiese desbrozado, y podía serle reclamada en cualquier momento.

El religioso liberal Antonio García Redondo, que escribió importantes trabajos sobre problemas económicos del reino en los últimos años del siglo XVIII —la mendicidad, la ruina del cultivo del cacao, etc.—, a quien García Peláez llama en algún lugar "benemérito abogado del ladinaje", sostenía la tesis de que la agricultura del país recibiría un poderoso impulso si se permitiera a los ladinos adquirir tierras en plena propiedad de los pueblos. Y argumentando esa opinión, suministra pruebas de que los ladinos vivían desarraigados y como intrusos en los pueblos, y de que, por ese motivo, no podían dirigirse a esos lugares los ladinos menesterosos de las ciudades y del campo. "...Para lograr que los brazos del ladino, que hasta aquí han sido menos útiles que perjudiciales, se dediquen a la agricultura (...) creo necesario, necesarísimo, que se les autorice para poder adquirir vecindad y propiedades en los pueblos de los indios". Desarrolla en seguida el argumento de que el desarraigo y la inseguridad inhiben la capacidad moral y productiva de los hombres, y agrega en la misma página las siguientes palabras reveladoras: "...El gobierno, informado de los hechos que prueban su perjudicial vecindad (la de los ladinos en los pueblos), y no de las causas de que dimanan aquellos (hechos), ha deseado separarlos de los indios en beneficio de éstos; ¡pero a dónde van estas familias desdichadas? (...) Los ladinos serán utilísimos en los pueblos bajo todos los respetos siempre que se les conceda en ellos una existencia civil y no precaria, como hasta aquí la han tenido. Para esto es forzoso que al derecho de vecindad se les añada el de poder adquirir propiedades y bienes raíces, ya haciendo propias en todo rigor las tierras que desmonten, o las que estén enteramente abandonadas dentro de los ejidos de los pueblos, ya comprando a los indios las que éstos les quieran vender, sin que les quede en modo alguno el derecho de restitución, que tantos perjuicios ha causado en la agricultura, y aún al indio mismo en cuyo favor se estableció".

Texto verdaderamente precioso, de gran valor documental por su denso contenido noticioso, por el mérito de su autor —hombre grave y entendido— y también por su fecha: a veinte años de la Independencia. El gobierno, que desde mediados del siglo XVII no volvió a considerar en serio la necesidad de crear villas para ladinos, seguía fomentando inconvenientes y dificultades para su instalación en los pueblos de indios todavía a fines del XVIII —prueba clarísima de que era una política de arrinconamiento en dirección a las haciendas—. La vida de los ladinos en los pueblos todavía tiene un carácter precario, de ausencia de fundamentos legítimos. Y al proponer el Deán García Redondo, los tres derechos que cambiarían esa situación, está recomendando cabalmente —es interesante subrayarlo— la legalización de los tres procedimientos ilegales que adoptaban los ladinos para disponer de algunas tierras en esos poblados: desmontar y usar realengas cercanas a los pueblos o colindantes con ellos; usurpar y alquilar tierras comunales no cultivadas por los indios; comprar tierras de los pueblos, en contravención de la ley que prohibía venderlas.

Nótese cómo, para evitar la afluencia de ladinos a esos centros, la medida clave del gobierno recayó sobre el factor clave del problema de los ladinos: la tierra. Si había un motivo para no darles tierras en sus villas, había dos para no permitir que las adquieran en los pueblos, porque aquí, al propósito original de convertirlos en trabajadores semi-serviles, se sumaba la necesidad de que los indios conservaran sus terrenos comunales; esto era, como ya se ha dicho, condición indispensable para que pudieran los indios seguir tributando y trabajando casi de regalado en los repartimientos.

El Deán no se equivocó al señalar que para los ladinos estaba cerrada la puerta de los pueblos mientras no hubiera posibilidad de obtener tierra en propiedad, y quizá llegó a comprender que aquellas prohibiciones encubrían una despiadada política de bloqueo agrario.

En todo caso, la comprobación objetiva de esa situación arrancó de su pluma unos airados renglones que son, sin lugar a dudas, el juicio más exacto y breve que puede hacerse de los ladinos en el contexto de la sociedad colonial; cada frase compendía un aspecto de la realidad de aquel sector y merece ser leída reflexivamente:

"Un hombre que no puede tener propiedad, ni bien raíz alguno en el país o pueblo que habita, es siempre extranjero en él. Como extranjero tirará a pasar, y pasando arrebatará lo que pueda, seguro de que nunca va a perder; por esta parte es el hombre más independiente de las leyes, y más libre de la inspección de los jueces. Si éstos le persiguen, con echar a andar los deja burlados. ¿Y qué respeto deberán tener a las leyes unos hombres a quienes (esas leyes) no favorecen en nada de lo principal, y sólo en el texto para castigar sus delitos? ¿Qué virtudes, qué conducta se puede esperar de ellos, no teniendo raíz alguna que los ligue y estreche con el país que habitan, donde son tratados como extranjeros y nunca mirados como hijos? Esta es una de las principales causas de que los ladinos sean malos, y algunas veces perjudiciales en los pueblos; más yo he admirado que no sean mucho peores, y que se encuentre entre ellos gente de probidad, como la hay en efecto".

Aparte de su extraordinario contenido noticioso, hay en esas palabras fuerza y hermosura por la verdad de su contenido doctrinario. La idea central del fragmento (que en realidad no es un principio liberal, sino democrático ruso-niano) es tan verdadera, que resulta subversiva hasta en nuestros días: aquel que no tiene propiedad en el país que habita, es un extranjero en dicho país. El fragmento se refiere, claro está, a la gran mayoría de ladinos desposeídos y desarraigados: a la capa media baja rural, a las plebes urbanas, y con especial interés a los ladinos intrusos e inadaptados de los pueblos. En lo tocante a los ladinos pobres del campo, trabajadores de rancherías, el juicio del Deán podría ser llevado aún más lejos. La más íntima concepción de la existencia no debe haber sido de esa gente una idea de "extranjería", como dice el Deán, porque un extranjero se encuentra en patria ajena pero tiene la suya, de la que viene y a la que puede retornar. En los ladinos de las haciendas debe haber dominado un sentimiento de la vida mucho más deprimente: el sentimiento de que vivir era pedir posada en casa ajena y ser tolerado en ella a cambio de enriquecerla.

No digamos "patria ajena", porque el concepto mismo de patria no debe haber llegado al mezquino mundo de realidades e ideas en que transcurría aquella vida. Y tampoco pasemos por alto —sería un descuido— que estamos frente a otro sector humano que no compartía la patria con los criollos: si el indio era una parte de la patria criolla, el ladino pobre era en ella un forastero obligado a trabajar a cambio de un diminuto trozo de tierra recibido en préstamo. "Como extranjeros en el país que habitan", así los vio todavía al final de la colonia el Deán García Redondo. El contenido más importante del fragmento es, sin embargo, la comprobación de que los mestizos seguían siendo "malos", y el correcto señalamiento de las causas de ese hecho. Finalizando el siglo XVI, los enemigos de los mestizos nos informaban de los defectos de su carácter. Pero han pasado dos siglos. No se trata ahora de los primeros mestizos, sino de la tercera parte de la población del reino. Y lo más sorprendente: quien lo dice no es ahora un hipócrita hacendado o un funcionario —interesados ambos en el orden feudal de los pueblos—, sino que lo dice el "abogado del ladinaje".

Lo dice en honor a la verdad, y al mismo tiempo explica los motivos de aquella conducta y confiesa que se sorprende de que, siendo la vida

260

lo que era para los ladinos, no fueran ellos mucho peores. No les quedaba otro recurso que violar las leyes, porque esas leyes les negaban derechos vitales y los cargaban de castigos infamantes. Estaban obligados a engañar, a usurpar, a arrebatar, porque esa era la única manera de prosperar en un régimen que les cerraba todas las puertas para obligarlos a entregarse a las haciendas. Tenían que defenderse haciendo a un lado escrúpulos morales que sólo beneficiarían a sus enemigos de clase, los dueños y los mandones, quienes les negaban un trozo de tierra para trabajar en beneficio propio y al mismo tiempo tenían abandonadas inmensas y fértiles tierras. Una vez cubiertas las cortas necesidades de oficios urbanos y transporte, a la gran mayoría de los ladinos sólo les quedaba, legalmente, el mísero destino de las haciendas y sus rancherías. Muchos de ellos, sin duda alguna los mejores, los más enérgicos, resolvieron abrirse camino "por las malas".

Esa decisión implicaba penetrar en los pueblos; medrar hábilmente a expensas de quienes se hallaban aún más oprimidos; obtener algo de los siervos. Contra la ley, pues la ley se erguía contra ellos. Y desgraciadamente también contra los indios; no había otro camino. La estructura colonial determinó una política de ladinos, y esa política determinó que muchos de éstos, para no caer en la miseria, tuvieran que arrebatarle algo a los indios, tuvieran que serles "perjudiciales" como reconocía el Deán. Este hecho tuvo y sigue teniendo enormes proyecciones en el desarrollo social de Guatemala, y es por ello importante indicar su origen colonial.

En los pueblos fueron apareciendo y proliferando, pese a todo, los agricultores ladinos, pequeños y medianos. El proceso de su consolidación fue largo y complejo. La documentación colonial presenta lateralmente, a cada paso, indicios y datos aislados de ese proceso. Así —para poner un ejemplo vinculado con hechos tratados en este libro—, el gran conflicto de 1663 acerca de los repartimientos fue suscitado, como se recordará, por cierta queja que unos indios presentaron al Fiscal de la Audiencia. Allí no lo dijimos — eran datos laterales que nos hubieran desviado —, pero diremos aquí que eran los indios de Aguachapán, y que se quejaban de que en el contorno del pueblo habían aparecido cinco agricultores nuevos exigiéndoles servicio de repartimiento. De mucho tiempo atrás había cuatro haciendas a las que tradicionalmente daban repartimiento, lo cual aceptaban por haber órdenes antiguas y por ser tierras legalmente adquiridas. Los cinco intrusos, en cambio, estaban disponiendo de tierras realengas que colindan con las del pueblo y por añadidura creían tener derecho a repartimiento ellos también. No es esta última queja lo que ahora nos interesa, sino el ejemplo de los agricultores arrimados al pueblo. Todos ellos eran ladinos, y leyendo los papeles del pleito se comprueban los siguientes datos interesantes. Uno de los usurpadores era familiar de uno de los hacendados a quienes los indios servían tradicionalmente, y salta a la vista que ese respaldo le valía para usurpar tierra y hasta atreverse a pedir indios.

Otro de los usurpadores había sido criado del Alcalde Mayor de la región, con lo cual queda dicho que contaba, por lo menos, con el asentimiento del verdadero mandamás de la región. Un tercer usurpador era negro y esclavo, dato de mucho interés que nos presenta, por una parte, un caso de esclavitud atenuada y de confianza —pues sin las dos condiciones no hubiera podido este esclavo lanzarse a conseguir tierra en los linderos de un pueblo de indios—, y por otra, un caso de penetración de un hombre de color en una capa media — la capa media alta rural — en el preciso momento en que ese fenómeno debe haber sido muy frecuente (momento ya estudiado en otro lugar). He ahí, pues, un ejemplo sencillo de noticias históricas laterales, aparecidas a propósito de otro asunto, pero ilustrativas de la lenta penetración de agricultores ladinos en los pueblos de indios. Todos los testigos que comparecieron en Aguachapán citados para este pleito confirmaron la existencia de los cinco agricultores mencionados por los indios, los calificaron de personas pobres, reconocieron que usaban tierras que no les pertenecían —incluidas tierras de los indios: "rastrojos" que éstos abandonaban—, y agregaron, con evidente afán de favorecer a los cinco encartados, que mucha otra gente pobre de los pueblos hacía lo mismo.

Sabemos que los indios, en ciertas circunstancias, daban en arrendamiento una parte de sus tierras comunales. Así, por ejemplo, cuando una epidemia reducía bruscamente el número de habitantes de un pueblo, o cuando cualquier actividad los apartaba del laboreo de toda su tierra disponible. Sabemos también positivamente que en las décadas que siguieron a la Independencia había un gran número de personas que trabajaban tierras tomadas en arrendamiento a los pueblos, y que la legislación liberal procedió inmediatamente a facilitar su obtención en propiedad. La misma legislación confirma que los indígenas vendían tierras de sus pueblos, pues estableció formas para obtener los títulos de propiedad que no podían obtenerse bajo el sistema colonial.

Cortés y Larraz asegura que la penetración de ladinos en los pueblos arruinaba a los indios en lo material —aparte de sus reiteradas indicaciones de que dicho contacto era desfavorable en lo espiritual, según él entendía este último concepto—; y aunque en este caso se refiere a algo que no pudo ver con sus ojos, es notorio que recoge una opinión generalizada. García Peláez se para a conjeturar cuál pudo ser la causa de que en unos pueblos hayan conseguido los ladinos apropiarse parte de las tierras de los indios —a veces gran parte de ellas—, mientras en otros les fue imposible. Supone que en el segundo caso se trató de "naturales de fibra y entereza" que supieron convivir con los ladinos sin cederles tierras, en tanto que en los otros casos faltó esa energía. La conjetura no tiene mucho valor, pero es interesante observar que el Historiador da por sabido, como base de todas sus reflexiones sobre aquellos resultados desiguales, el hecho fundamental de que hubo una pugna, un forcejeo entre los indios y los ladinos de los pueblos, en torno a las tierras de aquéllos.

Eso fue lo que ocurrió y lo que a nosotros nos interesa señalar. El bloqueo agrario, que fue el principio rector de la política de los grupos dominantes frente al desarrollo numérico de los mestizos —y un aspecto velado pero importantísimo de la lucha de clases colonial—, dio resultados muy diversos, y dentro de ellos aparecieron tensiones secundarias, algunas de las cuales no pueden omitirse en el cuadro de la realidad colonial. En las ciudades formó las plebes menesterosas, en sorda lucha con la capa media artesanal proveedora. En los pueblos determinó que la supervivencia y el éxito económico de los ladinos dependiera, fatalmente, de que consiguieran usurpar, alquilar o comprar tierra de los indígenas y se convirtieran, a la larga, en explotadores de indios ellos también.

Cortés y Larraz proporciona algunas noticias aisladas pero muy valiosas acerca de la opresión de los indios por los ladinos en los pueblos de los primeros. El Arzobispo, naturalmente despistado en ciertos asuntos de política colonial —repitamos que emprendió la visita de su Diócesis el mismo año de su llegada a Guatemala— recomienda una medida que había sido abandonada más de cien años atrás, pero sus observaciones directas tocan exactamente el punto que queremos destacar:

"... convendría —dice— que vivieran los ladinos en pueblos separados y con la sujeción correspondiente, pagando a Dios y al Rey lo que sería razón, y no que todo haya de cargar sobre los indios; ya aún los mismos ladinos los miran como esclavos y se sirven de ellos para todo, sin que ellos quieran servir a ninguno...". Hacia el último tercio del siglo XVIII la capa media alta rural había echado sus bases; y aunque legalmente eran bases inseguras, y el bloqueo agrario hacía muy difícil su desarrollo, la penetración en los pueblos había avanzado bastante para que un observador como el Arzobispo percibiera los abusos y la actitud de superioridad de los ladinos en algunos de dichos centros.

Desde el punto de vista del indio, el desarrollo de la capa media alta rural, los ladinos de los pueblos, significó la aparición de un nuevo enemigo de clase; menos poderoso que las autoridades españolas y los terratenientes criollos, pero más astuto y no menos ambicioso.

La comprensión de este fenómeno en su delicada complejidad es, sin ninguna exageración, una premisa indispensable para comprender el proceso histórico guatemalteco ulterior. Porque la Independencia, al desplazar al enemigo común de todas las clases y capas de la sociedad guatemalteca, y al poner a los criollos en situación de gobernarla según sus intereses, compactó a las capas medias altas, urbana y rural, en un bloque de oposición que desde ese momento iba a desempeñar un papel importantísimo bajo la bandera del liberalismo. Ahora bien: la fuerza de ese bloque va a reposar, desde el principio y cada vez más, en los agricultores medianos y pequeños, cuyo desarrollo, logrado con dificultad en el marco colonial, cobrará un ritmo más acelerado después de la emancipación. En la nueva correlación de fuerzas, se convertirán lentamente en una clase social definida, que le va a dar hombres, dinero, conexiones y otros factores de fuerza al liberalismo, pero que le va a imponer, naturalmente, sus exigencias de grupo. Esto quiere decir —nótese bien— que junto al sector pequeño-burgués de comerciantes, manufactureros y profesionales de la época de Independencia, militaba el interés de la capa media alta rural con su núcleo de nuevos agricultores, también aprisionados en las limitaciones del sistema colonial. No puede dudarse de la sinceridad de todos estos sectores al proclamar los principios revolucionarios del liberalismo —revolucionarios para aquel entonces—: la multiplicación de los propietarios de la tierra, la abolición de la servidumbre del indio, el incremento de la producción agrícola y manufacturera de artículos de exportación, la animación del mercado interno, etc. Pero en las condiciones en que quedó el país después de la Independencia, es decir, a la hora de las realizaciones, la única medida efectiva que podía tomarse inmediatamente con miras a un aumento de la producción y del movimiento de valores, era liberalizar la adquisición de tierras. Y al proceder a tomar esa medida se hizo sentir, como no podía ser menos, la presión de los agricultores pequeños y medianos, exigiendo la plena propiedad de las tierras usurpadas y trabajadas por ellos: tanto las realengas, que desde entonces se llamaron baldías, como las de indios, a título de que éstos las tenían abandonadas o en desuso.

Exigieron y obtuvieron facilidades legales para adquirir en propiedad las que los indios les arrendaban; y naturalmente pidieron títulos de propiedad para aquellas que habían comprado a los indios al margen de las prescripciones coloniales. El estudio de la legislación de tierras durante el corto período post-colonial en que los liberales tuvieron la posibilidad de intentar una reforma agraria pone de manifiesto el peso que tenían las exigencias de los agricultores de la capa media alta rural. Las leyes, demasiado inclinadas a favorecer a ese grupo que había nacido en sorda pugna con los indios y que anhelaba consolidar lo que había logrado adquirir en los pueblos, fueron leyes que desatendieron parcialmente el interés de los indígenas, que no le dieron la debida importancia a la necesidad de liberar y favorecer en formas efectivas a la gran masa india de los pueblos. Y así, comenzando a desviarse de los principios liberales en atención a un sector que era históricamente enemigo de los indios, el gobierno liberal se ganó la aversión de éstos, la cual, hábilmente manejada por los criollos y por la Iglesia —criolla ella también en sus altas jerarquías— fue un factor decisivo en la caída del partido liberal.

En la caída del Doctor Mariano Gálvez sólo se ha querido ver el derrumbe de un régimen progresista por las maquinaciones de los criollos conservadores, lo cual, sin dejar de ser verdad, encubre o tergiversa un hecho de la mayor importancia: que las masas indígenas siguieron a los criollos no porque fueran ignorantes, ni tampoco porque las reformas de Gálvez fueran "demasiado avanzadas para un pueblo que no las entendía"— como ha llegado a decirse —sino porque las leyes agrarias de aquel gobierno cercenaban la propiedad de los indios sobre sus tierras comunales y no ofrecían compensaciones efectivas e inmediatas. (Al comprobar que dichas leyes ponían a la masa indígena del lado de los conservadores, Gálvez quiso dar marcha atrás, derogándolas, y eso le ganó la desaprobación de sus más ardientes partidarios y precipitó su caída). El contenido de las disposiciones agrarias del gobierno de Gálvez no fue ocurrencia del Jefe de Estado. Fue resultado político de una realidad fundamental que estamos tratando de señalar: que los medianos y pequeños agricultores del país —definiéndose cada vez más como una clase en el seno de la capa media alta rural— no podían ni sabían concebir su desarrollo económico de otra manera que no fuera la que había venido operando en su peculiar nacimiento histórico: cercenar la propiedad comunal de los indios y explotarlos siempre que fuera posible. Los indígenas, por su parte, tampoco podían confiar en nada que proviniera de aquel sector. La dinámica colonial creó y dejó establecida la lucha y el odio de clase entre los indios y la capa de ladinos instalada en sus pueblos, cuando en esa capa apenas comenzaba a configurarse una clase de nuevos terratenientes.

Sabemos que los agricultores medianos y pequeños, desligados del gobierno durante la dictadura criolla de los 30 años, siguieron desarrollándose económicamente y consolidándose como clase. El cultivo de la grana — obligadamente protegido por el gobierno al convertirse en el único producto de exportación del país — les dio un fuerte impulso. Es sabido que la cochinilla fue criada en las propiedades medianas y pequeñas; que fue un cultivo propio de los mestizos, no adoptado por los indios ni por las grandes haciendas. El cultivo del café los hará fuertes más tarde en las zonas del país apropiadas para la producción de dicho fruto, y llegará el momento en que finalmente tomarán el poder, no para treinta sino para setenta años de terribles, grandes y contradictorias reformas, cuyo significado general tendremos que sugerir al final de este libro. Sectores de las capas medias romperán entonces sus ataduras — todavía coloniales — y tendrán un formidable desarrollo. Pero sobre el indio caerán nuevas ataduras, nuevas cadenas que van a consolidar y prolongar su condición de siervo, de productor básico no libre, aterrorizado, despiadadamente explotado, para mucho tiempo más. Igual desgracia caerá sobre los ladinos pobres de las haciendas — que comenzarán a llamarse "fincas" —. Las rancherías van a multiplicarse con las fincas cafetaleras, y en esos antros van a encontrarse y confundirse indios y ladinos pobres, protagonizando una nueva y dura servidumbre.

Podría pensarse que las precedentes indicaciones nos alejan demasiado de nuestro tema, pero no es así. Ya anteriormente hemos tenido que hacer referencia a épocas cercanas tratando temas coloniales, y todavía lo haremos en otras ocasiones adelante. Son los fenómenos mismos los que se alargan en decisivas proyecciones sobre épocas ulteriores e incluso sobre el presente, y el señalamiento de su influencia, a veces determinante, es sin duda alguna la tarea que le confiere utilidad e importancia a la Historia. En el caso que ahora nos ocupa, hemos querido señalar cómo la bloqueante política colonial frente al desarrollo de los mestizos, configuradora de las capas medias, determinó la formación y las características de una capa media alta rural, de ladinos en pueblos de indios. Cómo la gestación de una clase de medianos y pequeños agricultores en el seno de esa capa media, estrechamente vinculada a la capa media alta de las ciudades, le imprimió al conjunto liberal un sesgo precisamente no liberal frente a la población indígena. Cómo un factor económico imprevisto — el auge de la producción de café en respuesta a sus altos precios y su gran demanda internacional — convirtió aquel sesgo original en una creciente decisión de explotar bárbaramente a los indios, recrudeciendo su condición de siervos. El germen histórico de todo esto se encuentra en la colonia, en las condiciones peculiares, ya examinadas, en que nació la capa media alta rural.

He allí, pues, a los agricultores mestizos, de mediana fortuna, revoltosos, a quienes no omitió en su informe el Tesorero español enumerando a todos los elementos de la capa media alta. Otros documentos de la misma época nos los presentan como "... gente parda dedicada a la agricultura en pequeñas heredades ...", y dan prueba de que esas pequeñas empresas, en las que trabajaban muchas veces sus propios dueños o arrendatarios, eran proporcionalmente más productivas que las grandes haciendas. A un sector de ellos se refiere también, muy probablemente, el "Editor Constitucional" cuando sale en defensa de los poquiteros: pequeños productores de añil, a quienes los grandes comerciantes les compraban por anticipado sus cosechas, haciéndoles préstamos y extorsionándolos.

Varios trazos van a complicar nuestro diagrama, si queremos completarlo: una amplia elipse, igual a la que hemos usado para simbolizar a la capa media baja rural, tendrá que extenderse ahora hacia arriba, simbolizando a la capa media alta rural. La explicación de su nacimiento y desarrollo deja demostrado que fue fruto de las luchas y limitaciones del triángulo. Aunque esta capa estuvo integrada principalmente por mestizos de todo tipo, conviene indicar, con dos trazos en forma de flecha, que desde la esfera de los indios y desde la de los criollos también ingresó alguna gente a esta capa alta de los pueblos —poca, pero no hay motivo para omitirla—: indios ricos y criollos empobrecidos. Desde el seno de la elipse hasta la cinta que representa a la capa media alta urbana, hay que trazar una flecha enérgica, indicadora de que esa capa urbana, nutrida por criollos venidos a menos y también por elementos pequeño-burgueses provenientes de la capa artesanal proveedora —comerciantes medios, dueños de talleres manufactureros, etc.— recibió un valioso aporte humano proveniente de la capa alta de los pueblos. Se entiende, por supuesto, que dicho aporte no estaba integrado única ni necesariamente por agricultores medianos y pequeños instalados en las ciudades, sino por personas dedicadas a profesiones y empleos de alta calificación, incluidos curas, escribanos, estudiantes, etc., que procedían de la capa alta de los pueblos.

El triángulo así completado, y todo lo dicho en este capítulo, nos exime de hacer una clasificación inerte de los grupos sociales más importantes de la sociedad colonial, a los cuales hemos visto en su desarrollo y en sus relaciones. Solamente nos hemos atrevido a llamar clases sociales, en forma categórica y sin reservas, a la masa de los indios siervos, a la aristocracia terrateniente criolla y a los negros esclavos en el primer período. De la burocracia imperial dijimos que actuaba como una clase sin serlo: la unificaba el hecho de representar los intereses de las clases dominantes españolas —nobleza y burguesía peninsulares— y el de beneficiarse económicamente en el desempeño de esa función; pero como sus integrantes provenían de distintos sectores privilegiados de la península, traían consigo las diferencias de la política española, circunstancia que minaba su unidad cuando esas diferencias se agudizaban en la metrópoli —lo cual pudo notarse en la época de Carlos III y fue escandalosamente notorio en la época de la Independencia. De los agricultores medianos y pequeños dijimos que iniciaron la formación de una nueva clase de terratenientes— la cual llegaría a ser muy importante más tarde —en el seno de la capa media alta rural. Todo lo demás a que hemos hecho referencia eran capas sociales y sectores internos peculiares de las mismas.

Aunque en los textos citados hemos tropezado con el término "clase media" — asi siempre designando con vaguedad al conjunto de las capas medias alta—, se notará que no lo hemos aceptado ni adoptado para nombrar a ningún grupo. Ello obedece a que las clases sociales, si realmente lo son, se definen por su unidad de función económica y de intereses, que les son esenciales, y no por su ubicación relativa a otros grupos. La ubicación relativa puede emplearse como un elemento de definición de las capas, carentes de unidad funcional, y aun allí es insuficiente y requiere el señalamiento de otras características, como lo hecho. No carece de interés representarse nuevamente el triángulo original, sin otro elemento que sus tres fuerzas iniciales, y preguntarse cómo se podrían haber formado en él los grupos que después hemos definido y ubicado — las capas medias de la sociedad colonial guatemalteca— no siendo como resultado histórico de las luchas, tensiones, contradicciones y limitaciones inherentes al esquema inicial. Tal esfuerzo, condenado al fracaso, sirve para confirmar la tesis que ha sido motivo de la segunda parte de este capítulo. Sirve, también, para comprobar que es imposible tener una idea de la dinámica social de la colonia si se omite —como se ha omitido absolutamente hasta ahora— el estudio de las capas medias, que fueron resultados y a la vez fuerzas activas de esa dinámica. Finalmente, puede llevar el pensamiento hasta aquel punto en que afirmábamos, muy al principio, que era una trivialidad conformarse con decir que "las castas no eran clases", y que era preciso ahondar en ese punto para comenzar a entender la verdadera significación histórica de lo que confusamente se llama "mestizaje" referido a la época colonial.

XI

No demos por concluido este capítulo sin habernos reinstalado en el gran mirador de fines del siglo XVII, la cumbre en mitad de la colonia, desde la cual hemos estado mirando al pasado y al futuro para vislumbrar —como desde la cima de un volcán— los lineamientos y las incidencias de un panorama de tres siglos.

No hace falta ningún esfuerzo especial para descubrir a las capas medias en la Recordación Florida; así lo prueban las muchas oportunidades en que hemos tenido que citarla para ilustrar diversos asuntos en los apartados precedentes. Sin embargo, dichos sectores van haciéndose más evidentes, más visibles, conforme se va aprendiendo a descubrir todo lo que esconde este documento en su vasta y desordenada riqueza.

Allí está la ciudad de Santiago de Guatemala a los pies del volcán. Ella era el corazón de la patria criolla y su descripción cuidadosa es el tema de los capítulos más plácidos y entusiastas de la crónica. Ciudad blanca toda ella, por dentro y por fuera, cuadriculada por calles empedradas, cubierta de teja a dos aguas con alero, excepto en algunos suburbios en que había techos de paja. Interrumpían ese ordenamiento sencillo, como se sabe, las moles de quince conventos con sus templos, aparte de muchas otras iglesias y capillas, y los edificios de gobierno.

Era, en realidad, una ciudad española. Construida con técnicas y estilos traídos por los españoles, diseñada y dirigida por ellos, desarrollada según las necesidades de los españoles que vivían y mandaban en ella a la manera española. Este hecho ha dado lugar a una jubilosa oratoria según la cual "el alma de España renacía y se prodigaba en el Nuevo Mundo" y aquellos robustos conventos y templos eran "levantados por la fe", etc. Inocentes boberías "modernas" que jamás encontraríamos en la obra de Fuentes y Guzmán, la cual nos entera, cabalmente, de que las iglesias, las calles y plazas, las casas de habitación y los edificios públicos, fueron levantados por el trabajo de los indios y las capas medias. No en el sentido general de que nada hubiera habido sin la riqueza fundamental creada por ellos, sino en el sentido preciso de que las piedras labradas, los ladrillos, las tejas, las vigas, los muros, los artesonados, las puertas, las rejas, y así sucesivamente hasta llegar a los más valiosos enseres y ornamentos —retablos, lámparas, muebles, balcones, surtidores, etc.— eran casi íntegramente obra de los indios y de las capas medias.

Aquella ciudad española tenía el gran privilegio de haber sido construida y seguir siendo mantenida y abastecida para los españoles y sus descendientes, por trabajadores indios y mestizos: los indios bajo la presión del repartimiento para obras de la ciudad y otras obligaciones serviles, y los mestizos bajo la presión de la miseria y la desocupación crecientes, que proporcionaban mano de obra barata. En esos hechos descansaba el verdadero encanto de la existencia de la ciudad para quienes la gozaron cuando vivía su auténtica vida de capital colonial, centro de dominio y de disfrute. (Encanto que se oculta, naturalmente, a quienes hoy ven la ciudad con ojos de arqueólogo, de turista o de guiador de turistas, aunque logren apreciar otros valores estéticos. Lo adivinan, en cambio, las mentes criollistas actuales, que por eso se enamoran de La Antigua y la convierten en símbolo, si bien es cierto que prefieren no establecerse en la ciudad monumento).

No es necesario ir a los barrios y los talleres de los artesanos para saber de ellos. Fuentes y Guzmán se está refiriendo a la obra de centenares de miles de maestros, oficiales, aprendices y peones al describir la ciudad, aunque su referencia a los autores resulta sumamente limitada —le era imposible conocerlos a todos, e inconveniente darle demasiada importancia a los conocidos— no puede menos que alabar al "diestro y perito artífice" de cuyas manos salió ésta o aquella obra entre las muchísimas que menciona en su descripción. Una estupenda reja de hierro dorada a fuego, pongamos por caso. Es ejercicio interesante y aleccionador la lectura de esta descripción preguntándose quién o quiénes trabajaron para darle existencia a los objetos y edificios que el cronista va mencionando, así cuando se trata de la exquisita talla de una imagen religiosa de gran prestigio, como cuando habla de bóvedas y cúpulas, de jardines y fuentes, de puentes y acueductos, sin ignorar el mérito de ninguna obra socialmente útil. Se comprueba que la ciudad, desarrollada con base en cánones europeos —principalmente romanos— era testimonio de esfuerzo de los indios, de la plebe y de los artesanos.

Están en la descripción los diez barrios de la ciudad. El cronista no puede ocultar los violentos contrastes que tenía que haber en aquel centro, en que convivían, segregados y en pugna, grupos sociales cuyas profundas diferencias económicas se reflejaban en las hondas diferencias de su género de vida. El afán de describir la ciudad completa traiciona el propósito de ocultar sus lacras; sin que debamos suponer que tal propósito fuera muy acentuado en el narrador: porque ciertos aspectos que a nosotros nos pueden disgustar, constituían para él males inevitables y hasta discretamente deseables — males que no perjudicaban o que beneficiaban a su clase. Es flagrante el contraste entre el hermoso barrio de Santo Domingo, en donde se encontraban las casas principales, amplias y adornadas, de la gente rica, con los barrios de San Jerónimo y Santiago, que eran míseros arrabales de gente pobre. Impresiona leer la descripción del paseo de la Alameda del Calvario en los días festivos, con el desfilar de coches y gente de a caballo —estampa feliz de la vida criolla—, y enterarse de que había en la ciudad una casa para encerrar y castigar a las prostitutas, que iban en aumento —estampa indefectible de la degradación de la mujer pobre en las sociedades de clases. Está allí, en suma, junto a la holgura y la euforia de la minoría criolla y española, la escasez y penuria de los barrios de la plebe, aquella plebe que se amotinaba, a la que había que prohibirle la circulación nocturna, y de la cual opinaba el Regidor que estaba creciendo en su tiempo.

Cerca de la ciudad se hallaban los pueblos que la servían; algunos tan próximos, que aparecían como barriadas de indios. Muchos de esos pueblos habían nacido como concentraciones de esclavos cuando la propia ciudad nacía. El cronista explica, sin reticencias, cómo en aquellos floridos tiempos tuvieron los conquistadores la animosa idea de hacer cacerías nocturnas de indios "...en las noches más obscuras, así de invierno como de verano..." y cómo, juntando en tierras suyas lo que iban atrapando en aquellas salidas, crearon poblaciones de doscientos, trescientos o más esclavos. Por ser cosa de su propiedad, y en prueba de gratitud, dieron a esas poblaciones los nombres de sus santos favoritos con agregación del apellido del dueño; San Gaspar Vivar, Santa Catarina Bobadilla, San Lorenzo Monroy, Santiago Zamora, San Bartolomé Becerra, Santa Lucía Monterroso, Santa Catarina Barahona, San Juan Gascón y otros más. De los setenta y siete pueblos del valle, que eran "...ordinaria despensa y providente granero de Guatemala...", los veintiocho más cercanos eran los que más directa y sistematizadamente la proveían.

Y aquí comienza a asomar nuestro verdadero tema.

Si hemos querido ver a las capas medias en el panorama de la crónica criolla, no ha sido para comprobar que están allí, sino para algo mucho más importante: indicar en qué grado de desarrollo se encontraban en aquel momento, y analizar las posiciones del criollo, sus actitudes de clase, frente a dichos sectores. Son dos cuestiones que resolveremos con prontitud y provecho. No porque en sí mismas sean fáciles —serían en realidad muy dificultosas si las abordásemos de entrada— sino porque el análisis de la estructura colonial, en el punto en que ahora nos hallamos, nos pone en las manos todos los elementos concretos y los instrumentos teóricos necesarios para resolverlas sin dificultad.

Sabemos que el criollo es por definición el latifundista explotador de siervos indios. Hemos visto que sus posiciones, solidarias o adversas frente a las personas y las cosas de su mundo —las reales y hasta las irreales, pues tenemos comprobado que las entidades religiosas de los indios, y también las suyas propias, entran en esta valoración— vienen determinadas por la circunstancia de que aumenten y consoliden, o disminuyan y pongan en peligro, su dominio de clase sobre aquellos dos factores: la tierra y los indios.

Sabemos, por otra parte, que las capas medias, obligadas a desarrollarse en un marco social que las inhibía y las bloqueaba, se configuraron bajo los tres signos de relación económica siguientes —solos o combinados—: primero, fueron oprimidas y explotadas por los grupos dominantes; segundo, se oprimieron y explotaron entre sí; y tercero, oprimieron y explotaron a los indios. Ejemplos del primer caso —que es desde luego el predominante— los hallamos en el control del Ayuntamiento sobre los gremios artesanales, en el bloqueo de las autoridades sobre los ladinos en los pueblos, y principalmente en la explotación de los hacendados sobre los ladinos pobres de las rancherías.

273

Ejemplos del segundo caso encontramos en la explotación de los maestros artesanos sobre oficiales y aprendices, a quienes además cerraban las puertas de la maestría para evitarse competidores; la explotación de tenderos y manufactureros sobre empleados, obreros y peones; la explotación, en suma, de la capa media artesanal proveedora sobre la plebe. Del tercer caso tenemos ejemplos en la acción de los proveedores urbanos y ciertos elementos de la plebe sobre los indios, como compradores y revendedores de los productos que éstos traían a la ciudad; y principalmente, por supuesto, en la acción de los ladinos de los pueblos en tanto que conseguían apropiarse de las tierras de los indios o los explotaban en cualquier forma —exigiéndoles servicios gratuitos, engañándolos en las transacciones comerciales, etc.

Conociendo esas bases, es poco lo que nos queda por andar. La crónica refleja, desde luego, las posiciones del criollo frente a los tres tipos de relación económica de las capas medias entre sí y con las clases, y naturalmente pone mucho más interés en la última: es decir, en aquélla en que las capas medias tocaban al indio y obtenían algo de él. Pocas referencias bastarán para ilustrar estos temas.

Como ciudadano de una ciudad en que los artesanos eran tan importantes, tan capaces muchos de ellos, y tan mal retribuidos, Fuentes y Guzmán adopta una actitud discretamente respetuosa, según ya lo hemos visto en la descripción de su "Guatemala". Como miembro del Ayuntamiento fue vigilante de los artesanos y de los proveedores, y supo contribuir, en lo que a él le tocó, a mantenerlos en el orden y nivel de servidores libres pero obedientes, como convenía a los señores de la ciudad.

De la explotación de la plebe por la capa artesanal proveedora no dice el cronista una palabra. Y es perfectamente explicable su silencio. Esa pugna entre oprimidos no implicaba ningún peligro para la clase criolla; debe haber aparecido como algo natural y, en definitiva, era una condición de la abundancia y el buen precio de los productos artesanales y manufacturados que la aristocracia consumía.

Ya sabemos que la plebe existía al grado de hacer amotinamientos en tiempos del cronista, y que en el cabildo, con ocasión del tumulto de 1697, el Regidor votó por que se organizara una guardia. Sin embargo, en la Recordación no le preocupa la plebe por su miseria ni por su agresividad —fenómenos, ambos, que ya estaban allí en desarrollo; lo que le preocupa es la acción de esa capa social sobre los indios abastecedores de la ciudad—. Hubo siempre la costumbre, por parte de la gente pobre y quizá también de algunos proveedores acomodados, de salir a los caminos a interceptar a los indios para comprarles los productos que traían a la plaza de abastos, el mercado o tianguis de la ciudad. No fueron eficaces las reiteradas órdenes dadas por la Audiencia y el Ayuntamiento para prohibir esta operación de los "regatones", así llamados, la cual no iba solamente enderezada a obtener los productos a precios muy bajos, sino también a arrebatárselos a los indios de balde en forma violenta. Dice el Regidor, muy indignado, que tales robos no se ejecutaban sólo en los caminos y entradas de la ciudad, sino también en el propio mercado, llegándose a causar muertes de indios en riñas así suscitadas. De manera general acusa a la plebe por dichos abusos —"vulgo y populacho", "gente infame y atrevida"— pero claramente deja ver que los homicidios eran perpetrados principalmente por negros y mulatos, quienes obraban desaforados bajo el amparo de cierta tolerancia e impunidad.

Nos hallamos, pues, frente a un fenómeno que no ejemplifica sólo nuestro tema del momento —la acción violenta de las capas medias urbanas sobre los indios abastecedores—, sino otros temas ya conocidos e íntimamente relacionados con aquél: así el valimiento que pasaron a tener los negros frente a los indios al pasar de la esclavitud a las capas medias —valimiento que tiene que haber sido, por supuesto, la causa del miedo que los indígenas les tenían—; y también estamos ante un ejemplo típico de defensa criolla del indio. Inhibir y ahuyentar a los indios abastecedores era atentar contra uno de los más preciosos dones legados por los conquistadores a sus descendientes. Al criollo no le convenía ninguna intervención que alterara el sistema de abastos de la ciudad, no sólo porque podía traer como consecuencia el encarecimiento o la escasez de los alimentos de la ciudad, sino también desde otro punto de vista: la posibilidad de que los indios del valle pudieran acudir al repartimiento y casi regalar una semana de trabajo cada mes, así como la posibilidad de que pagaran puntualmente sus tributos, dependía no sólo de que pudieran trabajar sus tierras para sustentarse consumiendo sus frutos, sino también de que tuvieran posibilidad de venderlos en el mercado de la ciudad y de los pueblos.

Ahora bien; de acuerdo con lo que acabamos de expresar, y sabiendo, como sabemos, que el cronista era muy puntilloso en lo tocante a que los pueblos de indios tuvieran y conservaran sus tierras comunales — vimos oportunamente las motivaciones de clase de esa sensibilidad —, tenemos que preguntar en seguida si la penetración de ladinos en dichas tierras era ya un fenómeno avanzado en tiempo de Fuentes.

Podemos asegurar que no lo era. El panorama de la Recordación es en gran parte una descripción de los pueblos de cada una de las regiones tratadas en la obra. Descripción apretada, en la que se incluye todo lo importante de cada pueblo desde el punto de vista del hacendado-encomendero-Corregidor. No falta, pues, nunca, la indicación del número y carácter de los indios, sus ocupaciones y productos, el estado en que se hallaban, el cuidado de sus almas, la disponibilidad de tierras, y también la presencia de habitantes ladinos. Si a fines del siglo XVII hubiera sido frecuente el uso de tierras de indios por ladinos, ya fuera alquiladas, usurpadas o compradas, podemos estar seguros de que el hecho hubiera sido denunciado, comentado y criticado con énfasis en un gran número de pasajes de la Recordación Florida.

El fenómeno comenzaba a presentarse en pequeña escala, eso sí, y el criollo no lo pasó por alto. Dice que en los pueblos del valle de Guatemala vivía un crecido número de españoles y ladinos, y que se hacía urgente aumentar la vigilancia y la justicia en esa importante región, porque, aparte de muchos delitos que se quedaban sin averiguación, los indios estaban siendo perjudicados en pleitos sobre sus tierras y otras pertenencias. No vuelve a tocar el tema en ningún otro lugar, y refiriéndose al propio valle sólo lo menciona una vez, lo cual es síntoma infalible de que el problema no presentaba todavía proporciones de importancia.

No conociendo la crónica podría concebirse la siguiente sospecha: Fuentes vio el problema en el valle de Guatemala, y sólo allí, porque, como miembro del Ayuntamiento y como propietario de tierras en ese contorno, fue allí donde tuvo oportunidad de comprobarlo. Pero pensar eso sería equivocarse. Aun admitiendo que haya tenido un conocimiento más detallado del valle de la ciudad, no puede ponerse en duda que conoció muy bien, personalmente y con mucho detenimiento, los nueve grandes Corregimientos y Partidos que describe en el documento: Atitlán, Izquintepeque, Guazacapán, Chiquimula de la Sierra, Casaguastlán, Golfo Dulce y Alcaldía Mayor de Amatique, Tecpán Atitlán, Totonicapán y Huehuetenango, y Quetzaltenango. Si ignorásemos que tuvo encomiendas en los Corregimientos de Izquintepeque y Guazacapán, y que fue Corregidor de Totonicapán y Huehuetenango, por la sola lectura de sus descripciones de esos trozos del país podríamos garantizar, sin vacilación, que no pudo escribirlas alguien que no hubiera conocido con vivo interés esas regiones. Y no hay menos detalles y viveza de comentario en todas las demás. El cronista recorrió el país en todas direcciones, y lo que nos comunica acerca de los pueblos, así como de la presencia y penetración de ladinos en ellos, es testimonio de un buen conocedor, que tenía además un gran interés personal y de clase en esos puntos.

El cuadro social de la crónica revela que había relativamente pocos mestizos en los pueblos. Cuando los hay, nunca deja de indicarlo. A veces anota su número exacto junto al de indios; otras veces se limita a valorar su cantidad con un adjetivo: muchos, pocos, algunos, regular número de mestizos y mulatos, de ladinos y españoles. Tampoco omite indicar, lo cual es valioso y dato muy frecuente, la total ausencia de mestizos: indios todos, sin mezcla alguna de ladinos. Y así, viendo desfilar por la crónica varios centenares de pueblos, pocos grandes y muchos medianos y pequeños, unos cercanos a la capital y otros perdidos en selvas y cordilleras, se obtiene la impresión general que arriba anotamos. Sin embargo, una justa apreciación de ese balance exige las siguientes notas.

Los mestizos y mulatos son ya una realidad histórica patente y muy importante en la Recordación. Están en la ciudad, en el valle, en las haciendas y en los pueblos. Su desarrollo es sorprendente si miramos hacia el siglo XVI y principios del XVII, en que los documentos todavía se referían a ellos como algo que estaba emergiendo. Pero no menos sorprendente resulta mirar hacia fines del siglo XVIII y las décadas de la Independencia, y comprobar el desarrollo que aún habría de experimentar con posterioridad a la Recordación. Teniendo a la vista ese desarrollo subsiguiente afirmamos que a fines del siglo XVII había relativamente pocos ladinos en los pueblos. Fuentes menciona muchos pueblos de indios que ya aparecen como pueblos mixtos en el informe de Cortés y Larraz. Algunos de ellos muy importantes. Esquipulas, que en la Recordación es pueblo "sin mezcla alguna de ladinos". En la Descripción del Arzobispo aparece con 865 indios y 360 ladinos. Jalapa, que en los tiempos del criollo era pueblo sin ladinos, en los del Arzobispo tenía 870 indios y 652 ladinos. Jutiapa, sin mezcla de ladinos a fines del XVII, albergaba 612 indios y 410 ladinos a fines del XVIII. De igual valor son las noticias de pueblos que en tiempos de Fuentes y Guzmán tenían poquísimos habitantes ladinos, y en tiempo de Cortés y Larraz ya presentaban la mitad de ladinos, o más. Así, por ejemplo, Asunción Mita, en donde el criollo contó 80 españoles y mulatos junto a mil indios, a fines del siglo XVIII tenía 600 indios y 500 ladinos. Es muy raro encontrar alguna población importante del oriente del país — el territorio actual de Guatemala, sin el Petén, viene siendo prácticamente lo que la Recordación describe — en que se conserve el mismo número y la misma proporción de habitantes en ambos documentos. La capa media alta rural, de ladinos en pueblos de indios, apenas comenzaba a formarse en tiempos de Fuentes y Guzmán. No sería inexacto decir que se hallaba en la fase de instalación, y que no había pasado a la de penetración con motivo de la tierra.

El siglo XVIII presenció un gran desarrollo de los ladinos, más acusado en la región sudeste de la actual República de Guatemala y en lo que entonces era provincia de San Salvador. El desplazamiento de un mayor número de ladinos hacia el sudeste debe haber respondido, como ya se dijo en otro lugar, al desarrollo de las haciendas en una región no densamente poblada de indios, y quizá también a una mayor indefensión de los indígenas alejados de los centros en que débilmente pervivía la tradición y hasta la nobleza de los señoríos prehispánicos.

Sería incorrecto suponer, sin embargo, que el desarrollo de los mestizos en el siglo XVIII fue más acelerado que en el anterior. Bien vistas las cosas, tanta diferencia hay entre la época del cronista y la época de Independencia en lo relativo al incremento de los ladinos, como la hay entre el final de la conquista y los días de Fuentes y Guzmán. Lo único que se puede decir —y hay que decirlo— es que la corriente del mestizaje con sus tres delgados afluentes: criollos empobrecidos, negros liberados e indios enriquecidos —estuvo acrecentando de manera continua el número de personas pertenecientes a las capas medias; pero que, en el curso de tres centurias, ese caudal humano se volcó sucesivamente más en unas direcciones que en otras, dando como resultado la configuración de las capas medias con cierto orden temporal. Todo indica que la capa artesanal proveedora comenzó a tomar forma antes que la plebe, y que ambas capas urbanas fueron anteriores a la gran propagación de ladinos pobres en el campo. La filtración de ladinos en los pueblos se presenta, parcialmente, como un desborde de su proliferación y su miseria en el campo.

La capa media alta urbana no está presente en el cuadro social de la Recordación, y eso sólo basta para afirmar que todavía no existía, porque la vida de la ciudad palpita entera y con todos sus pormenores de época en la crónica. La media alta rural comenzaba a instalarse.

Ese orden que hemos señalado en la formación de las capas medias, que no es más que el predominio de ciertos desarrollos en ciertos períodos —jamás una sucesión excluyente—, respondió, claro está, a factores y circunstancias económicas que no necesitamos repetir, pero que tampoco debemos olvidar: campos ocupacionales abiertos o cerrados —¡o entreabiertos!—, política de bloqueo agrario, barreras que dificultaron y retrasaron la aparición de ciertos fenómenos, etc., etc.

La posición ideológica del cronista criollo ante la presencia de ladinos en los pueblos es clara y muy ilustrativa.

Que en ciertos pueblos grandes, como Patzún, Totonicapán o Huehuetenango, tuvieran sus casas algunos hacendados criollos, dueños de estancias del contorno, es cosa que le resulta natural y conveniente —y a la vez nos deja enterados de que el hecho ocurría—, tratándose de los ladinos las cosas cambian por completo, y vamos a indicar cuáles son los motivos por los que, en su opinión, era perjudicial que hicieran contacto con los indios.

Resulta curioso comprobar que coloca en primer plano, muy por encima de todos los demás, el problema de la docilidad y sumisión ideológica del indio. Refiriéndose, por ejemplo, al pueblo de Petapa —pueblo de interés para él, por hallarse cerca de su hacienda— dice lo siguiente: "...Tiene hoy este numeroso pueblo mucha vecindad, fuera de los indios, de españoles, mulatos, mestizos y negros, no sé si provechosa a la salud espiritual de estos miserables y pobres indios...". Ya lo sabemos: en cuanto el criollo comienza a afligirse por la "salud espiritual" de los indios y comienza a llamarlos "pobres y miserables", hay que entender que estamos en presencia de un caso de falsa defensa y hay que buscar, sin pérdida de tiempo, el punto en que está siendo amenazado o lesionado su control sobre los siervos. En el caso presente, el motivo de su aflicción salta a la vista: los ladinos sacan de su ignorancia y resignación a los nativos —esa es su salud espiritual para el criollo —como consecuencia inevitable del contacto entre siervos y hombres libres también descontentos. En otro lugar, refiriéndose a un pueblo no contaminado por aquel contacto, celebra el hecho en términos realmente preciosos como testimonio histórico: dice que tiene "...cuatrocientos ochenta habitantes, sin mezcla alguna de ladinos, que suele ser daño a la simplicidad de esta nación, que está mejor con su ignorancia, que no advertida y avisada...".

En distintas formas y lugares deja ver el criollo que los ladinos solían suscitar efectos subversivos entre los indios, induciéndoles a romper el fuero que regía en sus pueblos. Dicha preocupación, que en el fondo es siempre la misma, manifiesta, por ejemplo, al referir que los ladinos, por causa de su movilidad e inestabilidad, animaban a los indios a abandonar sus pueblos. Mucho más si eran pueblos atravesados por caminos con mucho tráfico de arrieros, como era el caso del de Santa Inés, muy próximo a Petapa. Después de indicar que el pueblo se veía atravesado por el "camino real", informa que tenía "ochocientos habitadores indios, fuera de los mestizos, mulatos y negros arrieros que en él tienen sus casas y familias, y sirven de pervertir y desaforar muchos indios, llevándolos con sus recuas a otros reinos, donde se quedan perdidos...". La pieza clave del sistema feudal colonial, el repartimiento, descansaba sobre la condición, feudal también, de que el indio estuviera adscrito y fijo en su pueblo. Animarlo a huir, u ofrecerle medios de hacerlo, era un acto subversivo. No debe haber sido muy frecuente, porque las autoridades coloniales lo hubieran frenado llevando a la horca a unos cuantos arrieros si lo hubieran creído necesario. Pero dentro de ciertos límites, como se ve, el hecho ocurría, y no ayuda a comprender en qué sentido y en qué formas resultaba perjudicial para el criollo el contacto de indios y mestizos.

Llama poderosamente la atención comprobar que en ningún lugar de la crónica se diga que los mestizos y mulatos, instalados en los pueblos, eran perjudiciales porque explotaban a los indios, porque con maña o con violencia se apropiaran de sus bienes o se introdujeran en sus tierras. Silencio verdaderamente significativo: porque los ladinos ya estaban allí, en muchos pueblos, aunque su número fuera relativamente corto; porque ya se dedicaban al comercio ambulante y en tiendas, y se instalaban o transitaban en los pueblos como arrieros —de todo lo cual da noticia la crónica—; porque Fuentes declara que los ladinos más pobres de los pueblos eran dados a robar en las haciendas y se abstiene, no obstante, de señalar la misma tendencia en relación con los indios; porque sabemos cuán acuciosa era su mirada para ese tipo de problemas, y cuánto hubiera reparado en tales abusos si hubiesen sido un tanto frecuentes y notorios, no sólo como dueño de una hacienda y labores cercanas a la capital, sino como corregidor de un enorme distrito —Totonicapán y Huehuetenango— del que ofrece descripciones y relatos de viaje estupendos en su riqueza de observaciones; porque sabemos, finalmente, que ese era el tipo de datos que no se le escapaban al cronista criollo, y que habiendo percibido algo semejante en el valle de su ciudad, no dejó de anotarlo.

Hay por allí una fugaz alusión que puede servirnos para matizar este asunto. Refiriéndose concretamente a negros y mulatos —no a "mestizos y mulatos", que es sinónimo de ladinos en el léxico de Fuentes— dice que son perniciosos y nocivos cuando viven en los pueblos "...porque además de quererlos supeditar y anteceder, les comunican las costumbres y los vicios que no conocen...". La época del cronista, la segunda mitad del siglo XVII, fue la época en que los negros, pasando a ser esclavos de confianza o consiguiendo su libertad, aparecen como elementos humanos muy activos en pleno proceso de penetración en las capas medias. Fuentes los vio en ese momento, súbitamente transformados de esclavos en hombres con posibilidad de abrirse paso en las áreas en que iban desenvolviéndose los mestizos; hombres desencadenados en el más amplio sentido del vocablo, y por añadidura válidos de cierto apoyo de sus amos, que eran los amos de la sociedad.

Recuérdese que el cronista denuncia con ira sus violencias contra los indios en las entradas de la ciudad y en el mercado, y menciona también el miedo que los indios llegaron a tenerles. Sin embargo —he aquí lo interesante —al mencionar su impacto en los pueblos, no menciona robos, usurpaciones y ultrajes, como era de esperarse, sino se limita a decir que los negros y mulatos trataban de dominar a los indios —los quieren "supeditar y anteceder"— y que les comunicaban vicios y costumbres nocivas. Acerca de este segundo inconveniente sólo se puede suponer que se trata otra vez de la "salud espiritual" de los nativos, puestos en contacto con elementos que saltaron de la esclavitud a una libertad con prerrogativas, porque resulta muy difícil imaginar qué vicios podían enseñarles los negros, que no hubieran aprendido antes de los criollos y españoles, o que no tuvieran de sí por ser universales. Pero del punto anterior tenemos que señalar, desde luego, que el criollo no se hubiera limitado a tan poca cosa —a decir, de pasada, que los negros trataban de dominar a los indios— si en su tiempo hubiera estado en marcha la penetración de ladinos en las tierras de los pueblos. De haber ocurrido esto, la crónica tendría un nuevo motivo para clamar en defensa del indio, el criollo hubiera reconocido y desprestigiado en diversas formas a un nuevo enemigo de clase, y el cuadro de la Recordación presentaría infaliblemente ciertos elementos que están del todo ausentes en ella.

En suma, el hecho de que el cronista, refiriéndose al contacto de los ladinos con los indios en los pueblos, señale como principal problema el suscitado por su influencia ideológica sobre los siervos —"que están mejor con su ignorancia, que no advertidos y avisados"— es una nueva prueba de que la filtración de ladinos en los pueblos se hallaba en aquel momento en su fase inicial, de moderada y quizá temerosa instalación; muy lejos, todavía, del estado en que habría de encontrar este proceso Cortés y Larraz, y a gran distancia de la fase en que van a retratarlo los documentos del Deán García Redondo y del Historiador García Peláez. (Recordemos la declaración de Cortés y Larraz, ochenta años más tarde: "...los miran como esclavos y se sirven de ellos para todo...").

En las haciendas era todavía frecuente tener un cierto número de esclavos negros, pero la producción en gran escala era realizada por los indios de repartimiento. Este sistema estaba perfectamente regularizado en la época del cronista. Pese a que el valle de Guatemala era la zona modelo en cuanto al repartimiento — pues de allí se extendió a las otras regiones y allí alcanzó su máxima perfección bajo la vigilancia y el interés del más importante centro de criollos—, pese a ello, se hacía preciso recurrir a la fuerza de trabajo de los ladinos rurales dispersos y de los más pobres instalados en los pueblos. El cronista menciona a los "gañanes", o trabajadores rurales ladinos, y dice que muchas haciendas, no dotadas de suficientes indios repartidos, recurrían a estos ladinos. También se refiere a gente mestiza flotante desocupada, a la que acusa de ser dada a robar en las haciendas del valle. El cronista expresa con toda claridad que daba tierras suyas en arrendamiento, lo cual hace suponer que se trataba de ladinos y que deben haber vivido instalados en esas tierras que usufructuaban, pero no es explícito en estos puntos.

Pese a que en la Recordación Florida son claramente perceptibles los ladinos pobres —la capa media rural baja—, en la obra no se hace referencia a las rancherías. Ese silencio no puede ni debe tomarse, empero, como indicio de que el fenómeno, de gran importancia en el siglo siguiente, no hubiera comenzado a aparecer en el XVII. En este punto la Recordación es una fuente poco recomendable —tenemos que reconocerlo y explicarlo. Aunque el cronista hace mención de las haciendas en todo el país, sólo entra en detalles de su estructura al referirse a las del valle, y aun allí ofrece pocos pormenores. La gran profusión de pueblos en el valle de Guatemala creaba condiciones desfavorables para la formación de rancherías; no sólo por la alta disponibilidad de indios, sino porque la proximidad entre pueblos y haciendas permitía que los trabajadores ladinos de éstas tuvieran sus viviendas en aquellos— como concretamente lo dice el cronista refiriéndose a los gañanes, que vivían en los pueblos del valle. La ranchería se desarrolló mucho más, y quizá también con anterioridad cronológica, en las regiones con poca densidad de población indígena. Finalmente, es preciso comprender que allí donde se conservaron núcleos de esclavos negros como trabajadores fijos combinados con el repartimiento de indios —lo cual ocurría en algunas haciendas del valle en tiempos del cronista y muy probablemente en la suya— no pudieron surgir las rancherías de ladinos sino conforme aquellos esclavos se fueron extinguiendo.

Es muy posible que en las haciendas que Fuentes menciona en regiones alejadas, del interior del país, y muy especialmente en las del sudeste —que al parecer iban en aumento— haya habido rancherías, y que el autor haya omitido el consignarlo. Nada podemos afirmar ni negar con base en su silencio, pero acerca del silencio mismo podemos emitir unas razonables conjeturas, quizá necesarias. No olvidemos que al Arzobispo Cortés y Larraz llegó a la conclusión —aunque fuera mucho tiempo después— de que los hacendados eran los primeros interesados en disimular la existencia de las rancherías. Tampoco debemos olvidar que, en íntima relación con la defensa del trabajo forzoso de los indios, los criollos alegaban que no había otra gente de la cual se pudiera echar mano para los trabajos de campo; y aunque el alegato era una falacia destinada a eludir la libre contratación del trabajo del indio —en su lugar lo vimos—, pudo haberse fijado en la mentalidad de los criollos como un condicionante que aconsejaba ocultar la disponibilidad de mano de obra ladina semi-servil. Son conjeturas, y como tales hay que asociarlas al mutismo del cronista, no con intención de explicarlo, sino para insistir en que no puede verse en él una prueba de que las rancherías no existieran todavía. Resulta difícil, sin embargo, no pensar que comenzaban a aparecer en algunas regiones, sabiendo que en varios pueblos ya habían aparecido núcleos de ladinos, y que en el valle de Guatemala había ladinos muy pobres, desocupados y obligados a robar en las haciendas. Los mismos arrendatarios del cronista, que en el valle de las Vacas producían ocote para su hacienda, es posible que fueran moradores de una ranchería. No sabemos.

Frente a la capa artesanal proveedora, autoridad y vigilancia. Cierta respetuosa simpatía para los artesanos más notables, como servidores distinguidos. Frente a la plebe, desprecio e indiferencia para su miseria. Lejano temor de que sus motines pudieran desencadenar atrevimientos y protestas entre los indios del valle. Enérgica denuncia de trampas y robos hechos a los indios por la plebe y los abastecedores de la ciudad. Frente a los ladinos de los pueblos —primera fase, muy tímida todavía, de la capa media alta rural—, cierto recelo, porque pervierten la sencillez e inocencia de los indios. Sin embargo, no se oculta cierta simpatía para los comerciantes —especialmente para los traficantes móviles— y aun para los arrieros, que le daban impulso al intercambio de productos en el reino. Frente a los ladinos pobres del campo, un tono de aprobación cuando se trata de gañanes, a quienes califica de hábiles agricultores;

284

enérgica repulsa para el sector flotante, no incorporado al trabajo de las haciendas —que quizá anuncia el andar desterrado para ir a parar en las haciendas lejanas, o es el principio de los caseríos en tierras y valles abandonados.

Sólo aparecen bien definidas dos capas medias urbanas; artesanal y plebe. Las dos rurales tendrán un gran desarrollo entre la época de la Recordación Florida y las postrimerías de la colonia, según vimos en los apartados anteriores. La media alta urbana no se perfila todavía, e insistimos en la hipótesis de que no tendrá fuerza mientras no llegue a estar vinculada con la media alta rural, a través del elemento humano, descontento y enérgico, que los pueblos le proporcionen. Están allí ya, sin embargo, muchos criollos empobrecidos, colocándose en las instituciones en que puede ser útil su educación privilegiada, que es lo que les queda. También hay algunos criollos empobrecidos en los pueblos, y la crónica da noticias de pocos pero notorios indios ricos, de los que hablaremos en el próximo capítulo. El proceso de las capas medias está en marcha. La Recordación lo refleja en un momento equidistante entre aquel en que maduraba la primera generación de mestizos, y el Obispo y el Consejo se preguntaban "¿qué vamos a hacer con ellos?", y aquel otro en que, configurando capas sociales urbanas y rurales de mucha importancia —y con mucha conciencia revolucionaria una de ellas—, los criollos y los funcionarios españoles, puestos en el trance de declarar una Independencia que ya era inevitable, deben haberse llevado las manos a la cabeza profiriendo y exclamando la mismísima pregunta...

CAPÍTULO SÉPTIMO: PUEBLOS DE INDIOS

I. La reducción y los pueblos. II. El repartimiento de indios: nacimiento y régimen. III. El repartimiento por dentro: anomalías y abusos. IV. La paga de repartimiento. V. Difusión y proyecciones históricas del repartimiento. VI. El terror colonial y los corregidores. VII. Indios ricos. VIII. Evasión de indios. IX. "El problema del indio".

I

Ya se dijo que la estructura de la colonia, tal como quedó después de la profunda reorganización de mediados del siglo XVI, tenía por base la concentración de los indios en pueblos incorporados a la monarquía. La reducción de indios, directamente asociada a la abolición de la esclavitud, fue la medida fundamental del gran proyecto político que iba implícito en las Leyes Nuevas.

Hay motivos para admirar la energía con que los funcionarios de la primera Audiencia de Guatemala, asistidos por un grupo de frailes y presididos por Alonso López Cerrato, dejaron implantado el nuevo sistema en menos de diez años. No fue poca cosa dominar la resistencia de los conquistadores y colonos esclavistas, reducir a poblados de tipo español a un gran número de indios que vivían en sus disgregadas poblaciones prehispánicas o dispersos en las haciendas y en los montes —a donde muchos habían huido—, ni el haber implantado en esas reducciones el régimen municipal, ni rebajar a la mitad la tributación de los indios y canalizarla hacia las cajas reales.

La magnitud de la empresa y el ritmo de su realización han sido motivo de asombro y de justos elogios de parte de muchos autores. Sin embargo, se ha pasado por alto que los funcionarios y los religiosos contaron, en la tarea de la reducción, con una vigorosa fuerza puesta a su servicio espontáneamente: fue la colaboración de muchísimos nativos, la cual está indicada con toda claridad en la crónica de Ximénez.

Esa omisión es consecuencia, como tantas otras, de la propensión a ver los hechos de aquel período solamente desde la perspectiva de los conquistadores, aunque se trate de hechos de la mayor importancia para los indios. Cuando en los Anales Cakchiqueles leemos que Cerrato "...dio libertad a los esclavos (…) rebajó los impuestos a la mitad, suspendió los trabajos forzados e hizo que los castellanos pagaran a los hombres grandes y pequeños...", la consideración del problema que aquello significó para los esclavistas nos distrae de considerar seriamente lo que significó para los indios. Pocos renglones antes, el analista había consignado que, por orden del oidor Juan Rogel, se comenzaron a juntar las casas, y agrega —¡importante detalle!— que "...llegó la gente desde las cuevas y los barrancos". Todos estos datos están llenos de hondo significado.

Desde el año de la llegada de los conquistadores a Guatemala hasta los años a que hacen referencia las citas precedentes, transcurrieron veinte o treinta años verdaderamente espantosos para los indios: fue la etapa feroz de la conquista y de la explotación sin freno. De pronto, cuando no había esperanza de que aquel infierno terminara, les fueron leídas a los indios, y explicadas en sus lenguas, unas leyes que venían a transformar radicalmente su situación. Frailes y funcionarios del rey pusieron manos a la obra, y las leyes entraron en vigor efectivamente.

Eso significó para los indios una bienaventuranza difícil de imaginar. Recuperaron la libertad. Cesaron los trabajos forzados con su cauda de sufrimiento y muerte. Desaparecían los desmedidos tributos que había que pagar bajo la amenaza del acuchillamiento y la horca. Para los que habían huido y vivían escondidos en la montaña, retornaba la posibilidad de la vida civilizada, del trabajo regular de la tierra y el goce de sus frutos. Por otra parte, los esclavistas, los enemigos implacables, que con la espada indicaban el lugar en que había que encorvarse para sacarle oro o frutos a la tierra, andaban ahora atribulados y humildes frente a los frailes y los jueces recién llegados. No tenían otra alternativa, en aquel momento, que aceptar la ley en su punto medular: el que quiera que los indios le trabajen, convenga con ellos y págueles.

La crónica de Ximénez transcribe trozos de un cronista dominico que estuvo presente cuando las leyes fueron pregonadas y aplicadas en Ciudad Real de Chiapas. Su relato es un cuadro impresionante, del que vale la pena entresacar unos renglones para imaginar la conmoción de los indios al percatarse de la realidad de las Leyes Nuevas. Tras hacer el

288

narrador un interesante elogio de Cerrato y de su estrecha colaboración con los frailes, cuenta cómo envió un juez que puso en libertad a los nativos en 1549: "...nadie puede imaginar las aflicciones de los españoles a este tiempo y las mañas que usaron con el juez y con nosotros para que no se aherrasen o solamente se aherrasen de nombre y de veras quedasen cautivos, con no sé qué conciertos cautelosos...".

"...Tasó también este juez la tierra (se refiere a la moderación de la tasa de tributos), y quitó aquella infinidad de tiranías que había allí. Cesaron los tamemes (indios cargadores) el servicio personal; y el que tenía en su casa cuarenta y cincuenta indios de servicio y otros tantos en sus haciendas, comenzó a pagar y a rogar por un indio que le trajese leña o por una india que le hiciese pan...".

"...Y así se juntaron para aquel día más indios que yo jamás he visto juntos en la provincia de Chiapa. Venían, cierto, como a un jubileo grandiosísimo y plenaria remisión, y así lo era para ellos...".

"...Aquel día se hizo un solemne cadalso en la plaza (...) y allí se pregonaron las leyes y se les interpretaron a los indios de cada nación en su lengua, y avisados de algunas cosas los soltaron...".

"Estaba de Santo Domingo a casa del juez como un río caudaloso de indios que iban y venían, y nuestra casa no cabía de gentes, ni los indios de gozo viéndose tan ricos y tan aliviados de tan intolerables cargas como habían sufrido...".

"...Fue esta una mudanza cual yo no he visto ni esperamos ver, y unos lloraban y otros cantaban porque fue gran vuelta la que aquel día dio la rueda de la fortuna...".

Acabado esto, trató el juez de visitar la tierra y hacer información de los culpados. Eran tantas las culpas y los excesos, los homicidios, violencias, robos y males, que sólo el día del juicio basta para concluir los procesos que se pudieran hacer.

Podemos estar seguros de que los indios, conforme fueron conociendo los beneficios de la reforma que comentamos, comprendieron perfectamente la pugna que estaba entablada entre sus amos y sus defensores. Aunque estos últimos ofrecían una liberación condicionada al pago de tributos al rey de España, y su ayuda suponía la esperanza de convertirlos a una religión exótica, había poderosos motivos para aceptar esa liberación y esa ayuda, y para prestarse a colaborar activamente con los defensores.

El primerísimo de todos los motivos: salir de la cruel esclavitud que habían sufrido e impedir que se volviera a la situación anterior. Sabían los indios que los conquistadores estaban moviendo todos sus recursos ante el rey para recuperar los privilegios perdidos, y que, en tales circunstancias, no colaborar con los defensores era favorecer a sus más temibles enemigos. Los religiosos mismos deben haberse dado maña para entusiasmar a los nativos con esa crispante disyuntiva: o la reducción con todas sus implicaciones, o la esclavitud de las suyas.

Además, el respeto que mostraban los conquistadores hacia los defensores hacía pensar necesariamente que estos, con el rey a sus espaldas, eran más poderosos que aquellos y que, en definitiva, podían imponer por la fuerza lo que en aquel momento ofrecían como una salida ventajosa. Otro motivo poderoso para colaborar con los defensores era la perspectiva de cobrar libremente el valor del trabajo, y aun no trabajar para otro si la paga no era conveniente.

Esta nueva circunstancia, que por sí misma tiene que haber resultado atractiva y sorprendente para los indígenas —se trataba del salario, en pueblos que apenas comenzaban a entrar en el régimen esclavista cuando fueron conquistados—, debe haber tenido proyecciones diversas y de mucha consideración en la mente de los nativos: así, por ejemplo, la esperanza de obligar a volverse a España a quienes habían venido de allá con la mira de un enriquecimiento parasitario, y quedarse los indios trabajando para sí en las tierras de los pueblos —que iban expresamente supuestas en la reducción—, pagando un tributo al rey y quizá alguna cosa a los religiosos como administradores inmediatos.

Incluso el tributo debe haberse presentado como algo aceptable en aquel momento, porque, en primer lugar, lo comparaban los indígenas con el que venían pagando a los conquistadores bajo su dominio directo; en segundo lugar, era un género de imposición que ya conocían, por haberla exigido o pagado antes de la conquista muchos de ellos; finalmente, en tercer lugar, porque la condición de tributar no resultaría tan onerosa yendo asociada a la condición de trabajar libremente, que era como lo planteaban las Leyes Nuevas y como de inmediato comenzó a practicarse ("hizo que los castellanos pagaran a los hombres grandes y pequeños").

Muchos indios creyeron ver su salvación en aquel plan que fue pregonado con cantos y lágrimas, y llenos de confianza colaboraron en la creación de los pueblos, aportando así la fuerza humana que hizo posible, y que explica, las proporciones que alcanzó la labor de reducción en poco tiempo.

El cronista dominico a quien Ximénez transcribe, de quien hemos citado unos renglones, dice que el más grande obstáculo de la reducción de Chiapas fue la costumbre indígena de habitar choceríos muy dispersos, que no formaban pueblos compactos sino grandes áreas cultivadas y pobladas —lo cual confirma Ximénez referido a los quichés y cakchiqueles—, pero que todo fue superado por la fe de los indios, la cual, como por un milagro, experimentó un súbito crecimiento en aquellas jornadas:

"...Cerrato ayudó mucho como ya dije; pero lo común y lo más ha sido obra de la fe de los indios; ellos hacen sus casas y las nuestras y de su sudor se ha comprado lo dicho (ornamentos y objetos de uso ritual en las iglesias) (...) y esto de juntarse los pueblos y prosperidad de las iglesias ha sido así también en Guatemala...".

Hemos indicado arriba cuáles debieron ser las motivaciones reales de esa milagrosa eclosión de fe y de buena voluntad.

La dificultad de la creación de pueblos coloniales no radicaba en su construcción. Los pueblos fueron inicialmente choceríos ordenados en torno a una plaza conforme a ciertos criterios funcionales de conquista —pues la reducción, no lo olvidemos, fue la última fase, monárquica y misional, del proceso conquistador—; las chozas, las casas de cabildo, las iglesias mismas, fueron construidas con las más sencillas técnicas indígenas: horcones rústicos hincados en el suelo, techos de paja, paredes de caña de maíz y pisos de tierra apelmazada. Posteriormente, de manera gradual, fueron apareciendo las instalaciones de adobe —usado por indígenas y españoles antes de su encuentro—, los techos de teja, las iglesias de ladrillo cocido, sin que dejara de prevalecer la choza sencilla, de palos, paja y cañas, como habitación de los indios y cuerpo de los pueblos.

La relativa sencillez del pueblo inicial facilitaba su construcción. Ximénez refiere el caso de un pueblo que fue levantado, con iglesia y todo, en el curso de una noche de trabajo intenso —si bien bajo circunstancias muy especiales—: Santo Domingo Xenacoj fue construido en una noche por los indios de San Pedro Sacatepéquez como medida de emergencia, para impedir que cierto español tomara posesión de unas tierras del pueblo que le serían entregadas al día siguiente. De ese episodio sólo nos interesa señalar aquí dos detalles: primero, la posibilidad material de erigir un pueblo en pocas horas, siempre que se contara con el interés y el esfuerzo de los indios; y segundo, que ese interés emanaba, generalmente, de la amenaza de caer en situaciones aún peores o que empeoraban la implícita en la reducción.

La iniciativa de erigir Xenacoj en una noche salió de los indios, aunque el éxito de la empresa haya quedado consignado entre las obras del fraile dominico que los dirigió y apoyó en la faena. El cronista dice, con toda claridad, que Fray Benito de Villacañas fundó el pueblo de esa manera, pero que lo hizo "...instado de los indios, que no hallaron otro modo de defenderlo...", refiriéndose al terreno que les iba a ser arrebatado. La colaboración de los indios en la reducción obedeció a diversos mecanismos que los obligaban a escoger entre dos males el menor. Desde este punto de vista, la reducción fue un chantaje de grandes proporciones.

El verdadero problema de la creación de pueblos radicaba en que, al juntar a los indios de varios poblados de tipo prehispánico, necesariamente había que abandonar las amplias áreas de tierras cultivadas en que se extendían. Y aunque al pueblo nuevo le correspondieran unas tierras comunales, el traslado significaba para los indios arrancarse de sus siembras de maíz y otros cultivos, de sus milpas, en las que se hallaban enclavadas sus antiguas chozas, y también —entendámoslo— sus antiguas vidas. Para impedir que, decepcionados, se regresaran a aquellos lugares, fue preciso destruir los sembrados y las viviendas. Y los indios tuvieron que conformarse con ver cómo caían sobre aquellas tierras, desbrozadas y hechas al cultivo, los colonos extranjeros que las pedían como tierras del rey, desocupadas y disponibles para hacer de ellas merced.

Hubo muchos indios, sin embargo, que no aceptaron las condiciones de la reducción, y que, abolida la esclavitud, permanecieron en los montes o fueron a refugiarse en ellos. Se hizo preciso reducirlos por la fuerza, y aunque los cronistas religiosos se limitan a expresar que aquella labor costó "inmensos trabajos", hay muchos indicios de que en ella se empleó la violencia. Fuentes y Guzmán califica esa fase de la reducción como una guerra con los indios que la rehuían.

Hay que reconocer que estos indios, los indóciles, los que no confiaron, tuvieron posteriormente sobrada oportunidad de justificar su recelo. Porque bien sabemos que las Leyes Nuevas, pese a la fervorosa sinceridad de los hombres que lucharon por conseguirlas —como Fray Bartolomé y sus colaboradores—, fueron después traicionadas en su punto más convincente, y los pueblos, en donde habían de vivir los indios sin que nadie los molestara, "como vasallos libres de Su Majestad", se convirtieron en reductos de opresión.

En su primera etapa, impulsada por hombres generosos y asociada a la abolición de la esclavitud, la reducción fue una obra no exenta de humanismo y de cierta grandeza. Pero sería un error suponer que en eso quedó. La reducción fue un problema permanente a lo largo de toda la época colonial y, si bien es cierto que conservó su finalidad esencial, sufrió cambios que eliminaron totalmente las características de la primera etapa.

El más importante de dichos cambios ocurrió cuando la monarquía, cediendo ante la presión de los colonos, les concedió el derecho de obtener fuerza de trabajo obligatoria en los pueblos. Podría pensarse que a partir de ese momento la reducción quedó desvirtuada y se convirtió en otra cosa, pues se abandonó el principio de las Leyes Nuevas que más ardientemente defendieron sus propugnadores y que había decidido la colaboración de muchísimos indígenas: el principio de la libertad de trabajo. Pero ese juicio sería una grave equivocación. Es cierto que aquel principio tuvo efectivamente la importancia que se ha señalado, pero hay que comprender que no radicaba en él la esencia de la reducción; no estaba allí su razón de ser.

La reducción fue un procedimiento sumamente hábil, cuidadosamente estudiado por la monarquía, que tenía por finalidad organizar a los indios de manera que salieran del dominio de los conquistadores, quedaran sujetos a la autoridad del rey y se hiciera posible conservarlos, explotarlos en forma racional y sistemática, y completar su conquista espiritual. Si después se juzgó que era conveniente permitir en cierta medida la explotación forzada de los nativos por la clase terrateniente, y si esto se hizo sin traicionar los objetivos arriba enunciados, debe reconocerse, entonces, que la reducción comenzó a rendir ciertos servicios adicionales no previstos, pero que no alteraban en nada su esencia; en definitiva, siguió cumpliendo su finalidad original.

En una Cédula Real de 1601, en que abiertamente se autoriza el repartimiento en el reino de Guatemala, se ordena —no se recomienda, simplemente, sino que se manda hacerlo— crear pueblos de indios en las cercanías de las haciendas que los necesiten. Se dice en ella, categóricamente, que la medida debe tomarse para que los indios puedan acudir al trabajo obligatorio y puedan retornar a sus pueblos y habitar en ellos. El documento marca la consagración del régimen de trabajo forzado para las haciendas —como tal lo analizaremos más adelante— y revela que dicha consagración no significó una quiebra de las reducciones, sino todo lo contrario: el inicio de un nuevo y largo período en que no serán únicamente de interés para el rey, sino también para los hacendados.

De allí en adelante, veremos reaparecer la reducción en los documentos con ese carácter, como motivo de interés común para los funcionarios de la corona y para la clase criolla. Habrá noticia de reducciones llevadas a cabo hasta fines del siglo XVIII, y aún en las Cortes de Cádiz plantearán los criollos la necesidad de reducir a los indios primitivos de las regiones marginales, que todavía no lo habían sido, invocando "…las ventajas que traería a la Religión, al Estado y aun a los mismos indios dispersos la vida civil…", dejando en el tintero, por supuesto, las ventajas que dicha medida traería a los criollos que la pedían.

La reducción continuó siendo un problema actual por otro motivo más. Los indios, abrumados por la explotación y los ultrajes de que eran objeto en los pueblos, estuvieron siempre fugándose de ellos. Y las autoridades, peninsulares y criollas, trataron de impedir esa evasión y de reducirlos de nuevo. Como fácilmente se deja entender, el problema de mantenerlos a raya en sus pueblos —problema para los grupos dominantes— era consecuencia de otro problema incomparablemente más grave: el que representaba para los indios la existencia en esos pueblos.

Es preferible, por tal motivo, examinar este aspecto de la reducción más adelante, después de ahondar un poco en la realidad de aquella existencia; así lo haremos en un apartado especial (Evasión de indios).

La gran importancia histórica de la reducción estriba en que modeló, implantó, multiplicó y consolidó la pieza clave de la estructura colonial: el pueblo de indios; un régimen para la población mayoritaria explotada; un sistema de base que, por serlo, le imprimió sus características más notables no sólo a los indios —que son un producto histórico de dicho régimen—, sino a la estructura colonial en conjunto. Eso que llamamos "la vida colonial" fue, fundamentalmente —si hemos de hablar con seriedad—, la vida de la inmensa mayoría de la población colonial, representada por los indios concentrados en setecientos y tantos pueblos.

Puede y debe hacerse una enumeración de los rasgos esenciales comunes a todos los pueblos; un intento de definición. Tal intento conduce directamente a sus funciones económicas, no sólo porque ellas fueron el motivo de la creación y del mantenimiento de los pueblos, sino porque eran la esencia de la vida cotidiana en ellos. Podría intentarse, por supuesto, una enumeración de características culturales comunes, pero eso es ponerse de intento en un plano superficial, ya que tales características fueron resultado de aquellas funciones económicas, como lo demostraremos en este capítulo y en el siguiente.

Un pueblo era, ante todo, una concentración de familias indígenas sometidas a ciertas obligaciones, la primera de las cuales, requisito de las demás, era radicar en el pueblo y no ausentarse sino en los términos que la autoridad tenía ordenado o permitido. La autoridad aludida, a la que veremos en acción más adelante, representaba a los grupos dominantes, español y criollo. La existencia en los pueblos estuvo presidida por la coerción; un pueblo era, en cierto sentido, una cárcel con régimen de municipio.

Tenía que serlo, porque la finalidad de aquellas concentraciones radicaba en el propósito de obligar a los indios, hombres y mujeres, a realizar una serie de trabajos gratuitos o muy mal remunerados. Algunos de esos trabajos eran formas legalizadas de la explotación colonial: producir para tributar, acudir al repartimiento, prestar servicios no remunerados a la Iglesia, abrir y componer sin paga los caminos, trabajar en la construcción de edificios en las ciudades, etc. Muchos otros estaban prohibidos o no estaban contemplados en la ley: servicios gratuitos de carga y transporte para las autoridades, para religiosos y particulares, servicio de molenderas, etc.

Aparte de las presiones indicadas, bajo las cuales producían los indios lo más y lo principal de cuanto consumía y exportaba la sociedad colonial, también tenían los indígenas que trabajar para sí. Esto lo hacían principalmente en las tierras comunales de los pueblos, y también dedicándose a ciertas artesanías rurales asociadas a la agricultura, a la ganadería lanar y al aprovechamiento forestal. Producían tejidos de lana y algodón, esteras, cuerdas, redes, sombreros de palma, carpintería tosca, gran cantidad de cerámica corriente y de mediana calidad, etc.

Los frutos de las tierras comunales eran en parte consumidos por sus productores, y otra parte era vendida en los mercados de las ciudades y los pueblos. Los productos artesanales eran casi íntegramente destinados a la venta en esos mercados, en forma directa o a través de revendedores. Todo lo cual quiere decir que los pueblos proveían al resto de la sociedad también cuando los indios trabajaban para sí mismos.

Además del cultivo de la tierra comunal y de las artesanías menores, los indios tenían posibilidad de vender su fuerza de trabajo libremente, siempre que hubieran cumplido con los trabajos obligatorios —especialmente el de repartimiento— y retornaran regularmente al pueblo para no desligarse de él. Debido a la existencia del trabajo forzado y también, cada vez más, a la de los ladinos rurales pobres —que trabajaban a cambio de usufructo de tierras—, el salario no fue predominante y fue siempre bajísimo en el agro colonial. En los mejores casos alcanzó a ser el doble de la paga forzada de repartimiento.

Los realeros, mencionados por Fuentes y Guzmán, se contrataban voluntariamente bajo la condición de que se les pagara un real por cumplir la tercera parte de la tarea que realizaban a destajo en la semana de repartimiento. Es decir, que se avenían libremente a trabajar por un real la tercera parte de la tarea que obligatoriamente tenían que realizar por su mismo real en la semana de repartimiento. Trabajando así, obtenían aproximadamente dos reales al día. El dato es importante y conviene retenerlo, porque revela dos cosas que nos servirán como índices para medir muchas otras después: primera, que los indios vendían por dos reales una jornada de trabajo intenso, obligados por la necesidad y sin necesidad de forzarlos; y segunda, que la tarea impuesta por los hacendados como correspondiente al real de repartimiento era extenuante, puesto que el indio no la aceptaba libremente aunque estuviera urgido y dispuesto a esforzarse para obtener algún dinero.

Documentos de la misma época mencionan a los peones que se contrataban por real y medio al día y algo de comer, y también a los peseros que aceptaban ocho reales (es decir, un peso) por la semana de seis días, más algo de comer. Hasta el final de la colonia, y todavía unas décadas después de la Independencia, el ingreso de los trabajadores agrícolas corrientes oscilaba entre un real y dos reales por día.

El pueblo era, pues, una concentración de fuerza de trabajo, controlada por los grupos dominantes y disponible en tres formas distintas: gratuita forzosa, semigratuita forzosa y asalariada muy barata, sin posibilidad de que esta última desplazara de su posición prevaleciente a las dos anteriores. Esa circunstancia era la que hacía del pueblo de indios la pieza de sustentación de la sociedad colonial y la que motivaba, en sentido inverso, que un gran número de fenómenos de la sociedad colonial incidieran sobre el pueblo de indios. Bastan unos renglones para mostrarlo.

El régimen coercitivo de los pueblos garantizaba la producción y el cobro de los tributos, que eran, como ya se dijo, la renta más importante obtenida por la monarquía en el reino de Guatemala. Garantizaba la pitanza de los encomenderos, a quienes el rey cedía una parte de esos tributos. Indirectamente, la fuerza de trabajo concentrada y gobernada en los pueblos promovía la renta de alcabalas —impuestos sobre transacciones—, puesto que ella producía las frutas y mercancías que, al circular, motivaban tales impuestos. Este renglón, al igual que los tributos, no se remitía íntegramente a España, sino que servía para cubrir los gastos de gobierno y especialmente los sueldos de la burocracia. En este sentido, mediatizado pero no por ello menos evidente, los pueblos generaban el sustento de los funcionarios españoles.

El régimen de pueblos garantizaba la disponibilidad de mano de obra forzosa para las haciendas, enriqueciendo a los hacendados en dos formas: al reducir el costo de los bienes directamente creados por los indios de repartimiento y al disminuir la demanda y, por lo tanto, el precio de la mano de obra voluntaria. El régimen también permitía que de los pueblos saliera esta segunda mano de obra, de libre contratación, muy barata y sin menoscabo de la obligatoria. En el mismo sentido que a los hacendados, enriquecía a las órdenes religiosas poseedoras de haciendas.

Garantizaba las rentas de la Iglesia y propiciaba el enriquecimiento personal de algunos doctrinarios y curas párrocos, al poner a los indios directamente bajo su vigilancia. Propiciaba el enriquecimiento de las autoridades locales, corregidores y alcaldes —de quienes hablaremos adelante—, por cuanto el aislamiento y el carácter cerrado de los pueblos, sumados a la ignorancia y el miedo en que el régimen mantenía a los indios, ponían a estos completamente a merced de los caprichos de dichas autoridades.

El régimen de pueblos se proponía mantenerlos cerrados a la penetración de ladinos, pero al mismo tiempo —precisamente por tratarse de concentraciones de siervos atemorizados— atrajo hacia ellos la ambición y la lucha de los mestizos más enérgicos, quienes, como vimos en otro lugar, lentamente configuraron una capa media alta rural, explotadora de indios.

La esencia del régimen de pueblos, que radicaba en el control de los indios para explotarlos, polarizó sobre ellos la ambición de los grupos parasitarios, altos y medios, iniciales y emergentes, y determinó que todas esas minorías gravitaran, en una u otra forma, sobre aquellas concentraciones de trabajadores coaccionados. La vida de dichos trabajadores tuvo que ser, en consecuencia, muy mezquina y penosa, privada de oportunidades de superación, carente de estímulos y muy difícil de sobrellevar.

Vamos a ver, ahora, qué formas tomaba la vida concreta de los indios, qué significaba concretamente para ellos que los pueblos fueran, según los acabamos de definir, concentraciones de trabajadores coaccionados. Opinamos que, indagando en esa dirección, y no en otra, se toca el fondo de la realidad colonial. Primero, el repartimiento.

II

El propósito de transformar a los indios en "vasallos libres" fracasó en todas las colonias. La totalidad del fracaso, y la uniformidad de las relaciones económicas que fueron surgiendo en todas partes en sustitución del salario libre, insinúan, desde luego, la presencia de una ley objetiva que no estamos comprometidos a dilucidar en este libro — es tarea que debe emprenderse desde una perspectiva más elevada, estudiando las tendencias generales del imperio indiano en conjunto—.

Ciertos hechos generales son evidentes, y conviene llamar la atención sobre ellos sin formular hipótesis de ninguna clase. Es evidente, por ejemplo, que la única posibilidad de consolidación del imperio, en las circunstancias internas e internacionales de la España de los siglos XVI y XVII, radicaba en la colonización efectiva, la migración y el arraigo de colonos españoles. Estos, que comprendían perfectamente la situación, obtuvieron de ella la fuerza necesaria para imponer ciertas condiciones. La iniciativa colonizadora exigía un mínimo de incentivos económicos. Ese mínimo estaba garantizado mientras hubo la posibilidad de esclavizar a los indios, pero es evidente que no se alcanzaba con la perspectiva de explotarlos como trabajadores libres.

Esto último también se comprende perfectamente, porque la explotación asalariada, propia del sistema capitalista, supone un grado de desarrollo de las fuerzas productivas —instrumentos, procedimientos de producción, capacitación del trabajador, diversificación de las empresas, etc.— que no se daba ni podía crearse artificialmente en las colonias nacientes. Aun si, haciendo fantasías, suponemos que España hubiera podido trasladar a sus colonias todas sus técnicas en todas o casi todas sus ramas productivas —lo cual, repetimos, es pura fantasía imposible—, aun entonces hubiera sido absurdo que emprendiera tal empresa. Ningún imperio puede interesarse en la equiparación tecnológica de sus colonias, porque ello las pone en condiciones de dejar de serlo.

Las masas indígenas, incorporadas a un sistema general de producción semejante al que prevalecía en la metrópoli, hubieran experimentado un desarrollo general de capacidades que habría significado, a corto plazo, la imposibilidad de mantenerlas dominadas. Por otra parte, esa imaginaria empresa hubiera significado convertir a las

299

colonias en competidoras comerciales, siendo, como eran, mercados para un comercio monopolístico de gran provecho para la burguesía peninsular.

No. Las técnicas que se pusieron en manos de los indios giraban en torno a la azada, el machete y el hacha —en el reino de Guatemala no se generalizó siquiera el uso del arado—. Con esa capacidad productiva, la explotación asalariada hubiera arrojado ganancias insignificantes, que de ningún modo estimulaban ni consolidaban la colonización. El salario hubiera tenido que coexistir artificialmente junto a una capacidad productiva que correspondía a etapas de desarrollo económico anteriores al capitalismo más incipiente.

La corona se había equivocado, pues, se había excedido, al intentar la implantación de la paga libre en sus colonias, ya que, al mismo tiempo, se veía obligada a ofrecer incentivos para la colonización. La explotación del indio, con los sencillos elementos de tecnología europea que convenía poner en sus manos, sólo garantizaba ganancias atractivas si existía la posibilidad de forzarlo y de pagarle muy poco. Esta parece haber sido la causa, en términos generales, de que la monarquía se viera obligada a elevar los provechos de los colonos permitiéndoles la explotación del indio bajo un régimen de trabajo forzado semigratuito.

El hecho es que, después de la abolición de la esclavitud, fue apareciendo en todas las colonias la práctica, tolerada al principio y legalizada después, de obligar a los indios a trabajar en las haciendas, las minas, talleres y obras públicas, sin desvincularse de sus pueblos. Al finalizar el siglo XVI, el trabajo indígena en las colonias era totalmente servil.

El régimen de servidumbre nació exactamente bajo las mismas formas y hasta con el mismo nombre en el Perú, en la Nueva España y en Guatemala. El célebre tratado de Fray Miguel Agia, Tres Pareceres Graves en Derecho, impreso en Lima en 1603, no tenía otra finalidad que aclarar definitivamente la ilegalidad del "servicio personal" de los indios —que es exactamente lo que en su lugar hemos llamado repartimiento primitivo, asociado a la vieja encomienda y a la esclavitud— y demostrar, al mismo tiempo, que el "repartimiento o mita" gozaba de autorización real y venía funcionando legalmente en México, Guatemala, Nuevo Reino de Granada (Colombia), Audiencia de

Quito y en el Perú mismo. El autor lo describe con las mismas características que otros documentos lo presentan en México y Guatemala, y lo defiende por ser "…sobremanera provechosísimo, pues todo el bien de la República pende de él…".

En México ya estaba organizado y legalizado el repartimiento hacia 1580 —llamado allá también "cuatequil"—, y su descripción corresponde exactamente con la del adoptado en Guatemala. Sin embargo, a principios del siglo XVII se vio que resultaba muy perjudicial para los indios, y suscitó dudas y discusiones que culminaron en su abolición, ocurrida en 1633. Estos datos son de interés porque, habiendo sido idéntico el régimen de trabajo suprimido en México al que se mantuvo en Guatemala, es obvio que los inconvenientes que allá llevaron a su supresión, al menos en lo relativo al daño de los indios, siguieron operando durante dos siglos y medio allí donde no fue suprimido; tal fue el caso de Guatemala.

En un precioso documento del año 1625, el Ayuntamiento de la ciudad de México se dirigió al rey Felipe IV argumentando las ventajas que reportaría transformar el repartimiento en servicio rotativo por años, reemplazando al de semanas que se hallaba establecido. Las ideas centrales del documento arrojan luz sobre la problemática del sistema en Guatemala, y conviene, por ello, hacer unas anotaciones comparativas. Se reconoce, como punto de partida, que el repartimiento estaba acabando con los indios. Esta opinión —¡muy importante!— la vamos a encontrar también en documentos guatemaltecos, como se verá.

Declara, sin embargo, que no se puede prescindir del repartimiento "…porque haciendas y minas perecieran sin este socorro…". Este aserto refleja que la mentalidad de los hacendados mexicanos estaba dominada, todavía, por la experiencia de la lucha para obtener mano de obra forzada, y que planteaban la cuestión en los términos de la disyuntiva "o repartimiento, o indios libres en sus pueblos". El problema halló solución, como sabemos, en una tercera vía: la abolición del repartimiento en 1633, la autorización de formar rancherías en las haciendas y de retener en ellas a los indios con el pretexto de deudas.

Por esa vía se alejó y se diferenció radicalmente el proceso colonial mexicano del proceso guatemalteco, no sólo en lo relativo a la situación del indio, sino también en el desarrollo de las capas medias, como hemos

301

indicado en otro lugar. En la estructura colonial mexicana no desempeñó el pueblo de indios el papel absolutamente básico que jugó en Guatemala. La hacienda novohispana, dotada de siervos directamente sujetos a ella, tuvo un carácter más feudal que la hacienda guatemalteca. En compensación, la estructura del virreinato favoreció el desarrollo de los poblados de mestizos, lo cual fue decisivo en el desenvolvimiento histórico de México.

El documento afirma, como su tesis más importante, que el aspecto verdaderamente destructivo del repartimiento es la continua movilización en que mantiene a los indios. Por eso propone el servicio rotativo anual. Los indios ocupan más de la tercera parte de su tiempo en repartimientos, y no la cuarta parte como debía ser: "...el mudarse tan a menudo es el origen y causa de todas sus vejaciones...", dice, y agrega que mientras unos están en las haciendas otros andan buscando a los de repuesto, y estos se hallan escondidos. De manera que, en cada momento, son muchos los indios distraídos de su trabajo propio. Pierden, además, uno o dos días de camino —"algunas veces atados"—, no se les reconoce ese tiempo al pagarles, y todavía pierden un par de días después del regreso, porque vuelven muy cansados.

Encontraremos el mismo cuadro en la documentación guatemalteca, muy enriquecido con pormenores de lo que significaba el repartimiento en la vida cotidiana de los pueblos, y con una diferencia principal: en el reino de Guatemala el sistema siguió robándoles tiempo y fuerza a los indios a lo largo de toda la época colonial.

Dejando de lado indicios dudosos de años anteriores, tenemos la seguridad de que en 1574 ya presentaba el repartimiento en Guatemala sus características esenciales, y en ese año fue autorizado por la monarquía. El dato cronológico es interesante, porque revela simultaneidad con la legalización del sistema en México y porque pone de manifiesto que el repartimiento se gestó en el corto lapso de veinte años —que transcurren desde el final de la gestión de Cerrato, en 1555—

La autorización real figura en una Cédula dada en Madrid el 21 de abril de 1574, citada en la Recordación Florida. Fuentes y Guzmán la presenta como el inicio de los repartimientos en el país, y efectivamente, en esa Cédula se le confiere base legal a los tres principios que definen el sistema ya maduro —superados los tanteos embrionarios—: la coerción (el documento ordena que se haga repartimiento atendiendo a la necesidad de los vecinos españoles y no a la voluntad de los indios, y también priva a estos de la posibilidad de discutir la paga), la rotación (establece que se repartan semanalmente) y la remuneración forzada (manda pagarles cuatro reales por semana, estipendio que muy pronto se aumentó a un real por día).

Pocos años más tarde —entre 1580 y 1590—, Fray Miguel Agia estuvo en Guatemala y observó los repartimientos. Sus noticias confirman que ya eran un sistema semanal rotativo por tandas de trabajadores, que duraba "...desde el lunes a la hora de vísperas hasta el sábado a las cinco de la tarde...", que se pagaba a cada indio cinco reales a la semana —a real por día, descontando el lunes— y que se procuraba no enviarlos a más de siete leguas de distancia de sus pueblos.

Aunque el repartimiento funcionó con autorización en el último cuarto del siglo XVI, recibió su gran consagración definitiva exactamente al concluir dicho siglo e iniciarse el siguiente. La Real Cédula, fechada en Valladolid el 24 de noviembre de 1601, enviada directamente al Capitán General y Presidente de la Audiencia de Guatemala, Don Alonso Criado de Castilla, y dedicada toda ella al asunto, ya no lo presenta como una concesión, sino como un tema de vivo interés para la corona.

Esta célebre Cédula pone de manifiesto que, junto al nuevo repartimiento, se practicaba todavía residualmente el viejo repartimiento esclavista —o quizá se estaba recayendo en él, con pretexto de las autorizaciones para el nuevo—, hecho importante que confirman otros documentos. Y así, al prohibir enérgicamente el antiguo y autorizar decididamente el nuevo, llamándolos en algunos lugares con el mismo nombre, parece contradecirse y dio con ello lugar a confusiones y disputas. Sin embargo, no ofrece problema si se ha entendido que se refiere a dos regímenes de trabajo totalmente diferentes.

Su verdadera contradicción radica, como se verá, en el propósito de conciliar el bienestar e incluso la libertad de los indios con un sistema que era, por esencia, una privación de la libertad y una fuente de vejámenes. Tal contradicción, que podría parecer puramente retórica y hasta demagógica, es reflejo, sin embargo, de una flagrante contradicción objetiva: sin perder interés en que los indios se

303

conservaran y hasta prosperaran como tributarios, la monarquía no podía menos que interesarse, a la vez, en que los colonizadores españoles hallaran estímulo y prosperidad a expensas de los indios. Estamos ante el nacimiento de una contradicción que en otro capítulo hemos señalado como básica en la estructura colonial: la que surgía del hecho de compartir la explotación de los indígenas.

Unos renglones textuales de la Cédula nos pondrán más cerca de aquel viraje decisivo. En el preámbulo, expresa el rey que ha tenido noticias de los daños que reciben los indios por causa del servicio personal, pese a que ha sido prohibido. Declara que desea "...acudir al remedio de ello para que los indios vivan con entera libertad de vasallos, según de la forma de los demás que tengo en esos y estos y otros reinos, sin nota de esclavitud ni de otra sujeción y servidumbre, más de la que como naturales vasallos deben...".

Después de informar que su Consejo de Indias ha estudiado los pareceres de personas experimentadas de todas las colonias, resuelve proveer y ordenar lo siguiente: "...Primeramente es mi voluntad que los repartimientos que hasta aquí se han hecho y hacen de los indios para la labor de los campos, edificios, guarda de ganados y servicio de las casas y otros cualesquiera servicios, cesen". Diríase que la Cédula toma el cauce de la libre contratación del indio, pero no hay tal cosa: se está refiriendo, hasta aquí, al repartimiento esclavista, y a renglón seguido va a concederle las más sólidas bases legales al repartimiento feudal.

Aclara: "...Pero porque la ocupación de estas cosas es inexcusable, y si faltase quien acudiese a ellas y se ocupase en estos ejercicios no se podrían conservar esas provincias —real y solemne confesión de que el imperio se pierde si no se le hace ese otorgamiento a los colonizadores— (...) ordeno y mando que desde la publicación de esta Orden en adelante, en todas y cualesquiera partes de esas provincias y su distrito —autorización para todo el reino; dato que va a servirnos oportunamente— se introduzca, conserve y guarde, que los indios se lleven y salgan a las plazas y lugares públicos acostumbrados para esto, que con más comodidad suya pudieren ir, y sin que les siga de ello vejación y molestia, más que obligarlos a que vayan a trabajar, para que los que los hubieren menester (...) los concierten y cojan allí por días o por semanas...".

El monarca desearía, como se ve, que los indios fuesen libres y sin nota de servidumbre, pero que se les obligara a trabajar para los españoles, llevándolos para ello a los lugares públicos "acostumbrados". Es evidente que los doctos componentes del Consejo de Indias comprendieron que la libertad de los indios quedaba convertida en un mito al obligarlos a trabajar para los españoles; pero comprendamos nosotros, también, que una Real Cédula no era un ejercicio de lógica sino un instrumento político, y que esas fanfarrias de libertad no podían ni debían ser suprimidas: expresaban que el rey estaba violentando la voluntad original de la monarquía en relación con los indios, voluntad no del todo abandonada, y que podía recapacitar y rectificarse si los colonos daban lugar a ello.

El rey deseaba únicamente, dentro de ese contexto de importantes concesiones y sutiles amenazas, que los indios "...trabajen y se ocupen en el ejercicio de la república por sus jornales, y que éstos sean acomodados y justos (...) y que vos (el Presidente, S. M.) y los gobernadores en sus distritos tasen, con la moderación y justificación que conviene, los jornales y comida que se les hubiere de dar conforme a la calidad del trabajo y tiempo que se hubieren de ocupar (...) porque mi intención no es quitar a dichas heredades y estancias el servicio que han menester para su labor y beneficio, sino que, teniendo todo lo necesario, los indios no sean oprimidos y detenidos en ellas como lo han sido...".

He ahí, con más claridad, por qué se insiste en el principio de la libertad de los indios en este documento que precisamente viene a cercenarla: se quiere dejar categóricamente establecido que las dos concesiones recíprocamente complementarias —poder obligar a los indios e imponerles una paga no discutida por ellos— no significan en modo alguno la entrega total, sino únicamente la autorización para exprimirlos dentro de cierta medida y devolverlos a sus pueblos, que es donde el rey quiere que estén.

La preocupación clave de esta Real Cédula coincide —no podía ser de otro modo— con el principio clave del nuevo repartimiento: que vayan forzados a las haciendas, pero no se queden en ellas, "...y para que se pueda cumplir con lo uno y con lo otro, ordeno y mando que los indios que hubieren de trabajar en las dichas heredades y estancias se alquilen de los pueblos circunvecinos a ellas, y no habiéndolos (…) mando que cerca de ellas, en los sitios más aptos y acomodados para su vivienda, que sean saludables y a propósito (…) se hagan poblaciones donde habiten y vivan en vecindad los dichos indios, de donde sin mucho trabajo de camino ni otra incomodidad puedan acudir al beneficio y labor de las dichas heredades y estancias, y que puedan —de regreso en sus pueblos, en donde estarán siempre avecindados— ser doctrinados e instruidos en las cosas de Nuestra Santa Fe Católica y, los que se enfermaren, visitados y curados, y se les administren los sacramentos, sin que se falte a la labor y fructificación de la tierra que es tan necesaria para el sustento de todos…".

La corona llega a ordenar la creación de pueblos en los lugares en que hagan falta, con el fin de normalizar la nueva situación deseada: que los indios trabajen obligatoriamente para los hacendados, sin caer bajo su potestad.

Se esfumaron, pues, las utópicas esperanzas de libertad que movieron la vida heroica de Fray Bartolomé. Había muerto la generación que recibió con cánticos y lágrimas la promulgación de las Leyes Nuevas. Frente a la gestación y legalización del repartimiento, que colocaba a los indios en una nueva senda de infortunios, no se levantaron nuevos defensores. La monarquía no los necesitaba ahora, y no los hubiera tolerado. "Dio otra gran vuelta la rueda de la fortuna", habría dicho con su acento medieval el citado cronista de Chiapas, que ya no vio estos cambios. Pero no era eso.

El gran conflicto de intereses suscitado por la creación de un enorme imperio iba encontrando ajustes entre sus beneficiarios —si bien eran ajustes que implicaban tensiones—. Los colonos pudieron prosperar y siguieron pasando a Indias. Las naves españolas arriaban velas en Sevilla y descargaban el buen lastre, pesado y refulgente, de los tributos del rey.

Ordenando ahora algunos datos entresacados de varios documentos del siglo XVII —ordenanzas y descripciones— vamos a presentar el repartimiento en su versión legal y descarnada, tal como se suponía que debía funcionar. Nos llevará apenas dos o tres páginas. En el apartado siguiente, empleando una documentación más amplia, vamos a examinarlo tal como de veras fue.

Estaban obligados a prestar servicio de repartimiento todos los indios varones, de dieciséis a sesenta años. Se exceptuaba solamente a los alcaldes indios mientras ocupaban ese cargo y a los enfermos. Debían acudir turnándose por grupos, de manera que cada semana fuera la cuarta parte de los indios de cada pueblo a las labores y haciendas, y cada grupo tuviera tres semanas disponibles para atender sus siembras y otras ocupaciones.

Para ser despachados el lunes, los de turno debían presentarse el domingo en la plaza del pueblo. Los mayordomos y sirvientes de las haciendas se hacían presentes allí para recibir y acompañar, al día siguiente, a los indios que les correspondían. Había un padrón o lista en donde estaba especificado cuántos indios le correspondían a cada hacienda. El padrón se formaba bajo las órdenes del Presidente de la Audiencia, que era quien concedía el derecho a indios de repartimiento.

Los padrones cambiaban poco, de modo que el derecho que tenía una hacienda a un determinado número de indios era muy duradero, y los indios de los pueblos se reconocían obligados a servir a determinadas haciendas durante períodos largos, que en ciertos casos duraban muchas décadas. Estaba reglamentado que todos los indios de cada pueblo tenían que prestar el servicio, evitando que un mismo indio lo diera por dos o más semanas consecutivas, con lo cual desatendería a su familia y sus siembras.

La vigilancia para el cumplimiento del reparto estaba directamente a cargo de los alcaldes indios. Estos tenían sobre sí a los jueces repartidores: funcionarios españoles o criollos que vigilaban regiones extensas y que recibían un sueldo por ese trabajo. El sueldo de los jueces repartidores se obtenía de la cuota de medio real que tenían que pagar los hacendados por cada indio que les fuera repartido.

El tiempo empleado en el camino de ida —el lunes— debía reconocerse como tiempo de trabajo. Los indios no estaban obligados a llevar instrumentos ni aperos de labranza; la hacienda o labor debía proporcionarlos. El indio repartido no podía retirarse antes de terminada la semana, a menos que el hacendado lo despidiera porque ya no lo necesitara.

Tenía que pagársele al indio un real de plata por cada día de trabajo, diariamente o al fin de la semana, en moneda y en mano propia; no en especie.

Ese es el esquema legal del repartimiento para trabajos de campo. Junto a él existió el "servicio ordinario para la ciudad" y el "servicio extraordinario de la ciudad". Los pueblos cercanos y circundantes de las ciudades, hechos a servirlas desde la época esclavista, enviaban rotativamente cierto número de indios para la construcción de edificios y otros trabajos de mantenimiento y desarrollo de dichas ciudades.

Los mismos pueblos enviaban rotativamente un número menor, pero también constante, de indios —este era el servicio "extraordinario"— para trabajos de construcción y reparación de casas particulares. Las personas beneficiadas con este reparto empleaban a los indios en diversos trabajos, tales como ir a hacer construcciones y reparaciones en sus haciendas si las tenían, o desempeñar oficios domésticos. Algunos de esos indios eran entregados para hacer trabajos productivos que contribuían al sustento del beneficiario, que solía ser persona empobrecida de la clase dominante —"especialmente viudas y personas beneméritas pobres"—.

Este servicio, llamado de "tequetines", existió desde los inicios del repartimiento, en todas las ciudades según parece. El servicio ordinario y extraordinario de la ciudad de Guatemala estuvo siempre controlado por el Ayuntamiento.

Pese a la importancia que evidentemente tuvieron estos repartimientos o servicios de ciudad, nos conformaremos con las notas precedentes que se limitan a señalarlos —y que cobran todo su sentido asociadas a las observaciones sobre la ciudad como centro de disfrute, hechas en el capítulo anterior—.

Nos interesa escudriñar ahora las interioridades del repartimiento para trabajos de campo, que fue la institución económica más importante de la colonia y un aspecto primordial de la vida en los pueblos.

III

Fuentes y Guzmán afirma que el sistema de repartimientos, ceñido a las ordenanzas, hubiera sido beneficioso para los terratenientes y para los indios, y que la ruina que estaba causando en los pueblos era debida

308

a los desórdenes y abusos ilegales introducidos por las autoridades menores encargadas de su funcionamiento: los jueces repartidores y los alcaldes indios. Esa opinión, proveniente de una persona interesada en la buena marcha del sistema, que se alarmaba frente a sus anomalías, es una preciosa prueba de que el repartimiento era ruinoso para los indígenas. Porque la realidad era su aplicación concreta, con todos aquellos desórdenes y abusos; no su estatuto burlado.

El cronista criollo, hombre inteligente que veía más allá de sus narices, comprendía que el sistema había sido estructurado para explotar al indio equilibradamente, sin destruirlo. Y como era tan sensible y atento —ya le conocemos— para ciertos excesos de la explotación que ponían en peligro la explotación misma, apuntó en su obra, como denunciándolos, muchos pormenores que a él le parecían vicios del repartimiento. Y lo eran, ciertamente, pero el caso es que los vicios de aquella institución eran su substancia, eran anteriores a su "salud", digámoslo así.

En efecto, a partir del permiso general para obligar a los indios a trabajar en las haciendas —con remuneración tasada y a condición de devolverlos a sus pueblos— comenzaron inmediatamente los abusos. Las ordenanzas vinieron después; fueron elaboradas para moderar aquella realidad inicial, para suprimir los excesos y desórdenes que arruinaban a los indios. Los prejuicios de clase del cronista —hombre entrañablemente ligado a la defensa del trabajo forzado, como se recordará— no le permitieron ver que los abusos del repartimiento no eran deformaciones del sistema, sino su substancia original y permanente. Y mucho menos pudo comprender que el repartimiento, incluso ceñido a sus estatutos legales, hubiera sido de todos modos perjudicial para los indios, según iremos viendo.

Sin embargo, la primera de esas dos cegueras fue motivo, como decíamos, de que el cronista consignara en su obra, a título de anomalías peligrosas y censurables, muchas intimidades cotidianas de los repartimientos.

Las fuentes históricas más importantes para analizar la realidad de aquel régimen de trabajo son los papeles que, atacándolo abiertamente, delatan lo que su práctica significaba para los indios y para quienes medraban con él. Ningún documento lo denuncia con tanta energía y concisión como el escrito de los frailes franciscanos ya mencionado en otro lugar de este libro —aquellos que, en las crisis de 1661 a 1663, apoyaron al fiscal de la Audiencia en su iniciativa de abolir el repartimiento—. Y es harto paradójico que en nuestro análisis tengamos que relacionar —¡a tres siglos de distancia!— los datos de los franciscanos con los del regidor que figuró en la comisión del Ayuntamiento y defendió apasionadamente el trabajo forzado.

También puede resultar paradójico que los grandes defensores del indio en el siglo XVI, los religiosos de la Orden de Santo Domingo, hayan sido partidarios del trabajo forzado en el siglo XVII, solidarizándose con el Ayuntamiento y con los hacendados para conseguir que el sistema no fuera abolido. Sin embargo, el hecho no presenta ningún problema si se entiende, al margen de toda idealización, que los dominicos actuaron en forma consecuente: habían colaborado con la monarquía, en el siglo anterior, para implantar un determinado ordenamiento económico y social; aquello se había logrado, y ahora, dentro del nuevo orden, ellos tenían haciendas, se aprovechaban del repartimiento y obtenían beneficios muy merecidos, no sólo como premio a su decisiva participación en la difícil empresa, sino por el importantísimo papel que seguían desempeñando como consejeros y guías espirituales de los explotados y de los explotadores.

Los religiosos franciscanos fueron, al parecer, los únicos que no explotaban indios de repartimiento, y por eso denunciaron lo que otros tenían que callar.

Vamos a completar, pues, el cuadro del repartimiento, introduciendo noticias de su realidad viva en el esqueleto legal que hemos esbozado en páginas anteriores. El sistema era gravoso e inconveniente para los indios: era, desde su base, una vejación que daba lugar a muchas otras.

Los indios revestidos de autoridad, los alcaldes, los "principales" o nobles, sus parientes y compadres, los indios ricos, todos los que tenían alguna influencia, la ponían en juego para rehuir el repartimiento y para enviar en su lugar a los indios pobres y comunes, a los maseguales. Esta era una importante anomalía del sistema, que por sí sola bastaba para generar innumerables daños en los pueblos. Así lo revela la "Ordenanza Veintiuno", que fue promulgada íntegramente con miras a enmendar dicha falla, y lo confirma la Recordación sesenta años más tarde, dando

310

con ello prueba de que la ordenanza fue ineficaz. En ambos documentos se explica que el no alternarse los indios resultaba en extremo ruinoso para los que iban al servicio en semanas sucesivas "…sin quedarles tiempo para descansar —dice la ordenanza citada— ni acudir a labrar sus milpas y buscar con qué sustentar sus hijos y mujeres y pagar su tributo…". Fuentes y Guzmán llega a decir que esa anomalía era una amenaza de ruina total para muchos pueblos.

Refiere que los indios influyentes no sólo forzaban a los más humildes a ir en su lugar, con violencias y engaños, sino que también solían pagarles para que los reemplazaran. Pero agrega —¡dato muy importante!— que, aun si los maseguales recibieran por el soborno otro tanto igual a la paga de repartimiento, doblándola, aun así saldrían perjudicados: "…aunque percibieran todos los doce reales (seis de repartimiento y seis de soborno) no parece equivalente premio al tesón continuado y penoso en el trabajo, una semana tras otra, un mes tras otro, y un año entero sin intermisión y pausa para el descanso y el útil de sus propios sembrados, reparos de sus propias casas y otras inexcusables granjerías, y compañía de sus mujeres y hijos; que por todo debieran los jueces superiores poner particular desvelo por el remedio de estas miserias, que amenazan total ruina y desolación de los pueblos…".

Adopta un tono de alarmada preocupación por los indios el cronista, y eso siempre es sospechoso. Está uno obligado a preguntarse: ¿por qué no podían dedicarse algunos indios exclusivamente a ir como repartidos, ganando dos reales por día, uno de paga y otro de soborno? Al fin y al cabo, sabemos que los indios vendían voluntariamente su jornada por dos reales. Pero ahí está precisamente el secreto de esta cuestión: la jornada de repartimiento era completamente distinta de la jornada voluntaria; por el hecho de ser forzosa, se realizaba a capricho de los hacendados, era sumamente pesada y estaba cargada de graves inconvenientes. Ese es el punto sobre el que debemos fijar la atención para ir comprendiendo las intimidades del repartimiento — particularmente cuando lleguemos a la modalidad de paga por tarea o a destajo—.

El cronista dice que el repartimiento continuado destruía a los indios aunque se les pagara el doble, pero no se atreve a decir exactamente por qué causa los destruía. Todo lo que dice acerca del abandono en que el trabajador dejaba sus cosas no es válido, porque lo mismo le pasaría al que salía a contratarse libremente por dos reales diarios, y el cronista presenta a este otro como un trabajador al que le iba bien. Para entender, pues, el significado real del repartimiento, hay que mirar a la intensidad de la jornada de trabajo en el sistema.

La lectura atenta de los textos citados pone en evidencia una contradicción que operaba en la entraña del sistema. Los explotadores tenían interés en que el repartimiento fuese rotativo para que el indio pudiera ser exprimido por diversos amos; el que lo tenía por semanas trataba de sacar el máximo provecho a base de normas de trabajo extenuantes. Pero, precisamente porque la semana de repartimiento era extenuante, trataban los indios de rehuirla, haciendo muy difícil que el sistema funcionase en forma rotativa.

Sería, pues, una simpleza decir que los indios influyentes tenían "la culpa" de que los humildes resultaran arruinados, porque era la índole del sistema la que los obligaba a todos a defenderse de aquel deterioro, y naturalmente se defendían mejor quienes gozaban de autoridad y de ventajas económicas.

Tanto la Ordenanza Veintiuno como las declaraciones de Fuentes le dan mucha importancia a la necesidad de descanso después del repartimiento, y claramente se ve que el verdadero problema era la fatiga o el agotamiento consecutivo al trabajo forzado. A este respecto, conviene señalar el siguiente detalle: hubo muchas recomendaciones y mucho fraude en torno a la paga del día en que el indio era despachado y caminaba hacia la hacienda —las ordenanzas mandan pagarlo—; pero ni las ordenanzas ni nadie dijo una palabra acerca de pagar el día en que el indio caminaba de regreso a su pueblo.

Es difícil saber qué criterio presidió esa completa desestimación del tiempo y del esfuerzo de la caminata de regreso. El caso es que, objetivamente, el retorno era el último esfuerzo de la semana de repartimiento; esfuerzo que, en muchos casos, absorbía el tiempo de descanso del domingo, pues sabemos que uno de los aspectos notorios de ese día de la semana en los pueblos era la llegada de los repartidos.

El domingo en la tarde había turbación en los pueblos. Llegaban "malhumorados y cansados" los trabajadores de la semana anterior. Los que iban a salir al día siguiente estaban atareados en dejar sus casas provistas de leña y otras cosas. Las mujeres preparaban las tortillas de maíz que tenían que llevar los hombres. Todo ello para ir a regalar fuerza de trabajo. Así lo vio uno de los franciscanos, con veinticuatro años de experiencia como doctrinero en pueblos.

Otros agregan datos importantes. En algunos pueblos había que capturar y encerrar a los indios para poder entregarlos al día siguiente. Esto debe haber sido muy frecuente, y hace recordar el documento mexicano citado en páginas anteriores, en que se dice que unos andaban buscando el repuesto, otros escondidos y otros presos. En Guatemala, además de encerrarlos, se usó, en algunas regiones, quitarles a los indios una prenda, arrebatarles uno de sus objetos indispensables "…que puede ser la manta con que se abrigan, o el azadón, hacha o machete con que han de trabajar en sus casas…", como garantía de que no escaparían antes de llegar a la hacienda o antes de cumplida la semana. Esa prenda podía quedar decomisada en el pueblo, y también podía serle entregada a la persona a quien los afectados habían de servir. Obscuros detalles que comienzan a revelar la imagen del pueblo bajo el funesto signo de trabajo forzado.

Si se hubiera respetado la ordenanza según la cual estaban eximidos del reparto los enfermos, es natural que la mayoría de los indios de turno habrían aparecido, cada semana, imposibilitados por diversas dolencias. La miseria se habría encargado de presentar un lacerante desfile de enfermedades y lesiones reales. La salud de los hombres sanos hubiera inventado, para preservarse, achaques ficticios.

Frente a esa realidad, y en atención a la salud de las haciendas y labores —que era lo que importaba—, se impuso la práctica de que los enfermos pagaran a alguien que los sustituyera. Así se logró que sólo se sustrajeran al trabajo forzado los enfermos muy graves y los moribundos, pagando, claro está, a quienes iban a reemplazarlos. Hubo, pues, "alquilones": trabajadores que aceptaban ir en sustitución del enfermo si este les daba una paga adicional mínima de cuatro reales y los alimentos de la semana.

Uno de los declarantes franciscanos —éste con treinta y dos años de experiencia en distintas regiones del país— dice que era frecuente ver a mujeres indias que tenían el marido enfermo "…buscando quién vaya en su lugar al servicio, porque las obligan los indios alcaldes y los jueces repartidores...".

Se está viendo que las ordenanzas eran un sueño; una a una chocaban con la realidad y eran inoperantes. No podía ser de otro modo, porque pretendían evitar la violencia del repartimiento, y este era impracticable sin violencia —ya se explicó por qué—.

Prohibían, por ejemplo, que los criados y esclavos (!) de los hacendados maltrataran en cualquier forma a los indios. Pero el caso es que los indios iban contra su voluntad, haciendo una inversión de tiempo y de fuerza totalmente lesiva a sus intereses. Caminaban y trabajaban despacio si les era posible. Eran necesarios los capataces, los golpes.

Prescribían que se le diera herramientas al indio. Pero los hacendados —al menos los del valle de Guatemala— nunca las dieron, alegando, con sobrada razón, que los indios las destruían o las hurtaban. Es evidente que los indios —también con sobrada razón— estaban atentos a cualquier daño que pudieran causarle impunemente a su explotador y enemigo de clase. Destruir y hurtar aquellas herramientas era un perjuicio que podían ocasionarle a quien les estaba destruyendo y hurtando la vida. Las ordenanzas se situaban al margen de estas razones de clase, y por eso eran letra muerta.

La serie de sus prohibiciones viene a ser, casi íntegramente, la serie de los abusos y desórdenes que constituían la realidad cotidiana del sistema. Algunos de esos abusos nos son conocidos únicamente porque las ordenanzas delatan su existencia: "...Ítem. Por cuanto su Señoría está informado que algunos labradores, habiendo trabajado los indios la mitad de la semana, los dejan ir a sus pueblos sin pagarles lo que han trabajado, haciéndoles paga con dejarles ir..."; "...Ítem. Que ningún labrador, por dejar de ir a los indios a sus pueblos, reciba de ellos dinero ni otra cosa...".

Todos los documentos que hacen referencia al sistema, incluso los que lo defienden, revelan que los jueces repartidores eran, además de pequeños déspotas o grandes capataces —indispensables, dada la naturaleza violenta del sistema—, unos mediadores y medradores que también sacaban tajada en aquel gran fraude. Los indios no podían quejarse contra ellos, porque eran funcionarios de los grupos dominantes —generalmente criollos, y a veces españoles emparentados con altos

314

funcionarios— cuya influencia desvirtuaba cualquier queja de indios y atraía sobre ellos peores males.

Los hacendados tampoco los denunciaban, porque se veían obligados a congraciarlos para que no les faltasen indios. Al amparo de estas circunstancias aceptaban dádivas de los hacendados y descaradamente favorecían en el reparto a aquellas empresas que los gratificaban, especialmente a los ingenios azucareros. A los indígenas solían pedirles legumbres y aves por menos de la mitad de su precio "…lo cual dan los indios sin réplica —declara uno de los franciscanos— porque si no lo hicieran los encarcelaban y castigaban con rigor (…) sin tener a quien quejarse…". También era frecuente que les vendieran a la fuerza diversos objetos, especialmente instrumentos agrícolas —azadas, hachas, machetes—.

Cierta ordenanza prohíbe que los repartidores cobren personalmente multas a los alcaldes indios "…so color de decir que faltan algunos indios de repartimiento…". En los tiempos de Fuentes y Guzmán, solían los tales jueces estarse en sus casas de la ciudad de Guatemala o bien en las haciendas que los favorecían —según informa el cronista—, y cada cuatro meses recorrían los pueblos de su jurisdicción recogiendo los dineros de sus negocios particulares, y seguramente impartiendo multas y castigos, e imponiendo el temor que era misión esencial de su oficio.

Hacia 1631 hubo un intento de suprimir estos jueces. En la cédula correspondiente se expresa, con acierto, que "…su costa y salario viene a salir de la sangre de los indios (…) y de lo que les da (los hacendados) por dar a unos más indios que a otros…".

Pero no fueron suprimidos. El medio real que los hacendados pagaban por cada indio que se les repartía —y del cual se obtenían los sueldos de los jueces: 300 pesos anuales para cada uno— arrojaba anualmente crecidas sumas que fueron manejadas en forma fraudulenta por los presidentes hasta 1671. En ese año, en que comenzaron a ser contabilizadas y pasaron a las cajas reales, se recaudaron solamente en el valle de Guatemala 8,000 pesos. Esa suma nos entera, indirectamente, de que por aquel tiempo se repartían en el valle aproximadamente 2,150 indios cada semana y 10,600 cada mes.

Esta última cifra debe haber correspondido, aproximadamente, al número de indios varones en edad de trabajo —de los 50,000 que eran en total, según informa Fuentes—. Quiere decir que, en el curso de un año, los indios de setenta y siete pueblos prestaban alrededor de 128,000 servicios de semana a las haciendas y labores del valle. Tales cifras dan una idea aproximada del movimiento de indios con motivo del repartimiento en aquella región, y de la importancia que el mismo debe haber tenido en la vida interna de cada uno de los pueblos.

El intento de suprimir a los repartidores parece haber sido solamente una repercusión de la crisis del repartimiento en México —que culminó allá con la abolición del sistema dos años más tarde—. En el reino de Guatemala se desvaneció como un eco. Los jueces repartidores eran indispensables si el sistema había de conservarse. Así lo prueban los papeles de la crisis de 1661-1663, en los que se ve a los defensores del trabajo forzado clamando por la conservación de los jueces y argumentando que los alcaldes indios no actuarían, o no serían obedecidos, si no se erguía detrás de ellos la sombra de estos funcionarios rurales.

Nada hay de extraño en todo esto. Hemos explicado en otro lugar por qué en el reino de Guatemala se conservó el repartimiento; el tributo era la renta más importante de la corona en esta colonia, y el estricto control de los indios en sus pueblos era la única garantía del cobro cabal de la tributación. Era imposible ceder totalmente los indios a los hacendados, y era imposible negárselos totalmente. El repartimiento era la solución conciliatoria correcta desde el punto de vista de las dos fuerzas dominantes: monarquía y clase criolla.

El hecho de que las ordenanzas hayan sido escandalosamente desatendidas se explica, sin dificultad, en el marco de ciertas realidades sutiles que hemos explicado en otro lugar. Sería un error suponer que simplemente fue desobedecida la voluntad de los monarcas, expresada por sus funcionarios en aquellas ordenanzas. Ya hemos dicho, y ahora es oportunidad de repetirlo —ejemplificándolo de nuevo—, que la corona no cedía en aquello que realmente le interesaba, y que el desacato a sus disposiciones implicaba siempre, en el fondo, una tolerancia interesada de su parte, o convenios y entendidos más o menos reservados.

Obsérvese que, de todas las disposiciones relativas al sistema de repartimientos, fueron respetadas y se conservaron, estrictamente y sin mucho ruido, aquellas que fundamentalmente le interesaban a la monarquía: los indios permanecieron reducidos en sus pueblos, pagaron sus tributos y no se formaron rancherías de indios en las haciendas. El objetivo fundamental del sistema, desde el punto de vista monárquico, se cumplió a cabalidad.

Ahora bien, si se examina con criterio realista la serie de atropellos que sufrían los indios en contravención de las ordenanzas, se verá que, en conjunto, no le ocasionaban ningún perjuicio a la corona. Una vez garantizada la tributación y la no absorción del indio por la hacienda, su explotación por los hacendados garantizaba la producción y el movimiento de bienes en el mercado interno, lo cual era indispensable para la prosperidad de la minoría europea dominante y para la conservación de la colonia como tal colonia; garantizaba también la producción de bienes para la exportación, lo cual era indispensable para que pudiera haber comercio con España. Ambos movimientos de bienes, el comercio interno y el externo, promovían el segundo renglón de las rentas coloniales: las alcabalas o impuestos sobre transacciones.

Tributos, alcabalas y comercio monopolista eran, en definitiva, los tres intereses fundamentales de la corona en el reino de Guatemala. Piénsese ahora que el primero de ellos dependía de la preservación y el control de los indios en sus pueblos, pero que los otros dos exigían que esos mismos indios fueran sacados de sus pueblos y explotados por los terratenientes. La intensificación de esa explotación no perjudicaba en nada a la monarquía, sino que, en realidad, la beneficiaba.

Siendo así, podría pensarse que las ordenanzas, que recomendaban moderación y buen trato para los indios, estaban de más y hasta fomentaban el hábito de inobediencia. Pero eso no sería cierto. Aquellos documentos eran, en todo caso, una admonición; mantenían entre los explotadores locales del indio la impresión de que eran transgresores y de que la corona podía, en cualquier momento, reaccionar con medidas drásticas contra ellos. Por otro lado, dichos documentos fomentaban entre los indios la creencia de que sus males eran ignorados por el rey, quien, llegando a saberlos, les pondría remedio en seguida. Era muy importante para la monarquía mantener este engaño entre los indios, y no puede negarse que lo consiguió en buena medida.

No estamos frente a un fenómeno extraordinario, sino frente a un aspecto de la legislación colonial que le era propio, y que convendría

317

tener presente siempre que se le estudia: allí donde las leyes coloniales no normaban efectivamente la realidad colonial —fenómeno harto frecuente— no debemos conformarnos con denunciar la discrepancia entre la ley y la realidad, sino que es preciso preguntar cuál pudo ser el interés de la corona en tolerar esos desajustes. Es muy frecuente encontrar, a la postre, resultados favorables para ella. Ya lo habíamos indicado al examinar la contravención de las leyes relativas a las villas para ladinos, detrás de la cual se escondía, si nos atenemos a los hechos, un beneficio para la monarquía. Los escandalosos abusos del repartimiento, en flagrante contravención de las ordenanzas, ya estamos viendo que no la perjudicaban en nada, sino que, en último análisis, le convenían.

Pero sigamos, porque todavía no hemos tocado el punto central de aquella máquina extorsionadora de indios.

IV

Acerca de la paga de repartimiento sólo hemos dicho lo que las ordenanzas prescribían, y hemos indicado que no compensaba, ni remotamente, el valor de la fuerza de trabajo que el indio daba por ella. Sin embargo, la paga era el punto central del sistema; en torno a ella giraban las ventajas que el mismo ofrecía a los terratenientes y la mengua que le causaba a los indios. Las anomalías relativas a este punto eran, en consecuencia, de la mayor importancia en las relaciones de producción implicadas en el sistema.

El real era la moneda fraccionaria que representaba la octava parte de un peso. Pero ¿qué se podía adquirir a cambio de un real?

En el siglo XVII, un real equivalía aproximadamente a cada uno de los siguientes bienes: la mitad de una gallina —que entera valía dos reales—, un cuartillo de miel, siete onzas de pan de trigo, un octavo de litro de vino o de aceite. El precio del maíz variaba según la proximidad de la última cosecha, pero puede estimarse, promediando datos desde fines del siglo XVI hasta el primer tercio del XVIII (excluyendo épocas de carestía, en que naturalmente había alzas anormales del precio), que con un real podía adquirirse un cuarto de fanega de maíz en los buenos momentos, y un octavo de fanega en los malos —duplicándose el precio en estos últimos, como se ve—. La fanega de maíz equivalía a cuatrocientas mazorcas.

Si un miembro de los grupos dominantes, criollo o español, se hubiese visto de pronto constreñido a cubrir sus gastos con los recursos que proporcionaba un real por día, es seguro que se habría visto en los más dramáticos aprietos; y si esa situación se hubiese prolongado en semanas sucesivas, es seguro que él y su familia hubieran perecido por hambre o por alguna derivación de la pobreza. Sin embargo, en las crisis del repartimiento de 1661, todos los defensores del trabajo forzado expresaron que aquella paga era suficiente. Hay que suponer, aunque ellos no lo hayan dicho así, que contaban con que el indio se las arreglaría para nivelar sus ingresos en el tiempo que le quedaba después del repartimiento. Pero, aun considerando el mejor de los casos —es decir, considerando que aquella paga correspondiera solamente a una semana de cada mes, y que efectivamente se abonara el real cada día, cosas ambas que no solían ocurrir—, ello significaba que el indio tenía que cederle al hacendado doce semanas cada año, o sea el 24% de sus jornadas anuales de trabajo, a cambio de una paga insignificante.

Los precios anotados revelan el significado efectivo de la paga de repartimiento —su valor de cambio—. No está de más compararla ahora con algunos sueldos. No por cierto con el del Capitán General y Presidente de la Audiencia, que devengaba 10,000 pesos anuales, ni con los de los oidores y contadores de la Real Hacienda, que ascendían a 3,300 y 3,000 anuales respectivamente. Esas cantidades corresponden al final de la colonia —1811— y es posible que a mediados del siglo XVIII fueran menores, porque hacia el último tercio de ese siglo hubo una serie de aumentos importantes en los sueldos de la burocracia. Los papeles de ese período nos informan de que en 1777 les fue aumentado el sueldo a los oficiales subalternos de las cajas reales, y de que el oficial tercero, que devengaba 300 pesos anuales, obtuvo 500. Un escribiente supernumerario de las cajas reales devengaba, después de los aumentos referidos, 500 pesos anuales.

Estas últimas cifras son de mucho interés, pues se trata de empleados de la más modesta burocracia, empleados pobres, con sueldos que representaban la décima parte de los sueldos de los altos funcionarios. Aun así, ninguno de ellos recibía menos de un peso por día ni antes de los aumentos, lo cual, siendo poca cosa, cuadruplicaba las entradas del indio más favorecido —aquel que obtenía dos reales en jornada libre—, multiplicaba por seis la paga que se puede tomar como promedio del jornal del indio corriente hacia el final de la colonia, y multiplicaba por ocho la paga de repartimiento.

Una vez considerado lo que era el real en su valor absoluto y en términos comparativos, debemos hacer la pregunta que nos llevará a la última entraña del repartimiento: ¿se cumplió la prescripción de pagarle a los indios un real por día, en moneda y en mano propia? Vamos a ver que no.

En el primer tercio del siglo XVII, las insistentes recomendaciones de que los hacendados diesen cumplimiento a esa prescripción hablan por sí solas.

En las ordenanzas del presidente Acuña, dadas en 1628, se manda:

"Ítem: que, so las mismas penas, ningún labrador pague el jornal a los indios en ropa, cacao, pan, queso, ni otra cosa, sino que la paga sea en reales y al cabo de cada semana, sin dilatarlo para la otra..."

Y como dichas ordenanzas fueron dictadas, según reza su preámbulo, para que cesaran los "agravios y vejámenes" que a los indios "se les suele hacer", resulta evidente que el pago en especie estaba en uso, y es preciso suponer también que la tasación del valor de aquellos artículos la hacía el hacendado a su criterio.

En cuanto a que las ordenanzas citadas hayan puesto remedio a ese grave mal, nos saca de dudas uno de los declarantes franciscanos, quien informa lo siguiente —treinta y cinco años después—:

"...otros labradores les pagan en semitas, que es pan basto, tasajos o velas de sebo, haciéndoles recibir estas cosas por la fuerza..."

Lo cual indica que, al menos en ciertas regiones, continuaba en uso el pago en especie y le era posible a los hacendados imponerlo con violencia.

No puede dudarse que la escasez de moneda le daba un punto de apoyo a estas infracciones. Fuentes y Guzmán informa que en su tiempo se usaba todavía el cacao como moneda corriente en ciertas regiones del reino, y admite que en algunos lugares se seguía pagando a los indios en especie por falta de moneda. Resulta imposible saber, sin embargo, en qué casos se pagaba al indio en especie por absoluta imposibilidad de

320

hacerlo en otra forma, en cuáles se hacía eso para reservar la moneda metálica en manos de los hacendados, y cuándo se practicaba para robarle a los indios en la tasación del pago. Todo inclina a suponer que prevalecieron las dos últimas motivaciones.

En el dramático memorial que los indios de Ahuachapán le presentaron al fiscal de la Audiencia en 1661 —suscitando, sin quererlo, la gran crisis del repartimiento— se quejan, junto a muchas otras cosas, de que se les pagaba con una moneda tan mala:

"...que después no se la quieren recibir ni por su tributo ni por otra cosa... de cuyas monedas traemos algunas para hacer demostración de ella..."

Estamos, pues, ante el problema de la paga de repartimiento hecha con moneda desvalorizada. Hay motivos para pensar que el caso era muy frecuente. Antes de fundarse la Casa de la Moneda en Guatemala (año 1773), corría en el reino la que se acuñaba en México y en el Perú. De aquellos virreinatos afluía mucha moneda desgastada —o intencionalmente cortada— que, por ese motivo, circulaba allá con dificultad. Así, la circulación de moneda mala causó serios problemas en la economía del reino, y se dictaron drásticas penas para quienes se negaran a aceptar las monedas pequeñas de a real. Fácilmente se comprende que la moneda mala iba a parar a manos de los indígenas, y que luego no se les recibía por el valor nominal que ellos habían tenido que aceptarla.

Aunque las ordenanzas estipulan que los hacendados debían abonar medio real por cada indio que les fuera repartido, lo corriente fue que esa cuota se la descontaran de su paga semanal a los trabajadores. Los religiosos de San Francisco denuncian con energía ese fraude cruel.

Se está viendo, pues, que el jornal de repartimiento, raquítico de por sí, era recortado aún más con trucos como el pago en especie, en moneda depreciada, y hasta descontándose a los indios el premio de quienes los enviaban amenazados y a empujones a las haciendas.

Sin embargo, no hemos mencionado todavía el gran truco; el que, sin aparecer como tal, ni hallarse prohibido por las ordenanzas, reducía al mínimo la paga de repartimiento y elevaba al máximo los beneficios que el sistema brindaba a los hacendados. Se trata del pago "por tarea", el pago a destajo.

Fuentes y Guzmán informa abiertamente sobre la generalización de esa modalidad de pago, no criticándola, sino más bien presentándola como una práctica ventajosa para los indígenas:

"...la observancia que tiene el Cabildo, Justicia y Regimiento de Goathemala es pagarles al corriente, que es un real por cada día, y los dueños de labores a real por cada tarea, ganando en ellas los más a tres y a cuatro reales al día..."

Diríase que los dueños de labores —siembra de maíz y trigo— le hacían un favor a los indios al darles oportunidad de ganar tres o cuatro reales al día, mientras que en las tierras y obras del Ayuntamient Es cosa bastante sabida —pero digna de repetirse aquí— que el pago a destajo, ofreciéndole al trabajador la posibilidad de recibir más dinero, crea la apariencia de que lo favorece, pero, en realidad, no hace más que intensificar su explotación. Si el trabajador recibe tres veces más dinero que antes, por haber trabajado y producido tres veces más que antes, es evidente que gastó su organismo también tres veces más, y que, proporcionalmente, no ganó más, sino que vendió su fuerza de trabajo a un ritmo más acelerado y al mismo precio.

Bajo el régimen de libre contratación, el patrono puede beneficiarse con este procedimiento gracias a que las necesidades de los trabajadores los obligan a aumentar sus ingresos con sacrificio de la salud y de las perspectivas vitales. Bajo un régimen como el que estamos estudiando, la intensificación de la explotación por medio del pago a destajo se producía sobre bases totalmente diferentes y tenía un carácter mucho más drástico. El indio estaba forzado a trabajar y a aceptar un real diario mientras se hallaba repartido. La necesidad de aumentar sus ingresos no lo inclinaba a esforzarse allí, en el repartimiento, sino, al contrario: aquella necesidad le aconsejaba escapar del trabajo forzado para poder dedicarse al trabajo libre, en que su esfuerzo le rendía un poco más.

La adopción del pago a destajo en el marco del trabajo forzado no significaba una oportunidad de aumentar los ingresos acelerando el ritmo de trabajo, sino que era, simple y llanamente, una imposición forzosa enderezada a disminuir todavía más el jornal. Los hacendados decidieron que el día de repartimiento, la jornada por la que legalmente tenían que pagar un real, ya no sería el tiempo de trabajo transcurrido entre la salida y la puesta del sol. Se entendería por día "la tarea del día", tasada por ellos y aceptada por los indios a la fuerza, como todo lo demás.

Naturalmente, los hacendados estipularon tareas que no podían realizarse en un día sino en dos —como veremos en seguida—, o tareas tan pesadas que se hacía preciso, para realizarlas en un día, desarrollar en él el esfuerzo de dos. Todo esto significó que los hacendados obtuvieron más trabajo, más productos, más utilidades por cada real entregado a los indios, y éstos vieron disminuida su paga, pues tuvieron que entregar por ella mucho más trabajo que antes.

Resulta sumamente desconcertante la declaración de Fuentes y Guzmán que acabamos de citar, en el punto en que dice que muchos indios, trabajando por tarea en las labores del valle, llegaban a percibir "a tres y cuatro reales al día". No diremos, a secas, que se trata de uno de esos optimistas retorcimientos de la realidad en los que suele caer el cronista criollo cuando toca temas para él espinosos, como es el caso. Puede haber allí algo más complejo.

Sin embargo, apresurémonos a demostrar que, a pocas páginas del texto citado, y refiriéndose a los mismos indios del valle, se contradice flagrantemente y parece presentar —esa es nuestra opinión— lo que realmente ocurría con el pago de repartimiento en esa región. Es el pasaje en que se refiere a los realeros. Dice allí, con toda claridad y sin lugar a confusión, que algunos indios, después de ocultarse y rehuir el repartimiento, iban voluntariamente a ofrecer su trabajo a aquellas labores en que los repartidos no eran suficientes. Se los contrataba porque hacían falta, pero éstos —explica el cronista— sólo se avenían a trabajar si se les asignaban tareas equivalentes a un tercio de la tarea normal de repartimiento, y sobre esa base alcanzaban alrededor de dos reales diarios.

Nótese que los realeros eran, en rigor, trabajadores a destajo contratados libremente; y que se diferenciaban de los trabajadores de repartimiento en que aquéllos eran trabajadores a destajo libre y éstos, a destajo forzado. Ahora bien: si los realeros, con la tarea pequeña, alcanzaban dos reales diarios, quiere decir que su esfuerzo les permitía realizar dos tareas de esas, pequeñas, equivalentes a un tercio de las normales. Lo cual quiere decir que los trabajadores de repartimiento, para ganar tres y hasta cuatro reales por día, tendrían que haber realizado

323

tres y hasta cuatro tareas grandes en cada día, o sea, nueve o doce tareas de las pequeñas. Y esto es, a todas luces, imposible.

Debemos advertir, para valorar correctamente esos datos, que cuando Fuentes explica lo de los realeros está denunciando los descuidos de las autoridades encargadas de repartir indios, y está empeñado en demostrar el daño que esos descuidos les acarreaban a los hacendados. En cambio, cuando dice que el pago por tarea era favorable para los indios, se está refiriendo concretamente a esa modalidad de pago y no a otra cosa, y por supuesto reparó en la necesidad de justificarla. Su información es impulsiva y espontánea, y probablemente más sincera, cuando explica lo de los realeros. Es comedida y cautelosa cuando anuncia el uso del pago por tarea.

Como las dos informaciones se contradicen, una de las dos está falseada, y es razonable suponer —recordando otras deformaciones de la realidad que ya hemos encontrado en su obra— que falseó los hechos al referirse al destajo forzado. Además, lo que en definitiva se desprende de esa contradicción —que la tarea de repartimiento era muy pesada, y que los indios no la aceptaban al contratarse libremente— viene confirmado en otros documentos.o sólo podían ganar un real.

Es cosa bastante sabida —pero digna de repetirse aquí— que el pago a destajo, ofreciéndole al trabajador la posibilidad de recibir más dinero, crea la apariencia de que lo favorece, pero, en realidad, no hace más que intensificar su explotación. Si el trabajador recibe tres veces más dinero que antes, por haber trabajado y producido tres veces más que antes, es evidente que gastó su organismo también tres veces más, y que, proporcionalmente, no ganó más, sino que vendió su fuerza de trabajo a un ritmo más acelerado y al mismo precio.

Bajo el régimen de libre contratación, el patrono puede beneficiarse con este procedimiento gracias a que las necesidades de los trabajadores los obligan a aumentar sus ingresos con sacrificio de la salud y de las perspectivas vitales. Bajo un régimen como el que estamos estudiando, la intensificación de la explotación por medio del pago a destajo se producía sobre bases totalmente diferentes y tenía un carácter mucho más drástico. El indio estaba forzado a trabajar y a aceptar un real diario mientras se hallaba repartido. La necesidad de aumentar sus ingresos no lo inclinaba a esforzarse allí, en el repartimiento, sino, al contrario:

324

aquella necesidad le aconsejaba escapar del trabajo forzado para poder dedicarse al trabajo libre, en que su esfuerzo le rendía un poco más.

La adopción del pago a destajo en el marco del trabajo forzado no significaba una oportunidad de aumentar los ingresos acelerando el ritmo de trabajo, sino que era, simple y llanamente, una imposición forzosa enderezada a disminuir todavía más el jornal. Los hacendados decidieron que el día de repartimiento, la jornada por la que legalmente tenían que pagar un real, ya no sería el tiempo de trabajo transcurrido entre la salida y la puesta del sol. Se entendería por día "la tarea del día", tasada por ellos y aceptada por los indios a la fuerza, como todo lo demás.

Naturalmente, los hacendados estipularon tareas que no podían realizarse en un día sino en dos —como veremos en seguida—, o tareas tan pesadas que se hacía preciso, para realizarlas en un día, desarrollar en él el esfuerzo de dos. Todo esto significó que los hacendados obtuvieron más trabajo, más productos, más utilidades por cada real entregado a los indios, y éstos vieron disminuida su paga, pues tuvieron que entregar por ella mucho más trabajo que antes.

Resulta sumamente desconcertante la declaración de Fuentes y Guzmán que acabamos de citar, en el punto en que dice que muchos indios, trabajando por tarea en las labores del valle, llegaban a percibir "a tres y cuatro reales al día". No diremos, a secas, que se trata de uno de esos optimistas retorcimientos de la realidad en los que suele caer el cronista criollo cuando toca temas para él espinosos, como es el caso. Puede haber allí algo más complejo.

Sin embargo, apresurémonos a demostrar que, a pocas páginas del texto citado, y refiriéndose a los mismos indios del valle, se contradice flagrantemente y parece presentar —esa es nuestra opinión— lo que realmente ocurría con el pago de repartimiento en esa región. Es el pasaje en que se refiere a los realeros. Dice allí, con toda claridad y sin lugar a confusión, que algunos indios, después de ocultarse y rehuir el repartimiento, iban voluntariamente a ofrecer su trabajo a aquellas labores en que los repartidos no eran suficientes. Se los contrataba porque hacían falta, pero éstos —explica el cronista— sólo se avenían a trabajar si se les asignaban tareas equivalentes a un tercio de la tarea normal de repartimiento, y sobre esa base alcanzaban alrededor de dos reales diarios.

Nótese que los realeros eran, en rigor, trabajadores a destajo contratados libremente; y que se diferenciaban de los trabajadores de repartimiento en que aquéllos eran trabajadores a destajo libre y éstos, a destajo forzado. Ahora bien: si los realeros, con la tarea pequeña, alcanzaban dos reales diarios, quiere decir que su esfuerzo les permitía realizar dos tareas de esas, pequeñas, equivalentes a un tercio de las normales. Lo cual quiere decir que los trabajadores de repartimiento, para ganar tres y hasta cuatro reales por día, tendrían que haber realizado tres y hasta cuatro tareas grandes en cada día, o sea, nueve o doce tareas de las pequeñas. Y esto es, a todas luces, imposible.

Debemos advertir, para valorar correctamente esos datos, que cuando Fuentes explica lo de los realeros está denunciando los descuidos de las autoridades encargadas de repartir indios, y está empeñado en demostrar el daño que esos descuidos les acarreaban a los hacendados. En cambio, cuando dice que el pago por tarea era favorable para los indios, se está refiriendo concretamente a esa modalidad de pago y no a otra cosa, y por supuesto reparó en la necesidad de justificarla. Su información es impulsiva y espontánea, y probablemente más sincera, cuando explica lo de los realeros. Es comedida y cautelosa cuando anuncia el uso del pago por tarea.

Como las dos informaciones se contradicen, una de las dos está falseada, y es razonable suponer —recordando otras deformaciones de la realidad que ya hemos encontrado en su obra— que falseó los hechos al referirse al destajo forzado. Además, lo que en definitiva se desprende de esa contradicción —que la tarea de repartimiento era muy pesada, y que los indios no la aceptaban al contratarse libremente— viene confirmado en otros documentos.

En los papeles del gran pleito en torno al repartimiento ocurrido en 1661-1663 —apretados escritos que sacan a luz tantas intimidades del sistema— se capta un cuadro muy completo de lo que significaba el pago por tarea dentro del trabajo forzado.

En primer lugar está lo que al respecto dicen los indios de Aguachapán en su memorial de quejas, pues, junto a otros abusos tradicionales, le conceden especialísima importancia a las tareas:

"...y con todo aqueste trabajo, los que van a las labores no se les paga su trabajo, porque les dan tan grandes tareas que la que es de un día apenas la pueden sacar en toda la semana, y al fin de ella les dan un real o real y medio con nombres (o pretextos) que no hicieron más que una tarea..."

En su enérgica petición de abolición del repartimiento, el Fiscal también se refiere a las tareas agobiantes, y agrega que el cura doctrinero del pueblo le ha asegurado, bajo juramento, que es cierto lo que al respecto dicen los indios en su escrito.

En la indagación de testigos hecha con motivo de la conmoción que inesperadamente causaron aquellas quejas, uno de los declarantes —ninguno de ellos era indio, y todos declararon contra los indios—, por lo menos, reconoció haber oído a los indígenas quejarse de que "les dan grandes tareas".

Finalmente, elevadas estas declaraciones al Presidente y vistas por la Audiencia, se libró un escrito para los indios de Aguachapán, en el cual se ordena que solamente deben prestar repartimiento a las haciendas que de antiguo lo tenían asignado, "pagándoles por entero sus jornales, y las tareas no sean excesivas". Esa vaga y floja recomendación equivalía, según los usos coloniales, a darle aprobación a lo que se venía practicando, pues dejaba otra vez a criterio de los hacendados qué debía entenderse por "tareas excesivas".

El hecho es muy significativo: las autoridades centrales no le dieron importancia al asunto de las tareas, pese a que, con juramento del doctrinero, se sabía que los indios no podían desarrollarlas en un día. Si esa extorsión hubiese sido un hecho anormal o extraordinario, es seguro que la Audiencia hubiera indicado, por lo menos, una tarea máxima permisible. Pero no dijo nada; no había ahí nada anormal.

Se está viendo, pues, por qué afirmábamos que el pago a destajo era el truco medular del repartimiento. Sería equivocado suponer que la diferencia entre el indio repartido y el indio libremente contratado, vista desde el ángulo de los terratenientes, radicaba en que el primero recibía un real por día y el segundo real y medio o dos. Ya eso hubiera sido una diferencia grande, pero la diferencia efectiva era mucho más importante aún: el repartido tenía que realizar por un real lo que le obligaran a hacer, en condiciones de trabajo que podían ser muy malas o peligrosas; y,

327

sobre todo, tenía que aceptar las tareas tasadas en forma arbitraria por los hacendados, con lo que la paga resultaba disminuida a mucho menos de un real por día.

El otro, el indio jornalero —que naturalmente podía ser el mismo trabajador en otro momento de su actividad productiva—, no sólo pedía real y medio o dos reales, sino que ese salario correspondía a tareas discutidas libremente, rechazando las extenuantes del repartimiento.

Se comprende ahora por qué en 1663, al llegar a oídos de los indios el rumor de que el repartimiento iba a ser suprimido, se conmovieron los pueblos en loca rechifla y gritería, y pregonaron la enorme noticia sin esperar siquiera su confirmación:

"...con tanto exceso que, alborotados en sus pueblos, con cajas y clarines han publicado el estar quitado dicho repartimiento y no deberlo dar, perdiendo el respeto a los repartidores y españoles labradores..."

También puede imaginarse el abatimiento que caería sobre aquellos choceríos humeantes cuando se vio que todo había de seguir igual, y que cada domingo, después de la misa, se seguiría escuchando la voz "ahmandamiento caim" —"eres de mandamiento, eres repartido"— con la que se designaba a quienes tenían que ir a las haciendas y labores a trabajar obligatoriamente y por tarea.

Es necesario formarse una idea de la generalización y perduración del repartimiento, y de la importancia que los documentos coloniales le confieren como régimen de trabajo fundamental.

En los documentos del siglo XVII no falta alguna noticia, aunque sea ocasional, de labores o de haciendas que no tenían indios. La explicación de este fenómeno se encuentra en los comentarios de Fuentes y Guzmán al referirse a él: dice que en ciertas regiones los pueblos y sus habitantes eran pocos en proporción al número y la actividad de las haciendas. Estas empresas tenían que emplear indios y ladinos asalariados, y es de suponerse que trataron de formar pronto rancherías de ladinos.

Uno de los declarantes franciscanos, atacando al sistema, esgrime el vigoroso argumento de que los indios se encuentran incomparablemente mejor en aquellos pueblos que no prestan servicio. No dice cuáles eran, ni hay documento que mencione motivo o regla de exención para determinados pueblos. Es probable que se refiera a los de la provincia de

Chiapas, en donde a mediados del siglo XVII no se practicaba el repartimiento de indios.

Referencias concretas y seguras de la práctica generalizada del repartimiento las tenemos para las provincias de Nicaragua y San Salvador, y desde luego para las correspondientes a lo que hoy es Guatemala (excluido el Petén). Se puede afirmar que el sistema tuvo más importancia en los dos últimos trozos del reino que en Nicaragua y más en Guatemala que en San Salvador. Esta gradación responde, al parecer, a las respectivas densidades de población indígena, aunque deja sin explicación el caso de Chiapas.

Ahora bien, lo normal y constante es que los papeles se refieran al repartimiento como algo practicado en todo el reino y para toda clase de empresas agrícolas. Ya la Real Cédula que lo autorizó definitivamente en 1601 dice que es para "todas y cualesquier partes de esas provincias y su distrito". En los escritos del sonado pleito en que se intentó abolir el sistema, se encuentra reiterada prueba de lo dicho. Así, el Rector del Colegio de la Compañía de Jesús, en su escrito de defensa del sistema, dice que "...ha sido, Señor, inmemorial costumbre en esta ciudad y reino...".

En el escrito del Cabildo Eclesiástico se pide "...se sirva Vuestra Majestad mandar se vuelva y continúe el repartimiento de indios, así de las labores de pan llevar y demás haciendas de frutos y ganados y obras públicas...". No dice que sean para todo el reino, pero revela con toda claridad que el sistema se usaba para empresas productoras de cereales —labores de pan llevar— y para haciendas diversas, incluidas las ganaderas.

El Ayuntamiento de Guatemala, que en cierto modo quiso centrar su defensa en el trabajo forzado para los valles de la ciudad, pone de manifiesto que el sistema estaba generalizado en las principales regiones del reino. Su primer y más extenso alegato, dirigido al Presidente para oponerse con toda energía a la iniciativa del Fiscal, contiene pasajes muy elocuentes al respecto. En los primeros párrafos pide que declare "no haber lugar" a lo pedido por el Fiscal "...y que se guarde y ejecute y lleve adelante el servicio y repartimiento de dichos indios, según la loable costumbre con que se hace y por la misericordia de Dios se ha continuado con toda piedad y seguridad de la Real conciencia y de los vecinos y naturales de esta ciudad y provincias...”; y, en la misma forma, cierra el extenso documento pidiendo “...continuar la costumbre y forma tan loable de repartirse en esta ciudad y valle y en toda la provincia el servicio de los dichos indios...”.

En párrafos centrales el Ayuntamiento afirma que si en otras partes pagan mal y maltratan a los indios, “...Justicias hay que lo remedien y castiguen (...) que lo que algunos individuos hacen y no se castiga no lo ha de pagar el bien universal y todos los vasallos de Su Majestad que viven y le sirven en estas partes...”. Y, por si los renglones anteriores dejan duda acerca de la generalización y la importancia fundamental del sistema, el documento dice más adelante: “...no hay causa ni razón urgente que motive una novedad tan perjudicial al reino, que es lo mismo privarle del servicio de los indios que destruirlo y aniquilarlo...”.

Estas expresiones son, por supuesto, exageradas, en razón de la defensa que se proponen, pero sería equivocado suponer que en ellas todo es hipérbole. La supresión del repartimiento habría significado, como fácilmente se comprende, un cambio profundo en la estructura del reino y una crisis violenta para la clase criolla.

Las noticias de Fuentes y Guzmán sobre este punto son de gran interés. El cronista hace breve mención de la crisis de 1663 y se refiere a la Real Cédula de 1667, con lo cual terminó aquel pleito. Dice que en ella se autorizaron los repartimientos únicamente para las labores de pan llevar. Ya esto hubiera sido autorizarlos en gran escala, puesto que el maíz y el trigo eran los productos de consumo básico, y prácticamente todas las haciendas tenían cultivos de maíz, aparte de las labores que solo cultivaban cereales. Pero el cronista nos ahorra reflexiones al declarar allí mismo:

"...Mas sin embargo, esto, como todo lo demás, se gobierna por el favor, y los indios se reparten a quienes se quiere, y en primer lugar para los ingenios y trapiches de azúcar...".

Y como al referirse a la situación anterior a la crisis nos había dicho que los presidentes daban indios de repartimiento para las labores, ingenios y trapiches, tenemos que llegar a la conclusión de que la crisis no redujo las posibilidades de obtener indios repartidos, y que antes y después de ella se repartieron para toda clase de empresas agrícolas.

En otro lugar nos hemos referido a la denuncia que hace Fuentes de la destrucción de los indios a causa de llevarlos de climas fríos a las costas cálidas. Tenemos que recordar ahora ese asunto como un aspecto del repartimiento y una prueba de su práctica en las más diversas empresas. Se enviaba indios a los obrajes de añil, a los aserraderos y también a hacer construcciones en las costas. Estos mandamientos estaban prohibidos por Real Cédula y por varios acuerdos de la Audiencia, pero se seguían practicando en tiempos del cronista, pese a que causaban gran mortandad entre los indígenas.

La Descripción de Cortés y Larraz revela que el repartimiento seguía en plena vigencia en el último tercio del siglo XVIII. Sus observaciones son del más alto valor histórico, y unas de ellas merecen ser leídas con atención. Refiriéndose a las haciendas en general y a los desórdenes y miserias que en ellas encontró al conocerlas de cerca, expresa su posición del siguiente modo:

"...Si las haciendas fueran una u otra, pudiera tolerarse el daño, solicitando el remedio con silencio; pero siendo tantas, ¿quién no clama hasta que se oigan los desórdenes en todo el mundo, para que contribuyan a su remedio?...".

Unos renglones adelante añade:

"...Para el cultivo de las haciendas se hacen repartos de indios para los trabajos".

Es interesante comprobar que este cuidadoso observador, que menciona en su informe 427 poblados y 824 haciendas del territorio que corresponde a las actuales repúblicas de Guatemala y El Salvador, no diga que el reparto se hacía para "algunas" haciendas, o para "muchas" de ellas, o para las de tal o cual región, sino que se exprese en la forma generalizadora que estamos viendo. A renglón seguido dice:

"...Estos repartos los piden los hacendados en el tiempo oportuno para la siembra, para el desyerbo, y en suma se consideran necesarios para que la tierra produzca; en cuyo tiempo también son necesarios estos cultivos para que produzca la tierra en los campos propios de los indios, que por estar repartidos en haciendas ajenas no pueden tener frutos ni llevarlos las propias".

Y añade:

"Estos repartimientos se hacen con toda violencia, que no se deja de respetar solamente los campos y tierras de los miserables indios, pero ni su salud y vida, sobre lo cual véase documento terminante en la parroquia de Chichicastenango, en donde aquellos infelices, en constelación (epidemia de sarampión) que padecían, me llevaban el dinero de los repartos, intentando dejarlo sobre la mesa para que lo volviera a los hacendados, a causa de no poder ir a trabajar por reparto, por hallarse enfermos, quedándome con el dolor de no poder consolarlos, por despacho que había de los ministros del Rey; sin haberme quedado otro arbitrio que escribir al fiscal de la Real Audiencia para que los amparara, pero sin ningún efecto".

Finalmente, concluye:

"No quiero decir que se abandonen las haciendas, ni que dejen de ser sus frutos a beneficio del público; pero lo serían más no por el repartimiento de indios en los tiempos precisos para el cultivo de sus campos, porque por este medio sólo se consigue que los frutos que habían de producir los campos de los indios los produzcan los de los hacendados, siendo muy indiferente al público el que los produzcan estos o aquellos; cultívense en buena hora las haciendas, pero por medio de criados asalariados por todo el año; y en los tiempos que se necesitan más operarios, precise la justicia a los ladinos que viven harto ociosos y no a los miserables indios ocupados en sus cultivos".

"Las haciendas necesitan de otros arreglos, y el trabajo es que necesitan muchos, pero los indispensables son, o quitar los repartos de indios (que fuera el remedio seguro), o moderarlos (lo que no sucederá equitativamente por muchas providencias que se tomen)".

De ese precioso texto vamos a extraer sucintamente unas conclusiones muy valiosas. Primera: que el repartimiento estaba en uso en toda la región visitada por el religioso, la cual se hallaba cubierta por un crecido número de haciendas. Segunda: el repartimiento funcionaba con entera independencia de las rancherías —de las cuales nos da cuidadosa información el mismo documento— y era en cierto modo un complemento de ellas para el hacendado. Tercera: el sistema sigue siendo un aparato de violencia que perjudica a los indios gravemente en distintas formas. Cuarta: el sistema es de alto interés para los hacendados —lo consideran necesario, dice, para que la tierra produzca; y expresa

332

que sería imposible moderarlos—. Quinta: el sistema goza del más sólido respaldo oficial, y los daños que les causa a los indios no constituyen argumento en los oídos de los "ministros del Rey". Sexta: el espectáculo de los sectores ladinos desocupados y de los indios arrebatados de sus propias siembras lleva al observador a pronunciarse por la total supresión del repartimiento. Y finalmente, séptima: el repartimiento ha sufrido —o está sufriendo— un importante cambio que tenemos que valorar en todo su significado.

Aunque hay prueba de que todavía diez años más tarde las autoridades recomendaban seguir con el sistema rotativo de tandas por cuartas partes, el religioso vio en 1770 un repartimiento distinto —que va a imponerse y a perdurar largo tiempo—: los indios no eran enviados por tandas semanales, sino en las temporadas en que los hacendados los necesitaban por ser las de más actividad agrícola y más urgencia de mano de obra. Ese era el tiempo "oportuno" para los hacendados, pero era el más inoportuno para los indios, porque también sus tierras comunales requerían cultivo. Por hallarse repartidos en esos períodos, los frutos que habían de producir los campos de los indios los producían las haciendas.

Con esa importante modificación, introducida en el siglo XVIII, perduró el repartimiento hasta la Independencia. Los Apuntamientos sobre Agricultura y Comercio, que nos proporcionaron tan valiosos datos para el capítulo relativo a la tierra y que nos han dado apoyo documental en muchísimos puntos después, también nos ofrecen prueba segura de que el repartimiento era el más importante mecanismo de explotación del indio en 1810 —año del documento— y de que se había adoptado el reparto por temporadas y abandonado el de semanas.

Al esbozar la situación general de los indios, los autores no omitieron "...los trabajos a que se les obliga enviándolos los Alcaldes Mayores en partidas con nombre de repartimientos a las haciendas de los que los piden para sus labores, y deben dárseles con arreglo a las leyes...".

Y en el interesante proyecto de reforma agraria que ya hemos analizado en otro lugar, naturalmente tropezaron con el repartimiento y tuvieron que desaconsejarlo, pues el sistema hubiera hecho imposible el aprovechamiento de las tierras que había que entregarle a los indígenas:

"...la extracción de indios, que se acostumbra hacer de los pueblos con el nombre de mandamientos para trabajar en las haciendas de los blancos, perjudicará infaliblemente la labranza de los mismos indios teniendo éstos campos propios a que atender y ocuparse, siendo precisamente el tiempo en que se efectúan dichas extracciones el oportuno que ellos necesitan para cultivar también sus posesiones o cosecharlas...".

En consecuencia:

"...no se obligará a indio alguno que tenga sementera propia, o que esté por sembrarla, cuidarla o cosecharla, a que vaya a beneficiar la del blanco (...) Podrá solamente echarse mano para dichos repartimientos, de aquellos indios que por algún motivo se hallasen expeditos en la ocasión que se pidan; y los hacendados procurarán buscar otra gente que les trabaje por sus justos jornales, introduciendo esta práctica observada en muchos parajes del Reino...".

Y aún agregan más adelante:

"...en caso de servirse de los indios, sea pagándoles su trabajo y ocupación sin apremiarlos...".

Claro que estos sanos proyectos —que habrían significado una revolución dentro de la colonia— fueron totalmente desechados por los criollos, que deseaban e hicieron una Independencia sin revolución. Los textos citados tienen, sin embargo, un extraordinario valor de prueba en relación con los puntos que venimos aclarando. El repartimiento llegó al final de la colonia con la modificación apuntada. Los indios eran enviados a la fuerza, cuando los hacendados los pedían, sin opción de contratarse libremente. La gran desventaja que representaba para los indios ser retirados de sus tierras comunales en las temporadas en que eran allí más necesarios, era un daño que se les hacía dentro de la ley — "deben dárseles con arreglo a las leyes"—.

Además de comprobar que el sistema que estamos estudiando se generalizó y perduró como institución de la mayor importancia hasta el final de la colonia, es preciso darse cuenta de que su versión modificada representó más beneficios para los hacendados y mayores males para los indios. En efecto, la adopción del reparto por temporadas tiene que haber estado en estrecha relación con el desarrollo de las rancherías, que tuvo su gran auge en el siglo XVIII. El hecho de que se haya abandonado el reparto por semanas es en sí mismo una prueba de que a los hacendados llegó a serles preferible el otro. La corona no ganaba ni perdía nada con el cambio, pues los indios siguieron radicados en sus pueblos y controlados para la tributación. Los indios no pudieron desear ni propugnar un cambio que los perjudicaba profundamente.

En cambio, nótese cuántas ventajas tuvo que reportarle la modificación a los criollos desde el momento en que la disponibilidad de mano de obra ladina semiservil alcanzó cierto nivel importante. Dejaron de pagar el real de repartimiento en las temporadas de poca actividad agrícola, en que los trabajadores de ranchería podían cubrir las faenas de las haciendas a cambio de tierra en usufructo. Siguieron disponiendo de mano de obra forzosa de los pueblos cuando la necesitaban, con todos los abusos que podían cometerse en esas condiciones, especialmente el pago por tarea. Y algo más, de incalculable importancia: en las condiciones del repartimiento por semanas, rotativo, el mercado interno de cereales y granos básicos —maíz, frijol, trigo— era abastecido por las aportaciones de las haciendas y de los pueblos, lo cual implicaba un cierto grado de competencia con repercusión en los precios —recordemos a Don Antonio de Fuentes lamentándose de que los indios del valle producían más trigo del que él hubiera querido—.

El reparto de temporada, en cambio, perjudicaba mucho más que el otro la agricultura de los pueblos, porque les arrebataba mano de obra cuando más la necesitaban —circunstancia que pudo observar perfectamente un religioso recién llegado al reino, y que confirman con toda claridad los duchos comerciantes del Consulado en sus "Apuntamientos"—. "Los frutos que habían de producir los campos de los indios los producen los de los hacendados", denuncia Cortés y Larraz. Eso implica necesariamente que el mercado interno absorbía en mayor cantidad que antes los frutos de las haciendas y en menor cantidad los de las tierras de los indios.

No nos es dable hacer ninguna afirmación acerca de si los precios se vieron afectados, por ejemplo, o conjeturar si ocasionalmente habrán tenido que comprarles los indios a los hacendados aquellos productos que no podían cultivar en sus pueblos, y que con sus propias manos habían producido en las haciendas a costo de repartimiento. Pero sí podemos afirmar, de manera general y sin riesgo de equivocación, que un aumento del aporte de las haciendas al mercado interno —

335

especialmente en granos— y una disminución del aporte de los pueblos tuvo que ser un buen negocio para los terratenientes y una nueva calamidad para los indios. Y este hecho hay que sumarlo, con toda su importancia, a los otros motivos, ya señalados, que deben haber operado como causantes de la modificación del repartimiento que comentamos.

Resumiendo: disponibilidad de mano de obra semiservil permanente, gracias a las rancherías; disponibilidad de mano de obra servil en los períodos de mayor actividad agrícola, gracias al repartimiento de temporadas; bloqueo parcial de la agricultura de los pueblos de indios y mayor demanda de los productos de las haciendas en el mercado interno. He ahí el fondo del repartimiento en su versión modificada, de fines del siglo XVIII y principios del XIX.

Nos hallamos nuevamente frente a fenómenos básicos de la vida colonial que se proyectan mucho más allá de la colonia. En efecto, al tomar forma el repartimiento a fines del siglo XVI y principios del XVII, las Cédulas Reales y los funcionarios de la corona tenían que insistir mucho en que los indios no fueran retenidos en las haciendas. Por eso, cuando se estudian las vicisitudes del sistema en aquel período temprano, se piensa que al llegar a la Independencia, los criollos van a caer con mano libre sobre los pueblos para proveerse de siervos y organizar sus rancherías. Pero al estudiar este otro período, se comprueba que no ocurrió tal cosa: las relaciones de producción entre haciendas y pueblos —entre criollos e indios— continuaron sobre las mismas bases que se encontraban antes de la Independencia; y durante los treinta años de la dictadura criolla no se alteraron esas relaciones en lo fundamental.

Había ocurrido lo que ya hemos visto. En el curso del siglo XVIII se desarrollaron las rancherías y se adoptó el repartimiento de temporadas. En esas circunstancias, los hacendados tenían lo que querían: un núcleo de trabajadores semifeudales fincados en la hacienda y prácticamente perteneciente a ella, y un complejo de reservorios en los cuales se obtenía mano de obra servil al solicitarla: los pueblos.

A eso se debe —señalemos el nexo entre estos datos— que la dictadura criolla no le haya hecho la menor concesión a las capas medias, sino que, muy al contrario, haya adoptado una política férrea para mantenerlas bloqueadas en el molde colonial. Ello era un requisito

336

indispensable para que los pueblos conservaran su vieja estructura —concentraciones de siervos disponibles— y para que no disminuyera la disponibilidad de ladinos rurales pobres para las haciendas. Pese a ello, como ya explicamos en otro lugar, la capa media alta rural siguió desarrollándose; pero esto ocurrió a despecho de la dictadura criolla, en una sorda lucha que culminó en el movimiento de 1871.

He aquí una sorpresa: no fueron los criollos quienes rompieron la estructura colonial de los pueblos para formar sus rancherías; ¡fueron los liberales! La Independencia, lejos de traer consigo un incremento de la producción agrícola en las haciendas tradicionales, causó una contracción de la producción y del movimiento de valores —¡veinte años de guerra de clases y treinta de recuperación conservadora!—. El incremento, gradual pero muy firme, ocurrió en las empresas agrícolas medias, productoras de grana y especialmente en las de café. Y cuando los liberales tomaron el poder —con estos nuevos terratenientes cafetaleros imprimiéndole su carácter al movimiento— entonces sí que se necesitó de los indígenas para impulsar vertiginosamente la creación de fincas, para abrir caminos y para muchísimas otras realizaciones inherentes a la transformación del país en exportador de ese fruto.

La legislación agraria de la Reforma Liberal, encaminada a transformar la propiedad comunal de los pueblos en propiedad privada de pequeños agricultores, no pretendía únicamente liberalizar la propiedad de la tierra y aumentar la producción a base de los ladinos de los pueblos bajo el estímulo de su nueva situación. También se proponía, y lo consiguió, lanzar a un gran número de indios a la búsqueda de trabajo en las fincas. Es sabido que allí fueron atrapados bajo diversos pretextos legales e ilegales, y que el resto de la población indígena —el que permaneció en los pueblos— también fue obligado a trabajar en forma servil bajo el acoso de leyes terribles —como el célebre Reglamento de Jornaleros— y de la más descarada violencia.

No nos alejamos de nuestro tema: es el tema el que se proyecta profundamente hacia el presente. Obsérvese que, una vez consolidadas las rancherías de las fincas, los gobiernos liberales obligaron a los pueblos a proporcionar mano de obra forzosa para las temporadas y para los lugares en que el nuevo cultivo la requería, especialmente para las cosechas. Los Jefes Políticos, actuando exactamente igual que los antiguos Corregidores y Alcaldes Mayores, recibían el pedido de los finqueros y ordenaban los "mandamientos de indios". (Para estos usos fue introducido inicialmente el teléfono en Guatemala).

El esquema de estos mandamientos, que duraron desde Barrios hasta Ubico —1944—, es exactamente el del repartimiento del último siglo colonial. El repartimiento no había sido suprimido después de la Independencia, y la Reforma cafetalera le imprimió un nuevo y formidable impulso bajo las necesidades de una nueva clase de terratenientes explotadores de siervos indios; es decir, bajo una nueva clase de criollos, como explicaremos al final del libro.

En el amplio fragmento de Cortés y Larraz que hemos citado en páginas anteriores, se habrá notado que el religioso se refiere a los indios de Chichicastenango, quienes, afligidos por una epidemia de sarampión y obligados a ir al repartimiento, se negaban y buscaban apoyo en el Arzobispo —quien no pudo hacer nada por ellos—. Dice allí que los indios le entregaron el dinero del reparto, para que él lo devolviera a los hacendados. Este sorprendente detalle —la paga forzada anticipada, como recurso adicional para obligar al indio— no corresponde en absoluto al mecanismo del repartimiento del siglo XVII. La referencia de Cortés y Larraz, por sí sola, tampoco nos autoriza para decir que se trata de un aspecto del repartimiento dieciochesco; es preciso investigar más y averiguar si el anticipo era ya entonces un uso generalizado.

En todo caso, sabemos perfectamente que la paga forzada anticipada fue un recurso asociado al mandamiento de las dictaduras cafetaleras —la tristemente célebre "habilitación" del indio—, y no cabe la menor duda de que el dato de Cortés y Larraz, aunque nos llegue aislado, es un remoto indicio y antecedente de la habilitación.

Así, pues, al hablar de repartimientos y mandamientos, del régimen de trabajo forzado colonial, nos estamos refiriendo a un mecanismo de explotación que ya estaba en uso a fines del siglo de la conquista, y que, sin embargo, lo vimos con nuestros ojos, en plena vigencia todavía, muchos guatemaltecos antes de 1944: silenciosas hileras de indios, escoltados siempre, a veces atados, que pasaban por pueblos y ciudades en su largo y forzoso recorrido, a pie, desde sus pueblos hasta las fincas. Triste cuadro colonial a mediados del siglo XX.

Las deprimentes realidades que venimos examinando eran la entraña y el fondo verdadero de la vida colonial. A estos niveles queríamos llegar. Hubiera sido más ameno, desde luego, hacer Historia "de la cultura" y referir algunos logros felices de las minorías urbanas acomodadas. Contar —pongamos por caso— cómo fue introducida la primera imprenta en Guatemala; cómo un obispo la hizo traer desde Puebla, con impresor y todo, para editar un libro suyo de Teología, escrito en latín, que fue el primer libro impreso en el país, y que probablemente sirvió mucho a los interesados en problemas teológicos que conocían aquel culto idioma.

Pero nos hemos propuesto el enojoso trabajo de explicar, más bien, por qué los felices logros de nuestra cultura colonial favorecieron tan sólo a reducidos círculos de personas acomodadas o ricas; por qué los indios, los ladinos rurales pobres, la plebe, la inmensa mayoría de la población colonial, tuvo que vivir en condiciones tan difíciles, que los bienes de la cultura superior no sólo les eran remotos, sino totalmente ajenos e indiferentes. Y para hacer esta deslucida pero urgente Historia "de la incultura" tenemos que resignarnos a rozar muy rara vez y muy lateralmente temas como la Universidad colonial, la Literatura colonial, el Arte colonial —¡gratos temas!— para extendernos en áridos análisis de instituciones tan sórdidas como esta que venimos viendo: el repartimiento colonial.

Pero es el caso que aquí, en la reducción de indios, en el régimen de pueblos, en el repartimiento, en la extorsión del trabajo por tarea, se encuentran los mecanismos que convirtieron al nativo prehispánico en el indio colonial; los mecanismos que aprisionaron en una durísima situación de pobreza material y espiritual —de inferioridad permanente respecto de sus opresores— a la gran mayoría humana de la sociedad que estamos tratando de entender.

Por lo demás, la Historia de las realidades básicas no niega ni excluye a la Historia de la cultura; antes bien, señala sus fundamentos, sin los cuales flota en el aire. En las sociedades de clases, la riqueza material y espiritual de los grupos dominantes reposa sobre la pobreza de la población oprimida; pero no en forma pasiva e inerte, como puede reposar una piedra sobre otra piedra, sino de manera que las modalidades culturales de la clase dominante resultan poderosamente condicionadas por sus relaciones con las clases explotadas. Bien lo hemos venido viendo en una de las más notables y auténticas creaciones de la cultura colonial guatemalteca —en la que hemos tenido que adentrarnos un poco—: la Recordación Florida, monumental expresión científica y literaria de la conciencia social de los criollos; obra que no existiría si no hubieran existido las necesidades ideológicas de la clase criolla, y la clase misma, asentada sobre realidades que son, por eso, la temática y la sustancia viva de la obra.

No hay un divorcio, pues, entre los dos niveles. Aquel célebre obispo que introdujo en el reino la máquina que había de divulgar las letras, fue, cuando llegó el momento, un defensor de aquella otra máquina funesta que había de cerrar el paso a las letras y a toda posibilidad de superación entre los indios: el repartimiento. Justamente en el año en que se imprimió la Explicativo Apologética —1663— alcanzaba su punto culminante el pleito en torno a la abolición del trabajo forzado; y entre los muchos escritos que elevaron al Consejo de Indias los defensores del repartimiento, figura una carta de Fray Payo Enríquez de Ribera.

Admite reposadamente el obispo que hay "casos singulares de recibir algunos indios algunas molestias o vejaciones de los labradores...", pero agrega que "...con algunos ejemplares de pena (...) sin duda serán menores aquellos daños o no tan continuos...". El hecho es que el repartimiento "...es asunto que toca en común a todo este Reino, cuyo sustento depende grandemente de este servicio de indios, sin el cual se considera imposible aquí, como lo es, la cultura de campos y tierras...". Carta breve y contundente, que debe haber pesado mucho en la balanza al decidirse la conservación del repartimiento, pues no era poco el crédito que gozaba en el Consejo aquel prelado que llegó a ser Virrey de México. Hombre experto en lides burocráticas, no se enredó en consideraciones sobre si los indios trabajarían y vivirían mejor con paga libre. Bien hubiera podido él hacer filigranas con el problema —nada menos que un teólogo—, pero ya otros lo habían hecho extensamente y bastante bien. Comprendió que lo que se necesitaba era su voto, y eso es su carta: un voto de peso en pocos renglones.

No vamos a menospreciar el verdadero significado de la introducción de la imprenta en el reino de Guatemala, y menos querríamos, ni podríamos, discutirle méritos al realizador de tan importante iniciativa. Se trata, eso sí, de demostrar cómo un hecho de gran importancia cultural para las minorías urbanas carecía por completo de proyecciones positivas entre la mayoría de la población. Se trata de ilustrar la profunda contradicción, el abismo que había en aquella sociedad entre el desarrollo de las minorías y el de las mayorías, al extremo de que un mismo hombre podía ser —y solía serlo— un impulsor de la cultura entre las primeras y un frenador de la cultura entre las segundas. Se trata de llamar la atención, asimismo, sobre la magnitud de las realidades humanas que son desatendidas cuando, a título de Historia cultural, se mira hacia las realizaciones más o menos brillantes de las minorías acomodadas urbanas, y se le da la espalda al gran complejo económico y social que les servía de soporte, y que era, en verdad, la trama de la existencia en la colonia.

El repartimiento de indios, el trabajo forzado temporal, fue uno de los grandes factores de la historia de Guatemala. Fue el régimen de trabajo que consolidó, en sus respectivas situaciones, a las dos clases sociales más importantes de la sociedad guatemalteca —las clases antagónicas— durante la colonia y por mucho tiempo después: los siervos indios y los terratenientes criollos. Las consolidó y les imprimió muchos de sus rasgos esenciales.

Si se pudiera hacer un inventario de todo lo que el repartimiento le dio a quienes con él se beneficiaban, y de todo lo que le quitó a quienes lo padecían, en términos de vida material y de desarrollo intelectual, se tendría explicada, sin necesidad de más, la mitad de la problemática social guatemalteca.

VI

El régimen colonial fue un régimen de terror para el indio. Esta afirmación puede parecer escandalosa —¡hay tanta mojigatería en torno a la colonia!—, pero no debería sorprender a nadie, pues se sabe que la única manera de mantener sometida a una mayoría descontenta es mantenerla atemorizada. El terror colonial no se hace evidente cuando sólo se mira la vida urbana de la colonia, porque se ejercía sobre la población indígena, en el interior del país, en el apartado escenario de los pueblos.

Además, no había en la colonia una ostentosa gendarmería desplegada para velar por el orden colonial. Aparte de las débiles guarniciones de algunos puertos fortificados y de pocos y modestos batallones "fijos" que se organizaron hacia el final del coloniaje, la fuerza armada colonial residía en milicias propiamente dichas: unidades integradas por civiles, principalmente criollos, que estaban preparados para tomar las armas cuando una eventualidad lo reclamaba, y que, asistidos por sirvientes y alguna gente leal, le hacían frente a los motines, los ataques de piratas, etc.

No. Para comprender nuestro asunto hay que recordar, como norma general, que la agresividad y el carácter de un régimen de terror cualquiera guardan directa relación con el número, el grado de desarrollo general y la capacidad política de aquellos a quienes pretende atemorizar.

El terror colonial se estableció sobre ciertas premisas que eran, naturalmente, las premisas de la sociedad colonial.

Primera: una población indígena aprisionada en un régimen económico que le cerraba toda posibilidad de superación.

Segunda —complemento de la anterior—: dar a los indios únicamente aquellos elementos de cultura que fueran absolutamente indispensables para llevar adelante su explotación —pocos instrumentos de metal imprescindibles para la agricultura, instrucción ceñida a unas pocas creencias sencillas y eficaces—, compensando con el número y la violencia el bajo rendimiento de una masa trabajadora sumida en una enorme inferioridad de recursos materiales e intelectuales.

Sobre esas bases, y en función de ellas, actuó el terror colonial en las tres formas siguientes:

Primera. Sofocando con rigor todas las manifestaciones de rebeldía individual, a base de aplicar sin mesura ni contemplaciones el tormento de azotes y cárcel, y pasando al de horca en los casos de amotinamiento.

Segunda. Manteniendo en un plano de autoridad local a una "nobleza" indígena prehispánica —más dudosa conforme pasaba el tiempo—, dándole oportunidad de extorsionar a la gente de su raza y convirtiéndola de ese modo en vigilante directa y cómplice interesada en la opresión.

342

Tercera. Una amplia y descarada tolerancia para los ultrajes al indio. Esa tolerancia era como una confabulación, un hilo de solidaridad entre todos los grupos libres —incluidos los indios no siervos— frente a la población mayoritaria servil; era una convivencia que se extendía desde el Presidente y los Oidores hasta los Alcaldes indígenas; la entendían los ladinos de los pueblos; contaban con ella los negros libres y los esclavos de confianza.

Era un punto de afinidad por encima de todas las contradicciones de la población libre, y un delicado factor que hay que relacionar con el desarrollo de la capa media alta rural. Para muchos individuos de esa capa social, aspirantes a explotadores, el constituirse en capataces de los indios era una manera de arrimarse a los criollos. Entre ladinos y negros más o menos aventureros, y también entre los indios mandones de los pueblos, actuaba una verdadera red de esbirros.

Una vez señaladas las premisas y los principios del terror colonial, hay que indicar su honda razón de ser.

La inferioridad en que el régimen económico de la colonia mantenía al indio —pobreza, ignorancia, superstición— no compensaba del todo su enorme superioridad numérica. Esta circunstancia, captada por el conjunto de las minorías explotadoras y aspirantes a tales, creó entre ellas un consenso acerca del trato que era preciso darle a los indios, el trato que "merecían" y sin el cual surgía en seguida "la insolencia" y el alboroto.

Así pues, los constantes ultrajes, la crueldad excesiva con que se los castigaba por motivos fútiles, el trato humillante y ofensivo en todo momento, tenían su honda razón de ser en la gran desproporción numérica que había entre las minorías dominantes y la clase servil.

Esas formas de trato —que hay que valorar junto a otros factores en la configuración psicológica del indígena hasta hoy— respondían a la necesidad de tenerlo siempre atemorizado, de no dejarlo levantar cabeza, de tenerlo escarmentado y convencido de que la menor rebeldía sería castigada en forma desmesurada e inmediata, y de que el castigo podía venir no sólo de la autoridad española o criolla, sino de muchas personas que gozaban de impunidad para golpearlo y que se sentían obligadas a vigilarlo.

De azotes y picotas dan copiosa noticia los documentos, desde puntos de vista muy diversos. Un hombre como Fuentes y Guzmán, totalmente compenetrado de las necesidades de su clase —dos veces corregidor—, no sólo menciona repetidamente y con naturalidad los azotes, sino que refiere casos en que él ordenó darlos, y expresa sin rodeos que "...es perder el tiempo con los indios si no les hablan en su modo, y ven que quien les habla es hombre como ellos, y tiene la facultad de empuñar el azote, en que es necesario que se ejercite...".

"...porque es una generación (se refiere a los indios en general) que necesita estar debajo del yugo y que no conozcan otra cosa que superioridad y dominio...".

Nótese cómo la carga emocional verdadera de esta última expresión es el temor; y reflexiónese un instante sobre esta cuestión: ¿por qué era preciso que los indios no conocieran otra cosa que superioridad y dominio? Se verá que el criollo tenía razón —razón de clase—, y que sin el terror no se hubiera podido explotar, en las formas que se hacía, a una masa tan numerosa.

Un hombre como Cortés y Larraz, no identificado con el régimen por motivo de su misión como informante de un monarca reformista, nos legó también valiosísimas noticias sobre el terror. Ya hemos citado algunas refiriéndonos a otros asuntos, pero aún tenemos que ver, en páginas próximas, sus agudas observaciones sobre el estado de fobia en que vio a los indios y sus más dramáticas denuncias en torno al trato que se les daba.

La más alta personificación de la tiranía colonial —que fue principalmente tiranía rural— no se encuentra en los Presidentes, sino en los Corregidores. Esta afirmación es válida para todas las colonias españolas de América, y cuando se leen las fechorías de estos funcionarios en México y en los virreinatos de Sudamérica, parece estarse leyendo la descripción de su conducta en el reino de Guatemala.

Los corregidores o alcaldes mayores eran jefes políticos de muy amplios distritos —como podían serlo el de Totonicapán y Huehuetenango, el de Tecpán Atitlán, el de Chiquimula de la Sierra, el de Sonsonate, etc.—. Tenían a su cargo la vigilancia y dirección de los pueblos, y la supervisión de la producción y cobro de los tributos. Su autoridad se hallaba directamente por encima de las autoridades indígenas de los pueblos, los alcaldes indios, a quienes, en unos casos, tenían que apremiar con castigos y, en otros, se confabulaban para extorsionar a la población india.

El puesto de corregidor era proveído por los presidentes o por la Corona, y tenía un sueldo, pero los aspirantes pagaban a la monarquía muy elevadas sumas de dinero para obtener un corregimiento. En cinco o seis años de desempeño del cargo recuperaban la inversión con enormes ganancias.

Esta circunstancia determinó que los corregimientos estuvieran en manos de personas muy ricas que podían comprarlos, generalmente criollos, y que la trama de los corregimientos y alcaldías mayores viniera a ser, en definitiva, el nivel en que la monarquía dejaba actuar el despotismo de la clase terrateniente. Un despotismo supeditado a la autoridad monárquica y, sin embargo, mucho más drástico que el de aquella. Despotismo regional, ejercido directamente sobre los pueblos de indios, en apoyo y con apoyo de los hacendados; asistido por esbirros y expoliadores subalternos; dotado de poder suficiente para interceptar, desvirtuar y aplastar por el terror todo intento de queja.

Los robos y vejaciones de los corregidores sobre los indios no eran ningún secreto. El presidente y la Audiencia tenían en los corregidores una garantía de la recaudación de los tributos y de la sujeción política de los pueblos; y la tolerancia que adoptaban frente a sus conocidos abusos cae dentro de la explicación que hemos dado acerca de la tolerancia en relación con el terror. Era cosa entendida que un corregidor cumplía su función de jefe de la recaudación de tributos y de vigilante superior de los indios a cambio de escandalosos negocios. Los corregidores declaraban cínicamente que compraban el puesto para incrementar sus fortunas, y los documentos oficiales se referían al hecho con sorprendente llaneza: "...si hay tiranía, producen; si recto obrar, sólo rinden lo asentado...".

Había un sinfín de trampas que canalizaban el dinero y los bienes de los indios a las arcas de los corregidores —raciones, besamanos, salutaciones, cuotas de visita, sobresueldos, conmutación de tributos, etc.—, pero eran dos los negocios verdaderamente voluminosos con los cuales acumulaban fortunas arrancadas a los indios: el repartimiento de mercancías y el repartimiento de hilazas.

El repartimiento de mercancías era un escandaloso comercio forzado. Consistía en venderles a los indios, contra su voluntad y bajo la acción del miedo, diversos artículos que ellos no necesitaban, o que, necesitándolos, hubieran preferido adquirir bajo otras condiciones. Las enormes utilidades de este negocio provenían, en primer lugar, del crecido número de indígenas a quienes un corregidor podía imponer dichas compras, pues los corregimientos y alcaldías mayores eran demarcaciones territoriales muy extensas que abarcaban muchos pueblos. Luego, de que el vendedor no sólo imponía el artículo, sino también la cantidad, la calidad y el precio. Se daba el caso de que los indios tuvieran que endeudarse por recibir medias de seda, aunque anduvieran descalzos. Y aun si se trataba de objetos de cierta utilidad, como telas o instrumentos de labranza, les era sumamente gravoso recibirlos de mala calidad y a precios muy elevados.

La amplitud y complejidad de esta fraudulenta operación en varios pueblos exigía que los corregidores fueran asistidos por los alcaldes indios, unas veces como cómplices y participantes en el negocio, y otras por verse obligados a hacerlo.

Estos repartimientos de mercancías tomaban, a veces, formas muy caprichosas, aunque en el fondo fueran todos lo mismo. Así, por ejemplo, un corregidor podía arrebatarles a los indios ciertos productos de exportación, como vainilla, cacao o achiote, y pagarles con mercaderías a la fuerza. En estos casos, el negocio era doble, porque el precio elevado de los artículos entregados reducía el valor de los productos arrebatados a los indios, y estos se vendían después a su precio corriente de exportación.

Ocurría con mucha frecuencia, también, que los corregidores tuvieran controlada la producción de los artículos que vendían a presión, dañando así no sólo a los indios, compradores forzados, sino también a los productores habituales, a quienes les prohibían la competencia. Algunos tenían panaderías y repartían pan a la fuerza; otros vendían carne y no permitían que los criadores de ganado la comercializaran; otros hacían "pesquerías" —obligaban a ciertos indios a entregarles determinadas cantidades de pescado— y luego vendían el pescado a viva fuerza; otros tenían fábrica de candelas y las distribuían sin que nadie se atreviera a rechazarlas.

El repartimiento de mercancías aparece como negocio usual de los corregidores en documentos de los siglos XVII, XVIII y XIX, y en todos se dice que arrojaba enormes ganancias a dichos funcionarios, que hundía a los indios y que éstos lo aceptaban únicamente por miedo a las represalias.

El repartimiento de hilazas, de hilados o de algodón, como también se le llamó, recaía sobre las mujeres indígenas, y basta su descripción para comprender lo que para ellas y para el pueblo de indios significaba. Los corregidores compraban, desde que tomaban posesión de su cargo, grandes cantidades de algodón en fibra. Para transportarlo desde las plantaciones hasta la cabecera del corregimiento, enviaban indios que tenían animales de carga, a quienes les pagaban mucho menos de lo que era habitual por esos trabajos de transporte.

Almacenado el algodón, hacían cuatro repartos al año, los cuales consistían en distribuir dicho material en todas las casas de los pueblos, para que las indias lo devolvieran convertido en hilo. Esta distribución tenían que hacerla los alcaldes de los pueblos. Parece que, en los inicios de esta lucrativa imposición, se exigía que lo hilaran hasta el grueso del pabilo —para emplearlo, precisamente, como mecha para candelas— y se hacía sólo un reparto al año. Con esa calidad hubo corregidores que, posteriormente, se atrevieron a hacer dos repartimientos anuales, y después tres. Más adelante comenzaron a exigir que el producto no tuviera las características del pabilo, sino que fuera hilo delgado y apretado, propio para tejer, el cual requería mucho más trabajo y tenía, por ende, más valor. Finalmente, a mediados del siglo XVII, se llegó a hacer cuatro entregas al año, exigiéndose hilo delgado.

Hay indicios de que algunos corregidores, en algunos pueblos, exigían este trabajo completamente sin paga. Lo corriente fue una paga forzada muy baja, que oscilaba, a mediados del siglo XVII, entre un real y medio por libra, y un real por cada cuatro libras. No deben sorprendernos esas diferencias, porque se trataba de un sistema en el que privaba la más completa arbitrariedad. Además, estas cifras —de cero a uno y medio— eran casi indiferentes para las indias, pues su trabajo resultaba igualmente robado si había una mísera paga y si no la había. Lo prueba el hecho de que a todas había que tenerlas aterrorizadas para que cumplieran con las entregas de hilo, y que el azotarlas por retrasos fuera tan frecuente y necesario allí donde recibían paga como en donde no la recibían.

Para formarse una idea de la magnitud del atraco y la explotación de tales repartimientos, conviene calcular las ganancias obtenidas por el corregidor en ellos. Sabemos que, a mediados del siglo XVII, compraban el algodón en los pueblos de la costa a un precio de tres pesos el fardo de cuatro arrobas. Ese mismo fardo, transformado en hilo, lo vendían los mismos corregidores a un precio de treinta y siete pesos y medio. Sabiendo que aquellas cuatro arrobas representaban un fardo de cien libras, y considerando solamente aquellos lugares en que se les abonaba a las indias un real y medio por cada libra de hilatura —descontemos de momento los lugares en que se les pagaba menos o no se les pagaba nada—, resulta entonces que el material y la mano de obra sumarían veintiún pesos con seis reales en cada fardo.

Por concepto de transporte del algodón podría sumarse otros dos reales a ese costo, pues ya se dijo que los corregidores obtenían el transporte a precios de miedo. De manera que la ganancia en cada fardo era de quince pesos y seis reales. Y como sabemos, también, que un corregidor podía repartir mil fardos de algodón en un año, tenemos allí una ganancia de quince mil setecientos cincuenta pesos anuales. Si el monto de esta última cifra resulta sorprendente, y si se desea eliminar toda posibilidad de exageración, tranquilamente puede reducirse a la mitad.

Pero, una vez hecho eso, hay que hacer tres operaciones mentales más: la primera es multiplicar la cantidad resultante por el número de años que duraba un corregidor en el cargo, número que variaba desde tres hasta cinco años, siendo lo corriente esto último. La otra operación es conjeturar las ganancias obtenidas en aquellos lugares en que se pagaba aún menos a las indias, y aquellos donde no se les pagaba nada. Y la última es recordar que éste era solo uno de los negocios de los corregidores.

Esas enormes cantidades salían del desgaste físico y la pérdida de tiempo de las mujeres indias, lo cual es preciso representarse muy concretamente como deterioro de la vida indígena en los pueblos: descuido y abandono de los hijos, los esposos y los padres; desatención de las tareas domésticas, artesanales y agrícolas de utilidad para la familia; debilitamiento orgánico de las mujeres gestantes o en período de lactancia, etc.

Los religiosos franciscanos, que a mediados del siglo XVII se declararon contra el repartimiento de indios, también denunciaron en sus declaraciones esta infame explotación de las mujeres indígenas, de la que eran testigos. Uno de ellos dice:

"...que siendo tan continuada la tarea, por ser los repartimientos cada tres meses, no pueden ajustarla si no es trabajando de día y de noche, y que en la iglesia, estando en la doctrina, están desmotando y limpiando el algodón las mujeres, o hilando, por lo cual no pueden acudir a su menester ni cuidar de sus padres..."

Otro agrega:

"...que es carga onerosa para los indios, pues para acudir sus mujeres y sus hijas a dar los hilados cuatro veces al año, no tienen tiempo para atender sus granjerías, por lo cual empobrecen los indios..."

Casi todos aluden al tormento de azotes y cárcel que se daba a quienes se atrasaban en la entrega del hilo, y dos de ellos declaran que se aplicaba tormento a mujeres embarazadas. Uno de los declarantes, más indignado y más explícito en este punto, refiere que ha querido interceder en favor de viudas y enfermas, pero que los corregidores contestan que si no se cobra con rigor no se hace negocio. Agrega que les suelen responder:

"...Padre, yo vine a buscar mi vida, no se meta en mi oficio, que ya saben esos señores —refiriéndose al Presidente y la Audiencia— que este es el modo de buscarla..."

Cien años más tarde, Cortés y Larraz encontró los repartimientos de algodón con las mismas características que los presentan los papeles del siglo XVII: negocio de corregidores, transporte forzado a precios ruinosos, distribución del material por los alcaldes a mujeres indias, ningún beneficio para éstas, que tenían que reponer de su propio peculio el algodón que faltara para completar el peso exacto del material recibido.

Once años antes de la Independencia, los "Apuntamientos" dan noticia de que continúan los "repartimientos de hilazas de algodón". Esta forma de trabajo forzado de las indias perduró, pues, desde aproximadamente el primer tercio del siglo XVII hasta el final de la

349

colonia. Se practicó en toda la región que abarcaban los corregimientos de Totonicapán y Huehuetenango, y Quetzaltenango, región que corresponde a los actuales departamentos de Quetzaltenango, Totonicapán y Huehuetenango, con trozos de los de San Marcos y El Quiché.

(Quede claro, pues, que en los siglos coloniales hubo cinco prácticas distintas a las que se llamó con el mismo nombre de repartimiento: el de tierras, propio del momento que siguió a la conquista, en que los conquistadores y primeros pobladores se adjudicaron terrenos; el repartimiento esclavista de indios, asociado a la encomienda primitiva; el repartimiento de indios de carácter feudal, llamado también mandamiento, régimen de trabajo que fue el aspecto más importante de las relaciones de producción de la colonia; el repartimiento de mercancías y el repartimiento de hilazas, que hemos explicado).

Unas notas ilustrativas del terror darán fin a este apartado. En la crisis del repartimiento, en 1663, los indios no emitieron su opinión ni les fue pedida. El fiscal que intentó sacarlos de aquel sistema, el licenciado don Pedro Fraso, explica el motivo en pocas palabras:

"Por parte de los naturales no se ha hecho probanza porque no hay quien se atreva a decirla en esta causa".

Sesenta años más tarde, hacia 1720, Fray Francisco Ximénez, el gran conocedor de los indios, resume su situación en estas pocas palabras:

"Se ven tan avasallados y sojuzgados, que son siervos de los mismos siervos, pues no hay hombre por vil que sea, aunque sea un esclavo, que no los ultraje y maltrate; es indecible la servidumbre en que se ven".

Palabras preciosas por su concisión, en las cuales está retratada la gran confabulación de la tolerancia contra el indio, especialmente aquella red de capataces y esbirros que cumplían espontáneamente una función social de intimidación de los siervos.

Cincuenta años después, en 1770, Cortés y Larraz informará, con verdadero asombro, de corregidores que hacían huir espantados a los indios a esconderse en la selva para no volver más; de quejas por los indios al gobierno y a la Iglesia en momentos de suma desesperación, y retiradas por ellos mismos bajo la acción del terror; de indios que morían atados al poste a causa de los azotes.

Observó el prelado que los indios nunca contestaban con aserción a sus preguntas, sino siempre con un "quién sabe", "tal vez", "bien puede ser", y quiso averiguar la causa de un hábito tan extraño. Comprobó que contestaban así no solamente cuando se les interrogaba sobre asuntos de cierta importancia, relativos, por ejemplo, a la doctrina que se suponía que tenían que conocer, sino también al preguntarles si los caminos eran buenos, si el pueblo más próximo distaba mucho todavía o si los ríos adelante estaban crecidos.

Adivinando que el rehusar la respuesta era una reacción de temor, quiso confirmarlo plenamente:

"Para asegurarme de cosa tan extraña como increíble, me ha sucedido llevar conversación con algunos indios en el idioma castellano, y decirle a alguno: '¿Parece que sabes castellano?' Y responderme: 'Sí, mi padre'; levantar un poco la voz y decirle con alguna seriedad: '¿Conque sabes castellano?' y responderme: 'No, mi padre'. Alguna vez he preguntado también: '¿Ya has comido?' Y responderme: 'Sí, mi padre'. Levantar un poco la voz: '¿Conque ya has comido?' y responderme: 'No, mi padre'".

En dos renglones resume el religioso la deplorable realidad que se expresaba en aquel hecho trivial y dramático:

"De todo lo cual se infiere que los miserables miran con mucha indiferencia el decir sí o no a cuanto se les pregunta (...) y que su objeto único es evitar el castigo sin ponerse en otro cuidado. Viven tan acobardados y temerosos que lo que procuran en sus respuestas no es la verdad, sino que sean a gusto de quien pregunta".

Este emisario de Carlos III, este hombre que no entendió la colonia, parece agobiado por las realidades que tuvo que descubrir en sus viajes. En las últimas hojas de su extenso informe hay palabras de verdadera indignación al referirse al trato que recibían los indios. Véase, por ejemplo, estas:

"Los motivos para azotarlos son por cualquier cosa que no salga a gusto de los otros. De la crueldad no produzco otros documentos (es decir, no doy otro testimonio, S. M.) sino que con bastante frecuencia oigo sus clamores y llantos desde mi cuarto o aposento, y aun los latigazos de bastante lejos. Y no he sabido contener mi sentimiento, diciendo: estos miserables son unos necios en venir a Goathemala a traer

351

con tanto afán los víveres que necesita, sino dejarnos en cualquiera necesidad, y pereceríamos ciertamente si diariamente no nos trajeran lo necesario para vivir."

Don Pedro Cortés y Larraz se estremecía escuchando aquellos gritos y lloros, y aquellos restallidos en las carnes trasudadas de los indios. Pero vio las cosas al revés, y hasta cruzó por su mente la idea subversiva de que los indios podrían castigar a sus opresores negándose a darles de comer. No comprendió que el terror era necesario precisamente para ahogar tales iniciativas de protesta y de rebeldía; que los indios seguían dándole de comer a sus verdugos, no porque fueran necios, sino porque estaban radicalmente aterrorizados. No entendió el sentido del terror colonial —aunque quisieron demostrárselo—. A ello debemos, empero, que en su informe se encuentren las noticias más copiosas y sinceras de aquel fenómeno.

El tormento de azotes está presente en primer plano en toda la crónica colonial: la del indio, la del criollo y la del funcionario. En los Anales Cakchiqueles, al cerrarse el ciclo de los crímenes de los conquistadores, inmediatamente después de las referencias a Cerrato y en relación con el cobro de la nueva tributación, comienzan las noticias de alcaldes azotados:

"Los alcaldes fueron azotados y heridos."

"El cuatro de febrero fueron azotados los alcaldes y regidores de San Miguel Xenyup; los capturó el corregidor Hernando de Ángulo. Recibieron cien azotes."

"El lunes cinco de febrero azotaron a los señores quichés en San Miguel Chimequenyá."

Y, naturalmente, aparece también muy pronto, como un desdoblamiento del tormento que recibían los principales, el que éstos le daban a los indios corrientes:

"A los quince días del décimo sexto mes murió Alonso Uchbahay; lo azotaron los alcaldes. Murió en la prisión."

Todas estas noticias van apareciendo alternadas con noticias de la actividad de los funcionarios, quienes llegaban "a hacer la cuenta de las casas", es decir, el cómputo de los tributarios y la tasación de los tributos.

En la crónica criolla ya vimos que no solamente hay francas referencias al azote, sino que encontramos allí su apología, lo cual es, por aparte, un dato muy importante.

Finalmente, en el informe secreto del funcionario, ya vimos que el tormento aparece en proporciones poco conocidas y más reveladoras, porque este extranjero no identificado con la colonia se refiere al fenómeno con una objetividad insuperable. Es de cierto interés señalar que los azotes del último fragmento que hemos transcrito no eran dados en los pueblos —en donde el arzobispo supo de indios despellejados por faltas leves—, sino escuchados "con bastante frecuencia" en sus aposentos del palacio arzobispal de la ciudad de Guatemala. Este informante logra compendiar, en pocas palabras, la confabulación del terror en toda su dureza:

"Lo cierto es —concluye en el mismo lugar— que los miserables, a la voz de cualquiera, luego están amarrados a la picota, hombres, mujeres, chicos y grandes (...) pues se azotan muchas veces con sobrada crueldad, y muchas sin motivo alguno, y muchísimas y casi siempre por lo que no se azotaría si no fuera indio."

Hay que rechazar, pues, a quienes, fingiendo objetividad histórica en este punto, ponen los ojos en blanco y expresan que "hay que reconocer, desgraciadamente, que algunos funcionarios coloniales se valieron de su autoridad para oprimir a los indios, etc., etc.". No fue así. El trato cruel para el indio no fue un fenómeno esporádico, sino un fenómeno inherente a la estructura social de la colonia, absolutamente necesario para mantener sometida a increíbles formas de explotación a una masa de siervos con enorme superioridad numérica. Lo que los documentos ponen a la vista —lo que hay que "reconocer" sin gazmoñerías— es que el régimen colonial fue y tuvo que ser un régimen de terror para el indio. Sin el terror y sus características señaladas, no se explican muchos aspectos importantes de la vida colonial que tienen hondas proyecciones en épocas subsiguientes.

VII

En varias oportunidades nos hemos referido a individuos o núcleos pequeños de indígenas que, por motivos de autoridad, de riqueza o incluso de cierta nobleza o principalía reconocida tradicionalmente, actuaban en el contexto de los pueblos al margen de la servidumbre. No hemos insinuado siquiera que pudieran constituir una capa social por sí mismos, pero hemos afirmado que muchos de ellos estaban exentos de la obligación de tributar, que muchos más conseguían eludir el trabajo forzado y que, en conjunto, se sustraían a las condiciones de la clase de indios siervos. Hemos indicado, también, que algunas personas y familias de esos núcleos se integraban a las capas medias altas, rural y urbana.

Los documentos presentan muchos casos en que esos alcaldes e indios principales aparecen sufriendo prisión y azotes por atrasos en la tributación, por participar en amotinamientos, por tolerar la ausencia o la evasión de indios de sus pueblos y hasta por fallas en la entrega de hilazas. Pero también los hemos podido señalar, no pocas veces, como cómplices de los corregidores y como tramposos expoliadores de la gente de su raza. Este último punto —el indio explotador de indios— es el que va a ocuparnos un momento. Se verá que tiene mucha importancia.

Es un hecho indiscutible —señalado ya por algunos autores— que varias de las sociedades prehispánicas de Guatemala, y en especial los llamados "reinos" de los quichés y de los cakchiqueles, se encontraban, cuando fueron sometidas por la conquista, en una etapa de transición entre el régimen de comunidad primitiva y el régimen de esclavitud, entrando a este último. Es difícil precisar en qué punto de ese desarrollo se hallaba cada una —investigaciones especiales tendrán que hacerlo— pero ciertos hechos generales son bastante claros, y son además suficientes para lo que aquí deseamos explicar.

El Popol Vuh ofrece puntos de apoyo para asegurar, sin vacilaciones, que los quichés habían formado un pequeño imperio, reduciendo a tributarios suyos a otros pueblos vencidos en la guerra. Aparte de las diferencias existentes entre los pueblos tributarios y el pueblo dominador, había, en el seno de este último, importantes diferencias entre los grandes señores —las "veinticuatro casas grandes"— y sus vasallos amigos, y aún dentro de este último nivel había diferencias entre los cabezas de grupo y la gente del grupo mismo.

Es imposible decir si estas diferencias internas eran exactamente diferencias de clase —no podrá saberse mientras no se aclare cuál era el régimen de propiedad de la tierra y si había relaciones internas de explotación—, pero es evidente, eso sí, que había una jerarquía muy acusada y que el grupo más poderoso se presentaba ante el resto de la sociedad como más cercano a los dioses, revistiéndose de un aire sacerdotal, síntoma éste que suele ir asociado a la formación de una clase dominante en las sociedades más antiguas conocidas.

El documento quiché ofrece noticia segura de que en algunas de aquellas guerras los prisioneros de los pueblos rebeldes eran hechos esclavos, y hay indicios de que algunas fueron provocadas únicamente para capturar prisioneros.

Los Anales de los Cakchiqueles, en la sección en que informan de este otro pueblo antes de separarse de los quichés, lo presentan plenamente asociado a las guerras de dominación de aquellos, y mencionan con claridad la existencia de esclavos del rey quiché. En la sección en que los cakchiqueles aparecen constituyendo un pueblo independiente, forman también un pequeño imperio tributario, aunque no hay referencia clara de esclavitud.

Mucho más adelante, consignando hechos ocurridos después de las Leyes Nuevas (en el año 1557), el documento indígena hace todavía la distinción entre "los señores principales" y "la gente pobre", revelando con ello que las diferencias entre los indios seguían siendo reconocidas por ellos veinte años después del colapso que sufrieron sus sociedades con la conquista, lo cual sugiere, a su vez, que aquellas diferencias debieron ser muy marcadas en otro tiempo.

Fuentes y Guzmán ofrece datos de interés para este punto. Menciona, desde luego, la tributación prehispánica. Describiendo las leyes y costumbres de gobierno de los indígenas antes de la conquista, indica que las penas para un mismo delito variaban según que el reo fuese "persona principal" o "plebeyo". Alude varias veces a la esclavitud establecida como pena para diversos delitos, que alcanzaba, en ciertos casos, a todos los familiares del reo. Informa que "muy a los principios de la conquista de este reino" los conquistadores le compraban esclavos a los indios caciques y principales.

Se trata de los llamados "esclavos de rescate", cuya adquisición, más que una compra —agreguémoslo de pasada—, era un chantaje impuesto por los conquistadores a la nobleza indígena bajo la falsa oferta de darle un trato preferencial. El fenómeno interesa aquí únicamente como prueba de que existían los tales caciques y principales y de que tenían esclavos; pero debe suponerse que los conquistadores exageraron ante la monarquía las posibilidades de aquel negocio, ya que les servía para encubrir y justificar la esclavización de indios adquiridos por otros procedimientos.

Un cronista mucho más ecuánime en este asunto —porque es lícito suponer que al criollo pudo interesarle exagerar la existencia de esclavos antes de la conquista— viene a darnos, sin embargo, las más sólidas pruebas de que los indios reconocían importantes diferencias en el seno de sus sociedades, de que ejercían la explotación sobre pueblos dominados y de que sus esclavos de guerra eran pertenencia absoluta de sus amos. Fray Francisco Ximénez no sólo incluyó en su crónica las noticias del Popol Vuh, descubiertas precisamente por él, sino que agregó muchos datos recabados en su trato directo con los indios, a quienes llegó a conocer muy bien.

Al describir la organización de los esparcidos poblados prehispánicos, así de los quichés como de los cakchiqueles, ofrece simultáneamente un esquema de la jerarquía social de sus habitantes. Esa jerarquía asciende desde la gente común a las cabezas de familia, de éstas a los cabezas de "calpul" o parentela, y de éstos a los señores o "casas grandes", quienes reconocían reyes hereditarios. El esquema pone de manifiesto una escala social con diferencias muy marcadas, pero el carácter deliberativo de su régimen interno —explicado por el cronista en otro estupendo trozo de la obra— sugiere poderosas supervivencias de los hábitos democráticos de la sociedad primitiva sin clases.

A partir de ese esquema social se desarrolló la dominación sobre otros pueblos y su explotación a base de tributos forzados. Traduciendo un documento indígena relativo a la destrucción de la ciudad quiché de Utatlán por órdenes de Alvarado, el cronista lee: "... entonces se quemó el pueblo o ciudad, y se acabó el Reino, y dejaron de tributar los pueblos el tributo que habían dado a nuestros padres y abuelos...". Por lo que hace a la esclavitud, refiriéndose a los quichés, dice: "... Todos los que

356

cautivaban en guerras, fuesen chicos o grandes, quedaban por esclavos...".

Al describir las costumbres prehispánicas de los indios de la Verapaz anota lo siguiente: "... el que mataba o hería a esclavo, no tenía ninguna pena, porque decían que aquella era hacienda suya...", y da información de situaciones concretas en que se disponía con toda libertad de la vida del esclavo o se le vendía.

En suma: aunque tengamos dudas acerca de si las diferencias sociales internas de aquellos pueblos eran realmente divisiones de clase, determinadas por la propiedad privada y la explotación, no puede dudarse de la existencia misma de dichas diferencias. Tampoco puede haber duda en cuanto a que la tributación de los pueblos dominados era una fuente de enriquecimiento y de poderío —y de diferenciación, por ende— para las altas jerarquías de los pueblos dominadores. Tampoco la hay acerca de que la relación entre esas jerarquías y aquellos pueblos tributarios era una relación de explotación.

Lo cual quiere decir —he aquí un hecho muy importante para nuestro tema— que incluso si los caciques y "casas grandes" y sus reyes no hubiesen sido explotadores de los pueblos tributarios, el hecho de que hubieran poseído esclavos por motivos de guerra o como pena por delitos indica que, aunque fuesen pocos, existía en su estructura social por lo menos una clase bien definida: la de los esclavos.

A falta de un término más apropiado, vamos a seguir llamando "nobles" a los indígenas que antes de la conquista formaban las jerarquías más altas, que se beneficiaban con la explotación de los pueblos tributarios y, secundariamente, también con la de esclavos. La imprecisión que se observa en las crónicas indígenas cuando se refieren a esta nobleza —crónicas escritas después del colapso de sus sociedades—, así como la que exhiben los cronistas como Fuentes y Ximénez, nos obliga a englobar en la designación de nobles, sin distinción posible de grados, a los reyes o jefes políticos y religiosos y a sus descendientes, a los señores o principales, y a los cabezas de "calpul" o de parentela o de parcialidad, también llamados "caciques".

La fuente de esta confusión se halla en el hecho de que la primera fase de la conquista —la fase bélica esclavizadora— despreció esas jerarquías y aun puede decirse que tendió a eliminarlas bajo el rasero de

357

un trato común para todos los indígenas. Y ciertamente, habrían quedado borradas si aquella etapa hubiese durado más de los veinticinco o treinta años que duró.

Pero la gran reorganización de mediados de siglo contó hábilmente con la nobleza caída, la reivindicó en cierta forma y supo servirse de ella con eficacia. Los nobles fueron llamados a colaborar con el régimen colonial asumiendo la autoridad en los pueblos. Cuando esto ocurrió, la nobleza, desorganizada y privada de muchos de sus elementos más conspicuos, fue recibida bajo el principio general de que podían optar a los cabildos de indios —creados en tiempos de Cerrato en Guatemala— todos los "caciques y principales que pareciesen capaces".

Las autoridades españolas y los frailes, en plena labor de reducción, se atuvieron a un criterio general que respondía a las exigencias prácticas de su proyecto. Aunque en la reorganización de aquel momento los indígenas hayan hecho valer su rango prehispánico, y los organizadores los hayan atendido parcialmente, y aunque después hayan recordado los indios nobles su exacta procedencia nobiliaria —como se ve en algunos escritos posteriores, en que la detallan con bastante precisión—, el hecho es que las crónicas no entran en detalle y solamente proporcionan el dato general.

Los "principales y caciques", es decir, los grandes señores y la pléyade de los cabezas de parentela, en conjunto, fueron situados en un plano preferencial cuando se crearon los pueblos de indios —unidades básicas de la colonia, en cuyo estudio nos hallamos—, y la gente dominadora de la sociedad prehispánica fue resucitada a una nueva vida en los pueblos. Una vida diferente, en la que se conservaba, sin embargo, algo de la antigua ventaja.

Señalaremos algunos datos que nos sitúan en el arranque de aquel importante proceso.

Al introducirse la disposición de que los indios podrían elegir sus cabildos de entre la gente que pertenecía en cada pueblo al antiguo grupo de principales y caciques, la medida fue recibida con regocijo por la población nativa. Fuentes y Guzmán relata que, al realizarse la primera elección de Alcaldes indios en el valle de Guatemala, los indígenas acudieron con gran alboroto "... de flautas, caracoles, teponastles y silbos de muchas tropas de indios, que acompañando a sus nuevos Alcaldes y justicias se encaminaron a Palacio por la confirmación de sus oficios...".

Aquella confluencia de ruidosas comitivas sobre la ciudad, en la mañana de un mismo día, llegó a inquietar a su corto vecindario y al propio Presidente Cerrato —dice el cronista—, y agrega que, en conmemoración de aquel primer evento, todavía en su tiempo acostumbraban acudir en la mañana del día de Año Nuevo a recabar su confirmación los cabildos de los pueblos del valle.

Fuentes afirma, de manera general, que a los indios les gustaba ser gobernados por sus principales y caciques, y Ximénez dice que, en todos los asuntos de alguna importancia colectiva, los Alcaldes consultaban con los demás indios nobles del pueblo, ayudándose entre sí. Estos datos, y otros semejantes, hacen pensar que los nobles fueron, en muchos pueblos, elementos beneficiosos que asumieron una actitud solidaria con el resto de la población.

Pero no todos conservaron esa actitud, ni era posible que tal cosa ocurriera. Aunque eran de una misma raza con los maseguales, y aunque entre ellos preponderaban los caciques o cabezas de calpul —que se hallaban mucho más próximos que los "señores" a la población común en la estructura prehispánica—, la organización colonial los colocaba en una tesitura en que raza y tradición tenían que ser arrolladas por factores mucho más fuertes.

El régimen de pueblos, al abrirle las puertas de los cabildos a la nobleza indígena y al exonerar de la tributación a los "legítimos caciques y a sus primogénitos" —norma que se respetó hasta el final de la colonia—, creó una minoría diferenciada de indios en el seno de los poblados coloniales. Y era eso precisamente lo que se buscaba.

Al hacerse la reducción, al organizarse los pueblos, se vio que hacía falta la autoridad pequeña y local en cada uno de ellos; una autoridad que no ocasionara gastos, porque los pueblos eran muchos y se esperaba que fueran cada vez más numerosos; una autoridad que pudiera vivir en el seno del pueblo, vigilada allí por el doctrinero, supeditada y obediente respecto de las exigencias del Corregidor; capacitada para vigilar directamente a los indios y garantizar su arraigo y su tributación. La nobleza indígena humillada reunía exactamente esas características de prestigio y autoridad sobre la masa indígena, y de sumisión ante las

359

autoridades españolas. Tal circunstancia fue captada por los pioneros de la reducción y no la desaprovecharon.

Las autoridades indígenas se hallaban entre la espada y la pared. Si condescendían con la gente conquistada, resultaban incumpliendo ante los Corregidores, y ello desataba el azote sobre sus espaldas. Para cumplir con los Corregidores tenían que emplear mano dura con los indios. Esa implacable alternativa es la que presenta a los Alcaldes, unas veces, como víctimas del rigor de los Corregidores, y otras, como verdugos de los maseguales.

El gobierno colonial, interesado en que la autoridad indígena cumpliera su cometido a cabalidad, extendió hasta ella la tolerancia que hemos analizado como elemento del terror. Legalmente, los cabildos indígenas (Alcaldes, Regidores y Alguaciles, elegidos cada año y confirmados por el Corregidor) tenían autoridad para practicar arrestos y castigar ciertos delitos, como la ebriedad, la falta de asistencia a misa, y desde luego la negligencia en relación con los tributos, ya que el principal compromiso de los Alcaldes era velar porque el pueblo produjera los frutos o artículos para tributar.

La realidad, empero, iba mucho más allá. Porque la tolerancia no era en este caso solamente una incitación a la brutalidad con los indios comunes, sino una tentación de cobrarse en ellos el precio de la responsabilidad y de eventuales castigos e insultos recibidos de la autoridad superior. Además, la opción a la autoridad creó un vínculo entre todos los que la tenían, el cual, ampliado con parentelas y compadrazgos, generó una verdadera facción cabildesca en los pueblos.

En muchos de ellos los principales eran, en conjunto, una camarilla de indios abusivos y crueles, que extorsionaban a los indios comunes. No puede decirse que así fuera en todas partes, pero fue muy frecuente; y la documentación pone de manifiesto —como lo veremos— que la corrupción de los principales fue en aumento a lo largo de los tres siglos de la colonia. Suponer que no debió haber sido así porque se trataba de gente toda de la misma raza sería caer de nuevo en la inocente creencia, mil veces refutada por los hechos, de que la afinidad o diversidad racial de los hombres tiene fuerza de determinación sobre sus afinidades o pugnas históricas.

El aparato colonial necesitaba de aquella división y corrupción, y la creó fácilmente dándole a unos indios oportunidad de enriquecerse a expensas de los otros.

El hecho de que las elecciones de Alcaldes estuvieran sujetas a la aprobación del Corregidor influyó muchísimo en la corrupción que estamos señalando. Porque los Corregidores, interesados en tener en los Alcaldes unos buenos ayudantes para realizar sus atracos, presionaban para que fueran elegidos individuos dispuestos no solo a colaborar, sino a participar en aquellos despiadados negocios —¡bien sabían que el cómplice más seguro es el que participa y se compromete también!—.

Fuentes y Guzmán expresa que el favoritismo, el poder y la codicia —se entiende que de los Corregidores, aunque este ex-Corregidor no se atreva a decirlo— desvirtuaban las elecciones y llevaban a las Alcaldías individuos de otros pueblos, ajenos a las necesidades y usos del lugar, o bien a indios comunes muy ineptos, totalmente dóciles ante las maquinaciones del tiranuelo regional.

Ximénez llega a afirmar, generalizando, que la corrupción de Alcaldes ocurría solamente donde y cuando se hallaban bajo la presión de los Corregidores: "...porque como ellos no atienden más que a sus intereses —dice— ponen a quienes se les antoja, contra las leyes reales, a quienes les parece que son más a propósito para sus granjerías...".

Esa generalización, hecha por un testigo experimentado en cosas de indios y bastante justo en sus apreciaciones, refuerza la afirmación de que, entre todos los factores que corrompían la conducta del indio con autoridad, la presión de los Corregidores fue el más importante.

Ello no desdice, sin embargo, que la posición en que el régimen colocaba a los indios con autoridad fuera la condición básica y propicia para que actuaran factores como el señalado. No puede subestimarse, verbigracia, el interés que tenían los indios nobles en zafarse del repartimiento y enviar solo a los maseguales. Acerca de esta arbitrariedad, ofrece Fuentes y Guzmán datos muy valiosos. Dice que los Alcaldes, como inmediatos encargados del repartimiento —aunque bajo el control de Repartidores y Corregidores—, excluían de aquel servicio a todos los indios principales con sus parientes y compadres, lo cual representaba, como sabemos, una gran ventaja para la fracción de los favorecidos, y un perjudicial recargo de trabajo casi gratuito para los indios comunes.

Agrega que, autorizados los Alcaldes para enviar indios a hacer diversos trabajos no remunerados, tales como servicios de correo, conducción de personas como guías de camino, acarreo de cargas y equipajes de pasajeros o de autoridades, designaban de intento a aquellos indios a quienes les habían pagado para ir al repartimiento, mañosamente fingiendo tener que levantarlos de noche para esos servicios; todo ello con la mira de que les devolvieran el dinero recibido como soborno de repartimiento, recuperándolo en efecto con estas presiones.

También, a propósito del repartimiento, hace la siguiente denuncia, sumamente importante. Hallándose en mano de los Alcaldes la distribución de la tierra comunal, y siendo de su responsabilidad la producción de tributos, exigían el laboreo de extensiones de tierra mayores que las necesarias para cubrir aquella obligación. Las cosechas arrojaban sobrantes, de los cuales disponían los Alcaldes fraudulentamente y lograban con ese abuso considerables provechos. Esta forma de enriquecimiento de los Alcaldes a expensas de los indios debe haber sido muy generalizada. Fue, en todo caso, muy duradera, porque hasta los últimos años de la colonia se encuentran referencias documentales de sobrantes producidos con fines de tributación, de los cuales se apropiaban ilícitamente las autoridades indígenas. El cronista criollo denuncia este robo porque, según él dice, los sobrantes se producían con mano de obra que hacía falta en las labores y haciendas.

La fuente más rica y expresiva en relación con los abusos de los indios principales la tenemos, como para todo lo relativo a la miseria y el terror coloniales, en la Descripción de Cortés y Larraz. Llama a estos grupos "...perdición y peste de los pueblos..." e informa, a renglón seguido, que "...por sí y por medio de los Alcaldes lo disponen todo, lo enredan todo, y mandan despóticamente a los indios maseguales u ordinarios...". El problema de los calpules —como suele llamar al conjunto de los principales— se le presenta como de la mayor importancia. Se pregunta cuál podría ser la solución para aquellos robos y crueldades de los calpules, y termina por recomendarle al rey —pues para él escribía, no lo olvidemos— la peregrina ocurrencia de que los cabildos de indios no le fueran reservados a los principales, a esas

362

camarillas de esbirros mañosos, sino a indios instruidos. Reconoce que la empresa de instruirlos es dificultuosa "...y algo larga..." y remata con ese tono quijotesco que cobran sus palabras al referirse a los endriagos de la colonia: "...No hallo otro remedio que la instrucción, y que se quite la peste de los calpules y principales...".

No podía entender aquel hombre —pero estamos obligados a entenderlo nosotros— que una promoción de indios instruidos era un contrasentido, pues la instrucción presuponía un género de vida que, por sí, bastaba para sacar al hombre instruido de la condición de indio, como en efecto ocurrió con algunos "indios no indios" que llegaron hasta la Universidad o hicieron la carrera eclesiástica —hombres libres, de raza indígena, de capa media alta—; no comprendió que los indios instruidos solo podían aparecer entre los indios ricos, y que estos solo podían aparecer, a su vez, entre "la peste" de los calpules y principales, ya que el resto de los indios vivía en condiciones de miseria que cerraban toda posibilidad de instrucción; finalmente, su incomprensión de la colonia no le permitió ver que unos indios instruidos, indios de verdad, siervos instruidos —¡si tal contrasentido fuera posible!—, capaces de frenar las fechorías de los Corregidores y los Alcaldes, capaces de impedir el terror colonial, hubieran sido la subversión, la grieta de escape de enormes acúmulos de odio de clase latente en todas partes, de malestar y fastidio de siglos, la quiebra del régimen.

Sin embargo, si Cortés y Larraz hubiera entendido todo eso, probablemente se hubiera callado y no tendríamos su precioso testimonio histórico. Con lujo de detalle presenta a los calpules dominando y dirigiendo la vida de los pueblos, imponiendo su capricho con cárceles y látigos. Repetidamente los señala como cómplices de los corregidores y por sí explotadores de los indios:

"...El alcalde mayor suele entenderse con sus calpules y principales, a quienes no alcanzan los repartos y crueldades de los alcaldes mayores; antes los quieren (los repartos, S. M.) porque en esto tienen sus utilidades...",

Y en otro lugar declara:

"...Ellos tienen su influjo e interés en los repartimientos que hacen los alcaldes mayores (de mercancías e hilazas, S. M.) y aun los piden...".

Finalmente expresa:

"...La verdadera miseria de los indios en estas cosas la tienen por los mismos indios que son alcaldes o principales; pues con la crueldad que les es natural, los castigan atrozmente; los tienen esclavizados, y se hacen señores de sus trabajos y caudales."

He ahí, pues, a los indios principales sacando tajada en los negocios del corregidor y enriqueciéndose a costa de los indios comunes, tal como lo había denunciado Fuentes y Guzmán mucho tiempo atrás, según vimos.

Seguramente no fue así en todas partes. No es eso lo que proponemos demostrar. El hecho debe haber sido, sin embargo, bastante frecuente, porque el arzobispo lo denuncia en varios puntos de su informe y lo trata como un fenómeno generalizado.

La importancia histórica de los hechos que venimos apuntando no radica solamente en que presentan aspectos entrañables de la realidad de los pueblos. Su detenida consideración es necesaria, también, para esclarecer ciertos puntos oscuros que ocasionalmente han dado pie a comentarios erróneos y muchas veces tendenciosos. No ha faltado, por ejemplo, quien deje boquiabierto a su auditorio con falaces desatinos como el que sigue:

"Los indígenas se hacían la guerra y se explotaban unos a otros antes de la conquista; si dentro de su propia raza procedían así, no es extraño que otra gente, más civilizada y racialmente distinta, los conquistara para explotarlos, etc."

No hay peor mentira que la que tiene un poco de verdad —ha dicho un filósofo—, y cabalmente ese tipo de mentiras ha prosperado al amparo de verdades fragmentarias tomadas del terreno que ahora estamos analizando.

Ciertamente, los reinos indígenas de Guatemala practicaban ya la explotación (el desarrollo de sus fuerzas productivas lo hizo posible, desde el momento que regularizó la producción de excedentes o plusproducto) y, en consecuencia, estaban configurando una sociedad de clases. No puede negarse que esa circunstancia, sin ser determinante, actuando junto a otras que ya hemos analizado, influyó en la conquista de los nativos; pero no porque moral y providencialmente se hicieran merecedores de que unos extraños vinieran a sojuzgarlos —que es lo que sutilmente se insinúa en aquella falacia—, sino porque las sociedades

364

que han alcanzado cierto grado de desarrollo son estables, populosas, se hallan vinculadas a las tierras de cultivo y, finalmente, también porque presentan contradicciones internas y rivalidades externas que disminuyen su capacidad defensiva.

Otras sociedades más atrasadas, todavía nómadas o seminómadas, no presentan esas características, y es imposible por ello conquistarlas. Es sabido que los exploradores españoles descubrieron enormes y ricos territorios del sur de Norteamérica, pero la colonización española no se dirigió hacia allá porque había solamente pueblos primitivos, nómadas o seminómadas de organización comunal, sin clases; pueblos poco desarrollados, con una agricultura incipiente o desconocedores del cultivo de la tierra; pueblos pequeños, que podían levantar sus cabañas y desaparecer, no susceptibles, por lo tanto, de ser conquistados para explotarlos.

La experiencia histórica demuestra que no se puede conquistar ni explotar a verdaderos primitivos, recolectores, cazadores y pescadores; ni siquiera a los pueblos seminómadas, que asocian inicios de agricultura con la caza o el pastoreo y la recolección. Esa es la causa fundamental de que los conquistadores españoles hayan menospreciado la colonización de las regiones del norte de América, descubiertas por ellos, y de que los colonizadores anglosajones, llegados después, hayan tenido que entablar una larga guerra de exterminio con los indígenas de aquella región —exterminio sistemático del que todos tenemos noticia, pues se volvió tema de solaz y entretenimiento en el cine norteamericano—.

Es interesante anotar que los esclavos africanos traídos en grandes cantidades a las dos Américas eran todos procedentes de pueblos agrarios, algunos de ellos con un considerable desarrollo cultural, y que nunca se pudo esclavizar a los negros verdaderamente primitivos.

En ese sentido, pues, y no en otro, puede y debe decirse que el grado de desarrollo económico-social de los reinos indígenas, incluido allí el aparecimiento de la explotación tributaria y esclavista incipiente, contribuyó al sojuzgamiento de los indígenas por las huestes conquistadoras de una sociedad mucho más desarrollada. En primer lugar, porque su capacidad productiva, su organización y su estabilidad estimularon y atrajeron la ambición motivadora de la conquista. En segundo lugar, porque la base agrícola de aquellas sociedades las hacía depender de sus tierras de cultivo: recuérdese a Alvarado "corriéndoles la tierra", quemando y destruyendo sus maizales para obligarlos a rendirse. En tercer lugar, porque sus propias luchas de contenido imperialista-tributario, entre dominadores y dominados, y de dominadores entre sí —el caso de quichés y cakchiqueles— resquebrajaban su unidad frente al invasor e hicieron más fácil la empresa de conquistarlos.

Por añadidura, hay importantes indicios de que algunos grupos nobles de las sociedades indígenas, viendo que el invasor era invencible, trataron de maniobrar políticamente para plegársele y para conservar, así, una posición ventajosa en la organización que resultara de la conquista. Hay buenas bases documentales para sospechar ese viraje, el cual no tendría nada de sorprendente, porque la historia está llena de casos semejantes: las clases dominadoras arrojan a la guerra a sus pueblos, ya sea para defender el orden en que ellas prevalecen o para ampliar su propia dominación, y cuando se vislumbra el fracaso y la derrota, del seno de esas mismas clases salen los primeros tanteos de conciliación con el enemigo, encaminados a conservar posiciones de ventaja en el régimen del vencedor. La raza no tiene nada que ver con todo esto, y los nobles nativos, igual que los de todas las razas del mundo, es posible que antepusieran sus intereses de grupo a cualesquiera consideraciones de solidaridad racial.

Si no lo hicieron en la primera etapa de la conquista —debido a que los propios conquistadores no se mostraron muy interesados en aquel arreglo—, tuvieron una nueva oportunidad al hacerse la organización definitiva de la colonia, al crearse los pueblos y al ser llamados los "principales y caciques" a colaborar en el nivel de las autoridades municipales.

En suma, la disposición que muestran los hombres para explotarse unos a otros no tiene nada que ver con la raza, sino que está determinada por la circunstancia de que, una vez ingresada la sociedad al régimen de explotación y de clases, la propia explotación se convierte en el procedimiento principal y casi exclusivo para alcanzar la prosperidad. Una conducta diferente solo puede esperarse de sociedades que todavía no han adoptado la explotación —como las primitivas— o que ya la suprimieron —como las más avanzadas de nuestro tiempo—. En ninguno de esos casos se hallaban los indígenas, y menos aún los españoles. Este es, en último análisis, el principio histórico que preside todos los procesos que venimos estudiando.

Veamos otra falacia, otra deformación histórica que se relaciona con nuestro asunto y que conviene refutar.

Los idealizadores de la colonia y otros autores reaccionarios, en su afán de ocultar la estructura de clases de aquella sociedad, dicen que no había en ella grupos "infranqueables" —¡como si una clase, para serlo, tuviera que ser un bloque impenetrable!— y en ese propósito gustan citar el hecho de que en la colonia hubo indios ricos, y hasta indios que cursaron en la universidad.

No es extraño que en la colonia hubiera algunos indios ricos. Ya hemos explicado que el régimen de pueblos incorporó al aparato de poder y puso al margen de la servidumbre a núcleos minoritarios de indígenas más o menos emparentados con las jerarquías dominantes prehispánicas. Como el aparato de poder colonial existía esencialmente en función de la explotación, y como su conservación y buen funcionamiento exigían una política de terror para con los indios, las minorías cabildescas de los pueblos tuvieron en sus manos esos tres elementos que operaban enlazados: autoridad, terror y posibilidad de explotar.

De allí nace la existencia de los indios ricos de la colonia. Hubo una minoría de indios explotadores de indios; entendido que el régimen, necesitado de la colaboración de los primeros, los puso en aptitud de oprimir y explotar a los segundos.

Es interesante comprobar que, cuando los cronistas y otros documentos coloniales mencionan indios acaudalados, casi siempre revelan que se trataba de indios nobles o con autoridad —que viene a ser lo mismo—. Fuentes y Guzmán repara, por ejemplo, en la riqueza del indio don Pedro Hernández, de Chimaltenango:

"...Hermoso de persona y circunspecto de semblante, siempre cogitabundo..."

Obsequioso con la Iglesia, caritativo con indios enfermos y viudas que se atrasaban en la tributación, amigo de salutaciones a religiosos y corregidores, dejó al morir una importante fortuna, parte de la cual puso en su testamento a cuentas de usura para continuar aquellas donaciones caritativas y aquellas salutaciones. Señala el cronista que nunca aceptó puesto de autoridad, aunque era noble, y que los corregidores quisieron muchas veces designarlo para gobierno de indios. Finalmente, revela que "a tal hombre" lo mataron a disgustos los mismos indios, "y aun quien diga que a pedradas..." Este último detalle trágico, asociado a la caridad y el mucho apego a salutaciones, sugiere la imagen del hombre que no logra apagar con limosnas el odio que en su medio se le tiene.

También se refiere Fuentes y Guzmán —por mencionar otro ejemplo— a don Pascual de Guzmán, indio cacique gobernador de Petapa, cuyo hermano, don Rafael, era propietario de unas tierras en las que se sabía que yacía una veta de plata. El historiador García Peláez, refiriéndose a la existencia de algunos indios ricos en su tiempo —a veinte años de la Independencia—, hace de ellos una lista que sorprende por su brevedad. El autor debe haber conocido a tres de los indios mencionados, porque eran oriundos de la región de Sacatepéquez, y por ese motivo pudo informar que los tres eran autoridades en sus pueblos respectivos, que los tres habían "puesto en estudios" a sus hijos y que uno de esos hijos había sobresalido en latinidades.

Así, pues, decir que el indio corriente, el siervo, el maseual, podía enriquecerse y escalar hasta el nivel del hacendado "si era favorecido por su esfuerzo, su suerte o su intrepidez" es contar fábulas que falsean la realidad del período decisivo y de la clase fundamental de nuestra historia. Fábulas que, sin embargo, se escuchan ocasionalmente hasta en las aulas de las universidades de nuestro país.

En otro lugar de este libro advertíamos que los indios ricos, salidos de los núcleos no serviles de los pueblos, actuaban como integrantes de las capas medias altas, y que sociológicamente había que situarlos allí. También hicimos referencia a eclesiásticos y universitarios de raza indígena, hombres libres que jamás habían ido a un repartimiento.

Si no diferenciamos a los indios con autoridad, sin servidumbre y con caudal, de la gran masa de los indios siervos; si no se tienen muy en cuenta las relaciones específicas existentes entre esas dos categorías de indios, y entre ellas y las clases, capas y grupos peculiares de la estructura colonial, es imposible articular aquella estructura por omisión de una pieza pequeña pero importantísima. Nos tapamos los ojos al no reconocer que el régimen colonial, aprovechando en parte las divisiones de las sociedades indígenas prehispánicas, creó hábilmente con los indios nobles una pieza indispensable, intermediaria, oprimida y opresora, que fue la camarilla o facción cabildesca de los pueblos.

El prejuicio romántico de "la raza vencida", que no quiere ver las divisiones de motivación económica entre los indios antes de la conquista y durante la colonia, crea confusión y entorpece la comprensión de nuestro proceso de lucha de clases. Y todo lo que introduce confusión en nuestra historia favorece los prejuicios reaccionarios. Ya dijimos en otra parte —al referirnos al problema de la inferioridad del indio en la conquista— que el romanticismo histórico frente al indígena es, en el fondo, racismo al revés, porque asume una lírica defensa del indio como raza. El racismo al revés solo sirve, en definitiva, para darle campo y beligerancia al racismo al derecho, y a otros absurdos.

VIII

Naturalmente, muchos indios huían de los pueblos.

Sería necio preguntar de qué huían. El capítulo que estamos terminando, todo él, responde por anticipado a esa pregunta. Huían del desgaste agotador e inútil del trabajo de repartimiento; huían de los castigos por retraso en el pago de tributos; huían de los repartos y atrocidades de los corregidores.

La esencia del pueblo colonial tenía que motivar, de una parte, la aspiración del indio a abandonarlo y, de otra, la coerción para que no lo dejara. La Recopilación de Leyes de Indias recogió varias Cédulas Reales de los primeros años del siglo XVII, relativas a:

"...Que ningún indio de su pueblo se vaya a otro... Que no se dé licencia a los indios para vivir fuera de sus pueblos..."

Si en otras secciones del imperio esas leyes merecieron un cuidado diverso, en el reino de Guatemala fueron motivo de especial atención hasta el final del coloniaje. Se sabía que, por ley real, no podían los indios abandonar sus pueblos, y que la infracción de esa norma motivaba la restitución y drásticos castigos.

¿Hacia dónde huían? Esa es la pregunta que hay que plantear.

Los documentos no indican que fuera común la fuga de los indios de unos pueblos a otros; y ello se explica: el riguroso control a censo de los tributarios, unido a otros registros —de repartimiento, de iglesia, etcétera.—, igual servían para delatar la ausencia de un vecino escapado que la presencia de un extraño en el pueblo. El buen funcionamiento del régimen de pueblos exigía que se pusiera igual cuidado en señalar y castigar al extraño que en localizar, restituir y castigar al fugitivo.

No era frecuente que los indios se introdujeran en las rancherías de las haciendas. Hemos anotado en otro lugar, refiriéndonos a ellas, que algunos indios trataban de pasar inadvertidos en esos reductos, pero que las observaciones y cómputos de Cortés y Larraz permiten afirmar que eran proporcionalmente pocos. Es evidente que las rancherías presentaban inconvenientes para la ocultación de indios, ya porque quedaran expuestos a la delación y la captura, o porque las condiciones de vida y trabajo en aquellos lugares, nada atractivas, reñían con la autonomía que los fugitivos buscaban en su arriesgada aventura.

Los indios huían a ciertos lugares en los que, formando comunidades clandestinas y trabajando algunas tierras realengas, podían mantenerse sustraídos a la opresión colonial y en discreto intercambio, no obstante, con la gente que permanecía en los pueblos. Esos lugares podían hallarse situados en valles y quebradas escondidas, alejados de los caminos y senderos que enlazaban a las poblaciones —recordemos que había a veces grandes extensiones despobladas entre un pueblo y otro—. También podían hallarse completamente al margen de esa espaciada red de caminos y senderos, como ocurría con los choceríos clandestinos instalados completamente hacia el norte, más allá de los últimos pueblos de la Verapaz y del Corregimiento de Totonicapán y Huehuetenango.

Siendo corregidor en este último y amplio distrito, Fuentes y Guzmán tuvo noticia —lo cuenta en páginas de gran interés documental— de que, más allá del alejado y encumbrado pueblo de San Mateo Istatlán, a catorce leguas de distancia y en plena selva, se hallaba un poblado de cuarenta familias de indios que vivían al margen de toda autoridad u obligación. Del relato se desprende que aquella gente pertenecía al propio pueblo de San Mateo, y que hacía comercio de trueque con los indios del Lacandón, no conquistados ni reducidos. El corregidor dice haber arriesgado la salud y hasta la vida para llegar a aquel refugio con el objeto de restituir a los indios al pueblo. Los instaló en una barriada especial del mismo, les nombró autoridad indígena y castigó a los alcaldes y regidores que lo habían sido desde diecisiete años atrás, por haber ocultado aquella conocida fuga durante todo ese tiempo.

No lejos de esas noticias, describiendo en la crónica los pueblos de Nebaj, Cotzal, Chajul y Cunén, muy cercanos todos a la región de los lacandones, Fuentes declara que muchos indios de esos poblados se evadían hacia la región de los bárbaros, y explícitamente reconoce que el motivo de la fuga era el atraso en los tributos y el temor al correspondiente castigo.

Fuentes anduvo por aquellos lugares entre los años 1671 y 1673. Exactamente cien años más tarde alcanzó los mismos confines don Pedro Cortés y Larraz en el recorrido de su visita, y resulta interesante observar que, refiriéndose a los mismos pueblos —Nebaj, Cotzal y Chajul—, hizo la siguiente anotación en su informe:

"...A la otra banda de la montaña del pueblo de Chajul está el Petén, a no mucha distancia (...). En dichas montañas desde Chajul, están ya los indios lacandones; y yo creo, con fundamento que para ello tengo, que son indios fugitivos de sus pueblos muchos de ellos, los cuales se meten en dichas montañas y habitan desde aquí hasta los confines de Soloma en línea de poniente a oriente..."

El fundamento que dice tener el arzobispo para tal sospecha no puede haber sido otro que las informaciones recibidas en su viaje por aquellos pueblos, pues hay papeles oficiales de esos años que confirman la fuga de indios hacia el Petén. Deben haberle dicho que en la región de los lacandones había muchos indios huidos de sus pueblos, y él, poco enterado quizá de lo que eran los lacandones, creyó entender que muchos lacandones eran indios prófugos, lo cual no es lo mismo. Sin embargo, no puede excluirse totalmente la posibilidad de que las cosas fueran tal como dice el prelado: que por lo menos algunos indios adoptaran el género de vida de los lacandones incorporándose a sus comunidades primitivas.

Esto significaría, de haber ocurrido, que retornaban a la vida primitiva huyendo de la vida "civilizada" que les ofrecía la colonia; que preferían las miserias de la vida primitiva en la selva, y no la pobreza, la explotación y los azotes del régimen de pueblos.

Sería un grave error suponer que esos indios huían hacia la libertad. La libertad no está en la selva, donde el hombre vive a merced de toda clase de calamidades que no puede controlar. La libertad es, como se sabe, el grado de dominio que el hombre tiene sobre la naturaleza para servirse de ella, y se mide concretamente por las condiciones de vida que le permiten desarrollar sus facultades físicas e intelectuales. Esas condiciones se dan en mayor grado en las sociedades más desarrolladas —en eso consiste, en definitiva, el desarrollo efectivo de una sociedad—, y tratándose de sociedades de clases, se dan en mayor grado en las clases dominantes.

Así, pues, los indios que huían de sus pueblos, tanto los que se iban a la selva como los que formaban poblados clandestinos o "pajuides" —como lo veremos en seguida—, no conquistaban con ello ninguna libertad, sino que, puestos a escoger entre dos géneros de vida enormemente frustradores —por lo tanto contrarios a la libertad, que es acrecentamiento humano—, escogían el menos destructivo de entrambos.

Sin embargo, la fuga de indios hacia las regiones marginales del norte, aunque haya sido más dramática, fue muy secundaria respecto de la evasión que podríamos llamar interna, o evasión por ocultación. Esta última cobró proporciones muy importantes en el siglo XVIII, y no bastaron restituciones y castigos para evitar su constante incidencia.

Los pajuides eran conjuntos de chozas provisionales y jacales o cobertizos improvisados, que servían de albergue temporal a grupos de indios evadidos de sus pueblos. Los pajuides se encontraban prácticamente en todas partes, aunque puede decirse que eran más frecuentes en un área extensa en las regiones correspondientes al centro de la actual República de Guatemala. Se hallaban en puntos poco visibles, principalmente en barrancas y vallecillos aislados, ya que era preciso ocultar no solamente los jacales sino también los cultivos a los que se dedicaba y de los que se sostenía la población de esos lugares.

Vivían en ellos grupos de familias, y aunque lateralmente hubiera uniones maritales fortuitas y cierto aventurerismo sexual, los documentos revelan que los indios tendían a configurar esos núcleos clandestinos con sus familias. Este dato es importante, porque ayuda a entender que los pajuides no eran reductos de maleantes, sino intentos de vida organizada al margen de la explotación colonial.

Una característica importante de los pajuides era su provisionalidad, la cual respondía a dos circunstancias: primera, la perspectiva de tener que abandonarlos al ser descubiertos; y segunda, la certeza de que serían destruidos —generalmente incendiados— por la autoridad cuando aquello ocurriera.

Estos riesgos ponen de manifiesto, por lo demás, la pobreza, la carencia de bienes y las privaciones de su actual nomadismo de fugitivos, a todo lo cual se avenía la gente de los pajuides por vivir lejos del alcance de corregidores, curas, repartidores, alcaldes corrompidos y otros esbirros.

El mismo motivo que hizo de la Descripción de Cortés y Larraz la fuente histórica más notable acerca de las rancherías y otros reductos de ladinos pobres, la convirtió en el documento revelador de la importancia numérica de los pajuides —aunque otros documentos coloniales den noticia de la evasión de indios—: uno de los asuntos de mayor importancia en la indagación del arzobispo era el cómputo de las personas que vivían al margen de la Iglesia, y ese era el caso, también, del gentío que vivía escondido en los pajuides.

Acerca de su número, el prelado insiste en que eran muchos y estaban en todas partes, y en las notas finales de su informe llama la atención por última vez:

"...Los pajuides ascenderían a muchos miles si pudieran numerarse..."

Tanto la crónica criolla como el informe del arzobispo mencionan la inclinación del indio a vivir en los montes, a alejarse de los pueblos — "...la inclinación de los indios, que apetecen vivir en los montes y solos..." —, pero mientras en el primer gran informe panorámico se menciona el hecho a la manera criolla, falazmente, sin indicar las causas y sugiriendo una tendencia natural de los indígenas, en el segundo documento se da noticia concreta de fugas por terror frente a la crueldad, y se dice que los indios le huían al régimen:

"...El objeto principal de sus habitadores (refiriéndose a los pajuides) es huir de la sujeción al Rey de la Iglesia..."

Ya hemos visto lo que esa sujeción significaba.

Sea la evasión de indios el último aspecto de la realidad de los pueblos señalado en este capítulo, ya que complementa de manera bastante significativa todos los vistos anteriormente. A los manchones oscuros con que habíamos ya estropeado el idílico paisaje de los "pueblecitos", agregamos ahora, por si era poco, los bochornosos garabatos rojos de los pajuides en llamas. Pero no importa. El paisajismo y el pintoresquismo son, en nuestro medio, trucos de perspectiva —trucos favoritos de la estética criollista, igual en historia que en literatura y pintura— adoptados para no ver de cerca y a fondo la realidad de los indios, y para que otros no la vean.

IX

¿Qué nos hemos propuesto al presentar el pueblo de indios colonial como una concentración de tributarios y de trabajadores forzados? ¿Qué justifica este fatigoso examen de los sistemas de explotación que operaban en el seno de los pueblos?

El caso es que aquellos sistemas, protagonizados por los seres humanos que vivieron la vida colonial, modelaron sus características según el papel que en ellos desempeñaron. El corregidor criollo dirigía el terror regional y hacía infames negocios a expensas de los indios, pero esas actividades modelaron, a su vez, las características del criollo: contribuyeron a su riqueza y bienestar, configuraron su actitud frente a los otros grupos sociales, y especialmente sus mecanismos de autosugestión para justificar su conducta frente al indio; incluso, quizá, su necesidad de obsequiar con belleza y riqueza a las imágenes de su religión, en una mágica compensación de la ruina que sus negocios llevaban a los pueblos.

Y a la vez: todo lo que los criollos le arrebataron al indio por medio de aquellos sistemas, así como el terror que los presidía, fueron factores históricos decisivos en la formación de las características de la clase servil colonial.

El interés de todo esto radica en su proyección sobre el presente. Es imposible plantear con honradez el así llamado "problema del indio" si se desconoce el desarrollo histórico de dicho problema. Si se omite la trama de factores históricos que lo generaron y lo prolongan todavía —si se lo considera en abstracto— se crea la sugestión de que la fuente del problema radica en "la naturaleza del indio", y partiendo de semejante postulado está garantizada la imposibilidad de encontrarle solución. Ese enfoque es, en el fondo, el enfoque racista elaborado por españoles y criollos hace cuatrocientos años, y su disfrazada pervivencia obliga a preguntar por los intereses criollistas y colonialistas que lo alimentan hoy.

El problema en abstracto, desvinculado de su desarrollo, visto en visión estática, fotográfica, radiográfica, monográfica (como gusta hacerlo la antropología reaccionaria), aparece como "una suma de carencias orgánicas y culturales". Ahora bien, "esa suma" no se ha operado en sí y porque sí en la "naturaleza" del indio, sino que se ha ido acumulando a lo largo de cuatro siglos de historia, incluida la más reciente.

Y de manera especial, en la historia de aquellos factores que durante siglos han bloqueado el desarrollo de las facultades físicas o intelectuales del indígena, encerrándolo en una situación de esclavo, de siervo o de trabajador asalariado semiservil. Factores económicos, por supuesto: explotación, pobreza, fatiga. O derivados de los económicos: hambre, debilidad, enfermedad, ausencia de medios para evitarla y combatirla. O bien factores que han existido en función de los económicos: coerción, terror, superstición, aislamiento cultural.

De modo, pues, que al dedicarle amplios espacios de este libro a los mecanismos que mantuvieron a los indios sin posibilidad de desarrollar más ampliamente sus potencialidades humanas, lo que se quiere es incorporar de lleno la acción de esos mecanismos a la explicación histórica de la clase indígena servil, que constituía el 65% de la población del reino de Guatemala a principios del siglo XIX y porcentajes más elevados en los siglos anteriores. Esa explicación alcanza en muchos aspectos a la población indígena de hoy, que constituye aproximadamente la mitad de la población guatemalteca y que, incorporada a la clase proletaria agrícola en lo esencial —los asalariados del campo en conjunto—, se distingue del resto del proletariado, no obstante, por hondas características derivadas de cuatro siglos de explotación colonial.

La insuficiencia y la distribución arbitraria de las tierras comunales, con poco tiempo y poco estímulo para cultivarlas; los regateos, empujones y calabozos del repartimiento de indios; las tareas agobiantes, pagadas en moneda adulterada o en especie; las exacciones de los jueces

375

repartidores, de los alcaldes indios, de los mayordomos y capataces de toda laya; los robos y fraudes a propósito de la tributación y la tributación misma; la tiranía regional de los corregidores; el endeudamiento por compra forzada de mercancías inútiles y caras; el limpiar, escardar y torcer con los dedos, de día y de noche, el algodón para las entregas trimestrales; la cárcel y los azotes desgarrantes para hombres y mujeres; las tierras y los hijos abandonados para poder cumplir con las exigencias de los mandones; la impunidad y tolerancia extendida a una red de autoridades y esbirros para mantener aterrorizados a los indios; la conservación del régimen de mandamientos después de la Independencia; la supresión de las tierras comunales a favor de la capa media alta rural y sin compensación para los indios; la multiplicación de las rancherías y el recrudecimiento de la servidumbre indígena para las fincas cafetaleras.

He ahí los principales elementos para la comprensión histórica de la mitad de los guatemaltecos. Este tipo de comprensión ha sido rehuido —mañosamente esquivado— para darle paso a falsos intentos de comprensión antihistórica, porque pone en evidencia que el problema del indio tiene su verdadera fuente en la opresión del indio.

Ahora bien, esa opresión se remontaba hasta la organización de la colonia, la cual fue, según hemos tratado de explicarlo, la creación de una estructura económica y social que puso a los conquistadores en una situación y con unas limitaciones determinadas. El resultado de ese género de vida fue la conversión de la masa de los "naturales", de los conquistados, en la clase social de los indios siervos. Así, pues, el problema del indio surgió al mismo tiempo que el indio como clase, ya que la opresión hizo al indio y lo ha conservado como tal.

Lo que equivale a decir que la verdadera solución del problema del indio tendrá que buscarse —he aquí el meollo de la cuestión— en la supresión de los factores de opresión que detienen y conservan en un crecido sector de trabajadores agrícolas de nuestro país las características del siervo colonial. La supresión de dichos factores traería consigo, como consecuencia necesaria, la transformación del indio en elemento de otra definición social diferente: proletario exento de características de siervo colonial, o pequeño propietario de tierras laboradas por él mismo, o miembro de empresas agrícolas e industriales

376

colectivas, según fuera el proceso político a través del cual desaparecieran aquellos factores.

Pero cuidado. No estamos diciendo que la solución del problema del indio sea su ladinización. Esa es una afirmación muy socorrida en las "monografías científicas" de nuestro tiempo, errónea y deliberadamente falaz, y lejos de compartirla es preciso denunciar los delicados trucos que encierra. El concepto mismo de ladinización es vago, confunde y casi no dice nada. Sugiere una misteriosa metamorfosis gracias a la cual el indio ladinizado suprime sus problemas por haberse ladinizado, lo cual es falso en varios sentidos.

Primeramente, porque el indio que logra ladinizarse —el que logra sacudirse las características del siervo colonial, diríamos nosotros— lo hace porque ha resuelto ciertos problemas económicos que lo retenían en su situación anterior, de manera que la ladinización no es ni puede ser la causa, sino que es siempre una consecuencia de cierto mejoramiento económico.

En segundo lugar, la vaguedad del concepto de "ladino" tal como se usa en esas monografías —"todo aquel que no es indio"— engloba a muchos sectores sociales, desde el proletario agrícola no indio hasta el terrateniente latifundista, el comerciante o el industrial burgués, de manera que, al manejar capciosamente el concepto de ladinización, se sugiere que el indio ladinizado pasa al mundo de los afortunados; y esto tampoco es cierto, porque un importante porcentaje de indios que dejan de ser indios pasan a ser proletarios agrícolas o gente pobre de otros sectores, padeciendo miserias que poco se diferencian de las de los indios comunes.

En tercer lugar, el malhadado concepto de ladinización reposa en la gran mentira de que la sociedad guatemalteca se divide en dos "grupos culturales", de indios y ladinos, ocultando por confusión la verdadera estructura de clases de nuestra sociedad. Así, el concepto de ladinización deja sin especificar que el indio, cuando experimenta una mejora en su situación económica, se desplaza por eso mismo a otro nivel de aquella estructura, a otra clase, capa o grupo peculiar dentro de una de ellas.

Finalmente, el concepto de ladinización sugiere un cambio fácil, una pirueta que los indios podrían realizar siempre que tuvieran la decisión y el ánimo de hacerla, disimulando con ello las enormes barreras que le impiden al indio proletario —por indio y por proletario— salir de su difícil situación.

No. Lo que hemos dicho, y conviene repetir, es que históricamente los indios son un producto del régimen colonial, un resultado de la opresión y la explotación de los nativos; que la perduración de la población indígena después de la colonia no es otra cosa que la perduración de la clase servil colonial; y finalmente, que la perduración de una mayoría indígena en la época actual, en que el salario ha reemplazado casi totalmente al trabajo forzado, responde, en primer lugar, a la acción inercial de cuatro centurias de servidumbre; y, en segundo lugar, a que el salario, por sí solo, no es suficiente para modificar a corto plazo el género de vida de los antiguos siervos —¡que precisamente por serlo reciben los salarios más bajos!—.

No se piense que estamos entrando inadvertidamente en el ámbito de la sociología y de la política. Estamos en el umbral de esas disciplinas, poniendo en sus manos ciertos elementos que solo de la historia pueden recibir, y sin los cuales trabajan a ciegas. En este caso, los elementos básicos para un planteamiento sincero y correcto del llamado problema del indio, que podría llamarse, con más justeza, el problema de la perduración de las características del siervo colonial en un sector mayoritario del proletariado agrícola de Guatemala.

CAPÍTULO OCTAVO: LA COLONIA Y NOSOTROS

(REFLEXIONES FINALES)

I. Perduración de la realidad colonial. II. La cuestión de la cultura del indio. III. Carácter feudal del régimen colonial. IV. ¿Contra España hoy? V. Epílogo para el cronista criollo.

I

El examen de la vida colonial realizado en los capítulos precedentes pone al lector en condiciones de hacer por sí mismo una reflexión acerca del significado actual de la colonia; es decir, en condiciones de comenzar a esbozarle una respuesta a la siguiente pregunta: ¿hasta qué grado y bajo qué formas principales sigue gravitando aquel enorme trozo de nuestro pasado en la entraña de nuestro presente?

Dos o tres cuestiones importantes no deben faltar en la mencionada reflexión, y vamos por eso a dedicarles las últimas páginas de este ensayo.

El estudio de la colonia pone de manifiesto, ante todo, que no se trata meramente de una época de nuestra historia, un tiempo pretérito en que ocurrieron ciertos hechos llamados por eso coloniales. No. La colonia fue la formación y consolidación de una estructura social que no ha sido revolucionada todavía, y a la que pertenecemos en muy considerable medida. Basta salir un poco de la hipertrófica ciudad capital de Guatemala para ver la colonia en todas partes. La realidad colonial es nuestra realidad más honda.

Se incurre en un viejo error al suponer que la presencia del indio en nuestro panorama humano le confiere una realidad más honda y persistente a "lo autóctono", lo precolonial. Justamente el hecho de que la mitad de los guatemaltecos sean todavía indios constituye el más voluminoso elemento de juicio para afirmar que la realidad colonial pervive en nosotros. Si a eso se agrega que el latifundismo y la explotación de esos mismos indios sigue siendo el soporte principal de una minoría dominante de terratenientes (dominante de manera absoluta hasta 1944, y ensayando distintas fórmulas de poder en combinación con la burguesía y el imperialismo desde 1954), entonces se entenderá por qué decimos que la estructura colonial no ha sido transformada revolucionariamente.

En busca de una síntesis teórica muy escueta —que puede intentarse con base en los análisis anteriores— llamaríamos la atención sobre los siguientes hechos. Una sociedad vive una situación colonial cuando es gobernada en función de los intereses económicos de las clases dominantes de una sociedad extraña. Esa intromisión presiona cambios estructurales en la sociedad colonizada, los cuales pueden ser más o menos profundos según que la superioridad de desarrollo tecnológico del conquistador le permita introducirlos impunemente.

En el caso de las sociedades americanas, hemos indicado que se hallaron en gran desventaja frente a los conquistadores españoles. La superioridad de cultura general de estos —a cuya correcta captación científica le hemos asignado un alto valor explicativo—, determinada por las peculiaridades de los procesos históricos de las dos sociedades en choque, determinó, a su vez, que la dominación española no implicara solamente una presión reorganizativa en sentido favorable para los colonizadores, sino una total reestructuración en ese sentido. La estructura de la sociedad colonial respondió íntegramente a los intereses de la nobleza y de la burguesía peninsulares representadas en su Estado monárquico.

Ese Estado, representado en las colonias por la burocracia española —incluidas allí la alta jerarquía eclesiástica y la oficialidad militar—, fue el poder que organizó y gobernó las colonias durante dos siglos y medio. Mientras eso ocurrió así, se dio a cabalidad una situación colonial. El análisis de los procesos fundamentales de esa situación ha sido nuestro tema de estudio en este libro.

Ahora bien, el final de la plena situación colonial no fue el final de todos los procesos propios de la estructura colonial. Ni la Independencia ni la Reforma rompieron aquella estructura. Y ello se entiende sin dificultad: los grupos sociales que respectivamente tomaron el poder en ambos momentos —los criollos y los terratenientes medios en crecimiento— lo tomaron precisamente para beneficiarse con la estructura colonial, no para transformarla.

Los cambios introducidos por esos grupos hallan pronta explicación histórica si se los estudia en función de los beneficios que, en ambos casos, se quería obtener de la vieja estructura.

La Independencia suprimió el gobierno representativo de las clases dominantes españolas, pero fue la implantación del gobierno de una clase colonial dominante a medias, que desde su nacimiento había sido un órgano del sistema. Las colonias se consolidaron con grupos locales de españoles que la monarquía tuvo que tolerar como colaboradores y partícipes en la explotación de los nativos. Consistía en una clase dominante a medias, pero ella nunca estuvo conforme con su situación. Y cuando por fin tomó el poder, hizo lo que tenía que hacer de conformidad con su esencia histórica: entregarse a explotar a los indios y a las capas medias pobres sin interferencia extranjera.

Suprimió el tributo, que ya no se justificaba y que siempre le había sido incómodo porque absorbía fuerza de trabajo indígena a favor de la metrópoli. Suprimió el monopolio comercial, pero apenas se benefició ella misma con esa medida, porque no logró incrementar las exportaciones —indispensables para aumentar y diversificar las importaciones— ni amplió tampoco el mercado interno con medida alguna en beneficio popular. Conservó los mandamientos de indios y mantuvo celosamente la estructura colonial de los pueblos. Esto último con el fin de mantener a la capa media alta rural fuera de toda posibilidad de arrebatarle el control exclusivo sobre el trabajo forzado de los indios.

La dictadura criolla de los treinta años fue, en pocas palabras, un desarrollo colonial sin metrópoli.

Las guerras de la Federación Centroamericana, libradas entre conservadores y liberales con anterioridad a la implantación de la dictadura criolla en Guatemala, no fueron otra cosa que la expresión violenta de la lucha de clases entre los criollos y el complejo de capas medias altas, con los terratenientes medios como elementos catalizadores. En los lugares y momentos en que los liberales tuvieron suficiente poder y libertad de acción —Gálvez en la Jefatura del Estado de Guatemala, por ejemplo— se impusieron los intereses de los terratenientes medios y comenzó a adoptarse una política favorable a los ladinos de los pueblos y de las ciudades —no al gran sector de ladinos rurales pobres— y muy desfavorable para los indios.

No es ningún problema averiguar qué querían los liberales cincuenta años después de la Independencia, porque entonces tomaron el poder en Guatemala, impusieron una terrible dictadura y realizaron todos sus propósitos. En el curso de los mencionados cincuenta años se había exportado grana en reemplazo del añil, y después café en reemplazo de la grana. Ambos productos fueron cultivados principalmente por los terratenientes medianos y pequeños, quienes por esa causa experimentaron un continuado mejoramiento económico y se perfilaron cada vez más como una clase.

La dictadura criolla se había visto obligada a darles apoyo, porque dichas exportaciones eran el único soporte del comercio exterior y del ingreso de divisas. Alimentó, pues, a sus enemigos tradicionales. Pero vimos en su lugar que solo eran eso, enemigos, y no una clase antagónica deseosa de tomar el poder para reestructurar la sociedad colonial desde sus bases. Eran enemigos que querían nivelarse con los criollos en lo tocante a las posibilidades de obtener tierras y de ejercer control sobre los indios para explotarlos: dos necesidades sentidas por los terratenientes medios y pequeños desde su nacimiento en la colonia, las cuales se habían agigantado a mediados del siglo XIX con la perspectiva de exportar cantidades crecientes de café.

La misma producción y exportación de dicho fruto, ya en marcha a pesar de muchas dificultades, puso a los nuevos terratenientes en posibilidad económica de organizarse, de gestionar su alianza con los comerciantes de la ciudad capital, de armarse y tomar el poder en 1871.

Los nuevos terratenientes consiguieron, por fin, ser los verdaderos amos de los indios. De eso dependía todo lo demás: roturar terrenos aptos para crear nuevas fincas cafetaleras, hacerlas productivas con mano de obra forzosa semigratuita, abrir caminos y puertos para sacar el grano hacia los mercados, levantar los postes y tender los hilos de una red telefónica y telegráfica que comunicaría las fincas con las ciudades y estas con los compradores del extranjero, etc.

En la base de la Reforma se halló, como era de esperarse, una legislación de tierras y una legislación laboral. La de tierras se desplegó en dos direcciones. Una de ellas fue la supresión gradual pero efectiva de las tierras comunales de los pueblos de indios. Se realizó esta importante empresa al amparo de la doctrina liberal que recomienda multiplicar el número de propietarios; pero se legisló y actuó de modo que dicha multiplicación favoreciera a la capa media alta rural —los ladinos de los pueblos— y lanzara al mercado de mano de obra una masa creciente de indios despojados de sus tierras y espantados.

El otro gran aspecto de la transformación liberal del agro guatemalteco fue la multiplicación de las empresas agrícolas grandes, conseguida a base de medidas que facilitaron la obtención de tierras por personas que tuvieran recursos económicos para convertirlas en fincas. La multiplicación de las fincas bajo las primeras dictaduras cafetaleras —hasta Cabrera, inclusive— es una realización que asombra por sus proporciones. No debe olvidarse, empero, que fue realizada materialmente por los indios bajo la implacable presión de aquellas dictaduras. La multiplicación de fincas significó, entre muchas otras cosas, la multiplicación de las rancherías de indios —fenómeno cuya significación no escapa si se tiene en mente lo señalado en capítulos anteriores acerca de las rancherías y el régimen colonial de pueblos—.

El rompimiento de la estructura colonial de los pueblos fue el cambio más importante introducido por la Reforma en la estructura de la sociedad guatemalteca. Le van asociados fenómenos como la supresión de las tierras comunales, la aceleración violenta del proceso de multiplicación de los minifundios —proceso apenas iniciado en la colonia—, la supresión del poder local de las camarillas de indios nobles, el control del gobierno municipal de los pueblos por los núcleos ladinos radicados en muchos de ellos, el desplazamiento definitivo y estacional de masas de indios a las regiones de desarrollo cafetalero, etc.

La legislación laboral de la Reforma creó los instrumentos normadores de una nueva situación de servidumbre para el indio, ahora en función de los intereses de los finqueros. Desde el célebre y funesto "Reglamento de Jornaleros" de la época de Barrios, hasta la no menos célebre "Ley de Vagancia" del último director cafetalero, Ubico, se fueron perfeccionando —no humanizando, como maliciosamente se ha querido decir— los mecanismos legales de la opresión de los indios en torno a los siguientes puntos medulares:

Quedaron obligados a acudir a las fincas cuando los finqueros los necesitaran, y las autoridades locales de pueblos y ciudades vieron en la tarea de controlarlos y enviarlos su misión más importante (a estos envíos se les siguió llamando con su nombre colonial, mandamientos, y fueron efectivamente una brusca reactivación del trabajo forzado colonial que hemos definido como repartimiento de temporadas).

Dado que los indios tenían que acudir forzosamente a las fincas, quedó eliminada en esta relación de trabajo la posibilidad de libre contratación, y privó la paga forzada bajísima (se llamó habilitación a la paga forzada anticipada, endeudadora del trabajador y justificadora de su envío violento a las fincas y de su retención en ellas).

Los finqueros, como clase en el poder, se mantuvieron siempre en posibilidad legal de retener a los indios en las fincas todo el tiempo que los necesitaran. Cuando Ubico prohibió el endeudamiento forzoso y la retención por deudas —combinación monstruosa que había estado en vigor desde Barrios hasta ese momento— lo hizo porque su Ley de Vagancia tornaba innecesario aquel viejo procedimiento compulsivo. Se tenía por reos de vagancia, y se les enviaba a romper piedra a los caminos sin paga alguna, a todos los indios que no demostraran haber cumplido cien jornales por año en las fincas, cuando se tratara de indios con alguna tierra, y ciento cincuenta jornales cuando se tratara de indios sin tierras.

Así se consiguió que los trabajadores acudieran por sí mismos a entregarse a las fincas e incluso a rogar que se les permitiera trabajar en ellas por una paga casi simbólica.

Desde Barrios hasta Ubico estuvo vigente el libreto de jornaleros, inventado e instituido por el gobierno del primer dictador citado. Se trataba de un documento probatorio de la "solvencia" del indio frente a su patrono, la cual le era extendida cuando al patrono le convenía, entendido que sin ella estaba el indio sujeto al rigor de las autoridades y del propio finquero, que lo tomaban por prófugo insolvente. Bajo el gobierno de Ubico sirvió el libreto para comprobar el cumplimiento de los jornales anuales obligatorios, con la firma del finquero o los finqueros a quienes dichos jornales les habían sido trabajados.

El libreto de jornaleros no fue suprimido sino hasta el año 1945, en que el Congreso de la República lo abolió junto con toda otra forma de trabajo obligatorio. Su abolición fue una de las más importantes medidas

384

de la Revolución de 1944, y quizá la única de fondo que perduró después de la contrarrevolución de 1954.

Se cerró así el gran capítulo del trabajo forzado en nuestro país, que había comenzado con la implantación del repartimiento de indios en la segunda mitad del siglo XVI. Lo cual quiere decir que en Guatemala priva el salario en el campo desde hace apenas veinticinco años, después de haber privado durante cuatrocientos años el trabajo forzado semigratuito, de carácter feudal.

A lo que es preciso agregar, para no caer en ilusiones, que el peso social de cuatro siglos de servidumbre depara condiciones óptimas para la vigencia de salarios bajísimos, hecho que retiene naturalmente al trabajador en el nivel de vida miserable del siervo colonial, aunque esencialmente ya no sea un siervo.

Repárese entonces en el esquema siguiente: la Independencia suprimió el factor metropolitano de la estructura colonial, y con ello la plena situación colonial; pero conservó los otros factores esenciales de aquella estructura: clase terrateniente dominante, acaparamiento de la tierra por dicha clase y explotación servil de la masa india.

La Reforma rompió la estructura colonial del pueblo de indios, pero lo hizo para ampliar la posibilidad de explotarlos a favor de una clase terrateniente más numerosa. El cambio de los mecanismos de explotación del indio no fue, pues, un cambio estructural, aunque haya implicado el rompimiento de la estructura interna de los pueblos coloniales. Y el hecho de que todos esos cambios hayan causado un notable aumento de las exportaciones, y de que por esa vía se haya activado el intercambio con los países capitalistas y la circulación de dinero entre los grupos dominantes del país, no altera el hecho de que la Reforma fue un desarrollo de procesos coloniales sin ruptura de la estructura colonial.

Ya en plena situación colonial se exportaban hacia los países capitalistas —a través del monopolio de la España capitalista— los frutos de la explotación de los siervos. El hecho de que en el último tercio del siglo XIX se haya exportado mayor cantidad de frutos, de que el café haya sustituido al añil, y de que hayan ingresado mayores cantidades de dinero a las cajas de los terratenientes —quienes a su vez estuvieron en condiciones de comprar más bienes y servicios— indica solamente un

385

cambio cuantitativo, no un cambio cualitativo en los fundamentos de la sociedad guatemalteca.

La Reforma liberal fue el conjunto de cambios introducidos por una serie de gobiernos que históricamente representan el poder de la clase criolla ampliada por los finqueros y dirigida por ellos. Dicha ampliación de la clase dominante se hacía posible desde la Independencia, porque la desaparición del poder español permitía una nueva distribución de los indios para su explotación. Una vez realizado esto último, pudieron los criollos tradicionales conservar sus latifundios y su posición de clase, sin que ello impidiera que los nuevos criollos, los cafetaleros, se enriquecieran vertiginosamente y gobernaran el país durante setenta años (1871-1944).

Más que odio de clase, los liberales sentían una profunda rivalidad de clase frente a los criollos viejos. El único gran terrateniente tradicional a quien la Reforma atacó y privó de sus bienes fue la Iglesia, y esto porque solo despojándola de su gran poder económico y político era posible dominar la enérgica oposición que ofrecía al movimiento.

La esencia de la Reforma de Guatemala fue una ampliación de la clase criolla en el poder, sobre la base de una ampliación de la disponibilidad de los indios en situación de siervos, y una ampliación muy notable del número de empresas agrícolas latifundistas. A partir de esas bases ocurrieron muchas cosas importantes, bien lo sabemos, pero aquí nos interesa indicar solamente que eran bases coloniales.

Diez años de tímida Revolución (1944-1954), seguidos de una violenta contrarrevolución y de una enérgica y persistente penetración imperialista, arrojan resultados muy complejos que no es fácil ni oportuno puntualizar dentro de estas reflexiones últimas. Lo que queremos señalar con énfasis, eso sí, es que todos los grandes temas de la actual problemática guatemalteca tienen su raíz en la colonia.

Ella configuró plenamente a las dos clases que quedaron como clases antagónicas de la sociedad guatemalteca por más de un siglo después de la Independencia: los indios siervos y los criollos. Aunque la servidumbre haya sido abolida por la Revolución, y los indios pertenezcan hoy casi totalmente a la masa de los proletarios y semiproletarios agrícolas, es evidente que el sistema de salario está cogido en un círculo vicioso; porque cuatro siglos de servidumbre

386

condicionan una realidad y unos hábitos valorativos muy desfavorables para el indio —gran atraso de desarrollo intelectual, desvalimiento por ignorancia de la ley, barreras idiomáticas, la costumbre de maltratarlo arraigada en sus opresores, inseguridad de su parte, etc.—.

Lo cual permite que al indio se le abonen salarios sumamente bajos —inferiores, en algunas regiones, a los que se les abonan al proletario ladino por realizar las mismas labores—, y todo ello determina que el trabajador indio apenas pueda modificar, en medida insignificante y a ritmo lentísimo, el nivel y el género de vida propios del siervo tradicional.

Hemos enunciado en su lugar la conclusión histórica —se recordará— de que el problema del indio es el de la perduración de las características del siervo colonial en un sector mayoritario del proletariado agrícola guatemalteco. La explotación asalariada, que en ningún caso hace milagros pero que representa un adelanto respecto de la explotación forzada de carácter feudal, se convierte en el caso del indio en un adelanto mínimo, porque se mantienen los supuestos colectivos anteriores a su implantación.

El indio está allí. Afirmación que es preciso captar en toda su complejidad, porque el hecho de que el cincuenta por ciento de los guatemaltecos se mantenga en las modalidades del ser de los siervos significa, por una parte, que pesa sobre ellos una pobreza de siglos, una ignorancia plagada de supersticiones, un profundo escepticismo respecto de las iniciativas de rebeldía, etc.; pero también está indicando que allí, entre las masas que han sobrellevado la humillante explotación y el terror de cuatro centurias de servidumbre, tienen que hallarse los más profundos yacimientos de resentimiento de clase.

Con sobrada razón se ha señalado que en Guatemala ningún programa revolucionario puede ir lejos si no cuenta con los indios. Con igual razón debe agregarse, empero, que el resentimiento del indio no es colonial solo por su magnitud sino también por su calidad, y esto encierra graves problemas: el régimen colonial determinó —lo hemos explicado en su lugar— que para los mestizos rurales no haya habido otra perspectiva de enriquecimiento que la de explotar a los indios, y que, aun sin alcanzar ese extremo, los más pobres entre los ladinos tuvieran poderosos motivos para recalcar su diferenciación con el indio, ya que eso implicaba su afirmación como trabajadores muy pobres pero no sujetos a servidumbre.

El absurdo "desprecio" del ladino pobre hacia el indio no fue un absurdo en la época en que dicha actitud se gestó —la época colonial—, porque la común pobreza de uno y otro obligaba al primero a exagerar defensivamente su condición de trabajador no sujeto a obligaciones serviles. El proceso de la Reforma liberal vino a exacerbar esa circunstancia, ya que el ascenso al poder por grupos minoritarios procedentes de las capas medias altas arrastró en sentido ascendente también a amplios sectores de esas capas en conjunto, no solo porque el auge cafetalero amplió los campos ocupacionales urbanos para los ladinos, sino porque el nuevo Estado contó con ellos para organizar una nueva y más desarrollada burocracia y una fuerza pública moderna: especialmente un ejército y una policía de tipo moderno.

No exageraríamos, pues, al enunciar la siguiente paradoja que anida en la entraña de nuestra sociedad, cargada de supervivencias coloniales: el proletariado agrícola guatemalteco, unificado objetivamente por el salario y por funciones económicas comunes, se compacta con lentitud y desarrolla con dificultad una conciencia de clase común, debido a que subjetivamente siguen pesando entre indios y ladinos los recelos y las actitudes coloniales, exacerbadas por los reajustes de la Reforma cafetalera y vigentes hasta hace apenas cinco lustros. El aceleramiento de la compactación de clase del proletariado agrícola es uno de los problemas más importantes de la Revolución en Guatemala. Problema de origen colonial que no puede siquiera plantearse correctamente sin un buen conocimiento histórico de las condiciones de su aparición y desarrollo.

En cuanto a la clase latifundista, no basta con indicar que su presencia delata un elemento colonial y regresivo en la fórmula del poder actual en Guatemala; es preciso valorar el papel que ha jugado como conservadora de los factores coloniales que fundamentan su bonanza. Latifundista y explotadora de trabajo semigratuito o muy barato, apoyada en formas de aprovechamiento extensivo de la tierra y de la mano de obra, ha sido necesariamente refractaria a todo lo que signifique tecnificación de la producción —y con ello a todos los desarrollos sociales que van asociados a cualquier adelanto tecnológico—.

Interesada vivamente en mantener costos de producción muy bajos a fuerza de mantener procedimientos de producción rudimentarios, ha tenido que interesarse en el estancamiento de la población campesina que trabaja para ella, pues la proliferación de trabajadores calificados le resulta innecesaria y peligrosa —y con ello ha sido la fuerza determinante de que el indio siga siendo indio—. Ha tenido que oponerse decididamente a la Reforma Agraria cuando esta apareció en el horizonte de la Revolución, no solo ni principalmente para defender la posesión de los latifundios, sino para impedir la liberación económica de la población sin tierra que le vende fuerza de trabajo a precios mínimos.

Y cuando se vio imposibilitada de recuperar por sí sola el poder perdido en 1944, y de evitar la Reforma Agraria, negoció con el imperialismo —que no quería otra cosa— la conservación de los fundamentos coloniales que estaban siendo amenazados por la Revolución.

Ya anteriormente le había hecho importantes concesiones al capital extranjero, interesada principalmente en aprovechar las vías de comunicación —ferrocarriles, puertos, líneas marítimas— que aquel tendría que establecer si se le cedían tierras y se le permitía compartir la baratura de la mano de obra del país.

Pero fue durante la contrarrevolución de 1954 cuando la clase criolla propició el gran entronque del imperialismo con las bases coloniales conservadas hasta entonces por ella. La clase que nació como colaboradora y mediadora en la estructuración de un sistema colonial, que se sacudió a la vieja metrópoli cuando estuvo segura de poder hacerlo conservando la estructura colonial a su favor, que se amplió sin alterar su esencia cuando pudo ampliar la explotación de los indios como siervos y aumentar el número de latifundios, y que, por lo tanto, no puede subsistir como clase si no se apoya en la subsistencia de ciertas bases coloniales, es natural que recurriera a buscarse el auxilio y la alianza de una nueva metrópoli en el momento en que tal medida era la única garantía de su salvación.

Se está viendo, pues, cómo los grandes problemas de fondo de la actualidad guatemalteca —los que hemos llamado raíces de la problemática actual— son realidades coloniales que se han mantenido por mucho tiempo después de la emancipación sin alterar su esencia a pesar de ciertos desarrollos.

Especialmente importante es no engañarse acerca de la Reforma, ya que, revestida en su primera etapa de un ropaje ideológico liberal, realizadora de ciertos cambios favorables para las capas medias altas y asociada a un gran incremento de las exportaciones y del movimiento de capital comercial, suele ocultarse su verdadero contenido de clase y su realidad profunda. En rigor, aunque diversos fenómenos de superficie parezcan indicar otra cosa, la verdad es que las dictaduras cafetaleras fueron la realización plena y radicalizada de la patria criolla.

Si la Independencia vino a realizar el desideratum criollo en lo que respecta a que los indios quedaran obligados a trabajar solamente para la clase criolla, la Reforma vino a realizarse mucho más radicalmente al suprimir las tierras comunales y al reforzar, además, los mecanismos que impedían la contratación libre y mantenían el trabajo semigratuito.

La formación de muchos miles de rancherías de indios, y la retención de los mismos con el pretexto de deudas, fueron concreciones de viejos sueños criollistas frustrados durante la colonia por el control monárquico del indio. Y no otra cosa debe decirse de la titulación de grandes extensiones de tierras baldías —las realengas de otrora— para convertirlas en nuevas empresas agrícolas trabajadas por siervos.

Se nos podría objetar que estos fueron también sueños de los terratenientes medianos aparecidos en la capa media alta rural; y nos apresuraríamos a admitirlo desde luego, siempre que estuviera bien entendido —he aquí el meollo de la cuestión— que la aspiración fundamental de ese sector emergente fue incorporarse a la posición y a las ventajas de la clase criolla, y que, por haber sido ello así, no tiene nada de extraño que la realización de las aspiraciones criollas básicas se haya radicalizado al tomar estos nuevos criollos el poder.

En el siglo que transcurre desde la caída del imperio español hasta la irrupción violenta del imperialismo norteamericano en Guatemala —treinta años de la primera dictadura criolla con Rafael Carrera como reyezuelo, y setenta años de dictaduras cafetaleras— es un error creer que nuestra nacionalidad, obra perfeccionada hasta el nivel de sus símbolos por los gobiernos de la Reforma, es por eso obra de mestizos.

Grave error derivado de una visión racista y superficial de aquellos procesos. Porque, en primer lugar, los mestizos en conjunto no han representado nunca en la historia de Guatemala una entidad definida: forman un contingente humano que se ubica en distintas capas y clases según su función económica, como lo hemos demostrado.

En segundo lugar, porque la Reforma no fue la toma del poder por los mestizos —desacierto que ocasionalmente se escucha y hasta se lee en nuestro medio—, sino concretamente por la clase de los terratenientes medianos y pequeños que se desarrollaban desde la colonia en el seno de la capa media alta rural (en alianza con elementos pequeñoburgueses y burgueses de la capital y de algunos pueblos importantes).

En tercer lugar, porque una enorme mayoría de los mestizos, concretamente los pertenecientes a la capa media baja rural, no solo no hicieron la Reforma sino que no recibieron de ella ningún beneficio, ya que se mantuvieron cumpliendo su función trabajadora en las haciendas, y en muchísimos casos se juntaron con los indios en las rancherías e ingresaron a una servidumbre que no habían conocido antes.

Finalmente, debe enfatizarse el hecho de que nunca fue la sangre española ni el color de la piel lo que configuró y compactó a la clase criolla —según quedó ilustrado con amplitud en este libro— sino la función acaparadora de la tierra y explotadora de trabajo servil. El hecho de que, al ampliarse la clase con nuevos terratenientes cafetaleros, haya aparecido en ella un sector de criollos mestizos, solo es una prueba más de que la condición de criollidad no dependió nunca en absoluto de factores raciales.

Es de todo punto conveniente reflexionar sobre los hechos anotados, y aun investigar en la dirección que ellos sugieren, para averiguar a ciencia cierta en qué medida estamos viviendo todavía en la patria criolla, y en qué medida responde a ella, por consiguiente, la idea dominante de nacionalidad entre nosotros.

No puede ponerse en duda la esencia colonial de la clase que ha dirigido los destinos de Guatemala desde la ruptura de la Federación Centroamericana hasta la Revolución de 1944. No puede ponerse en duda que el dominio criollista de la sociedad guatemalteca ha sido determinante en el mantenimiento de relaciones de producción de carácter feudal en el agro durante todo ese siglo de vida independiente.

No puede ponerse en duda que la existencia de una gran masa campesina con características coloniales responde a la perduración de aquellas relaciones.

No puede ponerse en duda que el latifundismo, fenómeno colonial que ya era un grave problema en la colonia, aumentó enormemente como consecuencia de la radicalización del dominio criollo bajo las dictaduras cafetaleras, y constituye el más grave problema económico del país en la actualidad. Es innegable que la Revolución quedó como un proceso apenas iniciado, frustrado precisamente en el momento en que iba a transformar el régimen agrario del país. Es innegable que la gran mayoría de indios guatemaltecos —y también un crecido porcentaje de proletarios agrícolas ladinos— carecen totalmente de una noción siquiera geográfica de lo que es Guatemala, y que, en general, no comparten la patria guatemalteca aunque la Constitución de la República los defina como ciudadanos con todos los derechos (anotemos de paso que tampoco tienen noción de la existencia de la Constitución).

Es innegable que el conjunto de características que definen a Guatemala como un país subdesarrollado son consecuencia, en primer lugar, del proceso colonial que le dio forma a esta sociedad y le imprimió sus características más profundas; en segundo lugar, de la conservación de la estructura colonial por obra del dominio criollo; y, en tercer lugar, de la acción frenadora del imperialismo interesado en obtener ventajas del propio subdesarrollo.

Hechos todos que ponen de manifiesto cómo la gestación colonial de la sociedad guatemalteca, y la ausencia de un proceso revolucionario que diera origen a una estructura esencialmente distinta, condicionan nuestra realidad actual profundamente.

Concluyamos: puede historiarse de muchas maneras el desarrollo de Guatemala desde la supresión del dominio español hasta hoy; pero la captación del significado histórico de los cambios ocurridos en ese desarrollo solo puede alcanzarse adoptando como referencia metodológica nuestra básica realidad colonial: ¿en dónde, cuándo, cómo, por qué motivos, en interés de quiénes y en qué medida se ha modificado o conservado la estructura colonial que fue propia de la sociedad guatemalteca durante tres siglos?

En la respuesta a ese complicado interrogante se halla la interpretación de la Independencia, de la dictadura de los treinta años, de la Reforma y las dictaduras cafetaleras, de la Revolución y de la contrarrevolución, y también de la penetración imperialista más reciente. En efecto, la experiencia mundial demuestra que el imperialismo solo consigue crear situaciones neocoloniales en sociedades con un pasado colonial no rebasado revolucionariamente. Y ese es nuestro caso.

Mediando el siglo XX hemos entrado en la época en que nuestra persistente realidad colonial hispánica entronca con la realidad del neocolonialismo norteamericano; ese fenómeno de empalme colonialista es la clave histórica del presente que vive Guatemala. Aunque el imperio español y el imperialismo norteamericano correspondan a dos etapas del desarrollo general del capitalismo muy distintas entre sí; aunque aquel haya sido esencialmente tributario y monopolista comercial, y este sea esencialmente inversor de capital; aunque por sus diferencias adopten procedimientos diversos para el control y el saqueo de sus colonias, es un hecho evidente que la perduración de elementos estructurales del primero dispone las condiciones indispensables y precisas para la penetración del segundo.

Es un grave error suponer que nuestro desarrollo colonial está desligado de la realidad candente y actual del país; o lo que es lo mismo: considerar el neocolonialismo unilateralmente, como una pura incidencia de factores exógenos sobre nuestra vida social contemplada en abstracto, sin historia. Nadie está capacitado para entender la penetración del imperialismo en Guatemala si solo maneja un conocimiento teórico de lo que es el imperialismo.

El conocimiento del desarrollo guatemalteco, en términos de formación colonial y perduración de elementos coloniales, constituye, sin lugar a dudas, una exigencia para la comprensión de nuestra realidad de hoy.

II

El examen de las condiciones en que la conquista y los mecanismos de explotación colonial pusieron a los indígenas nos llevó directamente a la conclusión de que el indio fue un resultado histórico de la opresión colonial: la opresión hizo al indio. No necesitamos repetir nada acerca de ese asunto, que está suficientemente ilustrado a lo largo de todo el libro; pero estamos obligados a relacionarlo con el socorrido tema de "la cultura del indio", porque en algún lugar hemos afirmado —y nos comprometimos a demostrarlo— que el estudio de los indígenas al nivel de sus modalidades culturales representa una posición metodológica superficial.

En efecto, en términos de cultura solo puede hacerse la descripción del indio, pero no su explicación, que es lo que realmente interesa. Explicar un fenómeno, para la ciencia, es señalar cuáles son y cómo operan las causas y condiciones que le dan origen. Una descripción no puede ser nunca una explicación, porque un fenómeno nunca puede ser la causa de sí mismo. Cuanto más completa sea la descripción del indio guatemalteco —ya por el número de características que incluya o por el señalamiento de las que son comunes a todos los indios— más nos dirá acerca de cómo es el indio, ciertamente, pero seguirá en el abandono la explicación de por qué es así. Y no se resolvería nada intentando una secuencia cronológica de descripciones culturales —"historia de la cultura indígena"— porque siempre permanecerían en la tiniebla las causas del cambio, las condiciones determinantes del paso de un cuadro cultural a otro.

La explicación del indio solamente puede hallarse en el señalamiento de los factores que lo fueron modelando como tal indio, a partir de una realidad humana anterior que no era el indio. O lo mismo dicho de otro modo: la explicación del indio consiste en mostrar cómo la conquista y el régimen colonial transformaron a los nativos prehispánicos en los indios.

Ahora bien, esa explicación tiene que referirse primeramente a factores económicos y de estructura. Porque la desarticulación de la cultura prehispánica y la configuración de un nuevo complejo cultural propio de los indios fueron hechos que obedecieron al desmantelamiento de la organización económico-social de los pueblos prehispánicos y a las nuevas funciones que pasaron a desempeñar los nativos en la estructura colonial. En la base de todo estuvo el hecho de que la población indígena —que, según vimos, no era una masa homogénea sino una sociedad con "grandes señores", con una nobleza intermedia de "cabezas de calpul", con maseguales, con esclavos y relaciones de dominación tributaria—

pasó a ser, en la nueva organización social, una gran clase de trabajadores serviles, concentrados en pueblos y sometidos a un régimen que ya conocemos. Muy secundariamente, también, una minoría de nobles incorporados al aparato de autoridad colonial en su nivel más bajo.

Allí comienza la explicación del indio. Las características culturales que van a tipificarlo más tarde fueron consecuencia de las presiones sufridas por la clase de siervos nativos en la estructura colonial, de las funciones desempeñadas por el siervo en dicha estructura y también, por supuesto, de las resistencias y respuestas elaboradas por el siervo apresado en aquella estructura de la que formaba parte.

Presiones, funciones y resistencias han sido, por eso, los puntos de interés medular en el tratamiento que hemos hecho del indio en este libro. Y por esa vía arribamos a conclusiones que implican un concepto dinámico del indio como clase: los indios fueron inicialmente los nativos transformados por el régimen colonial en una gran clase de siervos, con reducidas minorías de individuos eximidos de servidumbre, dotados de autoridad local y, por eso, incorporados a la capa media alta rural de aquella sociedad. Después de tres siglos de vida colonial, cuando la Reforma rompió la estructura de los pueblos de indios, cobró la servidumbre nuevos caracteres y comenzaron a languidecer las camarillas nobles por privación de la autoridad que antes tenían.

Finalmente, al suprimirse la servidumbre —hecho relativamente reciente— pasaron a ser los indios lo que hoy son: los semiproletarios y proletarios agrícolas que todavía conservan —y en tanto que conservan— las costumbres y la mentalidad que fueron propias del siervo colonial.

De espaldas a la realidad histórica, fascinados por un culturalismo ingenuo, ha habido autores que creyeron aportar algo a la explicación del indio haciendo el inventario de sus componentes culturales conservados desde antes de la conquista, de aquellos otros que se presentan como elementos de cultura europea introducidos por los colonizadores y de aquellos, en fin, que son combinaciones diversas de elementos de una y otra procedencia. Los resultados han sido siempre incompletos y, además, estériles, porque con semejante balance clasificador no se consigue otra cosa que despedazar y encasillar mentalmente al indio en un esfuerzo de abstracción penoso e inútil.

Si, en cambio, se toma como punto de partida la conclusión histórica de que el indio es hechura de la colonia, se dispone entonces de un marco de referencias que permite explicar integrativamente su cultura. Tal criterio engloba todo aquello que de su cultura le fue prohibido y quitado al nativo por el régimen colonial; lo que el indígena abandonó o retuvo espontáneamente por conveniencia dentro de las posibilidades de la nueva situación; lo que trató de retener clandestinamente como medida de defensa frente a su conquista total; todo aquello que elaboró como resistencia a la opresión y como expresión, abierta o velada, de su conciencia y de su odio de clase; lo que el régimen de dominación española le impuso al indígena para sujetarlo y convertirlo en siervo; todo lo que el régimen le concedió para hacer de él un trabajador más productivo, pero no demasiado capacitado; lo que el régimen le negó culturalmente para mantenerlo en un plano de sujeción y de inferioridad permanente.

Porque esos fenómenos de supresión, conservación, elaboración, imposición y privación cultural ocurrieron, todos ellos, en función de otro fenómeno más profundo, no cultural, que les fue determinante y que por eso los explica: la explotación colonial. Mal que les pese a los culturalistas —y a todos los que, bajo pretexto de "historia cultural", esconden las motivaciones verdaderas de nuestro proceso—, la explotación colonial fue la modeladora de la cultura colonial; tanto la de los explotadores como la de los explotados, pero más la de estos últimos por hallarse mediatizados y aislados de cualquier influencia que pudiera tener un efecto liberador.

Así vistas las cosas, carece de sentido clasificar los elementos culturales del indio según su procedencia; porque la desaparición o la supervivencia de un elemento de cultura autóctona, la transmisión o el regateo de un elemento de cultura europea, la formación eventual de un elemento mixto, respondió todo a la dinámica de la colonia y vino a integrar, por consiguiente, un complejo cultural esencialmente nuevo. Dos o tres ejemplos bastarán para ilustrarlo.

Suele opinarse que la perduración de los idiomas indígenas hasta nuestros días, su uso cotidiano como verdaderas lenguas maternas por

396

una gran mayoría de indios, pone en evidencia la conservación de un principalísimo elemento de cultura autóctona a lo largo y a pesar de tres siglos de colonia. Las lenguas indígenas son, se dice, un elemento autóctono de la cultura del indio.

Pero ocurre que, al estudiar el fenómeno de perduración de las lenguas no como un hecho aislado y estático, sino dentro del proceso colonial del indio, se viene a entender que la conservación de las mismas respondió a las exigencias de la conformación del siervo colonial y de su explotación. En efecto, la monarquía despachó cédulas ordenando que se castellanizara a los indígenas. Le encargó esa labor especialmente a los frailes doctrineros, no solo por hallarse más cerca de los indios, sino porque la importancia que la corona concedía a la castellanización radicaba en la necesidad de convertir a los nativos al cristianismo, de adoctrinarlos.

Los frailes, sin embargo, no castellanizaron a los indios. Al revés: se dieron al estudio diligente de las lenguas, se convirtieron en grandes conocedores de ellas y evangelizaron a los indígenas en una gran variedad de idiomas. En muchos casos, para adoctrinar un solo lugar, aprendieron un único y dificilísimo idioma. El dominio de las lenguas implicaba cierto dominio sobre los indios que las hablaban.

Esa circunstancia determinó que las órdenes religiosas, disputándose el control de las distintas regiones pobladas por indios, disputándoselo después a los religiosos seculares y tratando, en general, de mantenerse como indispensables mediadores entre los indios y cualquier otra entidad, desoyeran la recomendación de castellanizarlos y prefirieran, como lo hicieron, tornarse políglotas y dejarlos hablando sus lenguas nativas.

El monolingüismo —el uso exclusivo de la lengua autóctona con desconocimiento de la lengua oficial del régimen— era un grave factor de debilidad para el indio, que favorecía en muy diversas formas a sus opresores. No solo porque el uso de idiomas menos desarrollados determinaba una decisiva inferioridad de recursos conceptuales; ni porque la barrera idiomática acentuara la distancia entre las clases antagónicas con provecho para el grupo dominante; ni porque la justicia, concebida por el dominador y escrita en su idioma, se esfumara aún más entre escribanos e intérpretes confabulados contra el indio; tampoco meramente porque la dificultad idiomática diera pie a toda clase de abusos en los arreglos de trabajo, en las tasaciones, en las transacciones comerciales, etc.; sino porque, además de todo lo dicho, la diversidad de lenguas mantenía divididos a los indios entre sí, fomentaba localismos, entorpecía la compactación de su conciencia de clase y favorecía, por añadidura, el propósito colonial de evitar su libre desplazamiento de unos pueblos a otros.

Bajo el peso de tales realidades, el propósito original de la corona —castellanizarlos para poder cristianizarlos, propósito de conquista espiritual— logró conciliarse perfectamente con el propósito de los dominadores locales de los indios: fueron adoctrinados en sus lenguas, y no se les proporcionó la enorme ventaja que hubiera significado para ellos el manejo del idioma oficial.

Es obvio que los indígenas elaboraron profundas resistencias psicológicas ante el aprendizaje de la lengua de sus opresores. Es harto comprensible, también, que el uso de las lenguas maternas les otorgara una sensación de solidaridad con su pasado y de sustracción a la conquista total. Pero esas actitudes, que ya son en sí mismas una consecuencia inevitable de la situación colonial, paradójicamente coincidían con el propósito colonial de mantener a los siervos aislados y culturalmente estancados, desunidos en el parcelamiento lingüístico, mediatizados y desarmados por desconocimiento del idioma portador de la ley —aunque fuera una ley adversa— y de la cultura superior en aquella sociedad, y expuestos a toda clase de fraudes que podían achacarse a malentendidos de palabra.

Se hace preciso comprender, pues, que en el marco de realidades que modelaron al indio como siervo colonial, en el proceso de transformación del nativo en indio, la perduración de las lenguas autóctonas no fue en verdad ni estrictamente una perduración, sino su incorporación al nuevo complejo integrado de la cultura del siervo colonial. Ya dentro de ese nuevo complejo, que correspondía a una situación también nueva, la función de las lenguas no fue la misma que antes.

En la medida en que el indio se valió de ellas para defenderse y afirmar su ser replegándose sobre lo que le era propio antes del sojuzgamiento, en esa medida cumplieron una función que no habían

398

cumplido nunca antes: una función de resistencia en un hombre conquistado. En la medida en que el régimen colonial benefició a los grupos dominantes con la perduración de las lenguas, en que sacó provecho de que los indios las hablaran y los dejó por eso hablándolas, cumplieron también una función nueva y colonial cuyo significado hemos indicado.

Así, aunque las lenguas, tomadas en abstracto, sean elementos de cultura prehispánica, el fenómeno de su perduración y el significado efectivo de la misma es colonial desde todos los puntos de vista. Las lenguas perduraron porque el indio halló en ellas un elemento de defensa en la lucha con el explotador, y porque el explotador halló en ellas un elemento de debilidad que convenía de manera inmejorable al siervo. Desde el momento en que eso ocurrió, y a lo largo de todo el tiempo en que ha seguido ocurriendo, las lenguas han sido un aspecto del ser colonial del indio.

Estamos tratando solamente de ilustrar cómo el señalamiento descriptivo y clasificador de la cultura del indio se queda en la superficie. Cómo, por otra parte, el análisis histórico de los factores estructurales que configuraron esa cultura pone de manifiesto, en primer lugar, la acción trisecular del régimen colonial modelando al siervo, incluso al motivar y condicionar sus resistencias de clase (oportunamente vimos también cómo la perspectiva de explotar siervos le imprimió sus principales características al régimen); y, en segundo lugar —corolario de lo anterior—, cómo se incurre en errores mecanicistas al suponer que lo prehispánico y lo hispánico del indio se conservaron como tales elementos al incorporarse y al operar en el nuevo complejo cultural creado por la situación colonial.

Tanto los hispanófilos, que gustan amontonar en la balanza lo que a ellos les parece "lo hispánico" del indio, como los defensores románticos de "la raza vencida", que creen ver lo auténtico del indio en lo que a ellos se les antoja "autóctono", unos y otros yerran por falta de captación histórica concreta del proceso colonial. Lo autóctono y lo hispánico de la cultura del indio no deben ser considerados en una sobreposición mecánica que se deslizó a lo largo de tres siglos abstractos. No fue así. Todas aquellas aportaciones, seleccionadas por las exigencias de una nueva realidad y operando en forma viva dentro de ella, se transformaron

399

en algo completamente nuevo, no igual a la suma de sus factores, irreductible e irreversible como todo lo histórico: la cultura del siervo colonial.

Por lo demás, fueron también las exigencias del proceso colonial las que determinaron las características culturales de todas las clases y capas que surgieron en dicho proceso. Si solo el indio ha sido motivo del fetichismo cultural que comentamos, ello debe atribuirse, en primer lugar, a que el indio sigue siendo, hoy como ayer, el principal motivo de preocupación para quienes necesitan que siga siendo indio; y, en segundo lugar, a que se mantiene vivo un profundo interés en frustrar por anticipado su explicación. De hecho, el culturalismo le otorga subrepticiamente nueva vida al racismo colonial, y hasta puede pensarse que sea su versión refinada y contemporánea (neocolonialista). Porque al presentar el problema del indio como un problema de cultura y al dejar en el misterio la explicación de esa cultura, oculta las raíces económicas y estructurales del problema y empuja el pensamiento hacia el ancho campo de las conjeturas racistas.

El compromiso de demostrar que el culturalismo representa una posición metodológica superficial no nos obliga a extendernos en demasiadas ejemplificaciones como la que hemos hecho a propósito de las lenguas. Si se adopta el enfoque explicativo correcto —es decir, si se dirige la investigación hacia las funciones económicas del indio en una estructura de clases en un proceso histórico—, la explicación de su cultura se torna perfectamente posible como un derivado de la explicación del indio mismo como clase. Es una labor interesante, que puede atraer la atención de investigadores con aptitud para ese tipo de trabajo científico.

La cultura del indio revelará así, necesariamente, sus significados más profundos, que han tenido que pasar inadvertidos bajo el enfoque culturalista. Porque si la opresión colonial hizo al indio —como lo demuestra el análisis histórico—, entonces las claves significativas de su cultura tienen que hallarse en todos aquellos puntos en que la opresión y la resistencia —contradicción esencial del hombre oprimido— exhiben su choque y ponen de manifiesto la eficacia que respectivamente tuvieron en la conformación del siervo colonial. Con ese criterio hemos dado un vistazo al problema de las lenguas, y hemos visto enseguida que su mal llamada "perduración" revela significados nuevos, históricamente irrefutables, radicados en el punto en que dichas lenguas jugaron un papel como factores de resistencia y de opresión al mismo tiempo. Con ese criterio podrían hacerse muchas importantes aclaraciones de diversos aspectos de la cultura del indio guatemalteco.

Su indumentaria, por ejemplo. Esa vestimenta de gran variedad, distinta para cada pueblo, cuyo diseño y colorido impresionan por su viveza cuando la ropa es nueva, y más todavía por el contraste que exhiben cuando está hecha harapos, como es lo corriente. Esa ropa que tanto entusiasma a los turistas, que se incluye entre los elementos de la definición culturalista del indio, y que ha sido tema de importantes estudios de carácter descriptivo.

Hay que partir del hecho de que esa indumentaria no fue ni pudo ser prehispánica. No solo porque los documentos coloniales así lo prueban, sino porque muchas de sus prendas son de origen europeo —chaquetas, chumpas, sayales, camisas, sombreros, etc.— y porque también lo son muchos de sus recursos ornamentales —botonaduras, acordonados, hebillas, etc.—, así como muchos de sus motivos ornamentales —castillos, leones, águilas bicéfalas, caballos, etc.—, y porque algunos de sus materiales fueron elaborados o importados después de la conquista —la lana, la seda, etc.—.

Tampoco se puede afirmar que dicha indumentaria sea hispánica. En primer lugar, porque muchas de sus telas fueron confeccionadas, y parcialmente lo son todavía, con instrumentos y técnicas autóctonos —los indígenas fueron desde antiguo muy buenos tejedores—. En segundo lugar, porque en el vestuario del indio aparecen prendas que pertenecían al vestuario prehispánico: así, el "maxtate" de una pieza corrida por la entrepierna (a veces sobrepuesto al pantalón, otras veces cubierto por el chamarrón de fieltro, otras solo y a la vista); así, el uso de sandalias o "caites"; y, muy principalmente, el "huipil" y la enagua enrollada en los trajes femeninos.

En tercer lugar, porque la documentación colonial revela que la transformación del traje del indio fue muy lenta; que el vestir "a la española" —es decir, con introducción de prendas de diseño europeo— se inició pronto entre la gente de las camarillas nobles de los pueblos, pero que la masa de los siervos, los maseguales, siguieron vistiendo hasta las postrimerías de la colonia en forma muy parecida, aunque no idéntica, a la usada antes de la conquista.

Es preciso ir más allá de tales observaciones para indagar por el significado profundo del vestuario de los indios guatemaltecos; investigar en la dirección que apuntan las siguientes cuestiones: ¿en qué medida los inicios de esa indumentaria, situados cronológicamente en el período de estructuración de la nueva sociedad de clases coloniales, expresan la incorporación de la nobleza indígena al aparato de autoridad y de explotación colonial?; ¿en qué medida obedece la perduración de símbolos prehispánicos en esa indumentaria a la necesidad colonial de aprovechar el prestigio de la nobleza indígena en función del nuevo sistema?; ¿hasta qué punto puede suponerse que la adopción de características distintivas en la indumentaria de los maseguales, si acaso las hubo en la época colonial, respondió a la necesidad de controlar a los indios alejados de su vecindario obligatorio?

El estudio que hemos hecho del régimen de pueblos —régimen cerrado y coercitivo—, asociado a la comprobación de la diversidad de trajes aun entre pueblos muy cercanos, conduce a esa sospecha inevitablemente.

Claro está que la consideración de la cultura del indio con los criterios que aquí proponemos implica una total revaloración de dicha cultura. El entusiasmo que suelen despertar ciertas modalidades de la misma —su antigüedad, su "autenticidad", su sencillez en unos aspectos, en otros su "profundidad esotérica", su "colorido"— tiene que sufrir un rudo golpe cuando se denuncia que todas esas modalidades, suscitadas e integradas por el proceso concreto de varios siglos de opresión colonial, revelan la opresión misma. Ese golpe es, siempre, un requisito indispensable para dar el paso hacia una concepción científica y revolucionaria del indio.

Tal concepción percibe el peso de la colonia en el complejo cultural del indio y no hace de él un fetiche. No afirma al indio en tanto que es portador de un pasado colonial, sino en tanto que es capaz de sacudirse ese pasado y desarrollar potencialidades humanas ilimitadas. No se interesa en abstracto por "la cultura del indio", sino por el hombre real que es el indio, capaz de creaciones muy superiores a las implicadas en esa cultura.

Dicha concepción ve atraso y arcaísmo donde otros ven antigüedad venerable y autenticidad mal entendida; ve infantilismo y pobreza de recursos donde otros quieren ver sencillez; ve supersticiones y mentalidad mágica, derivadas de la ignorancia, donde otros ven esoterismo y falsa espiritualidad. Dicha concepción tampoco cree que lo auténtico del indio deba buscarse en el remoto pasado anterior a su conquista:

En primer lugar, porque la más elemental captación de la realidad histórica demuestra que el desarrollo humano es irreversible, que las costumbres y la mentalidad que tuvieron vigencia en una sociedad cuando estaba pasando del colectivismo al esclavismo no pueden revivirse cuando cuatro siglos de régimen colonial han transformado profunda y definitivamente a esa sociedad.

En segundo lugar, porque la autenticidad misma, buena para valorar una moneda o un documento, no es criterio que sirva para valorar situaciones históricas; en todo caso, si se la entiende como pureza de usos y costumbres no contagiados por influencia extraña, nos llevaría a afirmar que el hombre más primitivo, aislado en la selva, es el hombre más auténtico —pues es el único que puede presentarse sin influencias— . Y si se la entiende como posibilidad de desarrollo orientado por las necesidades y tendencias propias de un grupo social, sin presión extraña, sin colonialismo, entonces no hay ningún motivo racional para mirar hacia atrás, hacia el mito y la piedra pulimentada, sino más bien hacia delante, hacia el futuro, que es donde realmente se encuentra esa posibilidad histórica.

En tercer lugar, una concepción revolucionaria del indio no puede caer en el fetichismo de su cultura, y menos quedarse mirando hacia atrás, por la siguiente razón: el desarrollo de las sociedades acusa en nuestro tiempo una tendencia a la universalización, a la unificación de las grandes corrientes progresivas de la ciencia, la técnica y la política, de manera que las realizaciones de la humanidad en esos campos tienden a convertirse —por necesidad imperativa de los hombres y por obra del intercambio creciente— en factores de bienestar cada vez más generalizados, en patrimonio de toda la humanidad. Esa tendencia no es solo visible, sino que es deseable; el impulso revolucionario la favorece.

El desarrollo de los indios de Guatemala, concebido necesariamente dentro de la dinámica de las clases en que se hallan distribuidos —pues nunca han pertenecido a una sola clase— y dentro del desarrollo general de la sociedad de la que forman parte, implica su contacto creciente con el desarrollo mundial, especialmente el tecnológico. Dicho contacto puede parecerle indeseable a quienes necesitan para su provecho la perduración del indio —y con ellos a quienes desearían la conservación de su cultura con la máxima "pureza"—, pero no puede ser motivo de aflicción para quien lo observe desde posiciones ideológicas revolucionarias. La revolución supone, teóricamente, entre sus perspectivas motivadoras, una acelerada incorporación de los beneficios de la ciencia y de la técnica contemporáneas en favor de los sectores sociales que actualmente no alcanzan tales beneficios.

Ya sea a ritmo lento o al paso de cambios estructurales acelerados, la progresiva liberación económica del proletariado agrícola guatemalteco traerá consigo, necesariamente, decisivas transformaciones en el complejo cultural del sector indio de dicho proletariado. Espontáneamente serán abandonadas las lenguas coloniales cuando los indios, puestos en trance de conquistar o consolidar una posición económica y social más ventajosa, experimenten la urgente necesidad de equipar su intelecto con los elementos del saber indispensables para hacer suya esa situación, y comprueben, sobre la marcha, que es absurdo esperar a que dicho saber les sea traducido a veinte idiomas estrechos y de escasa difusión.

El tractor, la máquina en general, el manual de mecánica, el texto práctico de agronomía popular, los folletos instructivos de los insecticidas y de los abonos químicos, el cursillo intensivo de zootecnia, la prensa escrita y la radio a transistores, el estatuto de la cooperativa, todos los elementos del desarrollo moderno —incluidos los que no podemos prever— le exigirán la unificación idiomática al indio, y aun la diversificación mirando hacia los idiomas en que se encuentra vertido el saber progresista y útil de nuestro tiempo.

El ritmo de la transformación idiomática dependerá estrictamente, claro está, del ritmo de liberación económica y general del indio; y mientras no haya cambios colectivos acelerados en este último proceso, seguirá aquella transformación con la lentitud que es propia de la desindigenización, tal como viene ocurriendo desde hace mucho tiempo: una desindigenización frenada por la estructura colonial.

También resultarán incompatibles con las máquinas los complicados y llamativos trajes coloniales de los indios: es materialmente imposible operar cualquier vehículo de motor, desde la motocicleta hasta el camión (omitamos de momento la avioneta y el helicóptero como máquinas de trabajo, y los vehículos más perfeccionados del futuro) vistiendo sandalias y pesados capixay (capa y sayo: atuendo de lana, grueso y largo, generalmente de color marrón casi negro). Las más elementales prescripciones de seguridad laboral aconsejan no acercarse a una polea mecánica, a un engranaje en acción, llevando arreos tales como fajas con flecaduras, pantalones acampanados de corte andaluz, capuchas y cordones franciscanos, etc.

Bien se entiende que un indio que viste de lona y calza botas ya no es un indio. Y lo es menos si, junto al castellano, maneja otros idiomas modernos. Y todavía menos si cambia la cofradía por el sindicato, y el temascal por los antibióticos, y si arroja de sí la quejosa chirimía y desanuda su garganta para entonar cantos de altiva confianza en sí mismo.

La perspectiva de la desaparición del indio se presenta como un angustioso vacío para quienes, cogidos en la red ideológica del criollismo, han partido siempre del supuesto de que el indio es un ser sin futuro. Al margen del criollismo, empero, viendo al indio como resultado de la opresión colonial y situándolo estructuralmente junto al resto del proletariado agrícola del presente, la perspectiva de su transformación puede y debe contemplarse bajo el signo positivo del desarrollo general del proletariado guatemalteco y de la aparición de un hombre más libre.

Aun la lenta desindigenización proletarizante, tal como ocurre en las condiciones actuales, no debe ser vista como un simple paso de la miseria "con cultura propia" a otra miseria "sin cultura" —visión en la que aparece de nuevo la cultura como un fetiche—; porque el menoscabo que sufren las costumbres y la mentalidad colonial del indio al realizarse el paso a la miseria del proletariado ladino conlleva ciertos cambios positivos: los proletarios ladinos (que son en crecido porcentaje trabajadores desindigenizados) no aceptan para sí la discriminación que va implícita y aceptada en la existencia del indio como un ser diferente;

sobre esa base, tienen una visión más clara de sus derechos y posibilidades.

Es bien sabido entre la oligarquía tradicional que el trabajador ladino es más "abusivo" y más "igualado" que el indio, lo cual no refleja otra cosa sino que el proletario ladino tiene una visión más clara de las causas de su miseria y de las posibilidades de remediarla. La desindigenización conlleva siempre el abandono de actitudes y temores de siervo; rompe el exasperante círculo vicioso del indio encerrado defensivamente en la prisión de su ser colonial.

Por lo demás, la cultura del indio es casi toda ella una cultura pobre. Es sorprendente encontrarse con personas que insisten en declamar que el indio es un ser oprimido desde siglos, y que, al mismo tiempo, pretenden exaltarlo haciendo el elogio de la cultura que pone de manifiesto la opresión reconocida por ellas; es una actitud contradictoria muy frecuente en intelectuales izquierdizantes seudorrevolucionarios. Fingen desaprobar y denunciar la opresión, pero se deleitan con el espectáculo de la cultura oprimida. Truenan contra todo aquello que ha mantenido al indio humillado, pero experimentan satisfacción escuchando la chirimía y contemplando el baile de la conquista.

Ahora bien, la chirimía usada por los indios es un instrumento defectuoso, un derivado imperfecto de la que traían consigo los conquistadores, la cual debe haberles sido impuesta a los nativos en sustitución de sus instrumentos de aliento asociados al rito prehispánico. En la imposibilidad de resolver los indios los problemas técnicos que plantea la construcción de un instrumento afinado por el diseño de sus agujeros —diámetro, distancias e inclinación de los mismos—, entonan sus melodías acertando a cubrir parcialmente con los dedos una serie de agujeros iguales y equidistantes; afinan al tacto. Y es eso lo que le confiere a la música de chirimía el aire inseguro y quejumbroso que suele entenderse como expresión de "la tristeza de la raza vencida".

Se trata, en realidad, de otra cosa: tonadas de inconfundible origen castellano, ejecutadas de rutina en instrumentos muy defectuosos. Pero si, además, hubiera allí realmente una expresión de melancolía —que sobrados y viejos motivos tiene el indio corriente para padecerla—, debería entonces sacudirnos una respetuosa iracundia al escuchar esa música, testimonio de calamidades, y no la placentera curiosidad con que suele escucharla el simpatizante a ultranza de la cultura del indio.

Hay evidentemente un arte que es reflejo de la opresión, que no expresa ninguna respuesta ni rebeldía frente a ella, sino simple y llanamente su triunfo sobre el hombre oprimido. Mucho del arte y de la cultura general de los indios tiene ese carácter, y obviamente no sería motivo de entusiasmo si estuvieran bien reconocidas las posibilidades de superación latentes en el indio, y si fuera hondamente sentido el deseo de verlas desarrollarse bajo condiciones favorables.

¿Hay algo más deprimente que el baile mismo de la conquista, para cuyas entradas e interludios suele usarse el instrumento que arriba comentamos y el tambor de guerra español? Desde el punto de vista de la danza, es un monótono saltar alternando los pies y desplazándose de unos lugares a otros (es evidente que la intención verdadera de la escenificación no radica en el baile, sino en su mensaje verbal).

Sus parlamentos, muy alterados por interpolaciones de épocas recientes, conservan amplios trozos que revelan un nacimiento cercano al momento de la conquista, y son, en conjunto, un drama de intención didáctica —salido de pluma española, por supuesto— enderezado a mantener en los indígenas la convicción de que su sometimiento fue decidido porque el verdadero Dios estaba de parte de los conquistadores.

Los efectos psicológicos de semejante visión mágica y fatalista de la conquista tienen que haber sido deseables para los grupos dominantes de la colonia, como fácilmente se deja entender. Y no fue otra la intención del "baile de los moros" —la lección de la superioridad sobrenatural y el triunfo fatal del cristianismo— ni la del "baile de la sierpe" —el triunfo de San Jorge sobre el dragón, entendido que el santo se asocia plásticamente al conquistador y el dragón a las divinidades nativas vinculadas a la serpiente—.

No nos extendamos en más detalles sobre este asunto. El lector ya ha captado el tema de reflexión que se desea proponer en este apartado. Si el indio es un resultado colonial —como lo demuestra el análisis histórico—, entonces su cultura es también colonial, y la explicación de dicha cultura sólo puede hallarse en el estudio de la situación y las funciones desempeñadas por el indio en el régimen colonial.

Si todo ello es cierto —y habrá que tenerlo por cierto mientras no sea refutado con aportaciones históricas concretas—, entonces la cultura del indio expresa la perduración de la servidumbre hasta momentos muy recientes, y es, en general, testimonio de la perduración de la opresión. La disminución o la total desaparición de la opresión traerán consigo, necesariamente, el abandono del complejo cultural colonial. Sólo algunos elementos de dicho complejo perdurarán, probablemente, con un sentido diferente, por hallarse incorporados a la vida y a la cultura de un sector social que ya no será el indio.

Pensar que puede conseguirse la transformación económica del indio y, al mismo tiempo, pueda permanecer "el indio en sí" es pensar fantasías.

No hay indio en sí; esa es una abstracción antihistórica. Pedro de Alvarado no vio nunca un indio; murió cuando todavía no había indios. Vio en todas partes nativos, incluso nativos sometidos a esclavitud. No vio nunca trabajadores de repartimiento semanal, ni pueblos de indios, ni tierras comunales, ni indios con sombrero y chaqueta, ni cofradías, ni alcaldes, porque todo eso no había sido configurado por el régimen colonial cuando perdió la vida en el accidente de Nochistlán.

Lo que él llamó "indios" y, más corrientemente, "naturales", no era todavía la realidad humana y social que después iba a ser moldeada por la colonia y llamada con esos mismos nombres; y mucho más lejos se hallaba, naturalmente, de la realidad que nosotros llamamos "el indio" o "el indígena" (en los documentos coloniales no se usa la palabra "indígena", que es relativamente moderna). Hay indios porque hubo coloniaje y porque la estructura colonial se ha ido transformando con gran lentitud. Y así como no hubo indios antes de que la colonia los formara, debe suponerse que dejará de haberlos cuando el desarrollo de la sociedad guatemalteca haya borrado todas las supervivencias estructurales de la colonia.

¿Significa todo esto que estemos también nosotros negando al indio?

Sí y no. Se hace preciso aquí saber discernir. Una cosa es la negación del indio desde el ángulo de su explotador: la negación de sus facultades para justificar la opresión y para que siga siendo indio —tal como lo hemos explicado en un capítulo especial— y otra cosa diametralmente opuesta es afirmar que el indio es colonial, que la opresión fue su modeladora, que el indio es el siervo, y que la desaparición del siervo y de la opresión tiene que causar la transformación del indio en algo diferente.

Esta segunda posición —que hemos llamado posición revolucionaria, y que es al menos un elemento de la misma— se apoya en el supuesto de que las facultades humanas que han permanecido frustradas en el indio tendrán un desarrollo positivo conforme condiciones económicas más favorables den lugar a ello, las cuales condiciones deben ser promovidas, claro está, y no simplemente esperadas, y de preferencia promovidas con la participación directa del indio.

Sostieneue el desarrollo progresivo de aquellas potencialidades humanas es incompatible con la conservación de lo que hoy llamamos cultura indígena, ya que ésta es, en gran medida, expresión clara de la frustración de aquéllas. Afirma, finalmente, que el fetichismo de dicha cultura es nocivo, no sólo porque dificulta la concepción correcta de las posibilidades latentes en ese gran sector de la sociedad guatemalteca, sino también porque tiende a desvincularlo del desarrollo general del proletariado agrícola como clase.

La lucha por la superación de los indios —tenga ésta el carácter que tuviere, siempre que no sea una lucha falsa— tiene que librarse no en tanto que son indios, sino en tanto que son explotados. Esta circunstancia obliga a concebir unificadamente la lucha de todos los proletarios agrícolas, indios y no indios, resolviendo en la teoría y en la práctica las diferencias de índole colonial que dificultan su unión, y no acentuando la desunión a título de que "son dos culturas diferentes".

Negamos, pues, no al hombre que es siervo sino a la servidumbre, y esto en nombre del hombre que se encuentra en potencia bajo las ataduras coloniales del indio. Creemos que se le hace más honor y más justicia al proletariado indio cuando se lo exalta en razón de lo que puede y debe llegar a ser, que cuando se pretende exaltarlo por lo que ha venido a ser (o a no ser) como consecuencia de la opresión. Y es muy probable que el indio mismo se sintiera mejor comprendido por quienes se acercaran a él con la primera de esas dos actitudes —la revolucionaria y futurista—, aunque prudentemente deba condescender con la segunda

—la retórica y tradicionalista—, pues se trata, al fin y al cabo, de una vieja actitud oficial.

Hay quienes querrían increpar al indio: "...tú tienes una cultura propia, una cultura auténtica, afírmate en ella!..." —esperando que quizá el indio, movido todavía por su odio colonial indiscriminado, y por su colonial falta de conciencia de sí mismo, se replegará más sobre su ser de indio (con secreto beneplácito de los criollos)—. Y hay quien querría recitarle: "...mira tu gloriosa antigüedad, tus dioses telúricos, tu sabiduría esotérica, tus héroes con plumas de quetzal; tú eres el descendiente directo y el depositario de aquella grandeza; ¿por qué habrías de envidiar la mezquina cultura de tus enemigos?..." —en la esperanza de que el indio, enredado todavía en su clandestina resistencia colonial, se haga más ciego respecto de su futuro, y no ambicione automóviles, vitaminas, cómodas viviendas, y todas esas cosas "inauténticas" que tanto inquietan a quienes tienen el gusto depravado por influencias extranjeras, incluido el recitador mismo (con hilarante y trepidante regocijo de todos los criollos)—.

Reflexionemos nosotros, entretanto, sobre el hecho, no casual, de que los monumentos a Tecún Umán hayan sido iniciativa del gobierno de Ubico, a quien igualmente se le debe la Ley de Vagancia que hemos mencionado páginas atrás, causante de tantas muertes, calabozos y patadas a los indios de verdad.

III

Se ha discutido mucho acerca de si el régimen colonial español fue un régimen feudal, o si fue más bien esclavista, o quizá capitalista. La discusión dio un paso en firme cuando alguien señaló que el régimen colonial fue colonial, indicando con ello que se trata de una formación económica y social muy peculiar y que representa, en realidad, una proyección del capitalismo naciente sobre regiones menos desarrolladas. Al mismo tiempo, se ha señalado que el régimen colonial incluyó todos los tipos de explotación conocidos —esclavista, feudal y capitalista— y que su estructura no se agota en la provincia, sino que abarca a la metrópoli y a las colonias en un solo sistema.

Sin duda, se ha ganado mucho al abandonar el empeño, quizá ingenuo y dogmático, de asimilar la época colonial a una especie de "edad media americana". Pero hay que evitar la caída en un nuevo dogmatismo pueril: aquel que proscribe hasta el uso del concepto de feudalismo en el estudio de la colonia, cerrándose así los ojos ante la evidencia de que aquel régimen tuvo un carácter feudal indiscutible, aun cuando no exhibiera semejanzas externas con el feudalismo "típico" europeo. Hemos visto cómo en la formación colonial predominaban las relaciones de producción de carácter feudal, y cómo esas relaciones le imprimían un carácter feudal a toda la sociedad, aun cuando haya habido también, secundariamente, relaciones esclavistas y capitalistas.

Es también una exageración aberrante considerar la colonia como un "apéndice" del capitalismo. La verdad es que tuvo una realidad propia y un grado de unidad orgánica muy considerable. Lo prueba el hecho de que, sin darse siquiera una lucha violenta en Guatemala, haya podido desgajarse de la metrópoli, desprenderse, sacudírsela como algo que le era completamente postizo sin alterar su estructura interna. Era realmente la economía de la metrópoli capitalista la que se enfrentaba a una profunda crisis al perder sus colonias.

Estamos de acuerdo en que el régimen colonial fue una proyección del capitalismo, pero después de afirmar tal cosa hay que hacer el análisis de la realidad colonial concreta para explicarla, porque con aquella afirmación no la hemos explicado en absoluto. Resultaría absurdo decir, por ejemplo, que el indio fue un resultado histórico del capitalismo en Guatemala. Es indispensable explicar que fue resultado de la explotación feudal impuesta por el régimen colonial, el cual fue, a su vez, una proyección del capitalismo español.

Las simplificaciones teóricas traicionan su finalidad esclarecedora si se abusa de ellas.

A lo largo del libro nos hemos abstenido de definir al régimen colonial como régimen feudal; tampoco hemos llamado época feudal a nuestra época colonial. Los hechos históricos no nos permitieron expresarnos en esa forma tan categórica. Pero a lo largo de todo el libro hemos llamado explotación feudal a la involucrada en el repartimiento de indios, hemos calificado de feudal a ese régimen de trabajo, y hemos llamado sin ambages siervo al indio sometido a dicho régimen. Los hechos analizados nos dieron sobrada base para hacer esa tipificación.

411

No es necesario que haya feudos con castillos feudales para que haya feudalismo. Y puede darse un régimen que no sea típicamente feudal y que ofrezca, sin embargo, un marcado carácter feudal, como fue el caso de Guatemala durante la colonia. Lo que le confiere su carácter a una formación económico-social es el tipo de trabajador que realiza la parte fundamental en la producción, el tipo de relaciones que se establecen entre ese trabajador y el dueño de los medios de producción, y el tipo de propiedad predominante sobre el medio de producción también predominante.

Es característico del feudalismo que la tierra sea el medio de producción principal, y que ésta se halle acaparada en forma de grandes latifundios por una clase reducida de latifundistas. Es característico del feudalismo que la tierra sea principalmente trabajada por siervos. El siervo es un trabajador adscrito a la tierra, que carece de libertad de desplazamiento y de contratación, pero que no es jurídicamente propiedad de su amo —como lo había sido el esclavo—; no trabaja por un salario, sino por el usufructo de trozos de tierra que le cede el señor feudal, a cambio de que trabaje también otros trozos de tierra para el propio señor.

Así se establece la renta feudal del suelo, consistente en pagos de tributos en especie y prestaciones personales que el campesino le hace al señor. El siervo es un trabajador intermedio entre el esclavo y el asalariado. Además del usufructo de parcelas, se le retribuye a veces en especie, y también parcialmente en moneda metálica, pero aun en este último caso no se trata de un salario, porque no es una remuneración libremente contratada y, por lo tanto, no expresa el precio de la fuerza de trabajo.

En donde quiera que predomine ese tipo de trabajador nos hallamos frente a un régimen de carácter feudal, aunque no sea un régimen feudal clásico, como el que se configuró en el centro de Europa entre los siglos X y XV.

Las características definitorias del siervo se daban todas en la situación del indio bajo el régimen colonial, pero aparecían organizadas de manera peculiar, y por eso no son evidentes mientras no se hace el análisis de aquella situación. Para demostrarlo, basta invocar rápidamente algunos hechos que el lector ya conoce.

La carencia de libertad de movimiento era consustancial al régimen de pueblos; ningún indio podía ausentarse ni cambiar su vecindario libremente. La privación de la libertad de contratación era la esencia del régimen de repartimientos. El indio no era, sin embargo, propiedad del rey ni de los hacendados, sino solamente un "vasallo libre" con ciertas obligaciones —obligaciones feudales todas ellas—. No estaba adscrito a la tierra de un feudo medieval, pero estaba adscrito al pueblo, que venía a ser, bien vistas las cosas, un trozo del dominio feudal del rey. Por otra parte, el valor de las haciendas incluía, junto al de las tierras, instalaciones y otros bienes que poseían, el valor del derecho a indios de repartimiento que les estaban adjudicados. Lo cual revela que el indio estaba efectivamente adscrito a un pueblo del rey —"pueblos de la corona"— y que parte de su fuerza de trabajo estaba adscrita a una hacienda; hechos todos que hemos estudiado en detalle y que son propios de la servidumbre feudal.

Podría decirse que el siervo clásico carecía absolutamente de tierra propia, que por esa causa dependía directamente del señor que se la cedía en usufructo a cambio de trabajo, mientras que el indio disponía de tierras comunales. A eso se responde recordando los siguientes hechos: las tierras comunales de los pueblos de indios eran, en realidad, tierras del rey (originalmente realengas por señorío) cedidas por el rey para que en ellas trabajaran los indios para sí mismos y para el rey, pues de ellas salían los tributos. Los tributos venían a ser, así, la renta del suelo percibida en especie por el gran señor feudal que era el rey mismo.

Recordemos también que aquellas tierras comunales —de todos y de nadie— eran administradas por los alcaldes indios, quienes en esto no eran otra cosa que funcionarios del rey encargados de velar por el cumplimiento de la tributación. El indio corriente se hallaba en aquella tierra en situación "precaria" (rezan los documentos); no era tierra realmente suya, pero tenía que trabajarla para sobrevivir y para tributarle a quien se la había donado. Las tierras comunales operaban, por consiguiente, como las de un feudo: cedidas para que los siervos las usufructuaran en parte y le entregaran al señor la otra parte de los frutos. Aunque el rey no era propietario de ninguna tierra económicamente activa, sino solamente de las realengas o baldías, de hecho la suma de todas las tierras comunales constituía para él un inmenso latifundio feudal que le rentaba una inmensa masa de tributos.

El rey de España era en España el representante de las clases dominantes de una nación moderna capitalista. Pero era, al mismo tiempo, el gran señor feudal de los indios. Aunque el rey estaba lejos, al otro lado del océano (entidad misteriosa para la mayoría de los indios), lo cierto es que en los pueblos se vivía con el rey "en la coronilla"; su presencia era una realidad profunda y apremiante, como pudo serlo la del señor feudal clásico que tenía a sus sirvientes y esbirros vigilando directamente a los siervos.

En algún lugar del libro se afirmó que "el indio era un siervo con dos señores". En efecto, la concesión básica que la corona tuvo que hacerles a los colonos para arraigarlos en la provincia —estudiada detenidamente en varios puntos del ensayo— tenía el carácter de una concesión feudal. El repartimiento de indios venía a ser, en el fondo, la renta de la tierra percibida en prestaciones, propia del feudalismo. Esas prestaciones personales no se las daban los indios directamente al rey, pero se las daban a los hacendados por orden del rey y bajo su control.

La corona necesitaba que los indios trabajaran en forma semigratuita para los hacendados, ya que esa transferencia de prestaciones era la condición indispensable para que se consolidara y conservara un núcleo de españoles residentes en la provincia. Al realizarse la transferencia citada, los indios, sin dejar de estar bajo el señorío de su primer señor, entraban en cierto modo bajo el señorío de un segundo señor menos poderoso —un vasallo del primero, en estricto sentido feudal—. Su fuerza de trabajo le pertenecía a él durante un tiempo determinado (semana o temporada) y, en ese lapso, podía el hacendado imponer tareas arbitrarias que reducían la paga forzada, como vimos. El indio no podía retirarse libremente de la hacienda durante su turno de repartimiento. Al ser vendida o heredada la hacienda, se incluía en su valor ese derecho sobre los indios cedido por el rey.

He ahí, pues, un trabajador no libre, adscrito a la tierra en dos formas diferentes, que trabajaba tierras que no le pertenecían y entregaba tributos en especie a un señor y prestaciones personales a otro, generando así la renta feudal del suelo para ambos. Además de esos dos

414

trabajos forzados —uno gratuito y otro semigratuito—, estaba obligado a construir y mantener los caminos sin paga alguna, a construir edificios y prestar otros servicios no remunerados en las ciudades, y a realizar trabajos sin paga para la Iglesia y para las autoridades locales del pueblo.

Se trata, con toda evidencia, de un siervo. Y como numéricamente ese trabajador integraba la gran masa de la población colonial, estamos frente a un régimen que se apoyaba en el trabajo servil y en el que privaban internamente unas relaciones de producción de carácter feudal.

El hecho de que el indio haya tenido cierta posibilidad de vender fuerza de trabajo por un salario después de haber cumplido sus obligaciones feudales —los "peseros" y "realeros" estudiados en su lugar—, y de que a lo largo del coloniaje haya habido núcleos de esclavos africanos en algunas haciendas —esclavos muy especiales, según explicamos—, confirma la aseveración de que en el régimen colonial se daban todos los tipos de explotación, pero no introduce sombra de duda en esta otra aseveración mucho más importante para comprender nuestra realidad: que el tipo de trabajo predominante y fundamental en el agro guatemalteco durante la colonia fue el trabajo servil, y que esa circunstancia determinó las características del siervo mismo y todas las características importantes de la sociedad que se asentaba sobre aquella base.

Recordemos, para abundar, que en la estructura colonial no aparecen solamente los indios siervos como clase explotada. Le hemos concedido el segundo lugar en importancia a los ladinos rurales menesterosos, dispersos en las rancherías de las haciendas y realizadores de una función productiva sólo inferior a la de los indios. La situación de los ladinos rurales pobres era casi feudal: acorralados por la carencia total de tierras, se introducían en las haciendas y trabajaban a cambio del usufructo de parcelas que les eran en esa forma arrendadas. No estaban legalmente adscritos al latifundio en que vivían, según vimos, pero la realidad económica de la colonia —el bloqueo agrario— los ataba a la hacienda con tanta fuerza como la ley ataba a los indios a sus pueblos. La ranchería fue también un fenómeno de carácter feudal en la base de la estructura colonial.

Así, pues, la afirmación de que "en Guatemala nunca hubo feudalismo" expresa una de esas verdades que no dicen ni aclaran nada y que, por no decir nada, resultan sospechosas —probablemente no lleva otra intención que oscurecer la visión de nuestro proceso de lucha de clases, despistar, confundir—. Si se investiga qué fue lo que sí hubo en la colonia en cuanto a régimen de trabajo y relaciones de producción, se llega a la conclusión que hemos subrayado unos renglones más arriba.

IV

Se comprueba con pena que muchas personas, al estudiar la época colonial o al reflexionar sobre ella desde la perspectiva de nuestro tiempo, reaccionan todavía con animadversión hacia España. Como no es imposible que tal reacción aparezca en el ánimo de alguno de los lectores de este libro, y como eso significaría en cierto modo el fracaso del libro mismo —que, desde luego, se propone resultados muy diferentes—, no estarán de más unos renglones al respecto antes de concluir.

Cuando se habla de la dominación española, de nuestra dependencia colonial de España, se emplean formas de expresión convenientes por su comodidad, pero inexactas. No debemos olvidarlo. Nunca estuvo la sociedad guatemalteca —ni la de ninguna otra colonia española— dominada por la sociedad española en conjunto. El pueblo español, las capas medias y las clases trabajadoras peninsulares de los siglos coloniales, no obtuvieron ningún provecho del imperio. Fue al revés: está comprobado que la afluencia de metales americanos ocasionó una profunda revolución de los precios en la península, y que la consiguiente disminución del poder adquisitivo del dinero empobreció aún más a las clases económicamente débiles.

Si, pese a ello, los españoles pobres —los que acaso tuvieron noticia y noción del imperio— asumieron alguna vez actitudes altaneras de superioridad y dominio frente a "ultramar", fueron inocente presa de la propaganda de sus monarcas, quienes lograron convencerlos de que aquel imperio era también suyo. De manera general, los Estados colonialistas logran convencer a sus pueblos de que la colonia es de todos, no con otro fin que contar con su ayuda para proseguir el saqueo colonial. En una etapa muy avanzada —la del imperialismo contemporáneo—, los Estados colonialistas resuelven parcialmente la miseria de sus pueblos y aplacan su lucha, a expensas de lo que el sistema sustrae de las colonias.

Pero no fue ese el caso de España. El imperio hispánico benefició a las clases dominantes españolas, y fueron ellas, no el pueblo español ni España en abstracto, quienes dirigieron los destinos de las colonias extendiendo a ellas su dictadura monárquica absolutista.

Se nos podría objetar que los conquistadores y primeros pobladores fueron españoles del pueblo, y que también lo eran muchos de los emigrantes que en los siglos XVII y XVIII continuaron llegando al reino a buscar fortuna en pugna con los criollos. Es cierto; pero esos españoles, que al incorporarse a la clase criolla o al hacerse tenderos se convertían en explotadores locales, eran apenas una fracción muy pequeña del pueblo español. Por cada español que consiguió trasladarse a la provincia y convertirse en señor colonial, muchas decenas de miles quedaron trabajando con sus manos bajo la explotación de la nobleza terrateniente y la burguesía españolas.

Debe tenerse muy presente que el desplazamiento a América, la aventura de la emigración, fue un fenómeno motivado por la pobreza de la península y por la falta de oportunidades con que tropezaba la gente pobre de aquel país. La ambición canina de los conquistadores y primeros colonos es un reflejo de la pobreza del pueblo español, un testimonio del ciego frenesí que sobrecoge al hombre aporreado y sin perspectivas de mejoramiento, cuando se encuentra de pronto ante la posibilidad de trocar sus hambres en opulencia de gran señor. Que conquistadores y colonos vinieran a Indias escapando de la pobreza y de la mediocridad económica a que los condenaba la estructura de clases de su sociedad, también está probado por la circunstancia de que no vinieran nobles ni burgueses a conquistar ni a poblar.

Sólo viendo las cosas desde ese ángulo puede captarse el verdadero carácter popular de la conquista. La resistencia de los conquistadores frente a las Leyes Nuevas, su exigencia de ser retribuidos por el servicio colonizador, tiene el sentido preciso de una demanda popular —cambio de perspectiva que no podíamos haber sugerido antes sin riesgo de confundir al lector—. No se percibe a primera vista ese aspecto de aquella pugna por puros motivos de perspectiva: los hombres que en 1542 se dirigían al rey como elementos del pueblo enfrentados al

417

representante de las clases dominantes de la península —"... ¡páguenos Vuesa Majestad lo que nos debe!"— estaban en ese preciso momento actuando ya como un grupo esclavista dominante enfrentado a los indios.

Era el momento de su metamorfosis histórica, en que no habían dejado de ser gente del pueblo vistos desde la perspectiva de su pasado —que era desde donde los miraba el rey, y por eso quería defraudarlos— y ya eran amos despóticos y tiranos de los indios si se los mira desde la perspectiva de su futuro —que es la que a nosotros nos ubica la historia—

Entendamos, pues, que la dominación colonial, iniciada por aventureros que se convirtieron en señores huyendo de las limitaciones de su país, vigilada por funcionarios que cumplían sus deberes con la mira puesta en un sueldo y en un ascenso burocrático, controlada en todo momento por las clases dominantes metropolitanas en su Consejo de Indias, fue la dictadura de esas clases sobre las clases y capas sociales de la colonia. Nunca estuvo la sociedad colonial bajo la dominación del pueblo español ni bajo la dominación de España como un todo. Mal podrían imputársele a ese pueblo las consecuencias de una dictadura que, en forma distinta, pesaba también sobre sus hombros.

Entendido lo anterior, conviene insistir sobre lo siguiente. La importancia capital que le concedemos al estudio de aquella dominación radica en que ella estructuró la sociedad de la que proviene la nuestra sin transformación revolucionaria —lo hemos asentado en una sección anterior—, y su comprensión es por ello requisito indispensable para la comprensión del presente que vivimos. Nos importa la Historia colonial, pues, en la medida que contribuye al correcto planteamiento de la problemática actual.

Ahora bien, aunque la dominación española haya configurado a lo largo de tres siglos nuestra básica realidad colonial, aunque estemos obligados a pugnar todos los días contra la realidad colonial para marchar hacia delante, es un hecho palmario que la dominación dejó de ser problema hace ciento cincuenta años. No distinguir con claridad una cosa de la otra resulta necio y además peligroso. Porque el mucho declamar contra una dominación que ya cesó puede implicar descuido frente a la nueva dominación para la cual aquélla nos dejó harto dispuestos.

Moraleja: que no nos pille un segundo coloniaje haciendo discursos contra el primero.

Que tampoco vaya a pillarnos —he aquí otro tema de distracción— haciendo sermones sobre "nuestra deuda cultural con España". No caben culpas ni gratitudes en la comprensión científica de la realidad colonial. Se trata exclusivamente de entender, de señalar enlaces de causas y efectos decisivos, porque es eso lo que puede tener algún valor explicativo y práctico en el presente.

Los complejos culturales de las distintas clases y capas de la sociedad guatemalteca presentan, por supuesto, elementos fundamentales y predominantes de cultura española —de cultura europea en sus modalidades españolas—. Es natural: son clases y capas que se formaron o comenzaron a formarse en la colonia. En un apartado anterior hemos indicado que no sólo la cultura del indio es colonial. La del indio es solamente la más colonial porque se trata del sector menos favorecido por el desarrollo económico y general después de la colonia. No le van lejos los proletarios rurales ladinos, herederos directos de la capa media rural baja surgida durante la colonia.

Hay más elementos universales de cultura en los grupos actuales mejor ubicados económicamente, porque son los que disponen de medios para ponerse en contacto con el desarrollo del mundo y para adquirir los bienes que dicho desarrollo proporciona. La gama de cultura que va de lo más colonial a lo más universal coincide con la escala social que va de lo más oprimido y explotado a lo más acomodado y explotador. No podía ser de otro modo.

Pero démosle un vistazo al asunto de la "deuda cultural" sin enredarnos en la escolástica de la "aculturación".

Los conquistadores y primeros pobladores, así como los inmigrantes y los funcionarios de todo tipo —incluidos en lugar muy importante los religiosos— trajeron consigo y para sí el complejo cultural que era propio de sus respectivas clases en España en las épocas sucesivas de su traslado a Indias. Vinieron con su cultura por la sencilla razón de que la cultura es consustancial al hombre que la lleva —no era posible que la dejaran en casa—. Ahora bien, como la cultura es el conjunto de recursos materiales e intelectuales que maneja un conglomerado para dominar la realidad circundante y servirse de ella, ocurre que la cultura de los

419

colonizadores opera como conjunto de recursos que sirven también para dominar a los hombres del país colonizado.

Por ser ello así, la cultura se transmite o se niega —se reserva como factor de dominio— de acuerdo con las necesidades de la dominación. La acción de esa ley histórica se observa con toda claridad en el proceso colonial guatemalteco, y barre con aquella generosa ilusión de que "España nos dio su cultura". La cultura española se proyectó a través de mecanismos muy diferentes, en proporciones muy desiguales, sobre las distintas clases y capas generadas por la dominación —y es obvio que jamás fue un regalo—.

Al fundar ciudades españolas para vivir en ellas, los colonizadores crearon centros de cultura española. Con ello no le obsequiaron nada a nadie. En su lugar hemos estudiado la esencia de la ciudad colonial, y hemos visto que era un centro de dominio y de disfrute para los dominadores. Se daba en ella una concentración de cultura española trasplantada, asociada al bienestar general que gozaban los dos grupos dominantes locales: los criollos y los representantes de la monarquía.

El hecho de que los criollos hayan sido numéricamente los principales depositarios de esa cultura española superior no significa en modo alguno un "legado". El estudio del nacimiento de la clase criolla a partir del núcleo conquistador, y de su consolidación como fuerza colonizadora indispensable para consolidar el imperio, nos reveló con toda claridad que se trataba de un sector español que desarrolló contradicciones con la monarquía y que se definió como clase. España no le dio su cultura a los criollos: ellos poseyeron la cultura española en todo momento, porque la recibieron de los conquistadores y la conservaron con base en el poder económico que también heredaron de aquellos primeros españoles llegados a la colonia. Los primeros criollos eran españoles por raza y por cultura, y su conducta de clase es un ejemplo notable de cómo esos dos factores, aun hallándose juntos, no compactan a los hombres si los intereses económicos no les son también comunes.

El hecho de que los criollos hayan sido desde la colonia un grupo social con gravitación local, enfrentado a la monarquía en muchos aspectos y llamado a sacudírsela, no significa de ninguna manera que su cultura española haya sido por eso patrimonio de la sociedad guatemalteca colonial. ¡Todo lo contrario!: era aquélla una clase cerrada, como vimos, celosa de su patrimonio material e intelectual; una clase que, lejos de difundir la cultura española, tuvo profundos motivos para mantenerla entre sus ventajas exclusivas.

En lo que respecta a las demás clases y capas coloniales, el estudio que de ellas hemos hecho nos demostró cómo el régimen les asignó campos ocupacionales y tareas específicas, así como situaciones jurídicas diferentes, todo ello en función de las rentas de la corona, de la prosperidad de los criollos y del mantenimiento del imperio. Hubo, pues, capas urbanas de artesanos y proveedores, de profesionales y empleados, de gente pobre desocupada o empleada en oficios muy mal remunerados; capas rurales de ladinos menesterosos en las haciendas, de indios ricos con autoridad, y la gran clase de indios siervos. Cada uno de esos sectores recibió los elementos de cultura española que convenían a su dominación y al tipo de productividad que de ellos se esperaba para provecho de la corona y de los criollos. Nunca más que eso.

Los artesanos recibieron las técnicas artesanales necesarias para la comodidad de la vida urbana, ya que españoles y criollos no estaban en plan de trabajar en artesanías ni en nada que no fuera administrar y gobernar. Recibieron también los artesanos su reglamento español, formaron sus gremios españoles y tuvieron sus santos patronos españoles. Todo lo conveniente a su función de servidores de españoles y criollos, que no eran artesanos.

También hacia la masa de los indios se filtraron los elementos de cultura española convenientes. Algunos instrumentos de metal para producir más; pero no demasiado metal, que resultaba peligroso. Sus pueblos y municipios españoles, sus alcaldes indios vestidos "a la española" para reforzar su autoridad, sus cofradías españolas, sus danzas españolas y su religión española, etc. Pero no llegó allí el idioma español, ni el colegio ni la universidad española (a estas instituciones tuvieron acceso algunos indios nobles), ni la equitación española, ni los alegres cantos españoles, porque los indios "están mejor con su ignorancia, que no advertidos y avisados", como decía con franqueza el culto cronista a quien tantas revelaciones le debemos.

En cuanto a los ladinos menesterosos rurales, hubo para ellos muy poca cultura, porque su más exitosa explotación se lograba con no darles

421

nada y arrinconarlos en las haciendas. Encontraron, sin embargo, en el mundo ajeno en que nacieron, un idioma que hicieron suyo, unos pocos instrumentos y conocimientos de trabajo campestre para sobrevivir y enriquecer a los hacendados, alguna bebida embriagante para huir de la realidad y pocas cosas más. Su enorme desnudez cultural, así como toda la incultura que marchaba al lado de la cultura colonial de los sectores pobres, es algo que también habría que echar en la cuenta de "nuestra deuda cultural con España" si tal cuenta fuera lógica y posible. Pero no es posible ni lógica: ningún imperio ha existido nunca para elevar el nivel de vida de aquellos sobre quienes se extiende, aunque eventualmente haya ocurrido tal cosa en la medida que convenía a la explotación —fin verdadero y único de todos los imperialismos— o como resultado no deseado de las contradicciones propias de todo sistema de clases.

A fuerza de ser hijos de la dominación española hemos llenado la palabra España de contenidos mágicos —la "madre" patria— y le atribuimos dichas y desdichas que provienen de fenómenos objetivos perfectamente definidos por la ciencia: acaparamiento de las fuentes de riqueza, dependencia económica, clases sociales, explotación, capitalismo, colonialismo, etc.

EPÍLOGO

Las últimas palabras de este libro han de aludir al personaje que nos salió al encuentro en las primeras páginas y nos acompañó por los caminos del Reino de Guatemala en el siglo XVII: el cronista criollo, cuya obra estupenda, llena de pasión y escrita para defender y afirmar los derechos de su clase en una trama de contradicciones sociales, nos permitió penetrar en esa trama y encontrar claves decisivas para la comprensión de nuestro pasado. Otros grandes documentos nos han servido mucho también, pero ninguno como la Recordación Florida, laberinto de riqueza histórica inagotable.

¿Que no estuvo en la intención del cronista jamás aclararnos todo lo que nos aclaró? Es igual: no le estamos dando las gracias, sino señalando la importancia insuperable de su documento. Además, recordemos que los hombres que reflejan su medio y su época, los hombres representativos, no suelen tener conciencia de todo lo que reflejan.

¿Que fue un hacendado explotador, azotador de indios, fanático propagandista de los prejuicios de su clase? No importa: proyectó su personalidad en un manuscrito de casi dos mil páginas dedicadas a su país —lo cual no es corriente en hacendados— y no hay mejor fuente histórica para averiguar qué era un hacendado colonial, cuáles eran sus prejuicios de clase y qué condiciones económicas y sociales concretas los motivaban.

¿Que la patria que él defendía no es la que nosotros querríamos para nuestros hijos —sin verdugos que la profanen, sin esclavos y sin tiranos, como se expresa en nuestro Himno—? Es cierto: pero la confrontación de una y otra nos permite comprobar que la idea de patria también tiene un desarrollo histórico, y que su trayectoria va desde una patria de pocos hacia una patria de todos.

Don Francisco Antonio de Fuentes y Guzmán murió en agosto de 1699.

En diciembre de 1700 se presentó su hijo al Ayuntamiento de Guatemala para hacer devolución de unos documentos del archivo de dicha institución que permanecían en su casa.

Al año siguiente aparece la firma del hijo —con los mismos nombres y apellidos del cronista— como heredero de encomiendas y reclamando unos tributos que se le adeudaban a su padre.

En 1705 pide que se le envíen con regularidad los indios de unos pueblos que le estaban "señalados y repartidos".

CONTENIDO

CAPÍTULO PRIMERO: LOS CRIOLLOS 5

CAPÍTULO SEGUNDO: LAS DOS ESPAÑAS 25

CAPÍTULO TERCERO: LAS DOS ESPAÑAS. (CONTINUACIÓN DEL ANTERIOR) 49

CAPÍTULO CUARTO: TIERRA MILAGROSA 79

CAPÍTULO QUINTO: EL INDIO 123

CAPÍTULO SEXTO: EL MESTIZAJE Y LAS CAPAS MEDIAS .. 163

CAPÍTULO SÉPTIMO: PUEBLOS DE INDIOS 287

CAPÍTULO OCTAVO: LA COLONIA Y NOSOTROS 379

EPÍLOGO 423